JN409823

관용과 다문화사회의 교육

김 용 환 지음

관용과 다문화사회의 교육

김 용 환 지음

철학과현실사

차 례

머리말: 그 후 20년

1997년 8월에 나는 『관용과 열린사회』라는 책을 세상에 내놓았다. 독자들과 한국 사회에 관용의 중요성을 알리고 관심을 갖게 함으로써 우리 사회가 조금 더 열린사회가 되기를 바라는 마음에서 출판하였다. 그 목적이 어느 정도 성취되었는지 가늠할 수는 없지만, 그 해에 한국출판문화산업진흥원에서는 이 책을 청소년 권장도서로 선정해주었으며, 이후 이 책이 인용된 적지 않은 관련 연구 논문들이 나왔다. 또 2009년 3월 퇴임한 노무현 대통령은 관용에 대해 '사람 사는 세상' 홈페이지(http://www.knowhow.or.kr/)에 세 편의 글을 쓰면서 나의 책 『관용과 열린사회』를 인용하고 있다. 이런 것들로 미루어 짐작건대 이 책이 우리 사회에서 관용의 가치를 공론화하는 데 어느 정도 역할은 했다고 믿는다.

관용에 대한 나의 연구는 1999년 「관용을 위한 가치 교육의 내용과 방법에 관한 연구」로 이어졌다. 당시 청소년개발원에 있던 조영제 박사와 공동으로 진행한 연구였으며, 중등학교 사회, 윤리 교과서 분석을 토대로 관용지수(Tolerance Quotient) 측정을 위한 평가지 개발과 미래 세대를 위한 관용 교육의 방향을 모색하려는 것이 연구의 목적이었다. 이 논문은 『시민교육연구』, 30권에 게재되었다. 그리고 2005년 나는 연구년 기간에 뉴질랜드 빅토리아 대학 철학과에 머물며 「관용의 윤리: 철학적 기초와 적용 영역들」이란 또 한 편의 논문을 준비할 수 있었다. 이 논문에서 나는 '관용의 윤리(Ethics of Toleration)'라는 용어를 본격적으로 사용하기 시작했다. 그렇게 한 이유는 관용이 단순히 여러 개의 도덕적 가치들 가운데 하나가 아니라 정치, 경제, 사회, 문화 등 우리의 일상적인 삶 전반에 걸쳐 적용 가능한 규범 체계로 확장될 필요가 있었기 때문이다. 관용의 외연을 확장함으로써 다문화사회에 적합한 윤리로 자리매김할 수 있다고 믿었기 때문이다. 이 논문은 2006년 한국철학회의 『철학』, 87집에 실렸다. 이 두 연구는 모두 한국학술진흥재단의 재정적 지원을 받아 수행되었다.

『관용과 열린사회』가 처음 출판된 후 20년이 지났다. 그 20년의 전반기 10년(1998-2007)은 국민의 정부와 참여정부 시절이었고, 후반기 10년(2008-2017)은 보수주의 정권이 집권하고 있다. 이 20년 동안 우리 사회가 전보다 더 너그럽고 관대한 세상이 되었는가를 묻는다면 어떤 대답이 가능할까? 1998년 6월 고 정주영 회장이 소 떼를 몰고 휴전선을 넘어가는 모습을 보면서, 2000년 남북정상회담을 목격하면서 엄청난 사회적, 경제적, 그리고 군사적 비용을 치르고 있는 남북 분단과 이념적 불관용의 장벽이 조금은 낮아질 것으로 기대했었다.

그러나 20년의 후반기 10년을 집권 중인 보수주의 정권은 관용과 열린사회라는 기준에서 보면 실망스럽지 않을 수 없다. 2006년부터 우리 사회는 보수화 바람이 새로 불기 시작했고, 뉴라이트라 불리는 극우주의 성향의 사람들이 조직적으로 우리 사회 전면에 등장하기 시작했다. 이들의 등장은 색깔론이라 불리는 극단적 이념 대립을 부추기면서 사회 전반에 걸쳐 합리적인 토론과 논쟁의 토대를 무너뜨렸고, 팩트 체크(사실 확인)라는 기본 절차마저 무시했다. 진보와 보수라는 이념적 갈등 그 자체가 문제는 아니다. 문제는 진보와 보수가 이분법적 사고로 적과 동지를 구분하는 진영 논리에 함몰되었을 때이다. 누구라도 진보와 보수, 그리고 그 중간 어느 노선을 선택할 수 있으며, 서로 다른 생각과 이념을 가진 사람들이 서로 품위를 잃지 않으면서 공존할 수 있는 사회가 건강한 사회이다. 그런데 우리는 그렇지 못했다.

2008년 7월 금강산 총격 사건 이후 금강산 관광과 개성공단으로 상징되던 남북 화해 협력 관계는 또다시 위기에 봉착했고, 상호 불신과 불관용적인 정치적 수사(political rhetoric)를 듣다 보면 역사의 시곗바늘은 30, 40년 전으로 되돌아가는 듯했다. 2011년과 2015년에 추진되었던 역사 교과서 개정과 국정화 시도는 학문의 자유마저 정치 이데올로기에 종속시키려는 이념적 불관용의 상징으로 이해되었다. 남과 북이 모두 어떤 정치적, 외교적 계산법에 따라 상호 적대적이며 불관용적인 태도를 지속적으로 고집하는지는 알 수 없다. 그러나 확실한 것은 남과 북이 서로 불관용적인 태도를 견지하는 그 심리적 배경에는 상대방에 대한 두려움과 공포의 감정이 놓여 있다는 사실이다. 서로를 인정하고 관용할 때 그 무엇인가, 예를 들어 자유주의적 가치, 기득권, 체제 붕괴, 통일 비용 부담 증가 등을 잃거나 희생을 치러야 할지도 모른다는 두려움이다.

또 지난 20년 동안 우리 사회는 빠른 속도로 전례가 없는 다문화 사회로 진입하고 있다. 나는 이주민과 외국인 노동자들을 대하는 우리의 태도 밑바탕에도 역시 두려움과 공포의 감정이 놓여 있다고 본다. 이들 때문에 현재 내가 갖고 있는 그 무엇, 예를 들면 순수 혈통주의, 일자리의 기회, 복지 수준 등을 잃어버리거나, 세금 부담 증가, 범죄와 테러 위험 등 희생을 강요당할 수도 있다는 상실감과 두려움이 자리 잡고 있는 한 우리 사회에 불관용의 문화는 더 확산될 위험이 있다.

2011년 2월에 있었던 뮌헨안보회의(MSC)에서 영국 수상을 포함한 유럽의 정치 지도자들은 인종적, 종교적 소수자들에 대한 다문화주의(multiculturalism)가 실패했다고 선언하며, '불간섭주의적인 관용(hands off tolerance)'의 문제점을 지적하고 있다(https://www.youtube.com/watch?v=VsGQvOq8cEs). 그들은 수동적인 자유주의 대신 좀 더 적극적이고 강화된 자유주의를 대안으로 제시하고 있다. 이미 다문화사회가 된 우리도 머지않은 미래에 지금의 서유럽 같은 상황에 직면할 수도 있기에, 나는 자유주의적 가치를 강화하고 적극적 관용의 윤리가 사회의 기저 문화로 뿌리 내릴 수 있도록 하는 길만이 다문화주의의 실패를 반복하지 않을 수 있다고 확신한다.

2016년 한국 사회를 관용의 기준에서 바라본다면 어떠한가? 사회적 소수자와 약자들에 대한 차별과 불관용의 태도는 더 심화되고 있지 않은가? 외국인 노동자들이나 결혼 이주민과 그 자녀들에 대한 편견과 암묵적 차별 의식은 개선되고 있는가? 여성 또는 남성을 향한 혐오주의와 동성애에 대한 불관용은 폭력으로 나타나고, 진보주의를 향해 감정적 거부감을 여과 없이 토로해내는 극우 성향의 색깔론은 여전히 레드 콤플렉스를 자극하고 있지 않은가? 종교적 분파주의와 불관용은 더 심화되고 있지 않은가? 공과 사를 막론한 연고주의와 지역감정은 합리적 판단과 관용의 정신을 마비시키고 잘못된 정치적 판단을 하게 만들지는 않았는가?

우리 사회가 이미 다문화사회로 진화해가고 있지만 그런 새로운 사회에 적응하기 위한 법과 제도, 그리고 윤리 의식의 개선 노력은 충분해 보이지 않는다. 우리의 의식은 아직도 배타성이 강한 단일민족국가 시대의 감성에 머물러 있으며, 다름을 틀림으로, 차이를 차별로 왜곡하는 관성에서 벗어나지 못하고 있는 듯해 보인다. 다양성이 존중되고, 다름과 차이가 인정되는 합리적인 사회로 성숙하기 위해서는 관용의 가치가 사회 전반에 걸쳐 확산될 필요가 있다. 관용의 문제는 자유주의 역사와 함께 해온 오래된 문제이지만 아직 해결된 문제는 아니다. 오히려 다시 논의되고 확장되어 다문화사회를 위한 가치로 교육되어야 할 필요성이 시급한 문제이다.

1997년 이후 20년이 지난 후 다시『관용과 다문화사회의 교육』을 출판하게 된 이유도 여기에 있다. 이 증보판은 1997년 초판이 나온 이후 출판된 나의 논문 두 편과 통일 관련 학술대회에서 발표한 글, 그리고 이 책의 출판을 위해 특별 기고된 논문 한 편을 추가하였다. 그리고 나의 책을 인용한 국내 연구자들의 학위논문과 연구논문을 포함해서 그 기간 동안 출판된 관용 관련 저서, 역서들을 최대한 찾아서 부록에 덧붙였다.

끝으로 이 책을 위해 특별히「존 롤즈의 관용론」을 기고해주신 박정순 교수에게 고마움과 존경의 마음을 전하고 싶다. 한국사회윤리학회 회장을 역임한 한국 윤리학 분야의 최고 권위자인 박교수가 나의 책을 위해 기고해준 것은 나에게 영예로울 뿐만 아니라 이 책의 깊이를 더하는 데에 큰 도움이 되었다.

이 책이 너그러운 품성을 가진 독자들뿐만 아니라 불관용과 차별의식에 익숙한 사람들 손에 들어가 읽히길 소망한다. 그리하여 여러 가지 색깔이 모여 무지개같이 아름다움을 만들어내듯 다문화사회 안에서 다양성이 만들어내는 아름다움이 꽃피는 데 이 책이 작은 밑거름이 되길 기대한다.

2016년 11월

김용환

머리말

요즘 텔레비전에 나오는 사회자나 출연자들이 우리말을 잘못 사용하는 것을 종종 듣게 되는데, 그 가운데 '다르다'와 '틀리다'를 구분하지 못하는 경우가 있다. 예를 들면 옷 색깔을 보고 "이 옷과 저 옷은 색깔이 틀리네요"라는 식의 말을 한다. 당연히 색깔이 다르다고 해야 옳은 표현인데도 틀리다고 말함으로써 그야말로 틀린 말을 하고 있다. '다르다는 것'과 '틀리다는 것' 사이에는 큰 차이가 있는데도 이를 구분하지 못하는 것은 단지 우리말을 잘못 배운 탓만은 아니라고 본다. 조금 과장해서 말한다면 해방 이후 비뚤어진 우리나라의 정치사가 국민들의 마음에 다른 것과 틀린 것을 동일하게 보도록 만들지 않았나 생각된다. 이승만 정권이나 30년 넘는 군부통치를 거치면서 우리는 오직 자유주의와 공산주의, 남한과 북한, 아군과 적군, 그리고 친구와 원수라는 이분법적 갈등 구조를 몸에 배이도록 배워왔다. '나와 생각이 다른 사람은 틀린 사람이다'라는 흑백논리에 우리는 상당히 익숙해져 있다. 많은 사람이 반공을 말할 때 통일을 이야기하는 사람은 틀린 사람이었으며, 조국 근대화를 위해 국론을 통일해야 한다고 말할 때 개발독재의 어둡고 일그러진 모습을 말하면 그 역시 틀린 말을 하는 반항아였다. '다른 종교'를 가진 사람은 '잘못된 미신'을 믿고 있는 이단자로 보려는 경향이 우리의 의식 안에 있음을 부인하기 어렵다. 조작된 여론과 지배계급의 강자들은 다른 말을 하는 사람을 용납하고 관대하게 다루기보다는 언제나 폭력적인 불관용과 억압으로 응수해왔다. 우리 사회가 아직도 얼마나 불관용적인가는 굳이 말하지 않더라도 너무도 쉽게 여러 분야에서 경험할 수 있다. 이런 불관용의 만연은 여러 가지 원인이 있겠지만 그 가운데 하나가 바로 다른 것과 틀린 것을 동일하게 보려는 태도에서 비롯된다고 나는 본다. '다른 것(difference)은 다른 것일 뿐 틀린 것(false)이 아니다.'

서유럽의 성숙한 민주주의가 하루아침에 이루어진 것이 아니라는 사실은 누구나 알고 있다. 그러나 오랜 세월 관용의 덕목을 훈련하고 실천하면서 터득한 타자 존중의 정신이 그 성공적인 민주주의의 밑바탕에 놓여 있다는 사실에 주목하는 이는 많지 않다. 자유주의나 개인주의 그리고 민주주의가 유럽 사회에서 성공적으로 성장할 수 있었던 것과 관용의 가치 사이에 놓여 있는 밀접한 상관관계를 살펴보는 일은 이제 뒤늦게 서양의 길을 따라가려는 우리에게는 좋은 타산지석(他山之石)이 된다.

불행하게도 해방 이후 지난 50여 년 동안 우리 사회에서 관용의 덕목이 얼마나 중요한 것인가를 말하는 사람이 거의 없었다. 특히 1970년대와 1980년대의 암울하고 억압적인 통치 아래에서도 정치적 저항만을 했을 뿐 관용의 가치를 말하거나 미래 세대를 위해 관용 교육을 해야 한다는 소리는 듣지 못했다. 불관용해야 했던 것들이 너무도 많았던 시절이었기 때문인가? 아니면 관용은 철권통치와 양립할 수 없었기 때문인가?

1985년 봄 영국에서의 유학생활을 마치고 귀국한 나에게는 대학 강단에 서게 된 기쁨보다는 여전히 변하지 않은 우리 사회의 불관용적인 분위기가 가슴에 중압감으로 강하게 다가왔다. 당시 나에게는 관용의 덕목이야말로 우리 사회를 변화시킬 수 있는 복음처럼 들렸고, 이를 전하는 전달자의 소임을 다해야겠다는 마음의 다짐을 했던 기억이 지금도 생생하다. 관용은 나에게 화두가 되어 아직까지 내 머리를 떠나지 않고 있다. 1986년 여름을 보내면서 「관용에 대한 철학적 분석」이라는 논문을 시작으로 관용 문제에 붙들리게 되었으며, 이후 비교적 긴 세 편의 논문으로 나의 관용에 대한 애정을 쌓아갔다. 1993년 1년 동안 에든버러 대학 철학과의 연구교수로 머무는 동안 요크 대학의 C. & J. B. Morrell Trust(관용연구소)를 방문하고 수잔 멘더스(Susan Mendus) 교수를 만난 것은 나의 관용 연구에 새로운 자극제가 되었다.

1994년 11월 제48차 유엔 총회에서 1995년을 유엔이 정한 '세계 관용의 해'로 선포하기로 했다는 소식을 들었을 때 나는 흥분할 수밖에 없었다. 이 관용의 가치가 얼마나 중요하고도 필요한가를 주장해온 나의 신념에 대해 유엔이 확인해준 것과 같은 느낌이었다. 평화, 인권 그리고 민주주의의 성취가 유엔이 지향하는 목표라면, 이를 위한 가장 적절한 수단이 바로 관용을 실천하고 교육하는 일이라는 것이 '세계 관용의 해'를 제정한 유네스코의 믿음이었다. 비록 실행되지는 못했지만 관용의 가치를 널리 알리려는 뜻에서 1995년 12월쯤 온 세계 사람들이 모두 볼 수 있도록 관용의 해를 기념하는 인공위성을 지구 위에 띄우려는 계획을 가지고 있었다. 대통령 같은 정치 지도자부터 전쟁터의 군인에 이르기까지 관용의 정신을 다시금 되새겨보는 일은 분쟁과 이념적 갈등으로 인류사에서 가장 비극적인 살상 전쟁을 치룬 20세기를 뒤로하고 21세기를 준비하는 지금 바로 우리가 해야 할 일이다.

여기에 그동안 발표된 관용에 관한 글들을 모아 한 권의 책으로 묶어 세상에 내놓았다. 아직 충분하다고 생각하지는 않으며 그래서 부끄럽지만, 흩어져 있던 글들을 모아 이렇게 책으로 내놓는 유일한 이유는 일반 독자들에게 관용의 중요성을 알리고 관심을 갖게 하려는 데 있다. 그렇게 함으로써 조금이라도 우리 사회가 너그럽고 관대한 사회가 되는 데 보탬이 되었으면 하는 마음이 간절하다.

1997년 6월

김용환

서 론

세계 관용의 해와 해방 50돌[1)]

지난 1995년은 세 가지 점에서 중요한 의미를 지닌 해였다. 유엔이 선포한 '세계 관용의 해'였으며, 우리나라가 해방된 지 50주년이 되는 해였다. 그리고 한국 교회는 해방 50년이 되는 이 해를 희년(稀年)으로 선포했다. '세계 관용의 해', '해방 50돌', 그리고 한국 교회의 '희년 선포'는 각각 독립된 사실이 아님에도 불구하고 이것들 사이에 긴밀한 연관관계가 있다는 점에 대해서 주목하는 이가 많지 않다. 먼저 결론부터 말한다면, '관용'의 가치는 1995년이 담고 있는 이 세 가지 사실들 사이에 가로놓여 있는 연결 고리이다. 그런데 우리 사회나 정부가 세계 관용의 해를 맞이해서 아무런 관심도 보이지 않았다는 것은 부끄러운 일이다. 또 해방 50돌이 되는 해에 그것을 기념하는 일들이 모두 과거를 회상하거나 지난 세월 우리가 이루어놓은 영광스러운 발전의 모습만을 찬양하는 일에 그쳤다는 것 또한 불행한 일이다. 해방의 환희를 노래하기 전에 아직도 미완성으로 남아 있는 반쪽짜리 해방에 대해 깊은 반성을 할 수 있는 기회가 되었어야 했다. 또한 한국 교회의 희년 선포가 단순히 교회 안에서의 행사로 그쳤다는 사실은 희년 선포의 본래 의도에서 벗어날 수밖에 없었다. 실질적으로 희년의 의미가 실현되기 위해서는 진정한 의미의 해방이 이루어져야 하고, 그 해방을 위해 관용의 덕목이 그 어느 때보다도 강조되어야 한다. 위에서 말한 세 가지 사실들을 하나로 묶는 끈으로 관용의 덕목을 생각하게 된 이유는 다음과 같다.

첫째, 1995년은 유네스코가 정하고 유엔이 선포한 '세계 관용의 해'였다. 그동안 유엔이 선포한 그해의 지향 목표들 — 예를 들면 '세계 가정의 해' 같은 것들 — 가운데 가장 철학적인 의미가 많이 들어 있는 '세계 관용의 해'를 왜 유엔 창설 50주년이 되는 해에 정했을까? 여기에는 특별한 의미가 담겨 있다고 본다. 제2차 세계대전이 끝난 후 1945년 10월 24일에 창설된 국제연합은 인류의 비극을 막고 모든 분쟁과 갈등을 이성적이고 합리적인 토론을 통해 해결하려는 의지를 담고 창설되었다. 그 창설 목적 가운데 가장 중요한 것이 국제적인 평화와 안전의 확보와 개인적 인권과 자유의 신장이라고 볼 수 있다. 그동안 유엔이 이와 같은 목적을 성취하기 위해 훌륭한 공헌을 했음에도 불구하고 세계는 여전히 민족이나 국가 사이의 갈등이 치열해갈 뿐만 아니라 국가 안에서 개인들의 자유와 인권이 점차 열악한 상황으로 변해가고 있는 것이 현실이다. 유엔은 다시 한 번 창설의 본래 정신으로 돌아가 자기 정체성(self-identity)을 확보할 필요성을 그 어느 때보다 강하게 느끼고 있다. 인류의 평화와 번영, 개인들의 자유와 인권과 행복의 증진이라는 유엔의 본래 목적을 달성하기 위해서 가장 시급히 요청되는 덕목이 '관용'임에는 의심의 여지가 없다. 왜냐하면 관용은 갈등과 분쟁을 해결하기 위한 윤리적인 전략이며, 문제를 합리적으로 해결하기 위해서는 반드시 유지해야 할 태도이기 때문이다. 관용의 정신이 없이는 파괴적인 분쟁과 갈등을 원천적으로 해소할 수 있는 방법이 없기 때문이다. 유엔이 창설 50주년이 되는 1995년을 '세계 관용의 해'라고 정했다는 것은 이 관용의 가치가 현재와 미래의 인류에게 얼마나 절실히 요청되는가를 웅변으로 보여주고 있다.

둘째, 1995년은 우리 민족에게는 해방 50돌이 되는 해였다. 해방의 감격을 기억할 만한 세대가 이제는 소수로 남아 있다는 현실이 곧 해방의 의미를 축소시키지는 않는다. 해방 50년이라는 시점은 오히려 오늘을 사는 새로운 세대들에게 지난 50년간의 비극을 되새김질할 수 있는 계기로 승화되어야 한다. 해방 50년은 역설적으로 말하자면 한국 현대사의 뒤틀림이 시작된 기간이었으며, 민족 분쟁과 분단, 그리고 냉전 이데올로기의 비극으로 점철된 역사이기도 하다. 해방 50돌을 맞이하면서 아직도 끝나지 않은 이 비극의 고리를 끊어버리기 위해, 그리고 더욱 완성된 해방을 위해 정신적으로 우리가 준비해야 할 것들 가운데 하나가 바로 관용의 정신이다. 여전히 남한과 북한은 세계에서 분쟁이 재발할 가능성이 가장 높은 지역 가운데 하나이며, 남과 북이 각각 그 내용에는 차이가 있지만 실제로 얼마나 불관용적인 사회인가는 말할 필요조차 없다. 따라서 남북한이 모두 배워야 하고 실천해야 할 덕목이 있다면 그것은 관용임에 틀림없다.

셋째, 해방 50주년이라는 사실을 기독교적인 산술법에 따르면, 1995년은 '희년으로 선포된 해'이다. 구약성서 레위기 25장 10절에서 하느님은, "이 오십 년째 해를 거룩한 해로 선언하고, 너희 땅에 사는 모든 주민에게 해방을 선포하여라. 이 해는 너희의 희년이다. 너희는 저마다 제 소유지를 되찾고, 저마다 자기 씨족에게 돌아가야 한다"고 말씀하고 있다. 비록 희년에 관한 법에 대해서 성서가 구체적으로 규정하고 있지만 현실적으로 그대로 적용하기란 어렵다. 그래서 이 시대를 살아가는 현대 기독교인으로서 희년의 의미를 다시 새겨보는 일은 매우 중요하다. 희년의 정신과 의미는 한마디로 말한다면 '해방의 선포'에 있다. 그리고 성서의 말을 그대로 따른다면 우리는 이제 새로운 해방을 선포해야 할 때를 맞이했다. 그리고 희년의 정신이 현대사회에서 다시 살아나기 위해서는 해방을 가로막고 있는 장애물들을 제거해야 한다. 그 장애물들에는 이데올로기, 연고주의, 광신주의, 그리고 불평등이 포함되어 있다. 이런 장애물들을 극복하고 새로운 해방의 선포를 위해서는 관용의 덕목이 절대적으로 실천되어야만 한다. 바로 여기서 관용과 희년의 선포, 그리고 해방이 수단과 목적이라는 관계로 맺어지게 된다. 성서의 정신에 따르면 해방이란 정의로운 사회를 만드는 것이며, 인간이 인간다운 삶을 누릴 수 있는 상태를 의미하는데, 그런 상태가 되기 위해서 우리는 적어도 다음과 같은 네 가지 속박으로부터 해방되어야 하고 그 해방은 관용의 실천을 통해서만 가능하기 때문이다.

첫째, 이데올로기의 갈등으로부터 해방되어야 한다. 분단을 극복하고 진정한 통일을 이루어내지 못하는 한 해방 50년은 단지 반쪽자리 해방일 뿐이다. 통일을 해야 한다는 것은 민족 전체에게 부여된 지상 명령이다. 분단은 이산가족들에게만 심정적인 비극을 주는 것이 아니라 우리 민족 전체를 이념의 전쟁터에 내몰았고 남과 북이 모두 엄청난 군사비를 지출하도록 만들고 있다. 이런 비생산적인 경제적 부담은 우리나 북쪽 사람들의 삶이 질적으로 향상될 수 있는 기회를 늦추게 만들었다. 통일의 성취라는 완전한 해방을 가로막고 있는 이데올로기의 장벽을 극복하는 것은 무엇보다도 먼저 해야 할 일이다. 바로 여기서 관용의 덕목이 절실히 요청된다. 우리가 한국전쟁을 겪으면서 배운 '서로 미워하기'는 40여 년이 넘도록 통일을 향해 더딘 걸음을 걷게 만든 이유이다. 불관용적 태도 밑에는 언제나 상대방에 대한 두려움과 공포가 자리 잡고 있었고, 그런 불안 심리는 상대방을 믿지 못하도록 만들었고, 그 불신은 군사력 증강으로 나타났기 때문이다. 상대방 체제를 인정하지 않고 제거하려는 태도를 유지하는 한 통일을 위한 진실한 대화란 불가능하다는 교훈을 양쪽의 지도자들은 깨달아야 한다. 그리고 서로 다른 이념 체계에 붙들려 있는 한 상대방에 대한 불안과 공포감은 늘 남아 있게 되며, 상실에 대한 두려움은 언제나 불관용을 낳는다. 남과 북이 서로를 인정하고 무력을 통해서 상대방을 제거하거나 억압하지 않겠다는 최소한의 태도를 보여야 통일을 향한 실질적 노력이 가능하게 된다. 그리고 이런 태도를 갖기 위해서는 실질적인 군사력의 감축으로 군사비 지출을 양쪽이 똑같이 줄여나가야 한다. 그럴 때라야 상대방에 대해 더 넓은 관용적 태도를 지닐 수 있게 된다. 평화, 화해, 공존을 목표로 '세계 관용의 해'를 선포한 유엔의 정신을 실천하는 가장 구체적인 일은 남한과 북한이 동시에 '군비 축소'를 위한 군사회담의 시작을 선포하는 일이다. 제2차 세계대전 이후 형성된 냉전 체제의 와해도 결국은 미국과 구소련의 전략 무기 축소 회담으로부터 시작되었다는 사실은 우리에게 좋은 타산지석이 된다. 낡은 이데올로기의 구속으로부터 벗어나려는 노력은 우리의 의식을 자유롭게 해줄 것이다.

둘째, 연고주의로부터 해방되어야 한다. 혈연, 지연, 학연으로 대표되는 연고주의가 개인적인 영역을 넘어서 공적인 영역에까지 확대될 때 이 연고성의 강조가 얼마나 우리 국민 전체의 정서에 해로움을 끼치고 있는가는 새삼 말할 필요도 없다. 본능이나 감정에 의존해서 맺어진 관계 자체가 나쁘거나 부도덕한 것은 아니다. 그러나 그런 온정주의적인 관계가 다른 사람이나 대상들과 관련을 맺을 때는 종종 자기와 다른 대상들에 대해 적대감 또는 배타성을 지니게 된다는 데 문제의 심각성이 있다. 그리고 이런 연고주의는 자기중심적인 패권주의를 낳기 쉽고 다른 대상에 대해 불관용적인 태도를 보이는 경향이 많다. 패권주의도 사실은 상대방에 대한 심리적 공포를 감추기 위한 은폐술이라는 점에 주목할 필요가 있다. 최소한 공적인 영역에서 탈연고주의를 선언하는 것은 반쪽 자리 해방 50년을 맞이하면서 나머지 반쪽의 완성된 해방을 위해 필수 불가결한 요소이다. 탈연고주의의 선언은 어떤 대상에 대해 비록 심정적으로 싫어하고 반대하지만 그것에 대해서 관용적인 태도를 가질 수 있게 만들어준다.

그동안 여러 번의 중요한 선거를 치르면서 우리는 몇 번씩이나 지역감정이 선거의 결과를 결정하는 주요 요소임을 경험했다. 나라를 망치는 지역감정에 대해 반성을 거듭해왔음에도 불구하고 여전히 우리의 의식과 정치적 판단력을 지배하고 있다는 것은 부끄럽고도 두려운 사실이다. 올 12월에 실시되는 대통령 선거는 우리가 연고주의를 극복하고 좀 더 성숙한 민주주의를 향유할 수 있는가를 가름하게 될 또 한 번의 시험 무대가 될 것이다. 관용의 실천은 불합리한 연고주의의 폐쇄성과 배타성을 극복하고 우리 사회를 더 너그러운 사회로 만들어줄 것이며, 지역감정과 연고주의로 인해 굴절된 우리의 타인 의식을 편견과 오만으로부터 해방시켜줄 것이다.

셋째, 광신주의적 편협성으로부터 해방되어야 한다. 종교는 영어로 religion인데 여기에는 '다시(re) 잇는다(ligere)'라는 뜻이 담겨 있다. 이 말에서 우리는 끊어진 인간과 신, 또 인간과 인간의 관계를 회복하는 일이 종교의 본래 기능임을 발견하게 된다. 그런데 오늘날 한국 사회에서 벌어지고 있는 종교 간의 갈등과 배타성, 그리고 같은 종교 안에서의 분파주의적 경향들은 오히려 인간과 신, 그리고 인간 상호 간의 관계를 무너뜨리고 파괴하고 있는 듯이 보인다. 자신이 믿는 종교에 대해 확신을 갖는다고 해서 다른 종교에 대해 불관용하고 배타적인 태도를 보일 필요는 없다. 이 양자 사이에는 아무런 논리적 상관관계가 없다. 죄로부터의 해방이거나 인연의 고리로부터의 해탈이거나 간에 종교의 목적이 본래 인간을 자유롭게 만드는 데 있다면, 다른 종교에 대해 불관용하고 배척하는 광신주의는 우리의 영혼을 불필요한 것에 옭아매는 일에 기여할 뿐이다. 또 이런 광신주의가 한 사회 안에 있는 여러 다양한 신앙 체계들 사이에 화해를 이루려는 노력에 얼마나 방해가 되는 장애물인지는 새삼 강조할 필요가 없다. 종교들 사이에 화해와 조화 그리고 평화 공존의 가능성은 오직 종교적 관용을 통해서만 가능하다는 것을 알아야 한다.

넷째, 불평등과 부정의로부터 해방되어야 한다. 아직도 상당히 많이 남아 있는 가난한 한국의 근로자들, 돈을 벌기 위해 만주에서 온 조선족, 그리고 네팔과 방글라데시 등에서 온 가난한 외국 노동자들의 삶에 대해 관심을 가지지 않는 한 우리는 결코 정신적인 선진국이 될 수 없다는 사실을 잊어서는 안 된다. 우리가 혹시 가난한 이웃을 무시하거나 돈 벌려고 낯선 나라에 온 외국 노동자들에 대해 우월감을 가지고 있다면 이것들은 모두 우리를 정신적인 불구로 만들 것이다. 이들 가난한 나라의 노동자들에게서 우리는 불과 얼마 전의 우리 모습을 찾아내야 한다. 그리고 그들을 단순한 노동력의 대용품으로 보는 태도에서 벗어나 우리의 이웃으로 보아야 한다. 그럴 때라야 우리는 과거 서양의 제국주의가 낳은 패권주의와 종족적 우월감에서 해방될 수 있다. 우리와 다른 문화, 전통, 종교, 경제적인 조건에서 살아온 그들에 대해 관용적인 태도를 갖지 않는 한 우리는 그들을 평등하게 대우할 수 없게 된다. 종족적 관용 또는 동일성의 관용이라고도 불리는 이런 관용이 이 시대 우리에게 강하게 요청된다. 부정의와 불평등을 해소하기 위한 제도적 장치로 유대인들이 희년을 정하여 시행한 지혜를 우리는 다시 음미해볼 필요가 있다.

1장

관용이란 무엇인가?

1. 들어가는 말

일반인에게 상당히 익숙해져 있을 뿐만 아니라 자유민주주의 사회를 가능하게 만든 관용이라는 개념에 대해서 한국의 철학자들이 거의 관심을 보이지 않았다는 것은 불행하게도 사실이다. 관용에 대한 논의가 사실상 철학의 여러 분야에 걸쳐 가능하며, 더구나 그 개념의 중요성이 쉽게 간과되어서는 안 됨에도 불구하고, 현실은 그렇지 못하다. 이렇게 된 데에는 관용에 대한 두 가지 통념이 부정적으로 작용했기 때문이라고 생각된다.

첫 번째 통념은 대체로 관용을 말할 때 종교적 관용을 연상하고 이 때문에 철학자보다는 신학자나 종교가에게 더 친밀한 개념으로 이해하는 데 있다. 모두 아는 것처럼 16-17세기 유럽에서 주로 논의됨으로써 일반화된 종교적 관용이 분명 여러 형태의 관용 가운데 그 대표적인 것임에는 틀림없다. 역사적 시각에서 볼 때 종교적 관용론은 13세기 이후에 확립된 '종교재판(Inquisition)' 제도로 인해 싹터서 200여 년에 걸친 종교 분쟁의 과정을 거쳐 성장하고 17세기에 이르러서 개화된 이론이었다. 이런 과정 속에서 중세 말기의 유명론(nominalism)의 등장과 종교개혁이라는 두 가지 사건이 결정적 역할을 했다. 유명론은 철학과 종교, 지식과 신앙, 국가와 교회의 분리를 주장했으며, 이 때문에 가톨릭주의에 의해 하나의 기둥처럼 지지되어왔던 중세의 기초는 붕괴되었다. 또 1517년의 종교개혁은 가톨릭에 의한 신학의 독점주의를 종식시키고 소위 분파주의 또는 종교적 다원주의(religious pluralism)의 발단을 이루게 되었다. 그리고 필연적으로 이런 변화와 운동은 사회적 갈등을 야기하였다. 이 시기에 종교적 관용론이 활발히 거론되었던 이유는 분명히 당시의 사회적 갈등이 가장 첨예하게 발생하는 곳이 바로 종교적 신념에 관한 문제에 있었기 때문이다.

그런데 오늘날의 상황은 어떠한가? 여전히 종교적 갈등과 대립은 남아 있으나 이제는 주변적인 문제에 지나지 않으며, 대신 이보다 더 복잡하고 파괴적인 폭력을 내포하고 있는 대립과 갈등이 이전 어느 시대보다 인류를 위험 속으로 몰아가고 있다. 예를 들면 세대 간의 윤리적 기준 차이에서 오는 충돌, 민주주의가 보장해야 할 다양성과 관료주의의 효율성이 빚는 가치의 상충, 선진 자본주의 국가들과 개발 도상에 있는 제3세계 국가들 사이에서 벌어지는 경제적 충돌, 그리고 냉전 체제의 와해에도 불구하고 여전히 남아 있는 남북한 사이의 이데올로기의 대립 등이 바로 그것이다. 따라서 종교적 관용론이 기독교 문화권 내에서의 사회적 갈등을 해결하기 위한 이론적 대안으로 제시되었듯이, 지금 우리가 경험하고 있는 여러 종류의 갈등을 해소하고 자기 파괴적인 비극의 길을 회피하기 위해서는 확대된 의미의 관용론을 윤리, 정치, 사회 등의 분야에 시험적으로 적용해보는 일이 필요하다. 따라서 관용론을 종교의 영역에서 끌어내어 다른 분야에까지 확대 적용해보는 일은 철학자들에게 맡겨진 하나의 부담으로 자각될 필요가 있다. 특히 그 어느 사회보다 오랫동안 획일적인 처방에 익숙해온 한국의 전통사회가 해체되고 관용을 최고의 덕목으로 삼는 서양의 다원주의 사회로 변모해가는 현대 한국 사회를 위해 관용에 관한 철학적인 논의를 하는 것은 의미 있는 일이 될 것이다.

관용 개념에 대해 오해를 낳게 한 두 번째 통념은 지배자의 통치 기술로 관용을 이해하고 이 때문에 소수의 지배 집단 또는 권력의 소유자들만이 행사할 수 있는 일종의 특권으로 관용을 이해하는 데 있다. 우리말의 일상 회화에서 '관용'이란 명사를 동사화할 때 '관용하다'라고 쓰기보다는 '관용'이란 명사에 '베풀다'라는 동사를 붙여 쓰는 일이 보통이다. 법정에서 재판관은 법의 관용을 들어 형량을 낮추고 법의 집행자에게 부여된 권리의 하나를 행사하듯 한다. 또 정치권력자는 관용의 정책을 택한다고 말하면서 정치적 반대자를 회유하는 통치 기술로 사용하기도 한다. 이때 재판관이나 정책 결정자는 관용은 '베풀어지는 것'이라고 하는 편견을 가지고 있으며 권리의 한 형태로 간주하고 있다. 관용이라는 통념 속에는 두 가지 요소, 즉 관용은 힘 있는 자의 권리 행사이며, 한쪽(관용하는 사람 또는 집단)이 다른 한쪽(관용되는 사람이나 집단)에 대해 발휘하는 통치 기술이라는 요소가 내포되어 있다. 그러나 관용은 권리의 일종이 아니며, 주인이 종에게 행사하는 허가(permissiveness)의 일종도 아니다.[1] 오히려 관용은 자유와 관련되어 있으며, 관용하는 사람과 관용되는 사람이 동등한 위치에 있을 때만 가능하다. 관용은 자유를 확대하는 데 그 목적이 있으며, 자유 없이는 또한 관용도 있을 수 없다. 뒤에서 다루겠지만 관용을 '반대'와 '부정적 행위의 자발적 중지'라 정의할 때, 자발적 중지란 이미 그 속에 관용하는 사람의 자유로운 선택과 결정이 내포되어 있다. 따라서 일방적인 관계에서 관용을 이해한다면 이는 이미 관용이라기보다는 동정이나 용서나 자비에 가깝다. 이 글에서 분석하고자 하는 관용이란 개념은 앞에서 본 사회적 통념처럼 그렇게 단순한 것은 아니다. 상식적인 이해가 부정확하다는 것은 자명하며 치밀하지 못한 해석을 바탕으로 해서 관용의 개념을 사용하는 일은 철학자가 회피해야 하는 일이기에 이 개념에 대한 엄밀한 분석이 요청된다. 이 글에서 시도하고자 하는 것은 먼저 관용에 대한 개념 정의의 복잡성을 드러내고 정리하는 일이며, 관용의 원리가 무엇이며 어떻게 이 원리가 윤리학, 사회 정치 이론에 적용되는지를 살피는 일이다.

2. 정의의 복잡성

선, 정의, 자유 등과 같은 개념들처럼 관용이란 말도 한 가지 뜻으로 정의하기가 쉽지 않다. 우리말 사전에 관용은 "너그럽게 받아들이거나 용서함"이라고 간단히 풀이되어 있다. 이러한 풀이만으로는 영어의 toleration 또는 tolerance가[2] 나타내는 뜻을 전부 함축할 수 없으며, 이런 단순한 사전적 정의로 인해서 앞에서 지적한 상식적인 관용 개념이 생겨났다고도 할 수 있다. 사실 관용은 여러 가지 의미를 내포하고 있는 복합적인 개념이다. 묵인(acquiescence), 허용(permissiveness), 인내(forbearance, endurance), 감수 등과 부분적으로 뜻을 공유하고 있기 때문에 우리말의 관용은 그 정의 자체가 상당히 제한적이며 부족하다. 그러나 문제는 toleration을 관용이라는 한자어로 번역하는 데 있다기보다는, toleration 또는 tolerance에 대한 영어권 내에서의 의미도 역시 복잡하다는 데 있다. 따라서 우리가 할 수 있는 일은 관용 대신에 다른 개념을 찾아내어 toleration의 의미를 충분히 함축하는 데 있지 않고, 기존의 개념을 다시 정의하는 데 있다. 이를 위해서는 복잡하게 표현되고 있는 toleration의 의미를 좀 더 명료하게 정의할 필요가 있다.

toleration이나 tolerance의 동사는 tolerate이며 라틴어 tolere라는 동사와 여기서 파생된 두 명사 toleratio와 tolerantia를 어원으로 하고 있다. 라틴어의 관용은 인내, 참음의 의미가 강하고, 또한 『옥스퍼드 영어사전(*Oxford English Dictionary*)』에서 정의한 관용은 어원적인 의미를 포함해서 몇 가지로 세분되는데, “권위적인 명령에 의한 간섭과 방해를 받지 않고 존재하거나 행동할 수 있도록 허용되는 것”, “어떤 것에 대해 강력하게 **반대**하면서도 동시에 **용납**하는 것”, 그리고 “국가의 정책으로서 사회의 여러 차원에서 다양성을 허용하는 것” 등으로 정의되고 있다. *A Dictionary of Religion and Ethics* 에서는 『옥스퍼드 영어사전』과는 다르게 관용의 함축된 의미를 설명하고 있다. 관용은 금지와 처벌을 삼가는 것이며 반대를 행동으로 나타내지 않는 것이다. 또 제한적이고 조건적인 자유를 허용하는 것이며 자발적으로 반대 의사를 행동으로 나타내지 않는 정치적 관대이다. 이렇듯 관용은 그 사전적인 정의조차 일치하지 않으며, 근래에 쓰인 몇몇 철학자들의 관용론에서도 서로 다른 해석들이 내려지고 있다. 이들 중 프레스턴 킹(Preston King) 교수가 관용에 대해서 가장 깊고 세밀하게 논의하고 있는데,[3] 그의 정의만을 예로 들어 논의하기로 한다. 왜냐하면 그가 내린 정의를 부분적으로 수정함으로써 좀 더 포괄적인 것으로 만들 수 있다고 보기 때문이다. 킹에 의하면 일반적인 관용은 ‘**반대**(objection)’와 ‘**용납**(acceptance)’이라는 두 가지 요소의 결합으로 이루어진 말이다.[4] 부정적인 표현으로서의 반대와 긍정적 태도로서의 용납이 동시에 이루어질 때 이를 관용이라고 부른다. 즉, 어떤 사람이 어떤 것(관용의 대상으로서 개인, 집단, 이론, 행위, 사상, 그리고 예술 작품 등)에 대해 심리적으로 또는 논리적 근거 위에서 반대하고 시인하지 않음에도 불구하고 용납할 때 그는 그 대상에 대해서 관용을 실천하고 있다고 말할 수 있다. 언뜻 보기에 반대와 용납의 결합은 논리적으로 모순되고 역설적인 것으로 보이기 쉽다. 강력하게 반대를 한 것에 대해서 용납하고 받아들인다는 것이 심정적으로나 논리적으로 자연스럽지 못한 것은 사실이나, 일상생활 속에서 그런 일을 자주 경험하고 있다는 것 또한 사실이다. 예를 들면 담배 피우는 것에 대해 불쾌하게 느끼는 사람이 금연 표시판이 없는 공공장소에서 애연가가 피워대는 담배 연기를 싫어할 수도 있다. 그러나 흡연 행위에 대해서 반대를 하면서도 그는 공공장소에서 애연가가 향유하고 있는 권리에 대해서 인정하고 용납하고 있다. 금연가는 이 경우에 애연가에 대해서 관용을 행사한다고 말할 수 있다. 그런데 여기서 관용의 행사가 일방적인 것이 아니라고 지적한 앞서의 주장과 관련하여 한 가지 덧붙일 필요가 있다. 위의 예에서 금연가가 보여준 관용과 상응해서 애연가 역시 같은 종류의 관용을 행사하고 있다고 볼 수 있다. 애연가는 담배를 피우고 싶을 때 어디서나 피울 수 있는 자유를 제한당하고 싶지 않을 것이다. 그런데 관공서나 병원, 또는 버스나 기차에서도 금연을 지정하여 그런 자유를 제한하고, 또 심지어 금연을 입법화하려는 것에 대해 애연가는 반대 의사를 가질 수 있다. 그러면서도 실제로는 금연 규정을 지키고 자기 억제를 통해 다른 사람의 혐연권을 인정하고 용납하고 있다. 따라서 관용은 상호 교환적인 행위이며 권리의 행사라는 면에서 보다는 자유의 확대라는 면에서 이해되어야 한다.

다시 정의의 문제로 돌아가자. 앞에서 든 예와 비교되는 또 하나의 예를 통해 프레스턴 킹의 정의가 부분적으로 수정되어야 함을 살펴보자. 남아프리카공화국에 거주하고 있는 한 백인이 인종 차별 정책에 대해 반대를 하면서도 그것을 용납한다고 할 때, 그는 국가의 이 특정한 정책에 대해 관용하고 있다고 보아야 하는가? 금연가가 애연가의 권리나 자유를 인정해서 흡연을 용납하는 것처럼, 이 반대자는 국가가 자유롭게 정책을 결정할 수 있다는 권리를 인정해서 그 차별 정책을 용납한다고 볼 수 있는가? 이에 대한 대답은 왜 인정하고 용납하게 되었느냐에 달려 있다. 만약 반대 의사를 행동으로 표시할 수 있는 힘이 없어서 인정한다면 이는 이미 관용이 아니라 묵인 또는 복종이다. 한편 저항할 수 있는 힘이 있음에도 불구하고 자발적으로 그 정책에 반대하는 부정적 행동을 하지 않는다면 이는 관용으로 볼 수 있다. 첫 번째 예에서 용납은 두 번째 예의 경우와는 분명히 다른 맥락에서 사용되고 있다. 애연가는 자발적인 자기 통제력의 발휘를 통해서 금연을 용납한다고 볼 수 있고, '반대와 용납'이라는 관용의 공식에서 모순과 역설적인 느낌을 덜 느끼게 한다. 그러나 인종 차별 정책의 반대자는 자발적으로 용납하기 어려우며 자기 통제보다는 국가권력의 위협적인 압력에 굴복하여 용납함으로써 관용의 자기 모순성을 더 강하게 드러낸다. 따라서 반대와 용납의 결합이라는 프레스턴 킹의 정의에서 용납의 의미를 더 제한해서 사용할 필요가 있게 된다. 프레스턴 킹 교수가 '이념적 관용(ideational tolerance)'에 국한해서 사용한 '부정적 행위의 자발적 중지(voluntary suspension of negative act)'를 일반화해서 넓은 의미의 용납을 대신해서 사용하고자 한다.5) '부정적 행위의 자발적 중지'가 '용납'보다 소극적인 표현인 것은 사실이나, 관용 개념의 복잡성을 피하기 위해서는 소극적인 표현이 더 유용할 것이다. 부정(반대)하면서 동시에 긍정(용납)하는 관용의 공식에서 생길 수 있는 모순과 역설적인 느낌을 감소시키기 위해서, 그리고 용납이라는 개념의 모호성을 피하기 위해서, 용납이라는 말 대신에 '부정적 행위의 자발적 중지'로 대체하는 것이 적절하다.

반대하는 것(대상)에 대해 부정적인 행위를 자발적으로 중지했다고 해서 그것이 언제나 용납을 포함하지는 않는다. 인종 차별 정책에 대해 반대, 저항 같은 부정적 행위를 하지 않았다고 해서 그것을 용납했다고 보기는 어렵다. 용납은 복종, 강제적 시인, 묵인 등을 포함하고 있으므로 관용 이외의 유사한 개념들로부터 관용을 뚜렷이 구별하기 곤란하게 만든다. 왜냐하면 관용은 본래 자발적 행위 또는 자유와 관련되어 있는데, 복종, 강제적 시인, 묵인은 자유의 결핍을 의미하기 때문이다. 또한 허가나 허용은 권리 개념과 연관되어 있으므로 자유의 확대라는 관용의 기능과 어울리지 않으며 관용이 상호 교환적 행위임에 비해 일방적이다. 따라서 관용을 정의할 때 외연(外延)의 양이 많은 '용납'보다는 내포(內包)의 양이 증가된 '부정적 행위의 자발적 중지'를 택하는 것이 앞으로의 논의를 위해서도 바람직할 것이다.

3. 관용의 원리

관용의 원리를 논의하기 위해서는 먼저 사회적 갈등에 대해 언급할 필요가 있다. 왜냐하면 관용의 기능은 궁극적으로 갈등의 해소에 있기 때문이다. 갈등이란 본질적으로 해소되고 지양되어야 한다. 헤겔과 같은 변증 논리학자의 설명을 빌리지 않더라도, 두 사람 이상의 집단에서는 크고 작은 갈등이 발생하고 그것이 오히려 사회적 변화의 원동력이 된다는 것을 우리는 일상생활에서 경험적으로 알고 있다. 복잡한 사회적 갈등을 해소하기 위해 지금까지 시도된 방법들은 다음 몇 가지로 구분할 수 있다. 첫째 방법은 인도의 카스트 제도나 조선시대의 사농공상처럼 계급 구조의 심화를 통해 사회적 신분의 이동을 원천적으로 봉쇄하거나 최대한으로 억제함으로써 계급적인 갈등을 제거하는 것이었다. 둘째 방법은 소수의 통치 집단이나 지배계급의 이익을 옹호하는 법률을 제정하고 이 법률에 의한 엄격한 통제를 통해 사회적 갈등의 표출을 막는 것이었다. 개인들의 욕구가 빚어내는 갈등을 해소하기 위해 충성을 강요하는 군주 정치나, 효율성을 최상의 덕으로 삼는 관료주의적 독재주의가 흔히 택하고 있는 방법이다. 세 번째는 권위 있는 집단의 부재가 낳기 쉬운 무정부 상태나 힘이 비슷한 세력들이 타협에 실패하고 한계점에 이른 상태에서 폭력을 수반한 '혁명'이라는 급진적 방식은 일시에 충격적으로 갈등을 누그러뜨리게 할 수 있다. 그러나 이와 같은 방법들은 우리가 지향하고 있는 자유민주주의 사회에서는 채택할 수 없음이 분명하다. 왜냐하면 첫째 방법은 비도덕적이고, 둘째 방법은 비합법적이며, 세 번째는 역사적 경험을 통해서 알 수 있듯이 성공적이지 못하기 때문이다. 따라서 여기서 제안하고자 하는 방법은 넓은 범위에 걸쳐 '관용'이 행사되는 사회를 만듦으로써 첨예하게 대립하고 있는 개인이나 집단들 사이의 갈등을 줄이자는 것이다. 다시 말해 안으로는 자기비판을, 밖으로는 합리적인 설득을 통해 이해의 폭을 확대하고 그것에 의존해서 반대되고 불일치하는 것에 대한 '부정적 행위의 자발적 중지'를 호소하는 방법이다. 이는 다원 민주주의(plural democracy) 사회에 적절한 갈등 해소의 방법으로 추천될 만하다. 어떻게 해서 관용이 다원주의 사회와 다문화사회의 덕목으로서 사회적 갈등과 충돌을 회피하는 기능을 하는가? 이 절에서의 관용의 원리에 대한 고찰과 다음 절들의 논의는 이에 대한 대답을 제공하리라 본다.

앞에서 우리는 관용을 '반대'와 '부정적 행위의 자발적 중지'라는 두 가지 요소의 결합으로 정의했다. 이때 반대는 불일치(disagreement), 불승인(disapproval)으로 바꿔 말할 수도 있다. 이들 반대, 불일치, 불승인은 모두 '관용되는 것'에 대한 일차적 평가를 지칭하는 말들이다. 이때 평가되는 대상은 대체로 개인 또는 집단의 도덕적, 사회적, 정치적 행위들이며 그 평가는 신념의 표현 또는 가치 판단의 성격을 띤다. 이념 또는 정책에 대한 반대, 개인 또는 집단적 이익의 불일치, 도덕적 신념 또는 종교적 신조의 불승인 등은 다원주의 사회와 다문화사회에서는 자연스럽게 발생하는 것들이며 때로는 다양성의 한 징표로서 간주되기도 하지만 대부분의 경우에는 갈등의 진원지가 되기도 한다. 문제는 관용되는 것에 대한 일차적 평가(반대, 불일치, 불승인)를 바탕으로 해서 어떻게 '부정적 행위의 자발적 중지'라는 이차적 평가가 가능한가에 있다. 관용의 행사에는 '반대'와 '부정적 행위의 자발적 중지'라는 두 요소가 전제되어 있고, 이 양자는 논리적으로 서로 연결되어 있다. 이 양자 사이의 논리적 연결은 '관용의 원리'에 의해 이루어지고 있다.

관용의 원리는 사람에 따라 각기 다르게 표현되고 있다. 프레스턴 킹은 '절차적 회의주의(procedural skepticism)'[6]로 보았고, 피에르 벨(Pierre Bayle)은 '불확실성의 원리(uncertainty principle)'[7]를 종교적 관용의 기초로 삼아 이념적 관용의 원리로 확대하고 있다. 또 코헨(B. Cohen)이나 스터치(R. L. Sturch)는 '도덕적 비독단주의의 원리(principle of moral non-dogmatism)'[8]로 이해하고 있다. 위의 세 가지 원리는 각기 이념적 관용, 종교적 관용, 그리고 도덕적 개념으로서의 관용을 설명할 때 국한해서 사용되고 있으나, 나는 이들 중 어느 하나를 관용의 원리로 선택하기보다는 '불완전성의 원리(principle of imperfectability)'로 수렴해서 관용의 원리로 삼으려고 한다. 이는 위의 세 가지 원리가 공통적으로 인간의 불완전성을 내포하고 있기 때문이다. 다시 말해 모든 인간이 인식론적으로나 존재론적으로 불완전하다는 사실은 거부할 수 없는 원리이기 때문이다. 회의주의의 일반적 성격에 의하면 인간의 인식 능력은 주관적이고 상대적이기 때문에 보편타당한 진리를 — 만약 그런 것이 있다면 — 인식하기에 부적절하며, 또한 그것은 불가능하다. 인간의 존재 자체가 불완전하며 사회적, 역사적인 제약 때문에 굴절된 인식이 불가피하다. 따라서 어떤 종류의 판단이나 평가도 충분하고 완전한 근거를 가지지 못한다. 인간의 존재가 불완전하다는 인식은 프로타고라스와 플라톤 이래 대부분의 철학자와 신학자들에 의해 인정되어 왔다. 동시에 이들은 늘 이런 불완전성을 극복하고자 했고 그 방법들을 나름대로 제안하고 있다. 플라톤은 이데아의 세계를 통해 완전성에 도달하려고 했으며, 영지주의자들(Gnostics)과 중세의 신학자들은 신의 계시와 신적인 지식을 통해 인간적인 한계를 극복하려고 했다. 그러나 인간의 제한성과 불완전성을 본질적인 것으로 보고 이를 초월, 극복하는 대신에 당연한 사실로 인식한 것은 17세기 이후이다. 마키아벨리(Machiavelli), 보댕(Jean Bodin), 홉스(Thomas Hobbes), 로크(John Locke), 벨로 이어지는 종교적 관용론은 바로 이와 같은 인식에 근거를 두고 있다. 인간의 본성에 대한 비관적인 견해와 인식의 불완전성은 누구도 완벽하게 확실한 것을 주장할 수 없다는 사실을 깨닫게 해준다. 볼테르(Voltaire)의 표현을 빌리면, "우리는 서로 관용해야 하는데, 왜냐하면 우리 모두는 약하고 불일치하고 변덕스럽고 잘못을 범하기 때문이다."[9] 그리고 이 사실로부터 추론된 논리적, 도덕적 결과가 바로 관용이다.

그런데 관용되는 것에 대해 우선적으로 내려지는 부정적 평가(반대)는 개인의 존재론적 결점 같은 내재적이고 본질적인 이유뿐만 아니라 불충분한 정보의 제공, 통치 집단에 의한 이데올로기적인 조종, 사회적 관습 같은 외부적인 요인들 때문에도 생겨난다. 실제로 사물에 대해 객관적으로 평가하는 일과, 갈등을 일으키는 사물, 이념, 가치 체계들에 대해 불편부당하기란 곤란하거나 불가능하다. 바로 이런 사실 때문에 어떤 대상에 대해 전면적으로 부정적 평가를 내리거나 그것에 대해 전면적인 거부 행동을 할 수 없게 된다. 크릭(B. Crick)의 말대로 관용은 전면 부정도 전면 긍정도 아니며, 평등하게 모든 것을 평가하는 것도 아니며, 비판을 삼가는 것도 아니다.[10] 오히려 관용은 다른 사람, 다른 신념, 의견, 사상, 가치 등에 대한 나 자신의 행위가 얼마만큼 정당화될 수 있는가 하는 의심으로부터 발생하는 것이다. 그리고 이 의심은 소위 '불완전성의 원리'로부터 기인되는 것이다.

다른 사람의 행동이나 신념, 그리고 심각하게 숙고한 후에 지지하는 다른 사람의 합리적 이념에 대해서 내가 반대한다고 할 때, 여기에는 상대방의 행동과 신념이 불완전해서 오류를 범하고 있다고 주장하는 만큼 나 자신도 아무리 확신의 정도가 높다 하더라도 같은 정도의 잘못을 범할 수 있다는 사실이 함축되어 있다. 이와 같은 사실을 받아들이도록 요구하는 것이 곧 '불완전성의 원리'이다. 관용을 실천하는 일은 이 원리를 근거로 해서 싫어하는 것에 대한 부정적 평가와 자발적인 부정적 행위의 중지가 서로 연결될 때 가능하게 된다. 만약 누가 관용의 정신을 이해시키고 확대시키려고 한다면, 이는 곧 관용의 원리인 '불완전성의 원리'를 받아들이도록 설득하는 일과 다름이 없다. 뒤에서 논의할 도덕적 개념으로서의 관용이나 사회적 가치로서의 관용은 결국 불완전성의 원리가 어떻게 도덕의 영역에서, 그리고 사회철학의 영역에서 기능하는가를 보여줄 것이다.

4. 도덕적 개념으로서의 관용

앞에서 관용을 정의할 때 드러났듯이, 싫어하는 것에 대해서 용납하고 자발적으로 그것에 대해 부정적 행위를 중지하는 일이란 사람의 자연스러운 심성에 거슬린다. 그리고 이 관용의 개념을 실천적인 맥락에서 이해하려고 할 때 그 부자연스러움은 더욱 확연히 드러난다. 관용의 가치 속에 감추어져 있는 부정적 기능에 관해 주목한 사람은 이히하이저(Gustav Ichheiser)와 코헨이 있다. 관용은 바람직하고 광신주의는 악하다는 단순한 흑백논리를 부정하면서, 이히하이저는 관용을 애매하고 문제성이 있고 자기 모순적인 원리이며 문제를 해결하기보다는 은폐하는 데 이용되고 인간관계에서 직면해야 하는 해결 불가능한 딜레마나 역설(paradox)을 증가시킴으로써 구체적인 삶 속에서는 지속적으로 적용될 수 없는 것으로 이해하고 있다.[11] 코헨 역시 「윤리적 역설(An Ethical Paradox)」이라는 논문에서 관용의 자기 파괴적 성격이 정치의 영역에서 뿐만 아니라 윤리의 영역에서도 발견된다고 보고, 특히 '도덕적 비독단주의의 원리(principle of moral non-dogmatism)'는 모순과 역설을 발생시킨다고 주장한다.[12] 코헨은 "모든 사람은 자기가 해야 한다고 생각하는 것을 해야 한다(Everyone ought to do what he thinks he ought to do)"를 도덕적 비독단주의의 원리로 보고, 이 원리가 다른 도덕적 원리들과 결합될 때 갈등이 생기며 그 이유는 도덕적 비독단주의의 원리가 관용의 원리에 의해 지지되기 때문이라고 한다. 예를 들면 양심적인 병역 기피자(conscientious objector)나 평화주의자(pacifist)는 도덕적 비독단주의의 원리에 따라 군 소집 영장에 불응하거나 집총을 거부할 수 있다. 그리고 이들의 행위는 '누구나 자기가 하고 싶은 일을 해야 한다'는 도덕적 비독단주의의 원리나 '누구나 완전할 수 없다'는 관용의 원리에 의해서 보장받을 수 있다. 그러나 동시에 이들의 행위는 다른 사회적 가치, 즉 나라의 수호를 위한 국방의 의무는 누구나 져야 하며 독립의 쟁취나 외침에 대한 방어 수단으로 전쟁은 수행되어야 한다는 주장과는 분명 상치된다. 이와 유사한 종류의 도덕적 갈등은 항상 있으며, 이는 도덕적 비독단주의의 원리가 보편적 도덕적 원리(universal moral principle)가 아님을 반증한다. 또 이 원리를 지지하고 있는 관용도 역시 '보편적 관용(universal tolerance)' 또는 '전체적 관용(total tolerance)'[13)]이 아님을 의미한다.

만약 도덕적 비독단주의의 원리가 보편적 도덕적 원리라면 '나는 …해야 한다(I ought to do)'라는 도덕적 진술은 곧 '누구나 …해야 한다(one ought to do)'를 수반한다고 하는 헤어(R. M. Hare)의 '보편화 가능성의 원리(principle of universalizability)'도 지지되어야 하며, 이때 더 이상 관용의 문제는 의미가 없어진다. 또한 카스텔리옹(Sebastien Castellion) 같은 대부분의 종교개혁가들은 보편적 관용을 주장하나, 실제로 어느 경우에도 전체적 관용은 불가능하다고 보아야 할 것이다. 우리 일상생활은 관용과 불관용의 혼합된 구조로 이루어져 있으며, 때때로 불관용이 불가피한 경우나, 불관용해야 함에도 불구하고 관용함으로써 자기 파괴적인 결과를 낳는 경우도 있다. 프레스턴 킹의 지적대로 '순수한 관용(pure tolerance)'은 가치 판단과 사실 판단을 불가능하게 만들며,[14)] 불관용을 악한 것으로 만들고 도덕적 원리에 무관심해짐으로써 도덕감의 해이를 조장하기 쉽다. 따라서 관용에 대한 논의는 언제나 한계 내에서의 관용 또는 제한된 관용만을 대상으로 다루어야 한다.

지금까지 우리는 도덕적 비독단주의의 원리가 보편적인 도덕적 원리가 아니며 이 원리를 지탱해주는 관용 역시 전체적 관용이 아님을 알았다. 이제 남은 문제는 어떻게 도덕적 비독단주의의 원리가 '관용의 원리'와 연결되며 도덕적 개념으로서의 관용이 어떤 기능을 하는가를 살펴보는 것이다. 앞서 코헨은 도덕적 비독단주의의 원리를 "모든 사람은 자기가 해야 한다고 생각하는 것을 해야 한다"고 정의했다. 그런데 이는 충분치 못하다. 왜냐하면 무엇이 그로 하여금 '마땅히 …해야 한다'는 생각을 갖도록 하는지가 분명치 않기 때문이다. 통상 도덕적 결정을 내리는 것은 어떤 준칙 또는 기준에 따라야 함을 전제로 한다. 이 준칙 또는 기준을 양심 또는 일반적인 의미에서의 도덕적 원리라고 부르기로 하자. 따라서 앞의 도덕적 비독단주의의 원리는 "모든 사람은 자신의 양심이나 도덕적 원리에 따라서 자기가 해야 한다고 생각하는 것을 해야 한다(Everyone ought to do what he thinks he ought to do in accordance with his own conscience or moral principle)"로 대체되는 편이 더 정확하다. 그런데 비록 양심이나 그 밖의 도덕적 원리에 따라 행위를 한다 하더라도 그것들이 도덕적 행위의 최고 기준은 못 된다. 고전적인 직관주의자나 진화론적 자연주의자들이 믿었던 만큼 양심은 구체적인 윤리학의 문제에 대해 적절한 해결책을 제공하지 못하며, 심지어 양심을 초자아(super ego)의 사회적 발전으로 보는 프로이트적인 해석이 가능한 이상 양심이 행위의 기준이 되기에는 상대성과 불확실성이 내재되어 있기 때문이다. 또 어떤 도덕적 원리도 독단적이기 쉽다. 왜냐하면 어느 누구라도 일정한 도덕적 원리를 지지한다면 그는 유사한 유형의 모든 경우에 예외 없이 그 원리를 적용하려고 하기 때문이다. 따라서 칸트처럼 조건 없이 주장되는 정언 명령이 선험적으로 존재한다는 것을 주장하지 않는 한, 모든 도덕적 원리 또는 가치는 경험적 산물이라고 볼 수 있으며, 여기에도 역시 상대성 내지는 불확실성이 함축되어 있다. 결국 도덕적 원리의 독단적인 경향을 배격하고 비독단주의를 주장하고 나선 '도덕적 비독단주의의 원리'는 역설적으로 도그마나 불확실성과 관련되어 있음이 분명하다. 이런 불확실성은 이미 살펴본 바로는 관용의 원리로 삼았던 불완전성의 원리와 맥을 같이하며 바로 이 점에서 '도덕적 비독단주의의 원리'와 '관용의 원리'가 연결된다.

인간의 인식에 있어서 드러나는 불완전한 조건과 존재론적 결함이 관용의 당위성을 낳듯이 도덕적 행위의 기준이 불완전하고 불확실하다는 사실은 도덕적 가치들 사이에 갈등이 야기되는 상황에서도 마땅히 관용해야 할 이유를 제공한다. 윤리적 인지론(ethical cognitivism)이나 윤리적 보편주의(ethical universalism)를 따르는 사람은 무엇이 옳으며 정당한지를 알 수 있고 또 그것이 보편화될 수 있다고 보기 때문에 그와 반대되는 것에 대해서 적극적으로 불관용하며 관용에 대해서 공격적이다. 그렇지만 도덕적 개념으로서의 관용과 도덕적 비독단주의의 원리 속에 똑같이 들어 있는 불확실성은 도덕적 회의주의(moral scepticism) 또는 윤리적 상대주의(ethical relativism)를 낳는다. 이들 입장에 의하면 윤리적 신념이나 실행에 있어서 나 자신만큼 다른 사람의 것도 동등하게 우월하다는 것을 인정하게 되고 다른 가치 체계에서는 어느 것이 더 정당한지 알 수 없기 때문에, 아무도 '옳고 그름', '선과 악'을 절대적으로 규정지을 수 있는 능력은 없다고 보게 된다.

또한 도덕적 비독단주의의 원리와 관용은 모든 '자기 억제(self-restraint)'를 실행하고 있다는 점을 공유하고 있다. '누구나 (양심이나 도덕적 원리에 따라서) 자기가 해야 한다고 생각하는 바를 해야 한다'고 하더라도, 이 원리는 결코 무제한적인 허용이나 '마음먹은 대로 행동해도 규범에 어긋남이 없는(從心所欲 不踰矩)' 것이 아니며, 홉스가 가정한 자연 상태에서나 가능한 행위의 자기 결정권을 의미하는 것도 아니다. 이 원리는 오히려 자기 억제의 실천을 전제로 해서 성립이 가능하다. 마찬가지로 어떤 대상에 대해서 부정적으로 평가하면서도 동시에 자발적으로 부정적 행위를 중지하도록 요구하는 관용도 자기 억제의 부여(imposition of self-restraint)가 필수 조건이 된다. 그리고 여기서의 자기 억제는 자유로운 자기 통제이며 관용을 자유의 한 형태로 본 앞의 주장과도 일치한다.

끝으로 관용이 도덕의 영역에서 어떤 기능을 하는지 살펴보자. 이 글에서 논의되고 있는 관용은 상대적이고 제한된 의미에서의 관용임을 이미 밝혔다. 그리고 도덕적 개념으로서의 관용은 도덕적 회의주의 또는 윤리적 상대주의와 맥을 같이하며 바로 이런 사실은 관용의 한계가 불확정적일 수밖에 없도록 만든다. 어디까지 인내해야 하며 어떤 행동은 관용되고 어떤 행동은 불관용되어야 하는지 그 기준은 상황이나 개인에 따라 달라진다. 우리의 삶에는 서로 다른 가치 체계가 엇물려 있으므로 갈등과 모순이 생기는 일은 당연하다. 그 사이에서 도덕적 결정을 내리는 일은 선택의 문제이며 또한 복잡 미묘한 문제이다. 그러면 왜 이렇게 모호하고 애매한 관용을 하나의 도덕적 개념으로서 논의하고 또 지지해야 할 필요가 있는가? 그것은 관용이 지니는 애매성이나 복잡성보다는 그것이 지니는 적극적 기능이 더 크고 중요하기 때문이다. 처음부터 주장해왔듯이 관용은 갈등 해소의 한 방식으로 추천될 만하다. 관용은 역설적이고 모순이 생기는 가치들 중에서 어느 하나를 선택하고 다른 것을 완전히 배제하는 방식으로 갈등을 해소하지 않고, 오히려 대립되는 것들 사이의 공존을 인정하도록 함으로써 충돌을 완화하거나 해소시키려고 한다. 또 그렇게 함으로써 우리는 도덕적 선입견이나 편견을 회피할 수 있고, 불일치나 반대 의견이 출현했을 때 자신의 입장과 견해를 재평가하게 된다. 관용은 도덕적 결정을 내리는 일에 있어서 다른 사람만큼 자신도 잘못을 범할 수 있다는 가능성을 자각하도록 해줌으로써 다른 사람의 대안(alternatives)에 대해서 합리적인 숙고(rational deliberation)를 하게 만드는 경향이 있다. 관용의 도덕적 기능에 대해 토머스 헌(Thomas Hearn Jr.)은 다음과 같이 말한다. "도덕적으로 말해서 관용은 더 많은 도덕적 자각을 제공함으로써 불가피하게 우리의 도덕적 공감(moral sympathy)을 확대하도록 유도한다. 그리고 관용은, 인간을 목적으로서, 그리고 존엄성과 고유한 가치를 지닌 합리적 존재로서 간주하도록 명령하는 칸트의 정언 명령에 따라 행동하는 일과 필연적으로 관련되어 있다."[15)]

5. 사회적 가치로서의 관용

사회적 가치는 어떤 사회를 구성하는 대다수의 사람들이 묵시적으로 또는 명백하게 지지하는 신념의 체계를 의미한다. 이런 사회적 가치는 전통, 관습의 형태로 나타나기도 하고 법률이나 제도를 통해서 드러나기도 한다. 이 글에서 논의하고자 하는 사회적 가치는 특별히 사회 조직의 원리로서 정치적 덕목(political virtue)을 지칭한다. 군주정치가 지향하는 정치적 덕목을 '충성(royalty)'이라고 한다면, 관료주의는 '효율성(efficiency)', 사회주의는 '평등(equality)', 전체주의적 국가주의는 '애국심(patriotism)'을 지향한다고 할 수 있다. 그러면 자유민주주의 국가에서 추구하는 정치적 덕목으로서의 사회적 가치는 무엇인가? 특히 오늘의 한국 사회가 여러 번의 시행착오를 거치면서 다시 재구성하려는 자유민주주의 정치체제는 무슨 덕목을 기초로 해야만 하는가? 일반적으로 말해서 한국 사회는 자유민주주의를 정치적 이상으로서 인정하고는 있으나 정치체제로서의 자유민주주의와 더불어 정립되어야 할 개인과 국가와의 관계는 이에 걸맞지 않게 전체주의적인 성격을 띠고 있다는 데 문제가 있다. 세계사에 유래 없이 중앙집권적인 왕권정치와 봉건주의가 오래 지속됨으로써 가부장적 권위주의가 오랫동안 사회를 유지해온 기본 원리가 되었다. 대의명분(大義名分)을 중시하고 충과 효를 가르침으로써 개인보다는 사회와 국가를 우선으로 생각하는 전체주의적 가치관이 지배적인 사회적 가치였다. 이와 같은 권위주의와 전체주의가 사회의식의 기층을 이루고 있는 한 자유민주주의는 정치제도로서 이들과 양립되기 어렵다. 왜냐하면 서구에서의 자유민주주의는 그 출발부터 봉건 질서를 무너뜨리고 구체제(ancient regime) 아래에서 설정되었던 개인과 국가 또는 개인과 사회와의 관계를 '자유주의'와 '개인주의'의 입장에서 재정립함으로써 시작되었기 때문이다.

20세기 후반기의 한국 사회처럼 질적으로나 양적으로 급격한 변동이 일어나고 있는 상황을 보수적인 권위주의와 단순한 전체주의 이념으로 통합하기란 불가능하다. 권위주의는 경직된 사회를 만들기 쉬우며 전체주의는 획일적인 사회운동으로 불관용의 범위만 확대시키고 다양성을 허용하지 않기 때문이다. 따라서 바람직한 방향으로 한국 사회가 변화되어가도록 지지해야 할 합의된 사회적 가치가 있다면, 그것은 다음과 같이 요약해서 말할 수 있을 것이다. 정치제도로서는 자유민주주의를, 경제 질서에 대해서는 자본주의를, 그리고 개인과 국가의 관계에 대해서는 자유주의와 개인주의의 이념을 지향하는 것으로 가정해볼 수 있다. 그리고 이 네 가지 이념이 한데 어울려 각각 그 본질적 기능을 잘 수행해나갈 수 있는 사회를 '다원적 민주주의(plural democracy)'라 부르고, 이 사회가 잘 유지되도록 하는 데 필수적인 조건들 가운데 하나를 '관용'으로 보려고 한다. 비록 다원적 민주주의라는 개념과 사회적 가치로서의 관용은 로버트 울프(Robert Wolff)[16]에게 빌려온 것들이나, 현대 미국 사회를 다원적 민주주의 사회로 본 것이나 관용이 극복되어야 한다는 그의 견해에 나는 전적으로 동의하지는 않는다. 그 주된 이유는 이 절에서 이루어지는 모든 논의가 한국 사회를 염두에 두고 있기 때문이며, 관용은 극복되어야 할 것이 아니라 오히려 불관용 때문에 생긴 문제가 심각한 한국 사회에서는 절실히 요구되는 것이기 때문이다. 사실 우리는 앞에서 가정한 네 가지 이념이 지배하는 사회를 충분하게 경험해보지 못했으며, 오히려 경직된 사회가 만드는 불관용의 높은 장벽만을 오랫동안 실감하며 살아왔기 때문에, 다원주의와 관용을 극복되어야 하는 것으로 본 울프의 주장은 우리에게는 적합하지 않다.[17] 그러면 다원적 민주주의 사회에서 왜 관용이 정치적 덕목으로 필수적인가? 관용이 사회적 가치로서 다원적 민주주의 사회 그리고 다문화사회에서 어떻게 그 기능을 발휘하는가를 보여줌으로써 이 질문에 대한 대답은 가능하다.

첫째로 관용은 이데올로기를 초월해서 다른 신념의 체계를 용납할 수 있는 길을 열어준다. 이 진술을 이해하기 위해서는 다소 우회해서 설명하는 일이 불가피하다. 편의상 20세기에 양극적인 대립의 양상을 보여왔던 자유민주주의와 공산주의의 이데올로기를 비교하면서 어느 체제가 관용을 더 보장해주는지 밝혀봄으로써 이 진술을 입증하고자 한다. 정치체제로서 또는 경제 이론으로서의 공산주의 이념은 여러 종류의 이론들로 복합 구성되었지만 마르크스의 이론을 근간으로 하고 있다. 특히 역사적 유물론과 자본주의 붕괴론, 그리고 프롤레타리아 독재론을 근본 이론으로 삼고 있다. 주지하는 바와 같이 역사적 유물론은 사회의 발전 과정을 결정론적 시각에서 이해하는 것이며, 이에 따라 자본주의는 필연적으로 공산주의로 대체된다고 마르크스주의자들은 믿는다. 또한 공산 사회의 건설을 위한 과도적 단계로서 프롤레타리아 독재가 필수적이라는 생각에는 불가피하게 전체주의적인 성격이 강하게 전제되어 있다. 이와 같은 사회에는 후세대를 위해 현세대가 자유와 권리를 희생하도록 요구하는 '제도화된 불관용(institutionalized intolerance)'이 지배적이며, 이런 권위주의적이고 전체주의적인 정부의 통제 아래 사는 사람들은 제도적인 폭력과 억압이 불가피하다고 인정하도록 교육받고 있다. 마르쿠제(H. Marcuse)는 이런 상태를 '억압적인 관용(repressive tolerance)'이라고 부르고 있다.[18] 마르크스주의자에게 있어서 자유민주주의와 자본주의는 관용되는 대상이 아니다.

반면 자유민주주의 이데올로기는 어떠한가? 이데올로기는 본질적으로 이미 그 자체 속에 극복되어야 할 속성을 지니고 있다. 따라서 민주주의도 하나의 이데올로기로서 이미 그 속에 '자기부정' 또는 '자기수정'의 길을 열어놓고 있다. 경제 제도로서의 자본주의나 정부 형태로서의 민주주의를 인류가 발견해낸 가장 바람직한 것으로 믿고 있는 이유도 바로 이들 속에 자기비판의 기능이 다른 어느 제도나 체제보다 잘 유지되고 있기 때문이다. 근대 민주주의 이전에 등장했던 다른 정치체제들이나 자본주의 이전 단계의 경제 제도들은 그들 속에 내적인 갈등과 모순이 생겼을 때 새로운 것으로 대체되는 과정을 거쳐 변화되어왔으나, 자유민주주의나 자본주의는 자기비판과 자기부정의 기능을 통해 수정하는 방식으로 전개되고 있다.

자유민주주의는 완벽한 이념 체계가 아니며 민주주의 사회는 때때로 서로 갈등을 야기하는 다양한 집단들로 이루어져 있다. 서로 다른 사회들이 다른 신념을 유지하며 공존할 수 있는 곳이 다원적 민주주의 사회이며, 이런 사회의 유지를 위해 필요한 덕목이 바로 관용이다. 결국 관용의 정신과 자유민주주의가 접목되는 이유는 민주주의의 자기비판 기능과 관용의 원리인 '불완전성의 원리'가 일치하며 자기비판을 통해 타자(他者)의 인식을 가능케 하는 민주주의 이념이 관용의 실천 속에 들어 있는 자기 억제(self-restraint)의 정신과 상통하는 데 있다. 마르쿠제의 다음과 같은 주장은 지금까지의 설명과 맥을 같이한다. 그에 의하면,[19] 관용은 민주주의 사회에서만 논의가 가능하며, 그 전제조건은 세워진 사회가 자유로워야 하며 사회 구조나 사회적 가치의 개선과 변화도 공개적이고 자유로운 토론을 거쳐 정상적인 경로를 통해 이루어져야 한다는 것이다. 한 개인으로서 또는 정치적 기구의 구성원으로서 국민이 국가의 정책을 입안, 유지, 수정하는 일에 참여할 수 있는 곳은 민주주의 사회뿐이다. 그리고 이런 사회에서만 국민은 국가에 대해 정치적 의무라는 이름으로 관용을 행사하며, 국가는 국민에게 특정한 이념을 주입시키거나 조정하기를 삼가고 무절제하게 권위를 행사하지 않고 국민이 독자적인 생각을 표현하고 발전시킬 수 있도록 보장해줌으로써 관용을 행사한다.

둘째로 관용은 다원적 민주주의 사회에서 '사회적 안정(social stability)'을 위한 기능을 수행한다. 일반적으로 사회적 안정을 위한 노력에는 여러 가지 방식이 동원될 수 있으나 여기서는 다음 두 가지 방식을 통해서 가능하다는 것을 보이고자 한다. 하나는 자유의 확대이며 다른 하나는 적응성(adaptability)의 제고인데, 이 두 가지 방식은 모두 관용이라는 사회적 가치와 밀접하게 연결되어 있다. 개인의 자유는 사회적 간섭이 배제되는 만큼 상대적으로 확대된다. 그리고 사회적 간섭의 배제는 사회적 중립성(social neutrality)의 유지가 선결 요건이 된다. 즉, 충돌이 생기는 문제에 대해서 — 개인 사이의 문제든 집단 사이의 문제든 관계없이 — 사회가 중립을 지킴으로써 불필요한 간섭을 하지 않아야 한다. 또한 사회가 중립을 유지하기 위해서는 관용의 정책이 채택되어야 한다. 왜냐하면 관용은 편견을 회피하도록 해주고 더 나은 결정을 하도록 유도하기 때문이다. 따라서 관용은 개인의 자유를 확대하는 데 기여함으로써 결국 사회적 안정을 도모한다. 폭넓은 관용이 행사되는 사회는 그 정치적 또는 법률적 구조가 가능한 한 중립적일 때 가능하며, 그러한 중립성은 사회정책의 결정 과정에서 반대되는 의견이나 사상 등이 정당하게 평가되도록 보장한다. 이와 같은 사회적 중립성은 대립적인 것들을 동등하게 취급하도록 명령하는 '불편부당함(impartiality)'과 동일하다.

그런데 여기서 한 가지 지적해야 할 것은 사실 어느 누구도 사회가 완벽하게 중립적이거나 불편부당하게 되기를 기대할 수 없다는 점이다. 이것은 단지 정도의 문제일 뿐이다. 어느 사회나 체제의 유지 또는 안정을 위해 소위 정치교육(political education)이란 프로그램을 준비한다. 그리고 이 정치교육은 대체로 대립적인 이념, 가치, 의견, 태도에 대해서 중립적이거나 불편부당한 평가를 내리지 못하도록 만들며, 그 결과는 다른 개인이나 소수 집단, 그리고 다른 이념에 대해서 편견을 갖도록 한다.[20] 그리고 위험하게도 이런 편견의 심화는 불관용의 범위를 확대시키게 되고 이는 곧 관용되는 대상들에 대한 '사회적 제재(social sanction)'에 있어서 불균형을 초래한다.[21] 따라서 관용이 필요한 이유는 사회적 제재의 균형을 이루고 권리의 보장을 통해 개인의 자유를 확대하는 데 있다.

앞에서 제시한 사회적 안정을 위한 두 번째 방식은 급격한 사회변동으로 인해 생긴 새로운 환경에 적절히 적응함으로써 사회적 충격을 흡수함을 의미한다. 그러면 새로운 환경에 '적응'한다는 말은 무슨 뜻이며, 관용의 개념과는 어떤 관련이 있는가? 오늘의 한국 사회처럼 사회적 변동(social mobility)이 활발한 곳에서는 늘 여러 가지 종류의 변화가 일어난다. 산업구조의 변화, 새로운 사회계층의 형성 등과 같은 외면적인 변화는 통상 의식이나 가치관과 같은 내면적인 변화를 유도한다. 사회 유기체론자의 주장처럼, 새로운 세포가 낡은 세포를 대체함으로써 유기체가 생존하듯이, 사회도 새로운 사상, 집단, 의견, 태도 등에 대해 용납하거나 거부하는 기준이 달라지게 된다. 만약 전에는 거부되었던 것이 용납되거나, 전에 없었던 이념이나 가치 등이 새롭게 등장하고 무리 없이 사회적으로 수용된다면, 진폭이 큰 변화에도 불구하고 사회의 안정은 대체로 유지된다. 그리고 여기에 관용의 문제는 개입되지 않는다. 그러나 전에는 용납되었던 것이 이제는 거부되거나, 새로운 이념이나 가치가 기존의 것들과 마찰이 생길 때, 이것들은 사회적 안정의 불안한 변수로 작용하게 되며 여기에서 관용의 문제가 발생하게 된다. 예를 들면 소위 신세대라고 불리는 새로운 세대들의 가치관이나 행동 양식과 기존의 것들 사이에는 심각한 충돌이 생길 수 있다. 신세대들이 따르는 가치나 행동 방식에 대해 강한 거부감을 가진 기성세대들은 관용과 불관용 사이에서 갈등을 느끼지 않을 수 없다. 이미 지적했듯이 관용은 도덕적, 정치적, 사회적 갈등이 생기는 곳에서 요구되는 개념으로서, 대립되는 것들 중 어느 하나를 선택함으로써 갈등을 해소하도록 명령하는 것이 아니라 공존함으로써 충돌을 극소화하도록 권유한다. 따라서 관용은 다른 환경, 즉 다른 이념, 개인, 집단, 태도, 의견 등에 대한 적응성을 내포한다.

적응과 관련해서 울프는 개인과 사회를 다음과 같이 비유적으로 묘사하고 있다. 팽창력이 있는 가스로 채워진 풍선들(개인들)로 이루어진 밀폐된 공간이 사회이며, 풍선들은 다른 풍선들과 맞부딪칠 때까지 팽창하다가 그 후에는 주위 환경과 조절, 적응하게 된다는 것이다.[22] 울프가 본 것처럼 이 비유에서 풍선을 개인만 지칭하는 것으로 볼 필요는 없다. 소수 집단, 소수 민족, 이념 단체, 종교적 공동체 등으로 확대 해석해도 무방할 것이다. 아무튼 새로운 환경에 적응한다는 일은 곧 관용을 행사하는 일과 같으며 부정하는 어떤 것에 대해 관용하려면 먼저 그것에 대해 알아야 한다.

관용은 부정하는 타자(他者)에 대한 바른 이해를 요구하는데, 왜냐하면 불승인하고 반대하는 것이 합리적인 근거 위에서 이루어져야 하기 때문이다. 그리고 사회적 안정을 위해 적응성을 높이려면 그 반대하는 것들에 대해 관용하도록 설득해야 하는데, 크릭의 주장처럼 관용의 교육은 타자와 얼마만큼 같은가 또는 공유하고 있는 점이 무엇인가를 가르치기보다는 오히려 얼마만큼 그들과 다르게 공존할 수 있는가를 보여주어야 한다. 즉, '동일성(sameness)'보다는 '타자성(otherness)' 또는 '서로 다름'에 대한 인식이 관용을 위해 더 바람직하다.23) 여기에는 인식론적 또는 가치론적 전환이 요구된다. 개연적으로 말해서 현대사회는 동일성만을 강조하기에는 이미 다양하고 다원적인 구조로 변해버렸으며 설령 사회적 동일성이 강조된다 하더라고 우리는 그것이 배타적인 전체주의를 낳기 쉽다는 것을 알고 있다. 서로 다른 사회가 다른 신념을 유지하며 조화롭게 공존할 수 있는 다원적 민주주의 사회의 건설은 타자에 대한 바른 인식에서 출발하며 반대하는 것들에 대한 적응성을 높임으로써 사회적 안정이 이루어질 때 가능하다. 그리고 이런 사회로 나아가는 데 절대적으로 요청되는 사회적 가치 또는 정치적 덕목이 관용임은 분명하다.

6. 맺음말

보편적 관용이 불가능하다면 결국 한계 내에서의 관용만이 의미를 가지게 되는데, 문제는 그 한계가 어디인가 하는 데 있다. 싫어하고 반대하는 행동, 의견, 사상, 정책 등에 대해 얼마만큼 인내하고 관용해야 하는지, 그 정확한 한계를 정하는 일이란 분명히 또 다른 논의의 주제가 된다. 관용의 한계는 윤리적 차원에서가 아니라 경험적, 역사적, 실용적 차원에서 결정되어야 한다는 크릭의 주장에 동의하지만 그것이 이 글의 핵심 주제는 아니다. 오히려 관용의 개념이 윤리의 영역에서나 사회적, 정치적 영역에서 적용될 수 있다는 점을 보여주고자 했다. 또 그렇게 함으로써 관용에 대한 상식적 이해 또는 몰이해에 대해 주의를 환기시키고자 했다.

도덕의 영역이든 사회의 영역이든, 우리는 반대하고 불승인하는 것들에 대해 왜 관용해야 하는가? 이미 언급했듯이 우리의 인식론적, 존재론적 불완전성은 반대하는 타자들도 우리의 것과 동등하게 취급하도록 요구하고 있기 때문이다. 이와 더불어 사회적 제재, 폭력적 억압을 통한 불관용은 때때로 갈등과 마찰이 생기는 문제 상황에서 해결을 위한 적절한 수단이 되지 못하기 때문이다. 역사적 경험을 통해 우리는 편견으로 부터 불관용이 나오고 불관용은 폭력을 수반하기 쉽다는 것을 알고 있다. 마치 양팔저울의 양쪽 저울판에 한쪽에는 편견을 다른 한쪽에는 관용을 놓을 때, 편견의 증가는 관용의 감소를 의미하는 것과 같다. 이교도나 동일한 기독교 내에서 다른 분파에 대한 종교적 박해는 이를 증명해주고 있으며, 10여 년에 걸친 월남전은 공산주의 이데올로기에 대한 미국의 대외 정책이 보여준 불관용의 대표적 예가 될 수 있다. 이처럼 관용의 결핍은 관용되어야 할 대상들과 대화를 단절시키고 상호 협력의 기반을 무너뜨리고 결국에는 폭력을 낳기 쉽다. 마르쿠제는 역사가 늘 밀(J. S. Mill)과 같은 관용의 대변자들을 배반해왔으며 불관용은 역사의 진보를 지연시켰고 수백 년 동안 무고한 이들을 죽이고 박해하는 일을 지속시켜왔다고 비난한다.[24] 개인적 차원이나 사회적, 정치적 차원에서 관용의 정신이 확대되어야 할 이유는 충분하며, 관용이 의사 결정의 한 기준이 되고 또 사회정책의 한 태도가 되기 위해서는 비판과 논증의 자유가 최대한 보장되어야 하고 합리적인 논증(rational argument)이 자신의 반대 의사를 표현하는 유일한 합법적 수단이라는 믿음이 무엇보다도 중요하다.

2 장

관용의 정당화와 한계

1. 왜 관용이 문제인가?

관용은 인격적 성숙의 시금석인가, 아니면 체념과 무관심의 산물인가? 관용은 갈등과 대립을 폭력적인 힘에 호소하지 않고 해결할 수 있는 묘약인가, 아니면 억압적 현실을 왜곡하고 호도(糊塗)하는 지배자 중심의 윤리적 마약과 같은 것인가? 관용은 야누스의 얼굴처럼 이중적 기능을 가지고 있는 개념이다. 관용의 정신은 한 사회의 정신적 성숙도를 나타내주는 가늠자 역할을 하면서도 때로는 체념과 무관심에 가까운 경우가 많으며, 폭력을 가장 혐오하면서도 때로는 제도나 관습으로부터 가해지는 은폐된 폭력을 정당화하거나 묵인하도록 요구하는 지배자 편의의 도덕적 가치로 전락할 위험을 언제나 안고 있다. 또 관용의 정신은 다양성이 얼마나 중요한가를 인정하는 것으로부터 시작되나, 그 다양성의 인정은 때때로 상대주의의 함정에 빠지도록 유혹하거나 도덕적 타락을 유도할 수도 있다는 것 또한 사실이다. 관용은 다른 모든 도덕적 개념들과 마찬가지로 선한 가치와 결점을 동시에 지니고 있는 개념이다. 예를 들면 '용기'라는 가치가 언제나 그 자체로 선한 것이 아니며 때로는 그것도 아주 쉽게 '만용'으로 변할지 모르는 결점을 지니고 있는 것과 같이, 관용도 언제나 선한 도덕적 가치만은 아니며 때때로 결함을 지니고 있다. 완전히 선한 도덕적 가치란 이 불완전한 인간 사회에서는 불가능할 뿐만 아니라 필요하지도 않다. 우리가 추구해야 할 최선의 도덕적 가치는 그것이 결함을 언제나 지니고 있다 하더라도 선한 가치를 극대화할 때 발생한다. 관용의 가치도 역시 그 자체로 선하지도 않으며 그렇다고 해서 필요악도 아니다. 문제는 바로 여기에 있다. 어떻게 선한 가치와 결함을 동시에 지니고 있는 이 관용을 한쪽 극단인 불관용도 피하고 다른 한쪽 극단인 무관심이나 체념도 아닌 것으로 유지할 수 있을 것인가 하는 점이다.

왜 관용이 문제가 되고 있는가? 다시 말해 왜 관용이 이 시대에 그렇게 요청되고 있는가? 수잔 멘더스(Susan Mendus)의 말처럼 관용은 "완전한 사회를 위한 도덕적 가치가 아니라 최선의 사회를 위한 요청"이라면 왜 그러한가?[1] 이것을 설명하기 위해서는 오늘의 역사적 상황을 몇 가지 설명하는 것이 적절하게 보인다. 관용의 정신이 결핍되어 있기 때문에 겪는 비극과 관용의 덕이 절대적으로 요청되는 모험적 상황을 우리는 동시에 보고 있기 때문이다.

관용의 정신이 결핍되어 있을 때 예상되는 가장 비극적 상황 가운데 하나를 우리는 해체된 유고슬라비아에서 보고 있다. 다른 어떤 차이보다도 종족과 종교가 다르다는 이유로, 그리고 과거에 서로 죽고 죽인 비극의 역사를 아직도 기억하고 있다는 이유로 그들은 죽기 살기로 처절한 내전을 겪었다. 보스니아, 세르비아, 그리고 크로아티아의 국민들과 정치 지도자들에게는 생존이 걸린 투쟁으로 인식되고 있다. 따라서 실질적인 보장 없이는 어떤 명분으로도 전쟁을 그만둘 이유가 없어 보인다. 그러나 이들을 지배하는 감정은 다른 종족과 종교가 가까이 있는 한 안전하지 못하다는 두려움이며, 이들에게 근본적으로 결핍되어 있는 것은 공존의 기술을 보장해주는 관용의 덕목임에 틀림없다. 자기 정체성 상실의 두려움은 강한 '자기방어 기제(self-defence mechanism)'를 확보하게 만들고 이런 감정 구조는 상대방을 용납하지 못하고 완전 제거함으로써 안정 심리를 얻으려고 시도한다. 프레스턴 킹이 분류한 관용의 종류에 따르면, 이런 종족이나 문화의 차이를 용납하는 관용을 '정체성 또는 동일성의 관용(identity tolerance)'이라 이름 붙일 수 있으며, 유고슬라비아에서 보이는 종교와 종족의 갈등은 이런 종류의 관용이 결핍되어 있는 경우이다.

또 다른 의미에서 관용이라는 덕목이 가장 절대적으로 요청되는 곳은 유럽의 통합을 시도하는 유럽인들의 의식 세계이다. 2000년대 초까지를 일정으로 실질적인 국가 통합을 추진하고 있는 유럽인들의 야심이 과연 성공할 것인가는 결국 이들이 지난 수 세기에 걸쳐 배운 관용의 덕목을 다시 실천할 수 있느냐에 달려 있다. 대략적으로 말해서 유럽인들은 이미 16세기 이후 종교적 갈등을 벗어나기 위해 합리적인 해결 방법을 정치, 종교의 분리와 종교적 관용의 실천에서 찾아냈다. 그리고 성공적으로 종교적 관용을 실천함으로써 종교의 배타성을 어느 정도 극복했다고 본다. 그리고 19세기 이후에는 제국주의의 식민지 정책이 초래한 후유증 가운데 하나인 다종족 사회로의 이행과 이질적인 문화와의 공존을 경험하면서 '동일성의 관용'을 배웠다. 자유주의와 개인주의의 극대화가 초래한 다원주의 사회에서 불가피하게 허용할 수밖에 없는 다양한 사회 기구나 조직의 결사는 '기구적 관용(organizational toleration)'을 경험하게 만들었다. 지난 수백 년의 경험을 통해 적어도 서유럽 사회는 관용의 덕목을 중요한 가치로 인식할 수 있었다.

만약 우리가 유럽의 지성사를 새로운 관념들의 모험의 역사라고 규정짓는 데 동의한다면, 20세기 후반부에 등장한 두 가지 새로운 관념들은 유럽과 그 밖의 세계를 다시 한 번 모험의 세계로 이끌고 있다고 말할 수 있다. 하나는 지난 400년 동안 유럽 사람들이 신봉해온 이성에 대해 근본적으로 반성하도록 요구하는 포스트모더니즘(post-modernism) 또는 해체주의 운동이며, 다른 하나는 유럽 통합의 이데올로기이다. 시대정신(時代精神)이 곧 한 시대의 지적인 고통을 가장 압축된 언어로 표현한 관념이라면, 20세기 후반 서양 사회 전체를 일괄해서 규정지을 수 있는 시대정신은 분명 해체주의 또는 포스트모더니즘이라 이름 붙일 수 있을 것이다. 이런 해체의 시대에 유럽의 통합을 이야기하는 것은 분명 시대정신에 거슬리는 것처럼 보인다. 모험이 때때로 상식을 거부하는 것이라면 국가 통합을 시도하는 유럽인들은 이미 또 다른 의미에서 새로운 관념의 모험을 시작하고 있다. 경제적 이익의 극대화라는 이유로부터 시작된 유럽 통합의 계획은 철학적으로 상당한 의미를 지닌다. 구체적이고 현실적인 문제 이외에 그 문제들 배후에 놓여 있는 심리적, 철학적 문제를 유럽인들이 어떻게 해결할 것인가를 주목해보는 일은 매우 중요하다. 이미 노출되었듯이 통합으로 야기되는 숱한 문제를 불을 보듯이 훤히 바라보면서도 그 문제들이 극복될 수 있다는 희망의 근거가 어디에 있는가? 통합된 유럽 국가의 이념에 적응하기 위해 각각의 개별적인 민족과 국가는 얼마만큼 자기 정체성을 포기해야만 하는가? 유럽인들에게 다시 한 번 요청되는 덕목은 관용임에 틀림없다. 개별 국가로 남아 있을 때 익숙해져 있던 전통이나 관습, 제도나 문화, 그리고 모든 사회적 관계들이 통합 이후 어떻게 재조정되며 새로운 환경에 스스로 적응하고 동일한 시민권(citizenship)을 소유한 다른 유럽인들과의 공존을 위해 얼마만큼 자기 억제를 발휘하고 관용할 것인가? 예상할 수 없는 심리적 또는 물리적 고통이 관용을 행사하는 가운데 수반될 것이다. 이들에게 이제 다시 한번 총체적인 관용의 덕목이 요구되는 상황이 되었다. 얼마나 성공적일 것인가는 주목해볼 만한 일이다.2)

관용의 덕목이 사회적 가치로서 얼마나 중요한 역할을 하는가에 대한 또 하나의 반증 사례를 우리는 실패한 사회주의의 실험에서 발견할 수 있다. 일단 실패한 것으로 판가름 난 사회주의의 70년 실험은 그러나 아직 완전히 끝난 것으로 평가하기에는 이르다. 사회주의의 원리나 이상 자체의 결함 때문인지, 아니면 그 이상을 실현하기에는 아직 인류의 지적 발달이 충분히 성숙되지 못한 때문인지는 조금 더 기다려 보아야 한다. 그러나 아무튼 스탈린주의의 공산주의 국가의 실험은 분명 실패했다. 그 실패의 원인 가운데 하나는 인간의 본질이나 본성이 그 자체로 다양성을 내포하고 있는데도 불구하고 그 점을 간과하고 획일적이거나 통제된 규범으로 조정할 수 있다고 믿은 데 있다. 개인적인 본능과 욕구를 제도나 당이 설정한 공동선을 위해 충분히 억제할 수 있는 능력이 체제와 교육을 통해 실현될 수 있다는 낙관적인 견해에 잘못이 있었다. 또 다양성과 관용의 덕목을 자유주의적인 것으로 평가하고 이것들이 사회적 통합을 위태롭게 만든다고 본 오해에서 초래된 실패였다. 대조적으로 자유민주주의의 지속적인 성공은 그 체제가 가지고 있는 유연성과 자기 반성력, 그리고 다양성을 가능한 한 허용하려는 관용의 전략에 기인한다.

관용이 요청되는 곳은 이제까지 말한 유럽의 상황에만 그치지 않는다. 비교적 단일하고 획일적인 사회를 오랫동안 유지해온 한국 사회는 이제 40여 년의 자유주의와 자본주의의 경험을 바탕으로 소위 다원 민주주의 사회로 나아가려 하고 있다. 이런 사회적 진화가 가능하기 위해서는 그런 사회를 실질적으로 운용할 수 있는 역량이 충분히 준비되어 있어야 한다. 그리고 그 준비란 다름 아니라 국가 관리의 책임을 맡은 정부의 정책 결정자들이 그런 사회를 전망해볼 수 있는 안목을 소유해야 하고, 또 일반 국민들의 의식이 그런 전망을 실현시킬 수 있을 만큼 성숙해야 한다.

현대 한국 사회가 지향해야 할 목표가 있다면 그것은 일차적으로 두 가지로 상정해볼 수 있다. 하나는 앞에서 말한 다원 민주주의와 다문화사회를 만드는 일이며, 다른 하나는 가까운 장래에 어떤 형태로든 이루어질 통일을 위해 도덕의식이나 정치의식의 커다란 전환을 요청하는 일이다. 그런데 이 두 가지 목표를 성취하기 위해서는 관용이라는 도덕적, 사회적 덕목이 그 중심 역할을 해야만 한다. 다원 민주주의와 다문화사회, 그리고 통일된 국가를 만들기 위해 우리가 실질적으로 해야 할 일은 수없이 많다. 제도를 정비하고 새로운 법률을 만들고 통일을 위해 국제적인 환경의 변화에 적절히 대처하는 것 등의 구체적인 일은 아주 중요한 일 중의 하나이다. 그러나 모든 전략과 이론들이 실질적인 힘과 기능을 제대로 발휘하기 위해서는 관용이라는 덕목이 일반 의식 또는 상식으로 확산되어 있어야만 한다. 관용의 가치가 이론적으로뿐만 아니라 실질적으로 사회의 기초적인 가치로 확인될 때에만 다원 민주주의와 다문화사회, 그리고 통일의 가능성은 열린다. 또한 다양성이 보장되어야 하며 동시에 사회적 통합도 깨지지 않아야 한다는 조건이 만족되어야 한다. 관용은 정치, 경제, 문화, 그리고 사회의 영역에서 개체적인 단위들, 예를 들면 정당, 회사, 문화 단체들, 그리고 다양한 사회의 하부 조직들이 서로 유기적으로 그 생명력을 유지할 수 있도록 만드는 매개 역할을 한다. 획일적으로 통제된 사회, 특히 오랜 봉건주의 사회를 경험한 한국 사회에서는 아직도 다양성을 향유할 만한 지적 또는 도덕적 훈련이 잘 되어 있지 못한 것이 현실이다.

도덕적 또는 정치적 개념으로서 관용을 다루는 연구자들이 늘 제기하는 문제는 크게 두 가지로 나누어진다. 하나는 관용의 근거가 무엇인가 또는 관용의 정당화는 가능한가 하는 문제이며, 다른 하나는 관용의 한계는 어디에 그어져야 하는가 하는 문제이다. 이 두 문제를 둘러싼 논의들은 연구자들에 따라 비교적 복잡한 양상을 보이고 있다. 그러나 여기서는 관용을 정당화하는 세 가지 근거와 관용을 실천할 때 종종 직면하게 되는 두 가지 한계를 지적하는 일에 초점을 맞추고자 한다. 이렇게 논의를 제한하는 이유는 관용의 정당화 같은 복잡한 문제에 노력을 소진하기보다는 관용의 덕목이 어떤 영역에서 어떻게 적용, 실천될 수 있느냐 하는 문제에 더 많은 관심을 기울일 필요가 있기 때문이다. 또 관용을 실제 생활에서 실천할 때 많은 어려움이 있지만, 지속적인 관용 교육을 통해 윤리적 결단력을 기르고 관용의 영역을 확대해나가는 일이 무엇보다도 중요하기 때문이다.

관용은 구체적인 실천을 요구하는 덕목이며, 그것이 윤리적 덕목인 한 교육을 통해 훈련되어야 한다. 그리고 실천의 장(場)은 먼저 행위자가 속한 사회 내에서이다. 따라서 한국 사회가 변화되어야 할 방향을 다원 민주주의와 다문화사회로 설정하고 이에 걸맞은 도덕적 가치로서 관용이 어떻게 기능을 할 것인가를 구체적으로 살펴보는 일은 의미 있는 일이라고 본다. 비록 이론적 논의가 단순히 논의로 끝나는 한이 있더라도 논의 자체로서의 의미는 감소되지 않는다.

2. 관용의 정당화는 가능한가?

관용이 선한 사회를 위해 필수적이라는 점에 대해서는 대부분의 사람들이 원칙적으로 동의하나 그 이상 논의하기를 꺼리는 이유는 어디에 있는가? 그것은 한편으로 이 개념이 실제의 세계에서 적용되기가 너무 어렵기 때문이며, 다른 한편으로는 관용의 의미, 근거, 한계 등의 문제가 이념적이고도 실천적인 문제를 불가피하게 제기하기 때문이다. 그리고 이런 문제들은 좀 더 복잡한 구조들로 이루어져 있다. 철학이 관용의 문제처럼 구체적인 문제를 앞에 놓고서 언제나 당황하는 것은 철학자가 실질적인 문제 해결을 위한 전략가는 아니기 때문이다. 언제, 얼마만큼 또 어떻게 관용할 것인가를 구체적으로 결정하는 일에 철학자가 유능하지는 않다. 그러나 누구라도 어떤 결정을 내리기 위해서는 일반적인 원리가 필요하다. 철학이 관용의 문제를 탐구해야 하는 이유가 있다면 그것은 관용에 대한 일반적인 원리를 탐구할 수 있는 가장 좋은 위치에 있기 때문이다. 관용을 위한 투쟁이 왜 가치가 있는가를 보여주어야 하고, 또 비판과 반대에 직면해서 관용의 가치를 옹호하려면 정당화가 요청된다. 다른 사람을 확신시켜주어야 하고 또 자신도 판단에 확신을 갖기 위해서라도 관용의 정당화는 필요하다.

논의의 편리함을 위해 세 가지 상황을 설정하면서 시작하고자 한다. 첫째, A라는 사람은 한 가정의 가장이다. 그는 자신의 자녀 가운데 하나가 동성애자인 것을 알았다. 그의 자녀는 스스로의 판단에 따라 자발적으로 동성애자가 되었다.[3] 그는 자신의 자녀에 대해 어떤 태도를 취해야 할 것인가? 관용할 것인가, 아니면 불관용할 것인가? 둘째, B는 사회학을 전공하는 사람이다. 그는 마르크스의 혁명론에 심취했고 한국 사회의 구조적인 악에 대해 혁명적 방법을 통하지 않고서는 해결이 불가능하며 다른 방법으로는 임시적일 수밖에 없다고 확신하고 있다. 우리는 그의 이런 태도와 학문적 견해에 대해 어떤 태도를 취할 것인가? 관용할 것인가, 아니면 반동 세력으로 불관용하고 처단할 것인가? 셋째, C는 초등학교 교사이다. 그는 참교육 운동에 동의하고 전교조에 가입했다. 우리는 그의 전교조 가입을 이유로 해직해야 한다고 말할 것인가, 아니면 전교조 활동은 헌법이 보장한 기본권의 하나로 이해하고 용납할 것인가?

이 세 가지 상황 설정을 통해 우리는 관용과 불관용의 문제가 발생하려면 적어도 다음과 같은 세 가지 조건이 모두 갖추어져야 한다는 것을 알 수 있다.[4] 첫째, 두 가지 이상의 다른 의견, 행위 또는 행위가 예상되는 신념들이 동시에 주장되어야 한다. 충돌이 없이 서로 다른 의견을 단지 개진하는 한 관용과 불관용의 선택 문제는 생기지 않는다. 둘째, 사소한 문제에 대해서 다른 의견을 가진 것이 아니라 중요한 문제에 대해서 의견이 다르고 이해관계도 서로 갈등을 일으킬 수 있는 것이어야 한다. 셋째, 다른 의견에 대해 인정하지 않고 동시에 그것을 하지 못하도록 막거나 제거할 수 있는 실질적인 힘이 있어야 한다. 관용을 행사하는 사람이 실질적인 힘을 소유하고 있어야 한다는 기준은 '무관심(indifference)', '암묵적 동의', '강제적 시인' 등을 관용과 구별할 수 있도록 만든다. (관용은 무관심의 결과도 아니며 반대하는 것에 대해 끝까지 동의하지 않아야 한다. 만약 동의한다면 그것은 용납이지 관용은 아니다.) 중요한 문제에 대해 견해나 행위의 차이, 그것들 사이의 갈등과 대립, 그리고 힘의 소유라는 세 가지 요소가 관련된 것에 대해서만 우리는 관용이라는 이름을 붙여야 한다고 본다.

위의 세 가지 경우에 관용을 행사하는 사람은 먼저 모두 다른 의견을 가지고 반대와 불승인을 해야 한다. 동성애를 반대해야 하고,

혁명론을 반대해야 하고, 전교조 활동을 승인하지 않아야 한다. 그런데 A의 경우는 B나 C의 경우와는 다르다. 즉, A가 보이는 반대는 도덕적 불승인인 데 비해, B와 C의 경우는 도덕적 문제가 아니다. 이론적 신념이나 법률적인 불승인의 문제이다. 따라서 우리는 관용을 다시 도덕적인 것과 비도덕적인 것으로 구분해서 앞의 것에 '강한 의미의 관용(strong sense of toleration)'이라 이름 붙이고 뒤의 것에 '약한 의미의 관용(weak sense of toleration)'이라 이름 붙일 수 있다.[5] 이렇게 관용을 두 가지로 다시 세분하는 이유는 우리가 이 글에서 다루고 있는 관용이 주로 사회적, 정치적 관용이기 때문이다. 만약 관용을 도덕적인 개념으로만 국한시키면 많은 경우에 비도덕적(non-moral)으로 관련된 사회적, 정치적 갈등이나 대립을 관용의 덕목으로 해석할 수 있는 근거를 스스로 배제하게 된다. 좀 더 넓은 의미의 관용 개념을 사용하는 것이 이 글의 논의를 위해서는 유용하다.

위의 예를 보면 반대하고 불승인한 것에 대해 자신이 가지고 있는 힘을 동원해서 간섭하거나 하지 못하도록 막는 행위가 모두 가능한 경우이다. 다시 말해 반대하는 것에 대해 불관용할 수 있는 힘이 관용을 행사하는 쪽에 존재한다. 그런 힘이 없는 관용은 더 이상 관용이 아니다. 관용은 "반대하는 것에 대해 부정적 행위를 자발적으로 중지하는 행위"이다.[6] 첫 번째 예에서 A가 만약 자신의 자녀에 대해 체벌을 가할 수 있고 또 집에서 축출할 수도 있지만 그렇게 하지 않고 불간섭한다고 할 때 우리는 A가 관용을 행사하고 있다고 말할 수 있다. 단순히 간섭하지 않음으로써 관용이 행사된다. 이런 관용을 '소극적인 관용(passive toleration)'이라 부를 수 있다. 그러나 B와 C의 경우에는 다르다. 직접적으로 처벌하지 않을 경우 우리는 관용을 행사한다고 말할 수 있지만 B와 C가 관용되는 것은 단순히 관용하는 우리가 간섭하거나 방해하지 않고 혜시나 관대함을 베풀었기 때문은 아니다. 그들이 관용되는 이유는 사상의 자유와 노동삼권이라는 기본 권리의 보장이라는 근거에서 찾아져야 한다. 다시 말해 단순히 간섭하지 않는다는 소극적인 의미에서 관용이 행사되는 것이 아니라 관용되는 자의 권리와 자유의 보장이라는 적극적인 의미에서 관용이 행사되어야 한다. 이런 관용을 '적극적인 관용(active toleration)'이라 부를 수 있다.7) 이렇게 관용을 다시 두 가지로 세분하는 이유는 설명의 편리함 때문이 아니라 관용의 덕목에 가해지는 비자유주의자(non-liberalist)들의 비판으로부터 관용을 보호하려는 데 있다. 앞의 절에서 언급했듯이 관용은 자유주의의 전통에서 요청된 가치 개념이다. 따라서 종종 사회주의자나 마르크스주의자들, 대표적으로 로버트 울프나 마르쿠제(H. Marcuse)가 비판하듯이, 관용은 지배자 중심의 도덕관을 대변함으로써 현실을 왜곡하는 경우가 있다. 만약 관용을 소극적인 의미에서만 사용한다면 아마도 마르쿠제의 주장처럼 '현 상태(status quo)'를 유지하려는 지배자의 이데올로기를 정당화해주는 데 악용될 여지가 분명히 있다. 이중적 기능을 가진 관용이 이런 함정에서 벗어날 수 있는 길은 더 적극적으로 관용이 행사될 때이다. 그 길은 관용되는 사람, 이념, 제도, 조직체 등에다 권리와 자유를 보장해주는 일이다. 관용하는 쪽의 입장에서가 아니라 관용되는 쪽의 입장에서 관용의 정당화 근거가 찾아져야 하고 그 기반을 만들어주려는 태도가 곧 적극적인 의미에서의 관용이다.

관용을 어떻게 정당화할 것인가 하는 문제를 둘러싼 연구자들의 논의를 종합해보면 대체로 다음과 같은 세 가지 관점으로 요약될 수 있다. (1) 분별력으로부터의 논증(argument from prudence), (2) 합리성으로부터의 논증(argument from rationality), (3) 도덕성으로부터의 논증(argument from morality)이 그것이다.[8] 앞으로 밝혀지겠지만 이 세 가지 논증은 관용을 정당화해주는 데 서로 보완적인 역할을 한다. 그것은 각각의 방식이 정당화에 강점을 지니고 있는 반면 다른 방식에 의해 보완되어야 할 결정적인 약점을 또한 지니고 있기 때문이다. 어느 한 가지 방식으로도 관용의 정당화는 충분하지 못하다. 앞에서 예로 든 세 가지 상황으로 다시 돌아가서 위의 세 가지 논증들에 대해 검토하는 일은 각각의 방식이 지닌 강점과 결점을 드러내는 데 효과적일 것이다.

먼저 '분별력으로부터의 논증'을 살펴보자. 만약 A가 자신의 자녀를 어떤 방식으로든 불관용한다고 했을 때 그는 불관용의 대가를 치러야 한다. 예를 들면 A의 반대 때문에 그 자녀가 가출을 하는 경우를 상상해볼 수 있다. 그리고 B나 C의 경우에도 억압의 대가를 치러야 한다. 예를 들면 마르크스의 사상이나 혁명론이 확산되는 것을 막기 위해 출판의 검열을 강화하거나 금서의 숫자를 늘리고 수색과 압수를 해야 한다. 그리고 전투경찰을 동원해서 늘 감시하거나 시위를 막아야 한다. 어느 경우에든 불관용은 억압을 수반하고 간섭이나 억압에는 힘의 행사가 요구된다. 그리고 거기에는 그만한 비용이 들기 마련이다. 그것은 A의 경우처럼 심리적인 것일 수도 있고 B와 C처럼 물리적이고 경제적인 비용일 수도 있다. 관용하는 것이 불관용(억압)하는 것보다 더 많은 혜택이 있다고 판단되거나, 불관용하는 데 드는 비용이 관용하는 것보다 더 많이 든다면 관용은 명분을 찾거나 근거를 확보하게 된다. 이런 방식의 논증은 관용과 불관용의 결과를 중요하게 고려한다는 점에서 '공리주의적 논증' 또는 '실용주의적 논증'이라 이름 붙일 수 있다. 그러나 이 논증은 비용을 계산하기에 따라서는 얼마든지 관용 대신에 억압과 불관용을 선택할 수 있는 여지를 남겨놓는다. 또 관용의 비용을 얼마까지 지불

할 용의가 있는지에 대해서도 의견의 일치를 보기가 어렵다. 따라서 이 논증을 통해 관용을 행사하게 만드는 도덕적 요구의 강도는 비교적 약하다. 따라서 보강되어야 할 필요가 있다.

'합리성으로부터의 논증'은 주로 포퍼(Karl Popper)의 관용론에서 찾아진 이름이다. 만약 우리가 개방사회를 지향하고 합리적인 진리를 찾으려고 한다면 거기에는 관용의 정신이 필수 불가결한 요소로 요청된다는 것이 포퍼의 생각이었다. 그가 이해하고 있는 '합리적'이라는 말은 비독단적이고 불편부당하며 그리고 관용적이라는 말과 동의어로 사용되고 있다. 그리고 합리적이고 개방적인 사회를 만들기 위해서 그는 소크라테스나 볼테르가 보여주고 있는 인간의 오류 가능성으로부터 출발해서 관용의 세 가지 원리를 제안하고 있다. 그 세 가지 원리는 모두 관용이라는 가치를 정당화해주거나 또는 관용을 가정해야만 그 기능이 작동되는 원리들이다.[9]

제1원리 : "내가 틀릴 수 있고 당신이 옳을 수 있다." 이 원리는 관용이 가능하기 위한 필요조건이다. 나의 오류 가능성을 인정하는 한 타자의 의견이나 행위에 대해 반대한다고 하더라도 간섭이나 방해 같은 부정적 행위를 자발적으로 중지할 수 있는 근거가 생기기 때문이다. 그리고 이 원리는 상호 호혜적인 진술일 때만 의미가 있는 원리이다. 즉, 이 진술 안에는 자기부정만이 아니라 우리 모두는 같이 틀릴 수 있다는 동시 반성의 고백이 함축되어 있어야만 한다. 나의 오류만을 인정하는 일방적인 진술일 경우 우리는 타자의 의견과 행위에 대해 관용할 아무런 이유를 발견할 수 없으며, 오히려 타자의 의견에 동의해야 할 의무만 발생한다. 따라서 이 원리는 소위 '불완전성의 원리(principle of imperfectability)'[10]로 대체할 수가 있다. 즉, 모든 인간이 존재론적으로나 인식론적으로 불완전할 수밖에 없다는 고백이다. 그리고 이 고백은 독선을 버리게 만들며 타자도 자신만큼 옳을 수 있는 가능성이 있음을 보장해준다. 다른 사람이 관용되어야 할 정당한 근거는 바로 여기에 있다. 그런데 여기서 주목해야 할 점은 포퍼가 지적하고 있듯이 이 원리가 상대주의로 전락해서는 안 된다는 점이다. 만약 '우리가 모두 다르니까 우리 모두는 옳을 수 있다'라고 주장한다면 이 첫 번째 원리는 상대주의로 빠질 위험이 있다. 그리고 옳고 그름에 대해 구별하는 것을 포기한 상대주의는 지속적인 탐구를 멈추게 만든다. 포퍼가 말하려는 첫 번째 원리의 의도는 다음과 같이 풀어서 말할 수 있을 것이다. '내가 틀릴 수 있고 당신이 옳을 수 있다는 고백은 당신과 내가 동시에 할 때만 의미가 있다.' '우리는 모두 불완전하기 때문에 우리 모두가 틀릴 수 있다.' '그렇기 때문에 우리는 계속해서 무엇이 옳은지를 탐구해야 한다.' '그래야만 상대주의에서 벗어날 수 있게 되며 두 번째 원리가 요청된다.'

제2원리 : "무슨 일이든 합리적으로 이야기함으로써 우리는 우리의 어떤 잘못을 수정할 수 있다." 포퍼가 기대하는 개방사회의 실현은 이성이 그 비판 기능을 상실하지 않아야 가능하다. 그리고 그 비판은 합리적인 대화와 논의를 통해서 매개되어야 한다. 따라서 이 두 번째 원리는 언어의 합리적인 사용의 중요성을 강조하게 만든다. 포퍼는 자신의 이런 주장을 "칼 대신에 말로 하자(words instead of swords)"라고 표현하고 있다. 이 원리는 관용이 행사된다는 것을 가정할 때만 의미가 있다.

제3원리 : "만약 우리가 합리적으로 이야기한다면 우리는 진리에 더 가까이 도달할 수 있다." 이 원리의 주된 관심은 비록 우리가 동의에 이르지는 못하더라도 진리에 가까이 갈 수 있다는 생각을 포기해서는 안 된다는 점에 있다. 합리적인 논의를 통해 너무 많은 것을 요구해서는 안 된다는 점이 중요하다. 우리는 논의와 실수를 통해서, 그리고 다른 사람들로부터 많은 것을 배운다. 그러나 언제나 동의에 쉽게 이르는 것은 아니며 또 기대해서도 안 된다는 것을 잊지 않아야 한다.

인간의 불완전성을 상호 시인함으로써 독선을 피할 수 있고, 언어의 올바른 사용과 자유로운 토론의 중요성을 강조함으로써 우리의 불완전성이 수정될 가능성을 획득하게 되고, 그리고 오직 합리적인 토론을 통해서만 진리에 가까이 갈 수 있다. 관용을 정당화하는 데 포퍼의 '합리성으로부터의 논증'은 위에서 든 예들 가운데 두 번째의 것에 가장 적합하다. 마르크스의 사상이나 혁명론이 자유주의 이론이나 자본주의 체제에 대해서 도전적이라는 이유로 불관용되어서는 안 된다. 오히려 그 이론적 도전은 자유주의나 자본주의의 건강한 유지를 위해서라도 관용되어야 한다. 진리를 추구하고 더 가까이 접근하려는 개방사회에서 일방적인 지배 의도는 가장 먼저 거부되어야 할 적이다. 이는 비판을 거부하기 때문이다. 비판으로부터 살아남은 이론만이 참된 이론인 것을 우리는 역사적 경험을 통해 너무도 명백히 보고 있다. 그리고 그런 합리적인 상호 비판은 어떤 이론이든 그 이론을 건강하게 만든다. 이런 비판은 상당한 정도의 상호 관용이 없이는 불가능한 것이다.

마지막으로 '도덕성으로부터의 논증'을 통해 관용은 정당화된다. 앞의 두 방식의 논증이 관용의 가치를 공리적 가치 실현 또는 진리로의 접근이나 획득이라는 실제적인 수단으로 이해하고 있는 것과는 달리, 이 논증은 관용되는 자의 권리, 또는 관용의 도덕적 가치를 목적으로 보려는 입장에서 정당화를 시도하고 있다. 즉, 어떤 사람의 사상이나 행위 등에 대해 관용되어야 할 이유가 있다면 그것은 앞에서 제시한 두 가지 정당화의 근거에서처럼 공리성이나 합리성의 추구에 있는 것이 아니라 그가 가진 권리나 도덕적 원리에 입각해 있다. 관용되는 자는 자신의 권리 또는 도덕적 원리에 따라 관용될 수 있는 근거를 확보하게 된다. 이런 정당화는 또한 '자율성으로부터의 논증(argument from autonomy)'이라고도 부를 수 있다. 왜냐하면 기본적으로 이 논증은 인간이 자기 지시적(self-directive)이며 자기 규제적(self-regulating)인 자율적 존재라는 신념으로부터 시작하기 때문이다. 사람은 누구나 자기가 선택한 삶의 방식대로 살 수 있는 권리가 있다고 본다. 그리고 자신이 선택한 삶이 다른 사람이 선택한 삶보다 더 낫다는 신념을 유지할 수 있다. 이런 신념이 유지되기 위해서는 소위 '타자 존중의 원리(principle of respect for others)'가 전제되어야 한다. 이 '타자 존중의 원리'가 관용을 가능하게 만드는 매개 역할을 한다는 것을 보여주는 것이 이 정당화의 핵심이다.

인간이 자유로운 존재라는 신념으로부터는 도덕적 가치들이 경쟁적으로 갈등을 일으킨다. 이 갈등의 해소는 단지 간섭하지 않는 소극적인 관용만으로는 해결되지 않는다. 양립하기 어려운 삶의 방식이나 종교적 의식, 그리고 행동 방식이 같은 사회에서 공존하기 위해서는 관용이 절대적으로 요청되는데, 이때 관용은 단지 다른 사람에게 그 자신의 삶의 방식을 추구하도록 내버려두고 간섭하지 않는 것만을 의미하지는 않는다. 타자 존중의 원리는 타자가 자신의 방식대로 삶을 살 수 있는 권리가 있음을 인정하는 것을 의미하며 이 권리 인정은 관용하는 자에게 불간섭보다 넓은 도덕적 의무를 발생시킨다. 위에서 언급한 '적극적 관용'이 하나의 도덕적 원리로 요청된다.

위에서 든 예들 가운데는 세 번째의 경우가 이 방식의 논증에 가장 적합하다. 비록 현행법에는 위법으로 규정되어 있다고 하더라도 교사들의 단체 행동권을 노동의 기본권으로 이해하고 더 나아가서 자연법의 명령으로 이해하는 한 C의 행동은 관용되어야 한다. 그것은 권리에 기초되어 있고 그의 권리는 다른 사람에 의해 존중되어야 할 의무를 발생시키기 때문이다.

3. 관용의 한계는 무엇인가?

의견이 서로 다른 것보다는 행위가 서로 일치하지 않을 경우가 더 심각하고 타협하기도 어렵다. 그리고 이론의 영역에서보다는 실천의 영역에서 관용을 행사하기가 더 어렵다. 자기와 상관이 없거나 비교적 관련이 먼 이념적 원리에 거슬리는 이론이나 행위에 대해서는 더 쉽게 관용하지만 가까운 자기 이익에 거슬리는 의견이나 행위를 관용하기란 훨씬 더 어렵다. 더욱이 자기 이익에도 거슬리고 명분과 관련된 원리, 원칙에도 거슬리는 다른 사람의 의견이나 행위에 대해서 관용하기란 정말 어렵다. '관용의 구체적인 한계가 어디인가?'를 묻는 질문은 어리석어 보인다. 왜냐하면 그 한계를 구체적으로 말하기가 거의 불가능할 뿐만 아니라 설령 한계를 짓는다고 하더라도 그것이 너무도 문맥에 따라 달라지는 상대적인 것이며, 개인에 따라, 그리고 사회의 여러 가지 조건에 따라 큰 차이를 보이기 때문이다.

관용은 대체로 사람에 대한(of persons), 사람에 의한(by persons) 행위이다. 관용되는 대상이 주로 사람이고 관용하는 주체도 사람인 경우가 대부분이다. 비록 의견을 말하고 행위하는 것 자체와 그것을 수행하는 사람 자체는 구별되어야 한다고 말하지만 실제로 이 양자를 구별하기란 불가능하며 또 어떤 의미에서는 구별해서도 안 된다. 따라서 관용의 대상이나 주체가 모두 사람이라는 조건은 그 한계 설정을 더 어렵게 만든다. 동일한 대상에 대해서 시간과 장소에 따라 관용하기도 하고 또 불관용하기도 하는 경우가 많기 때문이다. 또 불관용하게 되는 것은 이론적으로 용납할 수 없기 때문이기도 하지만 때로는 가장 단순한 심정적 거부감 때문이기도 하다. 따라서 관용의 구체적인 한계가 어디인가를 묻는 것은 이론적으로 대답할 수 있는 성질의 물음이 아니다. 오히려 구체적인 문제 상황에서 즉각적으로 대답할 수 있는 성질의 문제이다.

따라서 우리가 제기할 수 있는 문제는 '관용의 한계가 무엇인가?' 하는 물음이다. 이것은 철학적으로 논의가 가능한 문제이다. 관용의 구체적인 한계를 제시할 필요는 없고, 다만 관용이라는 가치가 지니는 논리적 한계, 실천적 한계를 드러내기만 하면 된다. 관용의 한계가 무엇인가를 아는 것은 관용의 범위를 설정하는 데 필요한 안내자 역할을 하기에 충분하리라 본다. 즉, 가장 바람직한 관용의 범위는 실현 불가능한 '보편적 관용(무차별적 관용)'과 가장 좁은 영역에서의 관용, 예를 들면 '소극적 관용' 사이의 어느 선에서 결정되어야 한다. 관용의 한계가 무엇인가 하는 물음은 그것이 지니는 두 가지 한계를 드러냄으로써 밝혀질 것이다. 하나는 관용의 논리적 한계이며 다른 하나는 실천적 한계이다. 논리적 한계는 '관용의 역설(paradox of toleration)'이고 실천적 한계는 '자기부정의 어려움'이다.

1) 관용의 역설

관용의 역설은 두 가지 입장에서 설명될 수 있다. 하나는 자유주의자가 해석한 역설적 상황이고, 다른 하나는 마르쿠제가 해석한 관용의 역설이다. 프레스턴 킹(Preston King)의 관용에 대한 정의를 그대로 따른다면, 그것은 "싫어하고 거부하는 것에 대해 자발적으로 부정적 행위를 하지 않는 행위"이다. '강한 의미'에서나 '약한 의미'에서나 관용을 행사하려는 사람은 모두, 반대하고, 불승인하고, 싫어하고, 거부하거나 금지하고 싶고, 방해하고 싶은 대상과 직면할 수밖에 없다. 그런 대상이 존재할 때만 관용이 문제가 되기 때문이다. 그런데 그런 대상에 대해 부정적 행위를 자발적으로 하지 않아야 한다. 단지 반대나 간섭하지 않는 것뿐만 아니라(소극적 관용), 관용되는 대상에 대해 권리를 인정해주어야 한다(적극적 관용). 반대하면서도, 도덕적으로 옳지 않다고 거부하면서도, 동시에 그것을 용납하거나 간섭하지 않아야 하는 모순적 상황을 우리는 '관용의 역설(paradox of toleration)'이라고 부른다. 싫어하고 반대하는 것에 대해서는 거부해야 자연스러운데도 용납하도록 요구하는 관용의 덕은 우리를 모순적 상황에 놓이게 만들며, 심리적으로도 일관성을 잃게 만든다. 특히 도덕적으로 불승인하고 존재할 가치조차 없다고 판단되는 대상에 대해 관용하는 것이 도덕적이라고 말할 때 관용의 역설은 강하게 발생된다. 또한 관용이 덕이라면 그것은 확대되고 장려되어야 하는데, 만약 무한 확대가 가능하다면 어느 순간부터는 관용이 악을 인정하거나 그 자체가 악으로 변할 수 있다는 역설적 상황이 예상된다. '쾌락주의의 역설(paradox of hedonism)'에서 어디인지는 모르나 분명 어떤 한계점 이상으로 추구되는 쾌락은 오히려 고통으로 전환되는 것처럼, 관용도 그 한계가 어디인지는 모르나 어느 한계선 이상으로 추구되는 관용은 악덕으로 전환될 수도 있다. 이것이 자유주의자들이 이해하고 있는 관용의 역설적 상황이다.

반면 마르쿠제가 해석하고 있는 관용의 역설은 자유주의 사회에서 관용이 어떻게 역설적 상황으로 전환되는가를 보여주고 있다.[11] 그에 의하면 관용은 처음부터 자유의 영역과 내용을 확대하는 일에 관련되어 있는 유격대(partisan)와 같은 성격을 지닌 개념이다. 그런

데 자유주의 사회에서 이 관용은 억압적인 현 상태를 그대로 인정하려는 지배자의 도덕으로 전락해버렸다고 지적한다. 그 이유는 자유주의 사회에서는 주로 이론의 세계나 말의 영역에서만 관용을 허용할 뿐 행위의 영역까지 확대하지 않기 때문이다. 그리고 합법화된 폭력이나 억압을 정당화해주고 강자의 지배를 묵인하는 비전투적 관용으로 전락했기 때문이다. 마르쿠제는 이런 자유주의 사회에서의 관용의 한계를 '배경적 한계(background limitation)'라고 부르고 있다. 관용이 본래의 유격대적인 성격을 회복하는 것이 중요하다고 그는 강조한다. 다시 말해 관용이 자유의 확대에 기여하기 위해서는 자유를 억압하는 일체의 것에 대해 불관용하도록 만들어야 한다. 관용을 위해 불관용해야 한다는 역설이 성립된다.

관용을 행사하면 할수록 자유는 확대된다. 그런데 자유의 확대는 벌린(Isaiah Berlin)의 구분처럼 '적극적 자유(…에 대한 자유)'를 확보함으로써 가능하지만 동시에 '소극적 자유(…로부터의 자유)'를 획득함으로써 더욱 확대된다. 그런데 소극적 자유는 자유를 억압하는 상황에 직면했을 때 그 상황에 대해서 불관용함으로써 비로소 확보된다. 예를 들면 빈곤으로부터의 자유는 부의 축적과 공정한 분배를 통해 보장될 수 있다. 그러나 그뿐만 아니라 빈곤을 초래한 원인들, 예를 들면 부정의, 부패, 부의 편중, 착취 등에 대해 불관용함으로써 이 자유는 확대된다. 관용은 자유로움의 영역을 확대해주지만 이미 자유를 억압하는 것에 대해서는 불관용해야 할 역설적 상황을 내포하고 있다. 마르쿠제가 이해하고 있는 관용의 역설은 구조적 역설이다. 관용을 확대하기 위해서는 불관용해야 한다는 역리가 성립된다.

2) 자기부정의 어려움

이론의 세계에서보다는 실천의 영역에서 관용의 한계는 더 명백하게 드러난다. 관용을 '도덕적 선택의 문제'라고 보거나, 아니면 비도덕적인 문제까지 포함해서 모든 반대하는 것들을 허용하는 정도의 문제라고 보거나 상관없이 관용은 선택을 요구한다.12) 즉, 어디까지 관용할 것인가를 결정하는 것은 행위자의 선택과 결정에 달린 문제이지 원칙적인 문제가 아니다. 관용의 한계는 실천하는 사람의 의지에 따라 결정되는 경우가 많다. 이를 실천적 한계라고 이름 붙인다. 그리고 이 한계는 '자발적인 부정적 행위의 중지'라는 거부(refusal) 행위의 깊이와 넓이에 따라 결정된다. 거부 행위는 관용의 덕목 속에 놓여 있는 두 가지 핵심적인 태도이다. 하나는 관용되는 대상에 대해 일차적으로 보이는 거부의 태도(반대, 불승인)이고, 다른 하나는 다시 그 대상에 대해 자발적으로 부정적인 행위(간섭, 방해, 억압, 제거 등)를 하지 않는 이차적인 거부의 태도이다. 이 두 가지 거부가 동시에 결합될 때만 관용이 행사된다. 이 가운데 이차적인 거부가 문제가 된다. 관용의 한계를 결정짓는 일도 사실상 이 이차적인 거부에 상당 부분 달려 있다. 일차적인 거부와 반대가 비교적 쉬운 반면에 이차적인 거부는 엄청난 인내를 요구한다. 관용의 행위를 직접적으로 완성시키기 위해서는 다른 사람에 대해 해로움을 끼치는 행위 — 비록 그가 마땅히 해로움을 입을 만하다고 생각되는 경우라도 — 를 중지해야 한다. 그것도 자기 욕구, 경향, 자기 이익에 거슬리면서도 '자기 억제'를 발휘해서 부정적 행위를 자발적으로 거부해야 한다. 관용을 실천하기가 그렇게 어려운 이유도 사실은 대부분 자기(이익)를 부정해야 하기 때문이다. 자기 이익의 상실에 대한 두려움이 얼마나 사람들을 불관용으로 몰아가는지를 주목

할 필요가 있다.[13)]

심정적으로 일관성을 무너뜨린 '관용의 역설'을 극복할 수 없는 한계로 인식하는 태도는 중요하다. 또 자기부정이 얼마나 어려운 일이며 관용의 한계가 자기부정의 행위에 달려 있다는 사실을 정확하게 인식하는 태도도 중요하다. 왜냐하면 이 두 가지 한계 상황을 정확하게 인식하는 일은 결국 어디에다 관용의 한계를 설정할 것인가를 결정하는 데 지침선을 제공하기 때문이다. 자기부정을 불가능한 요구라고 믿으면 관용의 범위는 점점 좁아질 뿐만 아니라 불관용으로 기울어지기 쉽다. 다시 말해 이기적인 인간에게 자기부정이란 근본적으로 불가능한 요구라고 보는 것은 결국 관용을 공리적이거나 실용적인 가치로 정당화하는 정도에 그치도록 만들며, 이런 경우 관용의 한계는 지극히 좁아질 수밖에 없게 된다. 관용의 한계는 처음부터 이미 그 개념 속에 내재되어 있는 구조적 한계이며, 문제는 그 한계를 극복하는 데 있는 것이 아니라 그 한계를 정확하게 인식하는 데 있다. 왜냐하면 그런 인식을 바탕으로 해서야 비로소 그 한계를 확대할 수 있기 때문이다.

3 장

종교적 관용: 홉스, 로크, 흄의 종교론

> "너에게는 나 말고 다른 신이 있어서는 안 된다. … 주 너의 하느님인 나는 질투하는 하느님이다." — 탈출기, 20:3-5

> "무당과 판수를 믿는 것은 절대적 한 분밖에 안 계시는 거룩거룩하신 하나님 아버지께 죄가 됩니다."
> "꽁무니에 불을 달고 두 귀에 방울 달고, … 서역 십만 리로 물러서라 잡귀신아." — 김동리, 『무녀도』

1. 문제 제기

200여 년 전 고요한 아침의 나라 조선에 천주교가 전래되었을 때 그것은 이미 수많은 희생을 대가로 치러야 할 비극을 잉태하고 있었다. 임진, 병자 양란 이후 급속히 붕괴되어가던 조선 후기 봉건주의 사회는 보수 지배 권력층과 사회 개혁을 제기한 실학자들의 대립이 불가피했던 시기였다. 이 시기에 실학자들이 중국을 통해 서양의 과학 기술을 도입했고, 유학을 대체할 새로운 철학과 종교로서 천주학은 자생적 성장을 시작하고 있었다. 세계 종교사에 유래 없이 수만 명의 순교자를 낳게 한 가혹한 종교 박해가 주로 정치권력으로부터 가해졌던 이유는 봉건주의 체제로부터 누려온 정치적 기득권에 대한 보호 본능 때문만이 아니라, 천주교를 이미 400여 년간 인정되어온 종교로서의 유학(유교)에 대한 도전 세력으로 본 종교적 불관용 때문이었다.

또한 서양 제국주의의 서세동점(西勢東漸) 시기에 외교적 힘을 등에 업고 전래된 개신교도 이미 시작부터 우리 민족 정서에 치유하기 어려운 분열의 씨앗을 배태하고 있었다. 더 이상 종교를 박해할 정치권력도 제거되고 없는 상황에서 개신교의 여러 교파들은 무주공산(無主空山) 같은 이 땅을 자파 세력의 확대의 기회로 이용했다. 기독교를 비롯한 외래 종교가 어떤 경로를 거쳐 들어왔든, 또는 구한말에서 일제 침략기에 걸쳐 우후죽순(雨後竹筍)처럼 자생적으로 등장한 많은 신흥 종교들이 어떤 명분을 내세웠든 간에 그런 것은 중요하지 않다. 우리가 주목해야 할 점은 오늘 한국 사회의 종교 현상이 가히 세계 종교 전시장처럼 수많은 종교들로 난립하고 있다는 사실과, 첨단 과학의 시대에 살면서도 우리의 종교 의식이 아직도 중세의 수준에 머무르고 있다는 점이다.

동일한 사회에 이질적인 종교가 공존하고 있다는 데서 생기는 사회 분열과 갈등 그리고 적대감은 결코 가벼이 여길 문제가 아니다. 물론 종교의 다양성 자체가 문제되는 것은 아니다. 일반적으로 종교는 독선과 독단으로 흐를 경향이 있으며 그런 성격이 다른 종교에 대해 배타적이며 불관용적인 태도를 취하려 할 때 문제가 된다. 유럽에서도 종교개혁 이래 근대를 거치는 동안 다양한 형태의 기독교가 공존했다. 그리고 이 점과 오늘의 한국 사회에 여러 종교가 혼재하고 있다는 점만을 비교한다면 그것은 지나치게 단순한 비교이다. 그러나 아직도 우리의 종교가 기복 신앙의 수준에 머물고 있다면, 그리고 종교를 수직적 관계 — 신과 인간의 관계 — 로 이해함으로써 '내세'나 '영혼 구원' 등의 문제에 좀 더 중요성을 부여한다면, 이런 종교 의식은 분명 중세적이다. 근대를 거치면서 유럽 사람들은 종교를 세속화함으로써 수직적 관계 못지않게 수평적 관계 — 인간과 인간의 관계 — 도 중요하다는 값진 경험을 하였다.[1)] 그리고 이런 의식 전환의 중심에는 언제나 종교적 관용에 대한 활발한 논의가 자리 잡고 있었다.

오늘의 한국 사회 어디에서나 쉽게 경험할 수 있는 종교적 갈등과 대립을 극복하기 위해서는 종교적 열광주의나 광신주의의 환상을 무너뜨려야 한다. 그리고 중세적 수준의 종교 의식으로부터 탈피하여 근대적 종교관으로 전환되어야 할 필요가 있다. 종교적 관용에 대한 논의가 이 시점에 더욱 절실하게 요청되는 이유도 여기에 있으며 특히 가톨릭과 개신교를 포함해서 기독교의 여러 종파가 빚는 종교적 갈등을 해소하기 위해 17-18세기 영국의 세 철학자가 보여준 종교적 관용론을 타산지석(他山之石)으로 삼는 일은 의미 있는 일이 될 것이다.

2. 종교적 관용론의 근거들

유럽의 문화사에서 16-17세기는 종교가 사회 변화의 중요한 역할을 담당했던 시기였다. 즉, 정치와 종교, 국가와 교회의 관계가 새로운 형태 — 수직적 관계에서 수평적 관계 — 로 탈바꿈하는 과정은 유럽 사회의 전반적인 동요를 초래했으며, 근대로의 의식 전환에 촉매제 역할을 했다. 종교에 대한 이런 평가에는 두 가지 측면이 있는데, 하나는 가톨릭의 독점주의가 무너지고 종교적 다원주의로 대체됨으로써 종교적 신념에 관한 한 강요당하지 않고 개별적인 선택이 가능하게 되었다는 긍정적인 면이며, 다른 하나는 그렇게 되기 위한 예비적 단계에서 유럽 사람들이 겪었던 처절한 종교적 갈등이나 전쟁 같은 부정적인 면이다.

로마 교회의 권위가 하늘을 찌를 듯 높았던 중세 1,300여 년 동안 가톨릭교회는 이단과 이교도에 대해서는 논쟁과 설득을 통한 회유만이 아니라 박해와 처벌도 진리를 세우고 비진리를 제거하는 합당한 수단이라고 간주해왔다. 또 이를 수행하는 합법적 제도로서 '종교재판' 제도를 만들었다. 가장 불명예스러웠던 그래서 가장 유명한 종교재판의 예를 우리는 갈릴레오와 브루노의 경우를 통해 보게 된다. 과학적 진리가 독선적인 종교적 교의 앞에서 오류로 낙인찍히게 되고 거짓(false)은 악(evil)으로 인식되어 조금의 인정이나 관용의 여지도 없이 완전 제거당해야 했다. 소위 이단이나 이교도들에 대한 불관용은 배척의 논리를 가지고 도덕적 당위성조차 지닌 것이었다. 그 결과 정통 보수적인 가톨릭교회에 대한 '배반자'들은 수많은 박해와 처형을 당해야 했고 또 항전 역시 만만치 않았다. 특히 1517년 종교개혁 이후 같은 기독교 내에서의 분파주의는 이전투구(泥田鬪狗) 식의 싸움을 계속했다.

거의 예외 없이 종교적인 이유로 인한 전쟁을 모두 겪으면서 그들은 많은 희생을 치렀지만 그 대가로 얻은 교훈 또한 결코 작지 않았다. 유럽 사람들이 겪은 쓰라린 체험의 결과는 종교적 관용의 필요성을 인식하고 그것을 이론화해야 한다는 자각이었다. 종교전쟁에 대한 원인 분석과 전쟁의 참혹함에 대한 증오의 감정에서 종교적 관용론을 제안한 16세기의 대표적인 인물들은 우연하게도 모두 프랑스 사람들이었다. 세바스티앙 카스텔리옹(Sebastien Castellion), 미셸 드 로피탈(Michel de l'Hopital), 장 보댕(Jean Bodin) 등이 그들이다. 17세기에 들어서서도 여전히 종교와 정치, 교회와 국가와의 대립은 사회 불안의 요소로 남아 있었으며 기독교권 내에서의 분파(sects) 사이의 날카로운 대립은 홉스, 로크, 스피노자(Spinoza), 라이프니츠(Leibniz) 등이 종교의 문제를 정치론과 더불어 다루지 않을 수 없게 만들었다. 여기서 주목해야 할 점은 16-17세기라는 시대적 상황에서 종교가 긍정적이든 부정적이든 사회 변화의 중요한 요소였다는 점을 고려할 때 종교적 관용론 역시 사회적, 정치적 이념의 변화와 맞물려 있다는 점이다. 다시 말해 종교적 관용론이 독자적 목소리를 지닐 수 있었던 것은 단지 가톨릭교회의 세속적인 힘이 약화되었고 대신 개신교의 영향력이 증대되었기 때문만이 아니라, 오히려 근대 시민사회의 정치적 지주(支柱)인 자유주의와 중립주의, 그리고 근대 영국 철학의 인식론적 태도였던 상대주의와 회의주의의 등장이 종교적 관용론의 근거를 제공해주었기 때문이다. 종교적 관용의 근거가 된다고 믿어지는 세 가지 태도 — 자유주의, 중립주의, 상대주의 — 가 어떻게 근대의 종교적 관용론과 관련되는지를 살펴보는 일이 이 절의 목적이다.

1) 자유주의

관용은 '권리'의 일종이 아니며 권위를 바탕으로 해서 A가 B에게 제공하는 '허가(permissiveness)'의 일종도 아니다. 관용은 자유와 관련되어 있으며 자유를 확대하는 데 목적이 있다. 자유 없이는 관용도 있을 수 없다. 또 관용에 대한 일반적 정의를 '반대'와 '부정적 행위의 자발적 중지'라고 했을 때 자발적 중지 속에는 이미 관용하는 사람의 자유로운 의사 결정이 내포되어 있다. 따라서 종교적 관용을 말할 때 이는 종교적 자유와 동일시될 수 있으며 근대 이후의 자유주의의 신장(伸張)과 종교적 관용에 대한 활발한 논의는 결코 우연의 일치가 아니다.

중세 가톨릭 신학자들이 보여주었던 종교에 대한 태도에서 알 수 있듯이 그들은 종교적 신념이 비합리적(irrational)이라는 것을 인정하지 않았으며, 오히려 온갖 증명의 방법을 동원하여 종교적 교의들이 합리적이라는 것을 보여주고자 했다. 또 그들에게 있어서 종교적 자유와 관용은 이방인과 이단들을 위한 악의 온상지일 뿐이며 교회가 비진리를 용납해서는 안 된다고 불관용을 가르쳤다. 스콜라주의(Scholasticism)의 주지주의와 합리주의는 이런 태도를 대변한다. 이와 반대로 근대 이후의 자유주의자들은 종교를 일종의 이념의 영역에 속하는 것으로 간주했으며, 본질적으로는 개인적 선호(personal preference)의 표현에 따라 선택될 수 있는 것으로 보고 있다. 일반적으로 말해서 도덕 체계들 사이의 차이가 인간과 인간 사이의 조건에 대한 신념의 차이에서 비롯되었듯이, 서로 다른 종교들 사이에서 보이는 차이 역시 위와 같은 도덕 체계들 사이의 차이처럼 신념의 차이에서 비롯된다. 따라서 자유주의자들에게 있어서 종교적 자유의 문제는 선택의 자유의 문제이며, 선택의 자유는 개별적 선택에 대한 보장이 전제조건이 되며 이는 곧 종교적 관용의 근거 문제로 환원된다. 자유주의가 종교적 관용론의 근거로서 어떤 역할을 했는가를 보려면 먼저 자유주의에 대한 의미부터 확정지어야 한다.

근대 이후의 자유주의는 단지 정치적 이데올로기로서 민주주의나 자본주의의 뿌리가 된 것이 아니라, 사회, 문화 전반에 걸쳐 유럽 사람들의 의식을 개방적 태도로 전환하는 데 결정적 역할을 했다. 이런 자유주의에 대한 의미는 사용자의 문맥에 따라 여러 가지로 다양해질 수 있으나 종교적 관용과 관련된 자유주의는 다음과 같은 세 가지 특징을 담고 있는 것으로 이해하고자 한다.

(1) 자유주의는 인간의 본성과 자신의 운명에 대한 확신 위에 근거되어 있으며, 자신이 살고자 원하는 방식대로 선택할 수 있는 개인적 자유가 필요하다는 주장이다.

(2) 자유주의는 종교나 형이상학적 주장에 대해 회의적이며 진리의 발견과 행복의 추구를 인간 최고의 가치로 간주한다. 그리고 이를 위해 개인적 자유는 필수적인 것으로 간주된다.

(3) 자유주의는 어떤 사회가 생존하기 위해 필수적인 경우를 제외하고서는 도덕에 대해서도 회의적인 태도를 견지한다.2)

이런 의미에서의 자유주의는 인간을 도덕적 존재이자 행동하는 존재로 보며, 최소한 합리적이고 자유로운 선택을 할 줄 아는 존재로 간주한다. 흔히 근대인의 특징을 '자율적 존재(autonomous agent)'로 보는 견해는 18세기의 칸트와 관련지어 생각하기 쉬우나, 사실은 16세기 르네상스 이후의 인본주의, 개인주의, 그리고 자유주의와 그 뿌리를 같이하고 있다. 인간의 자율성(autonomy)은 부당한 외부적 힘이나 통제할 수 없는 불합리한 내적 욕구 등에 의해 강요당하기를 거부하도록 하며, '관습의 독재(despotism of custom)'나 '다수의 횡포(tyranny of the majority)'와 맞서 싸우도록 촉구한다. 또 자율성은 벌린(Isaiah Berlin)이 사용하는 의미의 소극적 자유, 즉 구속, 억압, 강요로부터의 자유를 필수조건으로 요청한다.

처음부터 인간이 타락한 원인을 자유의지로 해석한 아우구스티누스 이래 기독교권 내에서는 인간 자율성의 행사에 대해 부정적 시각을 지닐 수밖에 없었으며, 따라서 구원의 조건 역시 개별적 행위와는 무관한 밖으로부터의 은총(타율적 구원)에 의존할 수밖에 없었다. 교회와 사제의 권위가 하느님의 대리자 역할을 한다고 믿고 있는 한, 교회와 사제의 가르침에 거슬리는 종교적 선택은 관용될 수 없었다. 종교적 독선주의가 지배적일 때 선택의 자유는 실제로 차단되었으며, 설령 선택의 자유가 주어졌다 하더라도 언제나 양자택일의 형식이었다. 참(true)과 옳음(right)과 선(good) 그리고 거짓(false)과 틀림(wrong)과 악(evil) 사이에 양자택일만을 구분하던 시기에 자유주의는 다양성의 문을 열어주었으며, 종교의 선택 또는 신앙고백에 있어서 타율적 강요만이 팽배하던 시기에 자유주의는 인간의 자율성을 담보로 해서 개인들에게 자기 결정권을 되돌려주었다.

자유주의자들의 신조에 의하면, 종교는 정통과 이단, 기독교와 이교도들 사이에서 어느 하나를 택해야 하는 양자택일의 대상이 아니다. 종교는 '자기 지시적' 또는 '자기 결정권'을 지닌 개인의 양심과 성향에 따라 결정되는 선택의 대상인 것이다. 그리고 이 경우 선택의 행위는 배타적(exclusive)이 아니라 선택되지 않은 것과의 공존관계가 반드시 성립되어야만 하는 포괄적(inclusive) 행위이다. 왜냐하면 종교적 관용이 가능하기 위해서는 다양한 종교의 공존이 선행되어야 하고 모든 종교는 끊임없이 선택을 기다리는 열린 상태로 남아 있어야만 하기 때문이다. 그리고 개인들은 한 번 이상 종교적 선택을 할 자유가 보장되어야만 한다. 자유주의의 정신은 종교에 관한 한 이런 태도를 굳건히 견지한다.

2) 중립주의

우리가 사용하고자 하는 '중립주의(neutralism)'라는 용어는 일종의 조어(造語)이다. 중립주의가 정부 또는 국가의 불간섭주의나 자유방임주의와 의미상 맥락을 같이하고 있기는 하다. 그러나 뒤의 두 개념이 비교적 17세기에서 19세기에 걸친 유럽의 정치적, 경제적 질서를 구체적으로 지시하는 용어들로 사용된 반면, 앞의 개념은 교회와 국가, 종교와 정치와의 관계를 지시하기 위해 만들어진 용어이다. 이러한 용어상의 구분은 다분히 임의적이나 근대의 종교적 관용론을 이해하는 데는 적절하기 때문에 실험적으로 '중립주의'라는 용어를 사용하고자 한다. 그리고 중립주의라는 용어는 수잔 멘더스(Susan Mendus)와 조셉 라즈(Joseph Raz)가 사용하고 있는 중립성(neutrality)이라는 개념을 고쳐 사용한 것이다. 이들이 사용하고 있는 중립성과 조어로서의 중립주의가 의미에 있어서 본질적인 차이가 있는 것은 아니나, 이 절에서의 목적인 종교적 관용론의 근거 문제를 다루는 데는 용법상의 미묘한 차이를 드러내기 때문에 구별하는 것이 적절하다. 즉 '중립성'이라는 명사는 상태를 의미하는 것으로 국가(정부)가 종교(교회)에 대해 취해야 할 태도나 원칙을 나타내는 데는 부적절하기 때문에 '중립주의'라는 개념으로 바꾸어 사용하고자 한다.

수잔 멘더스는 자유주의를 중립성과 자율성이라는 두 가지 정신 위에 근거 지운다. 그녀는 중립성이라는 개념을 조셉 라즈에게 빌려오고 있다. 이들이 이해하고 있는 중립성의 의미는 다음과 같다.

"정치적 행위들은 선한 삶에 대한 경쟁적 개념들 사이에서 중립을 지켜야 한다. (왜냐하면) 모든 사회는 서로 다른 기질과 포부 그리고 종교적 신념들과 어떻게 사는 것이 최선의 삶인지에 대해 서로 다른 생각을 지닌 사람들로 이루어져 있기 때문이다. 따라서 중립성의 요구는 사람들에게 각자 자신의 방식대로 사는 것이 허용되어야 한다는 요구이며, 정부는 특정한 집단에 더 우호적어서는 안 된다."[3)]

중립주의 또는 중립성의 원칙(principle of neutrality)은 종교적 관용을 확대하기 위해 국가나 정부가 취해야 할 적극적 태도를 말한다. 그리고 이런 원칙과 태도는 비단 근대의 자유주의의 흐름 안에서만 강조된 것이 아니라,[4)] 그리스와 로마 시대의 정치와 종교 사이를 특징적으로 나타내는 태도이기도 했다. 아테네에서는 여러 종교와 신들의 숭배가 허용되었으며, 모든 신들이 만신전(萬神殿, pantheon)에 속해 있었다. 소크라테스의 처형이 그리스 사회의 종교적 관용을 부인하는 반증 사례는 못 된다. 왜냐하면 소크라테스의 죽음은 신성모독죄(神聖冒瀆罪, asebeias) 때문에 당한 종교적 순교라기보다는 당시 타락한 민주주의자들에 의한 정치적 박해의 결과

이기 때문이다.[5] 또 로마 역시 많은 나라들을 정복했지만 피정복 국민들의 고유한 토착 종교에 대해서는 관대하게 허용했다. "그 당시 알려진 세계의 상당 부분을 정복한 로마 사람들은 자신들의 정부와 일치할 수 없는 어떤 것이 없는 한 어떤 종교라도 관용하는 데 주저하지 않았다."[6] 로마 황제 네로의 초대 기독교인 박해는 로마 제국의 종교적 관용을 부인하는 반증 사례가 되기에는 아주 특수한 경우이다. 왜냐하면 로마 정부의 종교에 대한 박해는 유대교보다는 주로 기독교에 대한 것이었고, 그 중요한 이유 중의 하나는 초대 교회의 신자들이 믿었던 하느님 왕국(Kingdom of God) 사상이 로마의 왕국(Roman Kingdom)에 대한 도전으로 간주되었던 정치적 이유 때문이었다.

종교가 정치 세력화되지 않는 한 허용되었던 로마 초기의 관용적 태도는 예수의 가르침, "카이사르의 것은 카이사르에게 돌리고 하느님의 것은 하느님께 돌리라(cujus regio ejus religio)"는 정치 종교 분리 원칙과 맞물려 있었다. 종교(교회)에 대한 정치(국가)의 중립주의는 그리스와 로마 시대에 걸쳐 대체로 지켜졌고 따라서 다양한 종교가 유럽 사회에서 각기 자기 체계를 확대 유지하며 공존할 수 있었다. 그러나 불행하게도 A.D. 380년 기독교가 로마의 국교로 선포된 이후 종교와 정치가 모두 이데올로기의 고정화를 목적으로 제휴했을 때부터, 그리고 같은 종교로 신앙의 통일을 이룬 교회가 영적인 권위의 상징 기구로서 세속적인 권위의 대표 기구인 국가를 종속시켰을 때부터 종교적 관용은 점점 쇠퇴하게 된다. 그러나 종교와 종교 사이의 갈등이나 같은 종교 내의 분파적 갈등은 국가의 간섭 없이 자율적으로 해결하도록 해야 한다는 생각이 중세 말기 유명론(唯名論)과 더불어 다시 등장하게 된다. 모두 알고 있듯이 유명론은 정치와 종교, 국가와 교회, 이성과 신앙, 그리고 지식과 신념 사이를 엄격하게 구별하도록 요구한다. 이런 구분은 신앙(종교)의 통일이 정치, 사회의 통일을 위한 선결 조건이라고 보았던 중세적 사회관, 즉 종교-정치 사회(religio-political society)를 파괴시켰다.

근대로 이어지면서 사회는 더 이상 성스러운 시대가 아니라 세속적인 시대로 전환되며, 이방인들, 이교도들, 그리고 무신론자들과 한데 어울려 세속적인 공동선의 실현을 위해 살도록 요구하게 되었다. 이런 변화가 초래한 결과에 대해 자크 마리탱(Jacques Maritain)은 다음과 같이 네 가지로 요약하고 있다:7)

(1) 정치적 힘은 더 이상 교회가 행사하는 세속적인 힘이 아니며, 국가(그리고 교회)는 각각 그 고유한 영역에서 자율적이며 독립적인 것이 되었다. (국가는 교회의 권위로부터, 교회는 국가의 간섭으로부터 독립)

(2) 국가 내에서 모든 구성원은 평등하다는 사실이 가장 기본적인 정책 이념으로 간주되기 시작했다.

(3) 외부의 강압적인 힘에 대항하는 내적인 힘의 중요성이 강조되었고 국가에 대항하는 개인 양심의 자유의 중요성이 강조되었다. **신앙은 강압에 의해 부여될 수 없다**는 것이 명백히 주장되고 인식되었다.

(4) 탐구의 자유가 진리를 얻는 일에 중요하듯 **신에 대한 탐구 역시 각각 자기 방식대로 하도록 자유가 허용되어야 한다**는 점이 인식되고 자각되었다.

정치와 종교의 분리, 국가와 교회의 수평적 관계는 종교의 자유와 교회의 독자성 그리고 시민사회의 성장을 가능하게 만들었다. 또 17세기 이후 중립주의 또는 정부의 불간섭주의가 종교적 관용론의 활발한 논의를 가능하게 만들어주었던 것도 이와 같은 배경에서였다.

3) 상대주의

가장 일반적인 의미의 상대주의를 조셉 룬조(Joseph Runzo)는 다음과 같이 정의하고 있다.[8] "진리 또는 가치에 대한 판단의 정확성 또는 부정확성은 그 판단을 내리는 개인 또는 집단에 따라 달라진다는 인식론적 태도이다." 그리고 상대주의를 세분화해서, 인지적 상대주의(cognitive relativism), 개념적 상대주의(conceptual relativism), 신학적, 종교적 상대주의 등으로 말하고 있다. 상대주의가 종교적 관용론의 근거가 됨을 증명하려면 '경험'의 강조가 상대주의를 낳기 쉽고 상대주의는 종교적 관용을 위한 여지를 만들어준다는 것을 드러내면 된다.

철학사에서 상대주의가 처음 등장한 것은 그리스 소피스트들의 사상에서이다. 그리스 세계의 여러 지방에서 아테네로 모여든 소피스트들은 이미 여러 지방을 거치는 여행을 통해 문화, 관습, 기후, 종교 등의 상이함을 경험하게 되었다. 그들의 경험은 자연스럽게 실제의 세계(nomos)와 자연의 세계(physis) 사이를 구분하게 만들었고,[9] 자연의 필연성과 대조적으로 국가, 법률, 도덕, 종교, 문화 등이 모두 인위적이며 다수의 동의에 의해 고안된 인공물(nomos)에 불과하다는 것을 깨달았다. 거트리(W. K. C. Guthrie)의 지적에 따르면, 이들 소피스트들이 다루었던 주제들, 이를테면 법률과 도덕 원리의 위치, 사회계약 사상, 주관적 지식론, 무신론, 불가지론, 쾌락주의와 공리주의, 수사학과 언어 이론의 중요성 등은 모두 인공적인 산물들이었다.[10] 소피스트들이 신뢰한 경험은 그들을 상대주의자로 만들었고 객관적인 전체의 세계보다는 주관적인 개체의 중요성에 눈을 돌리게 만들었다. 다양한 도덕과 문화 체계를 경험하면서 이들은 가치의 상대성을 인정하게 되었고, 종교마저도 경험의 세계로 끌어내려 세속화시켰으며, 종교, 도덕, 문화가 제도의 산물이라는 것을 자각했다.

여기서 우리가 종교적 관용의 근거로 보려는 상대주의는 주로 신학적, 종교적 상대주의이며, 조셉 룬조는 종교적 상대주의가 두 가지 원리 위에 서 있다고 말하고 있다.11) 하나는 '다양성의 원리(diversity principle)'로서 이는 "종교가 본질적으로 사회 구조의 산물이기 때문에 한 문화나 역사적 시대의 사고 유형 내에서 구성된 종교적 신념들은 다른 문화나 역사적 시대에서 구성된 종교적 신념들과 양립할 수 있다"는 주장이다. 세계 종교의 다양함은 이를 증명하는 것이며, 종교는 주로 개별적 환경에 의해 결정된다고 본다. 다른 하나는 '의존 원리(dependency principle)'로서 이는 "어떤 종교적 공동체 R 내에서 주장된 종교적 신념 P가 참된 진술(true statement)이라면, 그 진술 P의 진리성은 적어도 부분적으로 공동체 R의 사고 유형에 의존된다"는 주장이다. 종교적 신념들이 담고 있는 내용의 진실성 여부는 단지 그것이 사실이냐에 달려 있는 것이 아니라 사회적 상관관계가 있느냐에 달려 있다. 즉, 종교적 진리는 반드시 각기 다른 사고 유형에 따라 상대적이어야 한다.

카이 닐센(Kai Nielsen)은 『종교에 대한 현대적 비판』이라는 책에서, 종교적 상대주의를 인정했을 때 우리에게 미치는 심각한 영향 두 가지를 지적하고 있는데,12) "우리 자신의 입장에서 받아들인 돈키호테 식의 신앙을 분명히 비합리적인 것으로 보는 회의주의자로 전락하거나, 아니면 실제로 무신론적 형태로 변형된 신념을 지니는 환원주의자로 끝나버릴 것이라고 경고하고 있다." 비록 이와 같은 주장이 부분적으로 타당하더라도 카이 닐센처럼 상대주의의 영향을 부정적으로만 해석할 필요는 없다. 모든 종교적 주장들은 경험적으로 증명도 반증도 불가능하기 때문에 무의미하다고 말하는 '검증주의자들(verificationists)'이나 '인지주의자들(cognitivists)'의 도전을 종교적 상대주의자들은 오히려 적극적으로 수용함으로써 종교적 신념들이 교조화되는 것을 막았다. 또 비록 상대주의가 종교적 회의주의로 가게 만드는 경향이 있다고 하더라도 그것은 오히려 종교의 환상으로부터 우리의 의식을 자유롭게 만들어준다.

그러면 어떻게 이 두 가지 원리 위에 서 있는 종교적 상대주의가 종교적 관용론의 근거가 되는가? 조셉 룬조는 이 원리와 종교적 관용을 연결해서 설명하고 있지 않지만 우리는 이 두 원리에서 관용의 정신을 유추해낼 수 있다. 우리는 다양성의 원리로부터, 한 종교가 다른 종교보다 더 우월하다는 독선주의가 그릇되며, 제도나 문화가 여러 가지 존재함에도 불구하고 독점적이고 유아적(唯我的)인 종교관을 고수하는 일이 위태롭다는 것을 배운다. 문화인류학이 모든 문화나 문명에 대해 독자적인 가치를 부여하도록 함으로써 문화와 문화 사이를 질적으로 구분 짓는 기준을 무너뜨린 것처럼 종교적 상대주의는 종교의 질적 차이를 무너뜨렸다. 또 '의존의 원리'로부터 우리는 종교적 진리가 사고 유형, 세계관, 의식구조에 따라 달라질 수 있다는 개방적 태도를 배운다. 종교적 진리에 관한 한 세계관이나 기호에 따른 의견의 차이는 단지 차이일 뿐 참(true)과 거짓(false)으로 구별되는 것은 아니다. 이런 인식과 태도를 유지하는 일만이 다른 종교에 대해 '부정적 행위를 자발적으로 중지'할 수 있는 관용의 여지를 만들어준다.

소피스트들의 상대주의가 인본주의(humanism)와 동일선상에 있다는 것은 잘 알려진 사실이며, 그들의 인본주의는 종교에 관해서 비교적 극단적인 경향, 즉 무신론과 불가지론으로 기울어지도록 만들었다. 그리고 이들로부터 2천 년 뒤 영국의 경험주의 철학자들은 흥미롭게도 소피스트들과 유사한 과정을 밟아가고 있다. 홉스, 로크,

그리고 흄의 경험주의적 정신은 인본주의로부터 출발했으며 지식의 상대주의를 낳았다. 또 상대주의는 종교, 특히 기독교의 독선을 파괴하는 데 결정적인 역할을 했다. 기독교에 대한 이들 세 철학자의 태도가 서로 조금씩 다르지만 결국 이들은 모두 종교를 철학적 분석의 대상으로 삼았다. 홉스의 '교회에 대한 국가의 우위론'이나 로크의 '제한된 관용론', 그리고 흄의 회의주의 철학은 모두 종교에 대해 관용적 태도를 가지도록 유도하는 데 기여했다.

3. 홉스와 '교회에 대한 국가의 우위론(Erastianism)'[13)]

그리스 사람들이 놀라움과 경이로움(taumazein)을 철학의 시작으로 보았다면, 루크레티우스(Lucretius)와 홉스는 '공포'를 종교의 시작으로 보았다. 『리바이어던(*Leviathan*)』 6장, 11장, 12장에서 내리고 있는 종교에 대한 정의는 다음과 같다. "인간은 세상에 수많은 신들을 만들었다. 그리고 이 보이지 않는 것들(힘들)에 대한 공포가 종교의 자연스러운 씨앗이다."[14)] 이어서 종교와 더불어 소위 미신이라고 부르는 것에 대한 정의도 내리고 있는데, 그에 따르면 "보이지 않는 힘에 대한 공개적인 허용이 종교라면 허용되지 않는 것을 미신이라 부르고 자신이 숭배하는 보이지 않는 힘 이외의 것을 숭배하는 것은 미신이라 부른다."

홉스의 이와 같은 정의는 종교 개념을 확대했다는 데 의미가 있다. 종교와 미신의 차이를 단지 공적인 허용의 유무에 둔 것이나 모든 종교의 기원을 인간 본성에서 제거할 수 없는 공포의 감정에서 찾은 것은 그 당시 정통 기독교인들의 종교관과는 상당한 차이가 있었다. 비타협적인 기독교인들이 그어놓은 종교의 영역을 무너뜨림으로써 홉스는 기독교를 평가 절하하여 다른 종교와 동등한 수준으로 만들었다. 그리고 이렇게 함으로써 홉스가 의도하고자 했던 것은 먼저 기독교의 독선적인 경향에 대해 제동을 걸고, 비정통적인 종교와 기독교의 다른 여러 종파들(sects)도 종교의 영역에 포함될 수 있는 여지를 만들어주기 위해서였다. 그리고 무엇보다도 종교적 자유를 관용하도록 사람들을 설득하기 위해서였다.

장 보댕(Jean Bodin)처럼 홉스는 종교적 관용과 자유의 확대에 관심이 많았다. 그리고 상호 경쟁적인 기독교의 교파 사이를 화해시키고자 했다. 왜냐하면, 시민전쟁의 원인들 중 상당 부분이 사소한 교리 해석의 차이와 종교적 자유를 부인하는 데서 비롯되었다고 보았기 때문이다. 홉스는 "같은 종교의 다른 교파들 사이나 같은 국가 내에의 당파들 사이에서 수행되는 전쟁만큼이나 치열한 전쟁은 없으며",[15] "시민전쟁으로 빠지게 만든 책임은 통치권의 분리를 주장하는 정치가들과 종교적 자유를 반대하는 사람들에게 돌아가야 한다"[16]고 주장한다.

그러면 종교적 자유와 관용의 확대를 위해 구체적으로 취한 홉스의 입장은 무엇인가? 이를 설명하기 위해서는 먼저 17세기 유럽의 철학자들이 보여주었던 정치론과 종교론의 깊은 상관관계를 염두에 두어야 한다. 아직까지 교회의 권위와 국가의 권위가 충돌을 빚으며 사회적 갈등의 요소로 남아 있던 시기에 이 양자 사이의 새로운 관계 설정은 홉스를 비롯해서 로크, 스피노자, 라이프니츠, 그리고 칸트 등의 관심사였다. 리처드 피터스(Richard Peters)의 지적대로 "17세기에는 종교에 대해 무관심하거나 분리한다는 것은 거의 불가능했다. 정치적 감정들도 종교적 논쟁에 의해 부채질되었으며, 민주주의 운동도 종교적 형태 안에서 자신들을 나타내었다."[17] 홉스가 『리바이어던』의 절반 이상을 종교적인 문제에 할애한 것도 자신의 정치론을 뒷받침하기 위해 성서를 이용하려는 목적과 '교회에 대한 국가의 우위론'을 드러냄으로써 힘(권력)의 위계질서를 다시 세우려는 데 있었다. 『리바이어던』에서 가장 긴 42장을 통해 홉스는 교회의 역할, 기능, 사제의 한계와 임무, 그리고 국가 및 통치자와의 관계에 대해 상술하고 있다.

홉스가 일관성 있게 말하고자 하는 것은 '교회가 국가에 종속되어야 한다'는 것인데, 그 이유는 국가의 목적과 교회, 종교의 목적이 같기 때문이다. 홉스가 본 동일한 목적이란 사람들로 하여금 복종하도록 하고 평화를 유지하도록 하는 것이다. 그리고 이 목적을 성취하기에 적합한 수단은 시민사회 내에서 통치권의 엄정한 확립뿐이므로 교회보다는 국가가 우선해야 한다는 극단적인 국가 우위론의 입장을 택하고 있다. 믿음은 강제력을 수반해서는 안 되며, 교회는 명령권이 없으므로 처벌권도 없다. 교회는 상호 간에 파문할 권리가 없다. 또 내적 신앙은 그 본질상 보이지 않으므로 어느 누구의 심판도 받지 않는다. 교리의 적합성 여부의 최종적인 결정권은 통치권자에 있어야만 한다. 이와 같은 홉스의 주장은 의심의 여지없이 '교회에 대한 국가의 우위론'으로 불릴 수 있다.

그렇다면 '교회에 대한 국가의 우위론'을 정당화할 수 있는 근거는 어디에 있으며, 어떻게 이것이 종교적 관용이나 자유의 확대를 보장하는가? '교회에 대한 국가의 우위론'을 정당화할 수 있는 근거로는 다음과 같은 네 가지가 있다.

첫째, 홉스 정치론의 최종적 목적은 국가 내에서 항구적인 평화의 확립이었으며, 시민전쟁은 따라서 국가의 목적에 정면으로 대치된다. 홉스는 자신이 겪었던 시민전쟁에 교회가 깊게 관여했음을 인식하고, 지속적인 종교적 갈등을 종식시키고 질서를 회복하여 평화를 유지할 수 있는 유일한 수단은 강력한 정부를 가지는 길밖에 없다고 보았다.

둘째, 교회의 분열(schism)은 홉스에게 국가의 권위가 교회의 권위보다 우선해야 한다는 신념을 가지도록 만들었다. 홉스는 종교개혁 이후 기독교가 많은 종파로 나누어진 이유 중의 하나를 성서에 대한 다른 해석 때문이라고 본다.18) 성서 해석의 권위를 각각 주장하는 종교적 분파주의는 사회 여러 분야에 걸쳐 분쟁과 혼돈을 야기하는 경향이 있다. 이런 시대에 성서 해석의 권위를 통합하는 일은 긴급히 요청되었으며 국가의 통치자만이 유일하게 성서 해석의 최종적인 권위라고 믿었다. 성서가 신의 명령이라면 자연법 역시 신의 명령이다. 따라서 자연법의 해석자이며 시민법의 제정자인 통치자가 성서 해석의 권위를 지니는 것은 당연하였다.19) 유일한 권위를 세우는 데 실패한 교회를 대신해서 종교적 문제 해결의 최종적 권위를 통치자가 소유하는 것은 시대적 요청이었다.

셋째, 통치자만이 선과 악, 정의와 부정의 등 도덕적 판단을 내릴 수 있는 권리가 있다는 근거 위에서 '교회에 대한 국가의 우위론'은 정당화된다. 제정된 법률에 의존해서 내리는 법률적, 도덕적 판단만이 옳다. 그리고 악이나 부정의에 대해 처벌할 수 있는 능력과 권리가 있는 곳은 교회나 사제가 아니라 통치권을 지닌 곳이다.20)

넷째, '두 번째 하느님의 왕국(second Kingdom of God)론'은 홉스의 '교회에 대한 국가의 우위론'을 정당화해준다. 홉스에 따르면 첫 번째 하느님의 왕국은 이미 지나갔고, 두 번째 왕국은 아직 도래하지 않았다. 그렇기 때문에 현세는 일종의 '통치권의 부재(interregnum)' 기간에 해당된다. 따라서 교회는 앞으로 올 하느님의 왕국을 준비해야 하는 곳이며 세속적인 국가가 도래할 하느님의 왕국을 대신해서 통치권을 행사해야 한다.21)

이상과 같은 홉스의 '교회에 대한 국가의 우위론'을 보면 국가가 교회와 종교의 일에 간섭하는 것처럼 보인다. 그러나 이미 언급했듯이 홉스의 본래 의도는 국가가 교회의 일에 간섭하려는 데 있었던 것이 아니라, 사회 내에서 평화를 유지하기 위한 적절한 수단으로 종교와 교회의 영향력을 최소한으로 약화시키려는 데 있었다. 그의 '교회에 대한 국가의 우위론'이 궁극적으로 종교적 자유와 관용을 확대하려는 데 목적이 있었다는 것을 이해하기 위해서는 정치론과의 비교를 통해서 설명되어야 한다.

자연 상태에서 인간은 완전한 권리와 절대적 자유를 자연으로부터 부여받는다. 그러나 이때의 자유와 권리는 유지하기가 어렵거나 불가능하다. 왜냐하면 그런 자유와 권리란 인간의 불완전한 조건을 고려할 때 향유할 수 없기 때문이다. 따라서 최소한의 자유와 권리를 보장받기 위해 사람들은 자연 상태를 종식시키고 사회계약을 통해 사회를 구성하고 통치자를 세우는 방법을 택하게 된다. 통치자의 옹립은 불안정한 자유를 안정되게 만들고 진정한 의미의 자유를 확보, 보장받기 위해 필수적인 것으로 요청된 것이다.

또 개인과 개인, 집단과 집단의 이해가 상충될 때 국가나 통치자는 어느 한쪽에 우호적인 태도를 취하지 않고 중립주의의 원칙에 따라 결정한다. 엄정한 법의 집행과 정의의 실현, 그리고 평화의 유지만이 최고의 목적이다. 이와 마찬가지로 홉스는 종교 개념의 확대를 통해 기독교의 여러 교파들, 이교도들, 그리고 미신에 이르기까지 종교적 자유와 관용을 보장해주려고 했다. 종교와 미신의 본질적 구분을 없애고, 종파와 종파의 차이를 단순하고 비본질적인 성서 해석의 차이 정도로 희석시킨 홉스의 의도는 분명했다. 종교와 종교 사이에, 그리고 교파와 교파 사이에 갈등이 생길 때 국가나 통치자는 어느 교파나 종교에 우호적인 태도를 취하지 않고 중립주의의 원칙에 따른다. 그러나 그는 무제한의, 통제되지 않은 종교적 자유와 관용이 오히려 종교 분열과 혼란으로 유도하기 쉽다는 점도 간과하지 않았다. 운동 경기에서 심판의 조정 역할이 필요하듯 국가 내에서 시민의 정치적 자유와 종교적 자유를 보장하기 위해서는 통치자의 조정 역할이 필수적으로 요청된다. 국가는 교회의 갈등 해소를 위해 조정 역할을 할 수 있는 가장 강력하고 확실한 조직체라는 점에서, 그리고 종교적 자유의 확실한 보증자가 될 수 있다는 점에서 홉스의 '교회에 대한 국가의 우위론'은 독특한 형태의 종교적 관용론이라 평가될 수 있다.

4. 로크와 '제한된 관용론'

로크의 작품『관용에 관한 편지(*A Letter Concerning Toleration*)』를 시대적 산물로만 보는 견해는 수정되어야 한다. 왜냐하면 그런 시각은 종종『관용에 관한 편지』자체에 대한 평가에 있어서 공정성을 잃게 만들기 때문이다. 이는 마치 그의『시민정부론(*Second Treatise of Civil Government*)』이 1688년 명예혁명 다음 해에 출판되었다는 사실을 지나치게 강조함으로써 그 작품의 진의가 혁명의 정당화에 있다는 오해를 불러일으킬 위험이 있는 것과 마찬가지다. 자신이 비국교도(non-Conformist)로서 종교적 자유의 당위성을 강변하고자 했으며, 시민전쟁과 명예혁명을 겪으면서 그 전쟁들의 숨은 동기가 종교적 갈등에도 있음을 지적하고자 했던 로크는 종교적 관용의 중요성이 그 어느 시대보다 자신의 시대에 강조될 필요성이 있음을『관용에 관한 편지』서문에서 밝히고 있다. 로크는 정부의 편파성과 그로부터 초래된 희생이 크며, 각 종파마다 자신의 이익을 대변하기 위한 편협한 정신으로 종교적 자유를 정당화하는 일은 오히려 사회의 불행과 혼란을 야기한다고 비판하고 있다.[22] 이렇듯 로크로 하여금 종교적 관용에 대한 문제에 관심을 가지게 만든 계기가 당시 영국과 유럽의 정치적, 종교적 상황과 직접적인 관련이 있다고 해서 『관용에 관한 편지』의 내용이 시대적 한계를 못 벗어나는 것은 아니다. 그의 관용론은 시대를 뛰어넘어 중요한 의미를 남기고 있으며 우리가 보아야 할 점도 바로 그것이다.

로크의 관용론이 그의 정치철학의 이론적 구조로부터 나온 것이라고 본 구흐(J. W. Gough)의 해석은 정당하다.23) 왜냐하면 그의 관용론은 자유주의, 개인주의, 중립주의, 그리고 상대주의에 뿌리를 두고 있으며, 이것들은 모두 그의 정치론을 지탱해주고 있는 원리들이기 때문이다. 따라서 이 네 가지 이념들과 로크의 관용론이 구체적으로 어떻게 관련되어 있는지를 살펴봄으로써 그의 관용론이 적절하게 이해되리라 본다.

첫째, 로크에게 있어서 '자유'는 그의 전 철학 체계의 대전제가 되고 있다. 『시민정부론』에서 보여주고 있는 정치적 자유, 『인간오성론(*An Essay Concerning Human Understanding*)』에서 밝히는 철학적 탐구의 자유, 그리고 『관용에 관한 편지』에서 드러내는 종교적 자유는 그 뿌리가 같다. 샤프츠베리(Schaftesbury)와의 교류를 통해서 정치에 관여했던 로크는 위그(Whigs) 당원으로서 기존 교회의 지지를 받고 있던 토리(Tory, 보수당)의 독단적인 권위주의에 반기를 들었다. 로크가 선택한 정치적 자유주의는 새롭게 성장한 신흥 중산 계급(주로 상인 계층)의 이익을 대변했다. 비국교도들이 주류를 이루며 영향력을 발휘하고 있던 상인 계층들은 네덜란드의 상인들과 비교해서 자신들이 고통받고 있다고 생각했는데, 그 이유를 주로 종교적 자유가 없는 탓으로 돌렸다.24) 따라서 초기 자본 계급의 물질적 이익을 위해서는 종교적 자유가 필요했고 그 자유를 근간으로 해서야 관용이 가능하다고 로크는 믿었다.

또한 종교의 원리가 교회의 권위나 계시를 통해서가 아니라 자연적 이성의 빛을 통해 알려진다고 본 로크는 인간의 의식과 정신의 자유로움을 확신하고, 철학적 자유는 신학의 문제를 포함해서 모든 영역에 대한 철학적 탐구를 가능하도록 만든다고 믿었다. 구체적으로 성서 해석의 자유가 개인에게 주어질 수 있는 것도 철학적 자유라는 전제로부터이다. 로크는 이것이 종교적 자유의 핵심이라 보았으며 이로부터 종교적 관용이 가능하다고 믿었다.

둘째, 참 종교와 교회에 대한 로크의 정의는 그의 개인주의적 태도를 그대로 반영하고 있다. 『관용에 관한 편지』에서 내린 정의는 다음과 같다.

"참 종교의 임무는 … 덕과 경건의 규칙에 따라 인간의 삶을 규제하는 데 있다. 그리스도의 깃발 아래 스스로 모인 사람은 누구나 무엇보다도 자신의 탐욕과 악에 대항해서 싸워야 한다." "교회는 자신의 영혼의 구원을 위해 자신의 뜻에 따라 자발적으로 모인 사회이다."25)

이들 정의로부터 추론된 로크의 종교관을 우리는 다음과 같이 몇 가지로 압축할 수 있을 것이다.

(1) 참된 신앙은 내적인 진실성(inward sincerity)에 대한 맹세이다.

(2) 신앙의 목적은 영혼의 구원에 있다.

(3) 영혼 구원은 각각의 개인에게 속한 것으로 자발적이고 자유로운 개인의 진실한 신앙에 달려 있다.

이와 같은 세 가지 견해는 모두 '자신의 신체와 노동력'의 사적(私的) 소유를 정당화한 정치적 개인주의와 같은 맥락에서 이해되어야 한다. 교회가 공동체이지만 그 구성은 개인들로 이루어져 있으며, 목적 또한 공동으로 성취되는 것이 아니라 개별적 선택과 행위에 의해서 이루어진다. 또한 국가의 존립 목적인 공동의 안정과 평화 유지가 교회의 존립 목적인 영혼의 구원과 충돌을 일으킬 때, 로크는 개인의 구원을 우선으로 보았으며 국가의 명령과 양심이 충돌할 때에는 양심을 따르도록 권했다. "모든 사람들이 추구해야 할 제일 중요하고 주된 것은 첫째가 영혼의 구원이며, 둘째가 공공의 평화이다"[26]라고 말하고 있는 것도 모두 개인주의의 표현일 뿐이다.

셋째, 로크가 『관용에 관한 편지』에서 가장 중요하게 다룬 문제는 중립주의의 문제였다. 즉, 종교나 교회에 대해 국가 혹은 통치자가 취할 태도는 중립주의이며, 통치자의 의무 조항에 속하는 관용이 가능하기 위해서는 이 중립주의적 태도를 견지해야만 한다는 것이다. 교회와 국가의 관계가 아직 불분명하거나 정리되지 않던 시기에 로크는 이 양자 사이의 역할 분담을 통해 각각의 독자적 영역을 확보해줌으로써 상호 간섭의 여지를 가능한 한 줄이려고 했다. 국가는 시민의 이익(생명, 자유, 재산 등)을 보호, 증대하는 일에, 그리고 교회는 개인의 영혼을 구원하는 일에 고유한 역할이 있다고 로크는 보았다.[27] 이와 같이 교회와 국가의 역할을 구분하게 된 근거로서 로크는 세 가지를 들고 있다.[28]

(1) 국가 또는 통치자는 종교를 강요할 권위를 신으로부터나 국민으로부터 부여받지 못했다. 왜냐하면 신이 통치자에게 그런 권위를 부여했다는 아무런 증거도 없으며(왕권신수설을 부인), 또 국민 누구도 자신의 영혼을 구원하는 데 다른 사람에게 그 일을 맡기는 데 동의하지 않기 때문이다.

(2) 영혼의 구원은 교회만의 일이며, 국가가 외적인 힘을 사용하는 반면 교회는 설득의 방법만 사용한다. 국가의 권위를 확립시켜주는 것이 처벌권과 법률적 힘이라면, 교회는 권고와 충고 그리고 훈계 등이며 최종적으로 파문 이외에는 어떤 처벌도 할 수 없다.

(3) 국가에 의해 강요된 신앙이 가능하지만 그것은 영혼의 구원

과 무관하다. 신앙의 일치가 정치적 통일의 선결 조건이라 인식하고 교회와 국가를 '종교-정치적 연합체'로 본 중세 때와는 달리 로크는 이런 일치가 실질적으로 불가능하다는 것을 분명히 자각했다. 그는 정치적 안정을 보장하기 위해 어떤 종류의 통일성(uniformity)이 필수적이라는 생각을 일찍 포기했다. 마찬가지로 신앙의 통일은 불가능하며, 설령 법률적 명령을 통한 강압과 강요에 의해 가능할지라도 그것은 영혼 구원이라는 본래의 목적과는 아무런 상관이 없다고 보았다.

이런 로크의 중립주의를 이해하는 데 있어서 주의해야 할 점은 결코 국가가 교회에 대해 전혀 불간섭해야 한다고 말하는 것이 아니라는 점이다. 즉, 완전한 종교적 자유를 주장하는 대신에 제한된 관용만이 현실적이라고 보았다.29) 비록 『관용에 관한 편지』에서 통치자가 수행해야 할 의무에 대해 주로 다루고 있지만, 그는 몇 가지 예외적인 경우에 국가(통치자)가 교회와 신앙에 대해 간섭하는 일을 정당화하고 있다. 통치자가 자신의 종교적 신념을 국민들에게 강요하거나, 교회에서 신의 경배를 위해 필수적인 일에 대해 간섭하는 것과 국교 이외의 종교를 불관용하는 일은 비합리적이지만, 국가의 평화 유지와 안전을 위해서 필수 불가결한 경우에는 간섭하고 불관용하는 것이 타당하다고 말하고 있다. 그렇지만 통치자가 공공의 선을 가장해서 어떤 교회를 억압하는 데 자신의 권위를 잘못 사용하지 않도록 항상 조심해야 한다고 경고하고 있다.30) 로크가 예외적으로 인정한 정당화된 불관용의 대상은 무신론자와 가톨릭주의자들이었다. 우리가 로크를 제한된 관용론자로 보는 이유도 여기에 있다. 그리고 관용의 대상에서 제외된 이들 두 집단도 신학적 이유에서가 아니라 정치적 이유에서 불관용되었다는 점은 지적되어야 한다. 신을 믿지 않는 무신론자들은 사회 구성의 원리를 명령하는 자연법을 부정함으로써 종국에는 무정부주의로 가기 때문이며, 가톨릭주의자들에 대한 불관용은 주로 편견에 근거하고 있지만 개신교 정부에 대한 불충성을 유도하기 때문이었다.[31)]

넷째, 관용론을 말하는 사람에게 있어서 가장 취약한 부분은 극단적인 상대주의로 오해받는 경우이다. 로크가 자신의 『관용에 관한 편지』를 '속죄의 선언'도 '포용의 법령'도 아니라고[32)] 분명히 밝히고 있는 것도 이런 오해에서 벗어나고자 하는 의도에서였다. 그러나 어떤 경우라도 관용론은 상대주의적 성격에서 완전히 벗어날 수 없다. 왜냐하면 관용의 한계와 범위가 어디까지인가 하는 문제에 대해 확정적인 대답이 불가능하기 때문이다. 관용의 범위와 한계는 역사적, 경험적, 그리고 실용적 차원에서 결정되어야 하며, 문화적, 사회적 환경에 따라 달라질 수 있는 상대적인 것일 수밖에 없다. 객관성 또는 절대주의를 추구하는 사람은 관용을 부인하고자 하며, 자유를 옹호하는 사람은 절대주의를 부인하고 상대주의와 관용을 허용하기 쉽다.

로크는 관용의 이런 성격을 잘 인식하고 있었다. 상대주의에 근거해서 관용의 범위를 확대하고자 했던 로크의 의도는 다음 두 가지 명제 속에서 가장 잘 드러난다. 하나는 성서에서 인용한 것으로 "너희 가운데 두 사람이 이 땅에서 마음을 모아 무엇이든 청하면, 하늘에 계신 내 아버지께서 이루어주실 것이다. 두 사람이나 세 사람이라도 내 이름으로 모인 곳에는 나도 함께 있기 때문이다"[33)]라는 것이며, 다른 하나는 "구원에 필요한 신앙의 조건 항목은 나사렛 예수가 우리의 주님이시고 메시아인 것을 믿기만 하면 된다"는 것이다. 첫째 명제를 통해 로크는 많은 크고 작은 신앙 공동체도 구원이 가능한 곳으로 인정되어야 한다는 점을 말하고 있다. 그렇게 함으로써 국교를 포함해서 다양한 교회가 성서적 근거에서 가능하다는 것을 보여주고 있다. 그리고 둘째 명제는 앞의 명제를 보강하는 것인데, 신앙의 조건 항목을 최소화함으로써 정통과 이단의 시비를 해소하려는 의도가 잘 드러난다. 비록 각 종파의 주장이 다양하더라도 종교 본래의 목적 — 영혼의 구원과 이를 위한 최소한의 신앙고백 — 에만 동의하면 관용되어야 한다고 로크는 말하고 있다. 사소한 성서 해석의 차이 때문에 생기는 종교적 갈등을 로크는 홉스와 달리 통치권자에게 맡기지 않고 상대적 가치를 인정함으로써 해소하려고 했다.

5. 흄의 종교론: 회의주의 대 독단주의

18세기는 종교가 꽃을 피우던 시기는 아니었다. 데이비드 흄(David Hume)은 어릴 적에 칼뱅주의자로서 교육을 받으며 성장했으나, 일찍부터 기독교의 이론에 대해 거부하고자 했다. 그러나 이 말은 그의 반기독교(anti-Christianity)의 입장에 대한 일반적 표현일 뿐, 결코 그가 반종교적이거나 종교에 관심을 가지지 않았다는 말은 아니다. 흄에게 있어서 종교는 내적인 영향력을 지님으로써 그의 삶에 어떤 작용을 미치는 그런 것이 아니라 단지 외적 탐구의 대상일 뿐이었다. 그러나 흄은 종교가 일반인들의 삶에 영향을 미치는 힘이 크다는 사실을 인정했으며, 따라서 종교의 본질과 성격에 대해 관심을 가지고 있었다.

흄은 종교적 관용론을 적극적으로 표명하지는 않았다. 모든 종교에는 믿을 만한 가치가 있다는 다원주의자도 아니었다. 그가 종교에 관한 세 작품 — 「기적론」, 「종교의 자연사」, 『자연종교와의 대화』 — 에서 추구한 일은 어떤 특정한 종교를 지지하거나 믿는 대신에 어느 종교나 쉽게 범하는 독단주의의 오류를 지적함으로써 종교의 해로움으로부터 해방되고자 한 것이다. 그는 열광주의에 대해 반대를 했고 그 대신 인본주의(humanism)의 편에 서서 종교를 제도화된 사회적 산물로 보았으며, 종교의 합리적 신뢰성에 대한 비판을 회의주의적 태도와 진리에 대한 애정 위에서 내리고 있다. 종교의 독단주의적 경향을 공격하기 위해 회의주의라는 무기를 들고 싸운 흄의 종교론은 궁극적으로 종교적 관용의 가능성을 열어놓고 있다는 점에 주목할 필요가 있다.

모두 아는 것처럼 회의주의는 흄의 철학 전체를 관통해서 흐르는 철학적 태도이자 방법론이기도 했다. 대부분의 해석가들이 인정하고 있듯이, 그의 회의주의에 '완화된 회의주의(mitigated scepticism)'라는 이름을 붙이는 것이 가장 적절하다고 본다. 과도하거나 극단적인 회의주의가 파괴적인 성향이 강하다면, 완화된 회의주의는 철학적 반성력을 극대화한 형태의 회의주의이며 반성 역량을 제한하여 적절한 탐구 영역에 머물도록 해준다.

일반적으로 말해서 흄은 종교적 독단주의를 무너뜨리기 위해 강공책을 사용하고 있다. 즉, 종교라는 믿음의 체계를 지탱하고 있는 독단적인 몇 가지 주장들에 대해 강경한 전략을 사용한다. 독단주의와의 싸움에서 회의주의가 승리한다면 흄은 적어도 종교의 해악으로부터 자유로울 수 있다고 믿었으며, 이것이 곧 다른 종교를 인정하고 용납하도록 하는 관용적 태도를 갖게 만든다고 보았다. 흄이 선택한 싸움의 주제는 기적에 관한 것(「기적론」)과 유일신 사상의 배타성과 관련된 문제들(「종교의 자연사」)이었다.

먼저 흄은 기독교 신앙의 근거를 제공한다고 믿는 기적을 문제 삼고 있다. 1748년에 출판된 『탐구 I』[34]의 열 번째 논문인 이 「기적론」에서 흄은 "가장 오만하고 편협한 신앙과 미신을 잠재우고 그들의 뻔뻔스러운 유혹으로부터 우리를 자유롭게 만드는 데는 이런 간결한 논증만큼 편리한 것은 없다"고 말하고 있다.[35] 기적에 대한 흄의 직접적인 논의는 개념을 정의하는 것으로 시작하고 있다 "기적이란 자연 법칙을 위반하는 것이다."[36] 이 정의는 기적에 대해 논의하는 대부분의 사람들이 동의할 수 있는 가장 일반적인 정의이다. 매키논(Alastair McKinnon), 홀랜드(R. F. Holland) 그리고 폴 틸리히(Paul Tillich) 같은 사람들도 흄의 정의를 그대로 따르고 있다.[37] 기적은 사도들이 경험한 사실에 관한 증언과 관찰 보고서만으로 충분하게 증명될 수 있는가? 실제로 흄은 기적이 약간의 사실에 근거하고 있다는 것을 인정하고는 있다. 그러나 이 사실이 곧 기적을 명백하게 증명하는 데 필요한 것은 아니라고 본다. 「기적론」의 2부에서 다루고 있는 중심 문제는 기적이 일어났는가 아닌가의 문제가 아니다. 이것과 관련해서 「기적론」을 읽는 독자들이 조심해야 할 점은 흄이 어디에서도 기적의 가능성 또는 불가능성을 명백하게 언급하고 있지 않다는 사실이다. 논의의 중심은 기적이 일어났다고 믿는 믿음의 위험성을 지적하고 그 잘못된 믿음의 기반을 무너뜨리려는 데 있었다. 왜냐하면 기적을 확신하는 사람들은 진지한 검토 없이 사실을 거부하는 경향이 있으며, 종종 종교적 독단주의에 빠지기 때문이다. 흄은 다음과 같은 네 가지 근거를 가지고 기적이라는 현상을 이성적으로 증명하려는 모든 시도가 실패할 수밖에 없다고 말한다.

첫째, 어떤 역사에서도 입증하기에 충분한 숫자의 사람들에 의해 증명된 기적이란 발견되지 않는다.[38] 둘째, 놀라움과 감탄과 같은 감정들은 이런 감정을 일으키는 대상들에게 상식보다 더 큰 권위를 부여하는 경향이 있다. 특히 종교적인 정신으로 무장된 사람은 경이로움을 좋아하게 되는데, 이것은 곧 상식의 종말을 의미한다.[39] 셋째, 무지하고 야만스런 사람들 가운데서 기적이 주로 관찰되었다는 사실과 오늘날에는 기적이 일어나지 않는다는 사실은 기적의 신뢰성을 떨어뜨린다.[40] 넷째, (기적의) 목격자와 그 증언이 기적을 증명하기보다는 오히려 기적이 증언의 신뢰성을 떨어뜨리며 증언 자체까지도 파괴한다.[41]

기적의 근거를 약화시키려는 위의 네 논증 가운데 가장 흄다운 것은 네 번째 주장이다. 이것은 기적에 대한 논증 속에 함축되어 있는 자기 파괴적인 성격을 드러내는 일과 관계되어 있다. 일반적으로 기적은 한 종교를 세우는 데 그 기반으로서 필요한 조건이라고 생각된다. 따라서 세상의 모든 종교는 각기 다른 기적 위에 그 근거를 둘 수 있다. 그런데 서로 다른 기적은 서로에 대해 배타적이라는 것이 흄의 지적이다. 특히 종교적인 문제의 경우 '다름(difference)은 반대(contrary)를 의미한다'는 배타성이 더 강하게 내포되어 있다. 따라서 기적은 한 특정한 종교 A를 세우는 힘을 가진 동시에 다른 종교 B 체계를 무너뜨릴 수 있는 힘도 역시 가지고 있다. 반대로 B 종교의 기적은 A 종교를 배타적으로 거부할 수 있다. 종교인들이 확신하는 기적은 한 종교를 견고한 기초 위에 세우려는 본래의 의도와는 달리 오히려 배척당할 수 있는 가능성만을 열어놓게 된다.

기적은 결코 이성적 추론을 통해 증명될 수 없는 문제이다. 만약 그것을 시도하는 사람이 있다면 그가 바로 기독교에 가장 위험한 적(敵)이 될 수 있다. 기적은 신앙의 눈으로만 이해될 수 있는 현상일 뿐이다. 따라서 기적이 신앙을 정당화해주거나 강화시켜주는 것이 아니라, 반대로 신앙이 기적을 가능하게 만들 뿐이다. 기적의 성격과 그 근거의 취약함을 천착함으로써 종교적 독단주의의 위험으로부터 우리를 자유롭게 만들려는 흄의 의도는 성공을 거두는 것처럼 보인다.

종교 문제와 관련해서 회의주의와 독단주의의 싸움이 가장 치열하게 전개된 곳은 「종교의 자연사」에서였다. 여기에서 흄은 두 가지 잘못된 신념을 직접적으로 공격하고 있다. 하나는 유일신(monotheism)에 대한 신앙이 인간의 본성 안에 있는 보편적 본능이라는 가정이며, 다른 하나는 고등 종교가 원시 종교보다 사회적으로 더 이롭다는 잘못된 가정이다. 먼저 유일신 신앙의 보편성을 공략하기 위해 흄은 이 책의 제목이 말하고 있듯이 종교의 역사적 전개 과정부터 설명한다. 인류 역사의 초기 단계로 올라가면 갈수록 인류는 다신론(polytheism) 또는 우상 숭배를 자연스럽게 받아들이고 있었다. 흄은 발생 계보학적으로 볼 때 다신론이 일신론보다 우선하며 더 일차적인 종교 형태라는 사실을 강조함으로써 일신론이 처음부터 인간에게 내재되어 있는 본능적 욕구라는 일반인들의 편견이 잘못이라는 것을 지적하고 있다. 그렇다고 해서 흄이 다신론자라는 말은 아니다. 흄의 의도는 일신론의 위험성을 지적하려는 데 있지, 다신론을 옹호하려는 데 있지는 않았다. 그는 통속적이고 무반성적인 다신론을 오히려 다음과 같은 세 가지 이유에서 비판하고 있다.[42) 첫째, 인간 사고의 자연스러운 진보 단계에서 보면, 다신론에서 일신론으로 생각이 옮기는 것은 자연스러운데, 이를 거부하는 것은 반성력의 결핍이 빚어내는 결과이다. 무지한 대중은 초월적 힘의 개념에 쉽게 복종하게 되고 여기서 다신론은 자연스럽게 발생한다. 그러나 눈에 보이지 않고 지적인 능력을 가진 신적 존재자(deity)의 성격을 더 상세하게 추론하거나 자연 활동의 규칙성과 완전성을 보게 되면 유일한 완전자의 개념을 갖게 되고 일신론으로 이동하게 된다. 이것이 인간의 지적 발전 순서이다. 이를 거부하는 다신론은 눈에 보이지 않는 초월적 힘과 눈에 보이는 대상을 동일시하는 상징 조작(allegory)의 위험성을 언제나 내포하고 있다. 둘째, 다신론은 영웅들을 신격화하는 영웅 숭배 사상을 조장할 위험성을 갖고 있다.

영웅들이나 위인들에 대해 일반인들이 갖는 감사와 존경의 감정은 역사를 전설로 만들고 신화화하도록 만든다. 셋째, 다신론은 야만적이고 타락한 종교 형태까지도 정당화하는 일이 원칙적으로 가능하다.

흄이 비판하고 있는 두 번째 잘못된 신념은 고등 종교라고 스스로 부르는 유일신 신앙이 사회적으로 더 이롭고 유익하다는 믿음이다. 기독교가 지배하는 세계에 살고 있던 서유럽 사람들에게 일신론의 신앙은 가장 진보된 고등 종교 체계였다. 이에 대한 믿음을 누구나 갖고 있었던 시대에 흄은 그런 믿음의 근거가 어디에 있는지를 물음으로써 통속적인 의견으로부터 파생되는 편견과 독단의 위험성을 경고하고 있다. 흄의 전략은 다신론의 이로운 점과 일신론의 위험성을 동시에 지적하는 것이었다. 흄의 논의에 의하면, 비록 다신론에서 일신론으로 진행하는 것이 자연스러운 지적 발달 순서이기는 하지만, 이것이 곧 전자보다 후자가 더 낫다고 말하는 것은 아니다. 왜냐하면 다신론이 종교 사이의 갈등을 완화하고 종교적 관용의 정신에 더 충실하다는 강점을 가지고 있으며, 반대로 유일신 사상은 고등 종교의 필수 조건이라고 보는 것이 얼마나 잘못되었는가를 역사적 현실은 우리에게 보여주고 있기 때문이다.

다신론의 장점은 일신론보다 더 관용적인 태도를 가질 수 있다는 점이며, 따라서 사회성도 더 많다는 점이다. 다신론이 다른 종교에 대해 관용적일 수 있는 이유는 간단하다. 다신론은 그 구조상 여러 가지 제한된 능력의 신을 가정한다. 불완전한 여러 신들의 혼재를 인정할 수밖에 없다. 능력과 기능에서 제한된 신은 다른 종파나 민족의 신에게도 신성함을 공유할 수 있게 하고 예배 의식과 규율, 전통 등도 서로 양립할 수 있게 만든다.[43] 어느 하나의 신이 세계 지배의 헤게모니를 가질 수 있다고 생각하지 않는다. 종교적 관용이 자연스럽게 실천되는 곳은 일신론의 세계보다 다신론의 세계에서 훨씬 가능성이 높아진다. 오늘날 종교적 다원주의가 바라는 이상과 별로 다를 바 없는 상태를 우리는 다신론이 지배하던 고대 사회에서 엿볼 수 있다. 델포이 신전의 신탁을 인용하는 것은 종교적 관용과 다신론에 대한 흄의 의중을 가장 잘 드러내주고 있다. "어떤 의식과 예배가 신들에게 가장 잘 용납될 수 있는가? 신탁은, '각각의 도시(국가)가 법률로 정한 것들이다'였다."44) 다신론의 관용적 태도는 다른 반대되는 종교와 공존할 수 있는 폭넓은 사회성을 지닌다는 것이 흄의 지적이다. 다신론은 다른 종교에 대해 격렬한 반감이 없기 때문에 반대 종교를 싫어하지 않으며 일정한 거리를 유지한다.45)

반대로 일신론은 하나의 완전하고 절대적 선의 속성을 가진 신을 가정한다. 신의 완전성과 절대성은 "종교적인 숭배에서 경박하고 비이성적이고 비인간적인 요소들을 제거"하는 데 기여하며, "정의와 자비의 가장 좋은 모범"을 제공한다.46) 그러나 이런 일신론의 강점이 오히려 약점으로 쉽게 전환된다는 데 문제가 있다. 신의 완전함과 절대성을 믿는 사람은 유일신론자가 되기 쉽고, 유일신은 그 속성상 배타적인 신이기 때문에 이들은 다른 신과 종교를 불합리하고 불경건한 것으로 간주하는 편견을 갖기가 쉽다. "화해할 수 없는 좁은 마음의 유대교, 피비린내 나는 원리들을 가지고 출발한 이슬람교, 그리고 불관용의 기독교" 등이 모두 일신교였다는 것과47) 이들 종교가 특히 많은 종교전쟁과 박해, 갈등과 불관용, 파문과 처형 등에 관여되어 있다는 사실 사이에는 깊은 상관관계가 있다. "가장 좋은 것이 타락하면 가장 나쁜 결과를 가져온다"는 속설을 증명하듯 역사적 사실들은 우리에게 일신론의 타락이 우상 숭배나 다신론의 타락보다 사회에 더 해롭다는 것을 보여주고 있다.

이미 우리가 짐작할 수 있듯이, 흄은 어느 한 특정한 종교나 종파에 속할 수 있는 인물이 아니었다. 그가 문제 삼은 종교론도 특정한 종교나 종파를 위한 변증론이 아니었다. 종교나 신앙의 근거 자체를 문제 삼음으로써 한편으로는 맹목적 열광주의 또는 독단주의를 피할 수 있고, 다른 한편으로는 회의주의를 바탕으로 해서 신앙의 건강성을 확보해줄 수 있다고 그는 믿었다. 그의 완화된 회의주의는 종교 문제에 관한 한 증명도 반증도 불가능하다는 결론에 다다른다. 그리고 동시에 건강한 신앙이 사회적 통합에 유용하다는 현실을 묵시적으로 인정한다. 지나치게 이성적인 종교를 거부했던 흄은 분명 이신론자(Deist)는 아니었으며, 오히려 절대자에 대한 불합리한 신앙을 더 선호했다는 점에서 그는 신앙주의자(fideism)였다. 흄이 신앙주의를 선택하는 데는 다음과 같은 논증 구조를 가지고 있다. (1) 모든 것은 의심스럽다. (2) 신학이나 종교에 관한 모든 논증과 추론은 확실한 결론에 도달할 수 없다. (3) 따라서 불가지론에 빠지거나 신앙으로 이해하거나이다. (4) 신앙으로 해석하는 것이 일상인들의 삶에 더 적절하고 유용하다. (5) 따라서 흄도 여기에 동의한다. 그렇다면 '세속화된 신앙주의'란 어떤 의미인가? 신비주의나 경건주의에 호소하지 않고서도 신앙을 유지할 수 있다고 보는 입장이며, 철학이 신앙의 성장에 도움이 된다고 믿는 태도이다. 『자연종교에 관한 대화』에서, "필로가 종교적 신앙을 철학적 회의주의 위에 세우려고 한다"는 클레안테스의 지적이나, 필로가 인용하는 "작은 철학은 사람을 무신론자로 만들고 큰 철학은 사람을 종교에 귀의하게 만든다"는 베이컨의 말은 모두 흄의 '세속화된 신앙주의'를 엿보기에 충분한 근거들이다.48)

역사가로서 흄은 종교가 한 개인의 마음과 사회의 통합에 얼마나 해로움을 끼치는가에 대해, 그리고 종교들 사이의 분파, 종교전쟁,

박해와 처형으로 점철된 오욕의 종교사에 대해서도 잘 알고 있었다. 그래서 그는 신앙주의를 기준으로 해서 '참된 종교'와 '거짓된 종교'를 구분하고 후자의 대표적인 실례로 가톨릭교의 미신적인 요소와 열광적인 개신교의 독단주의를 지적하고 있다.[49] 철학적 반성이 결여된 신앙은 맹목적인 것이 되기 쉽고, 유일신 사상은 다른 종교에 대해 강한 배타성을 가지기 쉽다. 흄의 완화된 회의주의를 종교적인 문맥에서 우리가 다시 음미해볼 만한 가치가 있다면, 그것은 개인적으로는 건강한 신앙을 형성하는 일과 사회적으로는 다양한 종교가 공존할 수 있는 가능성을 열어주는 일과 관련되어 있기 때문이다. 특히 현대 한국 사회처럼 종교적 열광주의와 광신주의가 사회적 통합을 해칠 만큼 심각해진 경우에는 더욱 절실하다.

6. 결론

문제 제기에서 언급된 한국 사회의 종교 현상, 즉 다양한 종교의 난립과 충분히 성숙하지 못한 신앙 형태는 여러 가지 문제를 발생시킨다. 「무녀도」의 욱이와 모화처럼 개인적인 갈등에서부터 통일교와 보수 교단, 개신교와 가톨릭, 그리고 토착 종교와 외래 종교 사이의 갈등에 이르기까지 다양하다. 이런 종교 사이의 갈등과 적대감은 지역감정만큼이나 깊은 감정의 골을 파놓았으며, 그것이 근거 없는 편견으로부터 온 것이라는 사실조차 모르게 만든다. 또한 미숙한 신앙이 오히려 개인의 영혼을 파괴하고 집단적인 광신주의자를 만들 위험도 있다. 영생교도들의 맹목적인 교주 숭배는 이들 특정한 집단만의 특이한 행동 방식이 아니라는 데 문제의 심각성이 있다. 이와 유사한 사교 집단들이 우리 사회의 어두운 곳을 교묘하게 침투하여 많은 사람들의 영혼뿐만 아니라 가정마저 파괴하고 있다. 건강한 신앙과 성숙한 종교관을 가지도록 유도하는 일은 이런 문제들에 대한 치료책이 될 수 있다. 그리고 학교교육을 통해 종교적 관용을 배우도록 하는 일은 우리 사회의 정신적 건강성과 직접적으로 맞닿아 있다.

종교적 관용이 이 시대에 요청되는 이유가 있다면, 그것은 우리로 하여금 최소한 다른 종교를 종교로서 인정하도록 하며, 구원의 길이 하나 이상이라는 사실을 거부감 없이 받아들이도록 하는 데 있다. 그리고 17세기 영국의 두 철학자 홉스와 로크, 18세기의 흄을 통해 보고자 하는 점도 사실은 그들이 당시 사회의 미숙한 종교 의식에서 성숙된 사회에 걸맞은 종교 의식으로 탈바꿈하여 나아가는 데 어떻게 기여했는가를 보는 데 있다.

다양한 종교와 여러 종파가 난립하고 있는 것을 현상적으로는 인정하면서도 심리적으로 받아들이지 않는 내적 모순은 어떻게 극복이 가능한가? 개인과 가족 이기주의에 뿌리를 둔 기복 신앙은 그대로 좋은가? 이런 문제들에 대해 우리는 홉스, 로크, 그리고 흄의 종교관을 통해 대답하고자 했다. 종교적 관용의 세 가지 중심 축 — 자유주의, 중립주의, 상대주의 — 과 홉스의 교회에 대한 국가의 우위론과 로크의 제한된 관용론, 그리고 흄의 회의주의적 태도는 현대 한국인의 종교 의식을 재검토하고 반성할 수 있는 근거를 제공해준다고 본다.

"누구든지 하느님의 왕국을 진실로 염려하고 그것을 세상 사람들에게 확대하는 일이 자신의 의무라고 생각하는 사람은 (다른) 종파들을 제거하기보다는 자신 안에 있는 여러 가지 부도덕성을 제거하는 일에 더 염려하고 노력해야만 한다."[50]

4장

다원주의 사회와 관용

사회적, 정치적 덕목으로서의 관용이 가장 성공적으로 그 기능을 발휘하거나 또는 그 가치를 인정받을 수 있는 사회는 분명 자유민주주의 사회이다. 이 말이 곧 사회주의나 공산주의 사회에서는 관용이 사회적 덕목이 될 수 없고 오직 자유민주주의 사회에서만 관용의 덕목을 독점하고 있다는 것을 뜻하는 것은 아니다.[1] 다만 어느 체제보다 자유민주주의 사회에서 관용은 중요한 덕목으로 간주되며 또 실질적으로도 인정되고 있다는 것을 의미한다. 그것은 어떤 이유에서 그러한가? 관용을 실천하는 일에는 개인의 자유와 권리를 확대하려는 의지가 내포되어 있고, 이런 의지는 자유주의와 개인주의의 정신을 바탕으로 하고 있기 때문이다. 앞의 장에서도 이미 언급되었듯이 관용이라는 덕목이 주목되기 시작한 것과 17세기 이후 유럽의 자유주의와 개인주의의 성장과는 깊은 상관관계가 있다. 한 개인은 자율적 존재로서 독자적인 선택의 자유를 지니고 있고, 여러 가지 다양한 가치들 가운데 자신에게 가장 좋은 것을 선택할 수 있고 그 선택된 것에 대해 존중받을 수 있는 권리가 있다는 의식은 근대정신을 나타내주는 자유주의와 개인주의의 두 근거이다.

그런데 이런 자유주의와 개인주의에 뿌리를 둔 또 하나의 사회적 가치가 있는데 그것이 곧 '다원주의(pluralism)'이다. 다원주의는 기본적으로 한 개인이 자유롭고 자율적인 존재라는 믿음 위에 서 있으며 인간의 본질이 다원적이라는 사실에 기초해서 도덕적, 정치적 행위를 설명하려는 태도이다. 따라서 이 다원주의라는 개념은 크게 두 가지 탐구 영역에서 많이 사용되고 있다. 하나는 윤리학의 영역이고, 다른 하나는 사회학 또는 정치학의 영역이다. 윤리학의 영역에서는 '가치 다원주의(value pluralism)'로 지칭되고, 정치학의 영역에서는 '다원 민주주의(plural democracy)'라는 말로 많이 사용되고 있다. 가치 다원주의가 더 일반적인 논의라면, 다원 민주주의는 가치 다원주의의 태도를 정치체제, 즉 자유민주주의에 적용시킨 이론으로 볼 수 있다. 이 양자 사이를 엄밀하게 구분하는 일은 다음과 같은 두 가지 이유 때문에 어려울 뿐만 아니라 불필요하다. 첫째, 로렌스 베커(Lawrence Backer)가 정확하게 지적하고 있듯이 "정치 이론과 혼란스러운 실천 정치학에 깊이 침투되어 있는 다원주의에 관한 많은 관심들은 윤리학 이론의 먼 영역에 그 근거를 가지고 있기 때문이다."[2] 이 말은 윤리적 다원주의가 정치적 다원주의에 그 이론적 기반을 제공하고 있다는 것을 의미한다. 둘째, 가치 다원주의나 다원 민주주의 이론은 관용이라는 덕목을 공통의 기반으로 하고 있기 때문이다. 즉, 관용의 실천을 통해서만 가치 다원주의나 다원 민주주의는 그 기능을 유지할 수 있다. 어떻게 관용의 실천이 이 두 영역에서 요청되는가를 밝히는 것이 이 장의 목적이다. 이를 통해서 우리는 왜 다원주의 사회를 구성하기 위한 기초 개념으로 관용의 덕목을 중요하게 생각해야 하는가를 볼 수 있을 것이다.

1. 가치 다원주의의 실천적 조건

가치 다원주의란 "도덕의 세계가 일련의 구별되는 가치 체계들로 구성되어 있으며 이들 가치 체계 사이에는 상호 양립할 수 없거나 때로는 공통의 기준으로 비교할 수 없는 성질이 놓여 있다"라는 신념이다.[3] 로렌스 베커는 진정으로 가치 다원주의자가 되려면 "가치에 관한 이론 체계 내에는 다수의 요소(multiple elements)가 있어야 하고 이것들은 완전하게 통일될 수도 그리고 순서가 정해질 수도 없고 또 제거될 수도 없다는 믿음을 받아들여야 한다"고 말하고 있다.[4] 서로 대립되는 가치들의 '양립불가능성(incompatibility)'과 '통약불가능성(incommensurability)'을 말하는 것은 이미 가치 체계 사이에 갈등이 생길 수 있음을 예상할 수 있게 만든다. 다양한 견해와 가치가 단순히 존재한다고 해서 다원주의라는 이름을 붙일 수는 없다. 획일적이고 전체주의적인 세계에서도 다수의 가치나 의견이 존재할 수 있기 때문이다. 그런 세계에서는 갈등이 생길 때 그 해결의 방식이 이미 주어져 있다고 믿는 데 문제가 있다. 하나 또는 소수의 원리로 환원해서 갈등 상황을 해결할 수 있다는 믿음은 결코 가치 다원주의라고 불릴 수 없다. 따라서 반드시 가치 체계들 사이에 갈등이 일어나야 한다. 가치 다원주의가 관용의 행사를 요청하는 이유도 여기에 있다. 이미 언급했듯이 가치 다원주의는 가치들 사이의 갈등을 전제로 한다. 그리고 이 갈등은 완전 해결이 불가능하다. 왜냐하면 완전 해결이 가능하다고 믿는 한 그것은 이미 전체주의적 해결이나 억압을 초래하기 쉽기 때문이다. 갈등을 해소한다는 이름 아래 때때로 더 가치 있는 것을 제거할 위험을 언제나 안고 있기 때문에 갈등이 완전히 제거된 세계보다는 갈등이 남아 있는 세계가 더 낫다. 따라서 해결 불가능한 갈등은 언제나 남아 있기 마련이고 그런 경우 관용의 덕목은 절실히 요청된다. 다원주의의 거부와 불관용의 확대 사이에는 명백한 상관관계가 있다는 사실을 우리는 역사적 경험을 통해 잘 볼 수 있다.[5)]

가치 다원주의가 다양한 가치의 존재를 인정한다고 해서 가치 상대주의로 돌아간다고 말하는 것은 성급한 판단이며, 다원주의의 성공과 실패가 관용의 실천 여부에 달려 있다고 해서 관용도 마찬가지로 가치 상대주의로 환원된다고 말하는 것도 성급한 결론이 되기 쉽다. 왜냐하면 가치 다원주의가 상대주의적 성향을 가지고 있다고 해서 결코 상대주의로 빠지지는 않기 때문이다. 상대주의는 극복되어야 한다고 믿기 때문에 이 양자 사이를 구별하는 것은 중요하다. 가치의 상대화는 가치들 사이에 비교하고 검토하고 비판하고 잘못된 것을 배제하는 것을 거부하거나 또는 불가능하다고 믿게 만든다. 그리고 가치 상대주의는 다양한 가치를 서로 인정해야 한다고 주장할 뿐만 아니라 '나의 가치도 다른 사람의 가치 못지않게 옳고 좋기 때문에' 자신의 가치를 변화시킬 필요가 없고, 또 그런 가치에 근거를 둔 자신의 삶의 방식도 바꿀 필요가 없다고 믿게 만든다. 이런 믿음은 정체성을 띠기 쉽고 그런 정체성은 자기 반성력을 떨어뜨린다. 그리고 반성력의 결핍은 '완전주의'[6)]로 나아가게 만들며, 상대방의 가치를 인정하던 원래의 태도에서 오히려 배타적인 태도로 변화될 가능성이 커진다. 그러나 가치 다원주의는 상대적 가치들을 충돌시키고 비교하고 검토해서 더 나은 가치의 창출을 기대한다. 끊임없는 갈등과 충돌을 회피하는 것이 아니라 이런 과정을 통해 가치의 탐구를 지속하려는 것이 가치 다원주의의 기본적인 태도이다. 상대주의에 머무는 순간 진보는 중단되고 논의는 정체되고 만다. 어떤 가치 판단도 완전하지 않다는 고백을 해야 하고 더 나은 판단이나 이론으로 대체될 것이라는 전망을 포기하지 않는 한 상대주의에 빠지지 않을 수 있다. 관용은 이런 가치 다원주의가 상대주의로 빠지지 않고 지속적인 실험을 가능하게 만드는 촉매제 역할을 한다.

2. 다원주의 사회의 성숙을 위한 조건

'다원 민주주의' 또는 '다원주의 사회'라는 용어는 현대 서유럽과 미국 사회의 일반적 성격을 가리키는 용어이다.[7] 따라서 다원주의는 "현대 정치 현상을 이해하기 위한 하나의 열쇠가 되며, 자유의 발전을 위해서는 필요불가결한 전제조건으로서 그 실현이 요구되는" 것이다.[8] 부분적으로 이미 다원주의 사회의 종말을 말하는 견해들(울프나 마르쿠제)도 있지만 전반적으로 평가할 때 아직도 다원주의 사회는 자유민주주의를 포기하지 않는 한 지속적으로 추구해 볼 만한 형태의 사회이고 정치체제임에 틀림없다. 특히 한국처럼 아직 완전히 성숙하지 못한 자유민주주의의 길목에 있는 나라의 경우는 다원주의 사회가 보장하는 긍정적 가치에 주목할 필요가 있다. 그렇다면 다원주의 사회를 추구해볼 만한 매력은 어디에 있는가? 첫째, 다원주의 사회는 개인들의 다양한 경험 세계를 모두 담아낼 수 있는 탄력성을 지닌 사회이기 때문이다. 인간은 본질적으로 자유를 추구하는 존재이며, 다양한 욕구, 성향, 기대, 행동 방식 등을 소유한 존재이다. 인위적으로 통제하거나 조정함으로써 획일적인 방식에 적응하도록 만들 수는 있어도 결국 인간의 본질은 다양성을 통해서 그 가치가 실현된다. 이런 점에서 "다원주의를 개인의 인격 완성을 위한 기본 원리"라고 본 하인리히 오베르로이테르의 진술은 타당하게 보인다.[9] 둘째, 다원주의 사회는 그 어떤 사회보다 소수 집단들(minority groups)에게 존립의 가능성을 보장해주기 때문이다. 규모의 크고 작음을 막론하고 자유민주주의 사회에서 최선의 의

사 결정 방식은 다수결의 원칙이다. 그러나 이 다수결의 원칙이 종종 '다수의 전제(tyranny of majority)'로 전락하는 이유는 소수에 대한 정당하고 공정한 고려가 결여되어 있기 때문인 경우가 많다. 소수 집단에게 공정한 경쟁을 할 수 있는 기회가 주어져야 하고 언젠가는 소수도 다수가 될 수 있는 가능성을 항상 열어놓아야 한다. 그럴 때에만 다수결의 원칙이 그 정당성을 확보하게 된다. 이념, 사상, 행동, 이익의 추구, 권력의 획득 등 개인이나 집단이 추구하는 가치는 언제나 일치할 수 없고 반드시 다수와 소수로 나누어진다. 이때 다수와 소수는 논의의 결과에 따라 붙여진 구분일 뿐 처음부터 질적인 차이를 가지고 구분할 수 있는 것은 아니다. 여러 개의 소수 집단이 없이 공동선이나 일반 의지의 이름으로 위장한 다수의 목소리만 있는 사회는 비민주적일 뿐만 아니라 전체주의와 다를 바 없게 된다. 소수의 이념과 사상, 소수 집단의 이익의 추구, 정치권력에서 주변으로 밀려난 세력들에 대한 중요성이 강조되어야 할 이유는 그들 소수 집단이 가지고 있는 권리에 근거해서 뿐만 아니라 오히려 다수 집단의 건강한 유지를 위해서도 요청되기 때문이다. 이들 소수 집단의 존재를 거부하는 한 다수는 도전 세력을 잃게 되며 결국에는 정체하게 되고 스스로 고사(枯死)하게 된다. 한 사회의 건강은 얼마나 비판적 소수 집단들이 그 기능을 잃지 않고 살아 있느냐에 달려 있다. 다원주의 사회는 이런 소수 집단의 중요성과 그 가치를 인정하는 사회적 구조임에 틀림없으며, 현대 서유럽과 미국 사회에서 그 실증적 예를 보게 된다.

관용의 덕목이 다원주의 사회를 위한 기초 개념이라는 주장에는 두 가지 의미가 함축되어 있다. 하나는 다원주의 사회의 실현을 위해서는 관용의 가치가 필요하다는 의미이며, 다른 하나는 설령 일부의 학자들이 주장하듯 다원주의가 무기력해지거나 실패한다면 그것을 극복하거나 수정할 수 있는 대안 역시 관용의 가치를 다시 요청한다는 의미이다. 다시 말해 관용의 덕목을 실천해야만 다원주의 사회는 가능하며 비록 다원주의 사회를 비판한다고 하더라도, 그리고 다른 대안들, 예를 들면 신다원주의나 사회적 다원주의 등을 제안한다고 하더라도 여전히 관용은 실천적 덕목으로 요청된다. 다원주의 사회 또는 다원 민주주의와 관용과의 관계에 대해서 논의한 대표적인 글은 로버트 울프의 「다원주의를 넘어서」와 허버트 마르쿠제의 「억압적 관용」이라는 논문이다. 다원주의에 대한 비판적 견해들은 여러 가지 입장에서 제기되었으나,[10] 관용의 덕목과 관련한 논의는 위의 두 논문이 가장 세밀하다. 이 두 가지 견해를 통해 우리는 이들이 모두 공통적으로 다원주의가 상당 부분 유럽과 미국 사회를 설명하는 데 유용한 도구 개념이었다는 것을 인정하고 있으며, 동시에 관용의 가치가 이들 사회의 기초적인 덕목이라는 주장을 포기하고 있지 않다는 점을 볼 수 있다. 비록 미국의 다원주의 사회를 비판하고는 있지만, 그 비판 자체가 곧 관용의 덕목을 원천적으로 부인하는 것은 아니다. 오히려 본래적 의미의 관용으로 회복해야 한다고 강변하고 있음을 볼 수 있다.[11]

3. 다원주의 사회 비판과 '관용을 넘어서'

울프는 "관용이 미국에서 성장한 다원 민주주의의 덕목"이라는 점을 전제로 해서 그의 논의를 시작하고 있다.[12] 그리고 정치적 덕으로서 관용을 이해하기 위해서는 민주적 다원주의의 이론과 실천의 문제를 분석해야 한다고 주장한다. 그의 해석에 의하면 다원주의는 한때 미국 사회의 발전에 중요한 역할을 했다. 적어도 1960년대 중반까지 미국 사회를 설명할 때나 또는 미국 사회가 지향해야 할 규범적 사회상은 모두 다원주의의 이름으로 포장될 수 있었다. 미국 사회가 가지고 있는 독특한 상황이 다원주의를 성장하게 만들었다고 보는데, 그 배경에는 첫째, 정치권력의 집중을 막고 개인과 국가 권력 사이에서 중재 역할을 하는 미국 정치의 연방주의 구조가 있으며, 둘째, 사회 문제들을 자발적인 시민 단체들의 조직을 통해 해결하려는 경향이 있으며, 셋째, 인종적이나 종교적으로 이질적 사회라는 점이 있다.[13] 이 세 가지 배경 가운데 주목해야 할 점은 두 번째의 경우이다. 다원주의가 자유민주주의의 수정 이론으로 해석될 수 있는 여지가 있다면 그것은 전통적인 의회 민주주의가 더 이상 개인의 정치적 목적을 성취할 수 없다는 사실에 있다. 전통적인 의회 민주주의는 점점 통치자 또는 통치 집단과 피지배적 개인 사이의 간격을 넓혀왔으며, 이 간격은 정치적 결정 과정에 국민이 참여할 수 있는 여지를 제거했다. 곧 상징적 민주주의에 그칠 뿐이었다. 그래서 나온 대안이 소위 '이익 단체(interest groups)'의 결성을 통해서 개인의 정치적 참여를 확보하는 일이었다. 개인의 이익 확보에만 그친 초기 개인주의적 자유주의의 한계를 극복하고, 산업 자본주의가 관용의 덕과 더불어 정치적으로 가장 성숙한 단계에서 이루어지는 정치 형태로서 다원 민주주의는 집단의 이익을 확보하는 데 성공적이었다. 자발적인 시민 단체들은 압력단체로서 정치적 결정에 영향력을 행사하려고 했다. 다원주의는 이런 시민들의 자발적인 단체의 결성과 활동을 보장해주었다. 미국에서의 다원주의가 성공할 수 있었던 가장 큰 이유 중의 하나가 바로 이런 시민 단체들의 자유로운 결성이었다. 그리고 정치적 영향력을 행사할 수 있었던 이런 소수 집단들의 자유로운 구성은 미국 사회가 관용의 덕목을 중요하게 고려하고 실천한 결과임을 부인할 수 없다.

그러나 울프는 이런 미국의 다원주의가 이제는 기술(記述)의 도구로서나 규범적인 도구로서 그 효력을 상실했다고 비판하고 있다. 다시 말해 다원주의는 더 이상 미국 사회의 이상으로서 옹호될 수 없다고 보고 있다. 그 이유는 세 가지로 분석된다.

첫째, 다원주의가 실제 세계에 적용되었을 때 발생하는 은폐된 이데올로기적 결과 때문이다.14) 울프가 염두에 두고 있는 이데올로기는 만하임(Karl Mannheim)의 해석에 따른 것인데, 다원주의가 이데올로기화되었을 때의 상황을 울프는 비판하고 있다. 즉, 이데올로기는 사회의 실질적 조건을 은폐시키려는 경향, 지배계급의 이익에 도전하거나 지배의 정당화를 약화시킬 위험이 있는 것을 거부하려는 경향, 그리고 '자기 확신적 예견의 원리(the principle of self-confirming prophecy)'15)에 따라 사회의 혁명적 요소를 부인하려는 경향들을 가지게 만든다. 따라서 이데올로기로서의 다원주의는 더 이상 미국 사회의 성장과 변화를 설명할 수도 또 기대할 수도 없게 만든다는 것이 울프의 비판이다.

둘째, 다원주의는 한때 미국 사회에서 다양한 조직체들을 가능하게 만들었으나, 일단 이런 조직체들이 구성된 이후에 안정되면 더 이상 새로운 소수 집단이나 이익 단체들의 등장에 대해 거부하려는 경향을 가지기 때문이다.16) 그런 경향은 사회의 발전이나 변화에 제동을 걸고 거부함으로써 다원주의 정신에 스스로 거슬리게 된다는 것이 울프의 지적이다.

셋째, 다원주의 사회에서 중요한 역할을 하는 것이 정부인데, 울프의 지적에 의하면 이익 집단 사이에 갈등이 생겼을 때 정부가 중립적인 역할을 해야 함에도 불구하고 실제로는 강한 집단이나 기존의 세력에 우호적인 태도를 취하기 때문이다.17)

다원주의가 개별 집단의 이익을 보장하려는 원래의 태도와는 달리 강자의 집단이나 지배 세력의 이익에 우호적일 수밖에 없게 된 상황을 비판하는 울프의 지적은 상당 부분 정당하다. 그러나 그의 글 마지막에서 "다원주의를 넘어서 그리고 관용을 넘어서 공동체에 관한 새로운 철학이 요청된다"[18]는 그의 언급은 성급한 판단으로 보인다. 울프 자신이 이미 앞에서 말했듯이 다원주의의 약점은 이론적인 구성의 잘못 때문이 아니라 현대 미국 사회라는 실제 세계에 적용했을 때 발생하는 이데올로기적 결과 때문이다. 그렇다면 다원주의의 실험은 잠정적으로 오류를 범할 수는 있어도 완전 실패라고 규정짓고 포기하기에는 아직 이르다. 오히려 울프가 제시한 다원주의 사회에 대한 비판은 다원주의를 극복하려는 의도에서라기보다는 원래적인 의미의 다원주의 정신으로 다시 돌아가거나 아니면 그 가치의 충분한 실현을 목표로 한 비판으로 해석될 소지를 많이 남기고 있다. 다원주의가 불평등을 묵인하고 차별정책을 고착화하고 사회의 분열을 조장하는 데 기여한다는 근거에서 비판하고 있는 것이다. 비록 이런 비판이 상당 부분 정당하다고 해도 그것이 곧 다원주의와 관용의 가치를 근본적으로 흔들 만한 비판은 되지 못한다. 그의 논점은 오히려 다원주의 사회로서의 기능을 상실하거나 정체되는 것을 경고하고 충분한 다원적 가치의 실현과 관용의 실천을 촉구하는 것으로 해석되어야 마땅하다고 본다. 다원주의 사회와 관용의 도덕을 뛰어넘어야 한다고 말하고 그 대안으로 제안한 공동체주의(communitarianism)도 사실은 다원주의와 관용의 가치를 전제할 때라야 가능하다. 다원주의와 관용의 가치는 울프의 기대처럼 극복되어야 할 대상이 아니라 좀 더 확보하고 실현해야 할 이상인 것이다.

4. '억압적 관용'과 본래적 관용의 회복

마르쿠제의 다원주의 사회와 관용의 덕에 대한 비판은 기본적으로 울프의 입장과 동일하다. 강자의 억압을 정당화하거나 현 상태를 그대로 유지하려는 지배 세력의 도덕관이라는 해석에서 비판하고 있다. 그러나 울프가 다원주의와 그 기초적 가치인 관용을 극복해야 한다고 제안할 때, 마르쿠제는 '억압적 관용(repressive tolerance)'에서 본래적 관용으로 다시 돌아가야 한다고 말한다. 다시 말해 원래 관용은 자유주의의 정신을 기초로 하고 있으므로 개인의 자유를 최대한 확보하려는 적극적 실천이 요청되는 가치이다. 그러므로 마르쿠제의 용어대로 "항상 자유의 내용과 범위를 확대하려는 관용은 억압적 현 상태를 선전하는 사람들에 대해 불관용하는 유격대(partisan)"와 같은 것이어야 한다.[19] 그런데 불행하게도 미국과 같이 발달된 자본주의적인 다원주의 사회에서는 관용이 오히려 무기력해지고 현상 유지의 논리로 전락해버렸다고 비판한다. 그 이유는 자유의 확대를 가로막는 장애물들에 대항해서 불복종하고 거부하는 반대 행위를 중지하기 때문이다. 마르쿠제가 이해하고 있는 관용은 불관용을 통해서만 이해되고 확보되는 역설적 가치이다. 불관용하는 일은 본래적 관용, 즉 유격대와 같은 관용의 다른 기능일 뿐이다.

잘 알려진 대로 마르쿠제가 택한 철학적 견해는 신마르크스주의였다. 자본주의 사회에서 지배권을 행사하는 소수 집단의 권력 독점과 기술의 진보를 이용한 통제 수단의 확대는 더 이상 자본주의 사회에서 개인의 자유를 확대하거나 삶의 가치를 실현하는 일이 불가능하게 되었다는 것을 비판하고 있다. 이런 사회에서의 관용은 원래의 기능, 즉 자유의 내용과 범위를 확대하려는 것조차 불가능하게 되었으며, 오히려 지배자들에 대한 종속성만을 지속시키는 억압적 관용으로 전락해버렸다.[20] 자율적이고 합리적인 정치적 판단을 내릴 수 있는 능력이 있다는 전제 아래에서 자유민주주의의 이상을 기대했던 J. S. 밀의 꿈은 이제 환상에 불과하게 되었다. 보편적 관용 또는 '순수한 관용(pure tolerance)'은 의미가 상실되었다는 것이 마르쿠제의 관용에 대한 비판이다. 이제 더 이상 관용은 무차별적일 수 없게 되었다.

원래적인 의미에서의 관용이 지배하는 사회가 되려면 적어도 현재의 자본주의 사회는 비판되어야 하고, 그런 사회로 나아가려는 데 방해하는 것들에 대해서는 불관용해야만 한다. 적극적으로 관용의 영역을 확대하려는 노력이 없이는 소극적인 관용에 머물 수밖에 없게 되며 그렇게 되면 사회는 점점 정체하게 된다. 그리고 적극적인 관용의 확대는 역설적으로 현대 미국의 자본주의가 안고 있는 부정적 현상들에 대해 불관용해야만 한다. 이것은 지식인들에게 부여된 시대적 책임이기도 하다는 것이 마르쿠제의 강조점이었다. 그런데 불관용은 자유주의자들의 도덕관으로만 보면 폭력을 수반하기 쉬우므로 악덕이다. 마르쿠제는 이제 선과 악, 폭력과 비폭력, 옳고 그름의 이분법적 구분을 다시 생각해야 한다고 강변하고 있다. 여기서 마르쿠제가 논의한 자본주의 사회에 대한 비판을 상세하게 다룰 필요는 없다. 이미 상당 부분 그의 이론은 그 이후의 역사적 경험을 통해 오류가 있음이 드러났기 때문이다. 그러나 그의 논의에서 우리가 주목해야 할 점은 비록 개인의 자유가 실현되는 사회를 구성하기 위한 구체적인 전략을 세우는 데는 실패했다고 하더라도 마르쿠제가 끝까지 포기하지 않은 관용의 도덕적, 정치적 가치의 중요성이다. 그가 이해하고 있는 관용이 자유주의자들의 그것과 상이하다고 하더라도 관용이 얼마나 중요한 가치인가 하는 점에서는 동일한 인식을 하고 있다. 어느 사회이든 불관용이 얼마나 역사의 진보와 진리 발견의 길을 방해했으며 무고한 희생자들을 만들어냈는지는 분명하다. 마르쿠제가 정면에서 도전하고 있는 것은 보수주의적 우파에게만 언론의 자유와 집회 결사의 자유가 주어지는 미국의 다원주의 사회이며, 좌파에게 그런 것들이 주어진다고 하더라도 이론과 말의 세계 안에 머문다는 조건을 붙여서 허용하는 명목상의 다원주의 사회이다.

5 장

한국 사회에서 관용이 요청되는 영역들

한국은 너그러운 사회인가? 예외자의 도전에 대해 얼마나 관용하려는 태도를 가지고 있는가? 파격적으로 삶을 살아가려는 사람들을 위한 공간은 마련되어 있는가? 우리가 다른 나라 사람들보다 더 엄격하거나 불관용하다고 믿을 만한 근거는 없다. 그리고 비교적 동일한 문화를 오랫동안 유지해왔고, 단일 민족이라는 동질성은 수많은 외침과 국가 와해의 위기에서도 견디어낼 수 있는 힘의 원천이 되었다. 유목민들처럼 유랑의 체험을 통해 이질적인 문화나 민족들과 치열한 투쟁을 경험하지도 않았다. 오랜 농경생활은 평화를 사랑하는 민족으로 자부심을 가지게 만들었다. 그러나 동일성, 단일성, 그리고 영토주의(territorialism)는 반대로 '지역적 배타성'을 보이고 또는 텃세를 부리는 것이 자연스럽도록 만들었다. '다른 것'에 대해 관용하기보다는 배척하려는 경향을 더 강하게 보여왔다.

해방 후 반세기 가까운 민주주의의 실험과 자본주의의 실천을 통해 한국인의 의식은 상당 부분 변화되었다. 봉건주의 의식으로부터의 해방, 왜곡된 권위주의에 대한 저항감, 그리고 문제가 많이 있지만 그래도 개인적 가치를 우선으로 하는 개인주의의 보편화는 한국 사회의 변화와 발전을 나타내주는 여러 징표들임에 틀림없다. 우리는 한국 사회의 발전 방향을 잠정적으로 다원주의 사회라고 설정할 수밖에 없다. 왜냐하면 그러지 않고서는 현대 한국 사회에서 일어나고 있는 여러 가지 현상들을 설명할 수 없기 때문이다. 여러 가지 의미에서 우리는 과거로부터 우리 자신을 이탈시키고 새로운 모습으로 탈바꿈하려고 노력하고 있다. 그러기 위해서라도 우리는 어느 때보다 서양적 가치에 익숙해지도록 교육받고 있으며, 서양의 이질적인 문화를 자연스럽게 수용할 만한 의식의 공간을 확장하도록 유도되고 있다. 우리의 전통적 가치와 새로운 가치들 사이에 충돌이 생기고 그 충돌의 규모는 개인적 차원에서 뿐만 아니라 세대 간의 갈등으로 확대되기도 한다. 또 만주로부터 돌아온 조선족에 대해 우월감을 갖기보다는 그들이 우리와 더불어 살아갈 수 있도록 용납할 만한 심리적 공간이 필요하다. 그리고 노동력의 공백을 메우기 위해 허용된 이후 엄청난 숫자로 늘어난 동남아시아인들에 대한 우리의 태도가 단지 노동력의 대용품이라는 인식에서 그들을 인격적 존재로 인정하는 태도로 성숙할 필요가 있다. 이런 외부적인 변화들은 비교적 단일한 가치 체계로 구성된 전통적인 한국 사회에 지각 변동과 균열을 초래했다. 좀 더 성숙한 다원주의 사회로 나아가지 않고서는 이런 사회적 균열들은 파괴적인 것으로 변할 수밖에 없을 것이다. 다원주의가 사회 통합에 방해가 된다는 비난의 소지를 제공해줄 가능성은 이런 곳에서 생긴다.

한국 사회가 다원주의 사회로 나아가는 데 걸림돌이 된다고 여겨지는 것 중의 하나는 관용의 정신이 결핍되어 있다는 사실이다. 이미 앞에서도 언급했듯이 다원주의 사회의 성공과 실패는 관용의 정신이 얼마나 현실적인 힘으로 그 기능을 발휘하느냐에 달려 있기 때문이다. 한국 사회에서 관용이 가장 긴급하게 요청되는 문제 영역은 첫째, 이데올로기 극복과 동질성 회복, 둘째, 탈연고주의, 셋째, 종교적 분파주의의 해체, 넷째, 배타적인 경쟁의 논리 무너뜨리기, 다섯째, 학문, 예술, 문화의 자유 등 다섯 가지로 압축될 수 있을 것이다.

1. 이데올로기 극복과 동질성 회복

우리 민족에게 통일은 지상명령이다. 왜냐하면 통일은 미완성으로 끝난 1945년의 해방에서 완성된 해방으로 가기 위해 달성해야 할 가장 구체적인 목표이기 때문이다. 냉전 이데올로기의 첨예한 대립을 상징적으로 보여주던 휴전선은 세계에서 유일하게 남아 있는 영토 분할선이 되었으며, 한민족에게는 비극과 수치를 안겨주는 상징으로 변해버렸다. 애초부터 미국과 소련의 이해 다툼에서 비롯된 분단이었으며, 이 분단을 지속시키기 위해 남북한의 국민들은 여러 가지 희생을 치러야 했다. 불필요한 이념의 전쟁터에서 우리는 자기 동족을 미워해야 하는 불관용을 배울 수밖에 없었다. 이제 분단으로부터 온 이 비극과 불행은 통일로 지향해나가야 할 매개로 이해되어야 한다. 오랜 세월 지속된 갈등과 대립이 하루아침에 해소되지는 않겠지만 이제 통일을 준비하는 시간이 온 것은 분명하다. 통일을 준비하기 위해 우리가 가장 먼저 해야 할 일은 그동안 남한과 북한이 서로에 대해 얼마나 불관용적이었나를 돌이켜보는 일이다. 그리고 이데올로기 대립의 극복과 민족 동질성 회복을 위한 첫걸음이 곧 관용의 덕목을 배우는 일에서부터 시작된다는 것을 자각하는 일이다.[1)]

통일을 가로막고 있는 이데올로기의 극복과 민족 동질성 회복은 정치적 관용 없이는 성취가 불가능한 목표이다. 왜냐하면 북한만큼 이데올로기의 교조적 성격에 집착한 체제도 그 예가 없으며, 남한만큼 이데올로기의 배타성과 불관용성에 몰두한 체제도 그 예가 흔치 않기 때문이다. 이런 두 체제가 만나 하나로 통일된다는 것은 처음부터 불가능해 보였다. 분단 이후 그 많은 시간이 지난 것에 비하면 통일에 접근한 우리들의 발걸음이 더디기만 했던 것도 다 이런 이데올로기의 교조성과 배타성, 그리고 한국전쟁을 치르면서 배운 '서로 미워하기' 감정 때문이었다. 상대방에 대한 불관용적 태도 밑에는 언제나 상대방에 대한 두려움과 공포가 자리 잡고 있었고, 그런 불안 심리는 상대방을 믿지 못하도록 만들었다. 그리고 그 불신은 엄청난 비용을 대가로 치르면서 결국 군사력 증강으로 보상받고자 했다. 소모적인 군비 증강은 남과 북의 국민들에게 엄청난 경제적 부담을 지울 뿐만 아니라 삶의 질을 높이는 데 가장 큰 장애가 된다는 사실을 양쪽의 지도자들이 인식하는 일은 무엇보다 중요하다.

남과 북이 서로를 인정하고 무력을 통해서 상대방을 제거하거나 억압하지 않겠다는 최소한의 태도를 보여야 통일을 향한 실질적인 노력이 가능하게 된다. 그리고 이런 태도를 갖기 위해서는 실질적인 군사력과 군사비 지출을 양쪽이 똑같이 줄여나가야 한다. 그래야 상대방에 대해 관용적 태도를 지닐 수 있게 된다. 필자는 '세계 관용의 해'였던 1995년에 남북한 정부가 똑같이 '군비 축소'를 선포하는 첫해로 삼았으면 하는 희망을 피력한 바가 있다. 그것이 언제든 남한과 북한이 적대적인 관계를 실질적으로 청산하는 첫 작업은 군사력이나 군사비 지출을 줄이기 위해 군축 회담을 시작하는 일이 될 것이다.

한운석의 「독일 통일 후의 가장 어려운 과제: 내적 통일의 문제들」에서 인용하고 있는 통계자료는 우리에게 좋은 반성의 거울을 제공하고 있다.[2] 서독인의 69%와 동독인의 79%가 통일 후에야 비로소 동독인, 서독인들이 얼마나 다른지를 알게 되었다고 한다. 동독인들이 서독인들에 대해서 느끼는 감정 가운데 가장 두드러진 것이 '거만함'이었으며, 동독인의 69%가 식민지 방식으로 통일을 이루었다고 느끼고 있다. 서독인들은 마치 승리한 점령군처럼 행동했다고 보고하고 있다. 독일의 경우를 보면서 우리는 통일을 위해 준비해야 할 것이 무엇이며, 그 준비를 어떻게 해야 할 것인지에 대한 구체적인 암시를 얻어낼 수 있을 것이다.

민족통일연구원에서 발표한 「북한 이탈 주민의 사회 적응에 관한 연구」라는 보고서를 통해 우리는 탈북자들이 남쪽의 일반인들에게서 받은 느낌이 어떠했는가를 통계로 알 수 있었다.[3] 탈북자 가운데 약 60%는 남한의 주민들이 자신들에 대해 적대적이고 냉담한 태도를 보였다고 말하고 있다. 이는 남한의 주민들이 얼마나 이방인들에 대해 무관심할 뿐만 아니라 불관용적인가를 단적으로 보여준다. 탈북한 사람들을 환영하는 미소 속에 감추어진 우리들의 일그러진 추한 모습이 드러나는 부끄러움을 느끼지 않을 수 없다. 만주에서 건너온 조선족 출신의 노동자들을 우리가 어떤 태도로 대하고 있는가를 보면 다시 부끄러움을 느끼지 않을 수 없다. 텃세주의(territorialism)에 익숙한 우리의 의식에는 '나와 다른 것'에 대해 일단 불관용부터 하는 비뚤어진 태도가 숨겨져 있지는 않은지 반성해 보아야 할 것이다. 관용 교육은 다른 문화, 종족, 이념, 사상, 행위 등에 대해 반대하지만 부정적 행위(반대, 억압, 제거, 처벌 등)를 자발적으로 중지하는 행위를 하도록 가르치는 일이다. 나와 다르다는 이유만으로 반대하는 것은 정당화될 수 없다. 탈북자뿐만 아니라 결국 우리가 껴안아야 할 중국 조선족 동포에 대해 우리가 관용적 태도를 가지지 않는 한 민족 동질성 회복은 불가능할 것이다.

냉전 이데올로기의 극복과 더불어 우리 앞에 놓여 있는 또 하나의 과제는 오랫동안 각자 다른 방식으로 굳어진 문화와 언어와 가치관 등 이질성을 극복해야 한다는 점이다. 지난 40여 년간의 단절은 생각보다 훨씬 심각한 이질성과 차이성을 보일 것이다. 같은 민족이라는 정서에 호소해서 이런 이질성을 극복할 수 있다는 것은 낙관적인 희망사항일 뿐이다. 소위 말하는 '동질성의 회복'은 분단 이전의 상태로 되돌아가는 것을 의미하지 않으며, 어느 하나에 다른 하나가 일방적으로 적응하는 것도 아니다. 동질성 회복을 위해 우리가 해야 할 가장 일차적이며 동시에 가장 중요한 절차는 이미 오랫동안 각각의 체제에 익숙해져 있는 것들을 서로 용납하고 관용하는 일이다. 그리고 이것은 정부가 그동안 보여왔던 경직된 정책을 수정할 것을 요구할 뿐만 아니라, 일반 국민들의 의식 속에 자리 잡고 있는 적대감과 공포감을 제거할 것을 요구한다.[4] 다른 것들끼리 서로 만나고 접촉함으로써 기존의 것이 아닌 제3의 무엇으로 두 사회가 변화되어야 하고, 그 변화 위에 공동의 기반을 세움으로써 동질성의 회복은 가능해진다. 그리고 이런 방식의 동질성 회복이 가능한 조건은 그 사회가 다원적 가치를 인정할 수 있을 만큼 성장해야 한다. 비록 북한이 우리보다 다원 민주주의 국가로 변신하는 데 훨씬 더 어려운 상황에 놓여 있지만 인내심을 가지고 기다려야 하며, 우리 스스로 좀 더 성숙한 다원 민주주의 국가와 그 기초적인 관용의 가치가 지배하는 사회로 변화되어야 한다.

2. 탈연고주의

연고주의는 합리적이고 개방적인 사회로 나아가는 데 걸림돌이 되는 커다란 장애물이다. 여기서 말하는 연고주의란 정(情)적인 관계, 예를 들면 학연, 지연, 혈연 같은 것들로 이어진 인간관계가 사적인 영역에 머물지 않고 공적인 영역까지 영향력을 미치는 부정적인 현상을 지칭하는 개념이다. 이런 태도는 합리적이고 논리적인 방식으로 문제를 인식하고 해결하려는 노력을 불가능하게 만들거나 어렵게 만드는 경우가 많다. 이런 연고주의적 관계는 두 가지 점에서 문제가 있다. 하나는 개인의 가치가 집단의 논리에 의해 상대적으로 약화될 가능성이 있다는 점이다. 전체성의 강조는 때때로 개별성이 확보될 여지를 제거해버린다. 다른 하나는 이 일차적 관계들로부터 배제된 다른 집단에 대해서는 배타적인 성격을 보인다는 점이다. '집단 동일화(group identification)'의 요구가 강한 만큼 여기서 제외된 사람이나 집단에 대해서는 불관용하기가 쉽다. 학연, 지연, 혈연으로 대표되는 연고주의가 개인적인 영역을 넘어서 공적인 영역에까지 확대될 때, 이 연고성의 강조가 얼마나 우리 국민 전체의 정서에 해로움을 끼치고 있는가를 새삼 말할 필요는 없다. 그 해로움의 가장 구체적인 예가 소위 '지역감정'이다. 지역감정이 단순히 사적인 영역에 머물지 않고 공적인 영역, 그것도 자유민주주의 사회에서 최선의 정치적 행위라고 할 수 있는 투표권의 행사 과정에서 얼마나 왜곡된 형태로 우리의 결정을 흔들어놓았는가를 반성해볼 필요가 있다. 정치적 판단을 내리는 데 사용된 기준들이 올바르고 정확한 정보와 공개적인 토론의 결과들이기보다는 심정적인 연고주의와 여기서 비롯된 적대감이었다는 것은, 단지 대통령을 잘못 선택했다는 결과만을 낳은 것이 아니다. 연고주의는 정권을 놓고 벌이는 경쟁의 공정한 규칙 자체를 근본적으로 무의미하게 만들었다. 승자나 패자뿐만 아니라 그들의 편에 섰던 모든 국민들이 경쟁의 결과에 대해 흡족할 수 없었다는 것은 이를 증명해준다. 패자를 끌어안는 승자의 관용도, 승자에게 기꺼이 승복하는 패자의 용기도 기대할 수 없이 오직 처음부터 미움과 배척의 논리로 출발한 연고주의 선거였기 때문이다. 연고주의는 자기와 다른 대상들에 대해 배타성과 적대감을 갖게 만들며 불관용과 패권주의를 낳기 쉽다.

연고주의를 극복하고 더 합리적인 사회로 나아가기 위해서 한국 사회에 필요한 것은 나와 타자 사이에, 그리고 우리 집단과 다른 집단 사이에 여백 지대 또는 완충 지대를 만드는 일이다. 자유 토론과 논의를 가능하게 만드는 '비판적 거리감(critical distance)'이 요청된다.[5] 이런 심리적 여백이 있어야만 자신의 입장을 객관적으로 평가할 수 있고 타자의 견해를 들을 수 있게 된다. 공적인 영역이나 관계에서 이런 심리적 공간이 존재하기 위해서는 가치 다원주의와 관용의 정신이 무엇보다도 요구된다.

아렌트(Hanna Arendt)가 강조하는 '공적인 공간(public space)'이란 개념과 그녀가 이해하고 있는 관용은 한국 사회의 연고주의를 반성하는 데 도움을 준다.[6] 아렌트의 논점은 분명하다. 가치 다원주의의 입장에서 전체주의에 반대했고, 절대적 진리를 얻을 수 있다는 신념이 얼마나 위험하고 불관용한지를 보았고, 사람들 사이에 자유로운 공간이 있어야 진정한 정치가 가능하다는 것을 알았다. 억압당하고 착취당한 사람들끼리 느끼는 지나친 친밀감과 동포애는 인간관계를 너무 가깝게 만들기 때문에 공적인 영역에 대한 인식을 차단시키고 상식과 불편부당성과 건강한 정치적 판단 능력을 잃게 만들 위험이 있다는 것을 아렌트는 유대인들의 독특한 체험을 통해 알았다. 제2차 세계대전이 끝난 후 나치의 전범들을 재판하는 유대인들의 정서는 반나치주의와 이에 편승된 감정적 보복감이었다. 이런 대세에 대해 그 부당함과 위험성을 지적한 아렌트는 많은 비난을 사야만 했고 자신의 동족들로부터 배척되었다. 이스라엘 종족의 단일성이 강조되면 될수록 집단 동일화에 도전하는 이론이나 행위는 용납될 가능성이 점점 더 제한된다는 것을 아렌트는 경고하고 있다. 그래서 아렌트는 사람들 사이에 정치적 공간을 확보해야 한다고 주장한다. 이 공간을 통해 우리는 다른 관점을 고려하고 더 건전한 정치적 판단에 도달할 수 있고, 자신의 직접적인 감정에서 한 걸음 뒤로 물러설 수 있는 여유를 갖게 된다. 또 어떤 문제에 대해서도 불편부당한 판단을 할 수 있도록 노력할 수 있게 된다. 이 '공적인 공간'을 확보하기 위해 아렌트는 '공개적인 토론의 가치'와 '정치적 차이에 대한 관용'의 중요성을 강조하고 있다.

앞에서 언급했듯이 한국인의 동일성과 단일성의 보존, 그리고 중앙집권적인 통치의 오랜 전통은 개인적 가치의 실현을 어렵게 만들었으며, 전체를 통해서만 개체도 완성된다는 전체주의적 논리에 익숙해지도록 만들었다. 그리고 사회 전체적으로 늘 강조하는 정적인 친밀감과 연대 의식은 개인과 개인, 집단과 집단 사이에 여백을 남겨놓지 않는 경향이 있다. '미결정 지대'라고도 불릴 수 있는 '공적인 공간' 또는 '비판적 거리감' 없이는 선의의 경쟁은 전쟁 상태로 전락하기 쉬우며, 갈등 해소의 방책을 합리적인 대화와 공개적인 토론에서 찾기보다는 완전 제거하는 더 극단적인 것에 의존하려는 경향이 많아진다. 이런 사회는 변화의 탄력성을 잃게 된다.[7] 도덕적, 정치적 덕목으로서의 관용이 요청되는 이유는 이런 심리적 공간을 확보할 수 있도록 만들기 때문이다.

이제 최소한 공적인 영역에서 탈연고주의를 선언하고 실천하는 것은 정적인 끈으로 묶인 우리의 의식을 자유롭게 만들어줄 것이며 균형 잃고 불구된 우리의 가치 판단력을 회복시켜줄 것이다. 탈연고주의의 선언은 어떤 대상에 대해 비록 심정적으로는 싫어하고 반대하지만 그것에 대해 관용적인 태도를 가질 수 있게 만들어준다.

3. 종교적 분파주의의 해체

십자군 전쟁을 비롯하여 기독교 세계에서 얼마나 많은 종교전쟁이 역사를 피로 물들였는지는 새삼 말할 필요도 없다. 가톨릭의 독점주의를 무너뜨린 종교개혁은 신앙의 자유를 주었지만 동시에 종교적 분파주의를 낳았고, 서로에 대해 미워하고 배척하는 종교적 불관용의 고통을 겪게 만들었다. 유럽 사람들이 종교적 관용의 중요성을 체험하고 철학자들이 종교적 관용을 문제 삼은 것도 이런 배경에서였다. 근대의 유럽인들이 찾아낸 종교적 분쟁의 해결책은 로크가 그랬던 것처럼 먼저 종교와 정치, 국가와 교회를 분리시키는 일이었다. 그리고 홉스가 주장했던 것처럼 분파주의의 갈등을 극복하기 위해서는 동의할 수 있는 신앙 고백의 조항을 최소한으로 줄였다. 다시 말해 성서를 해석하는 데 다소의 차이가 있다고 하더라도 최소한 "그리스도가 하느님의 아들이고 우리의 구세주"라는 고백만 한다면 모두 하나의 기독교인으로 간주하자고 제안했다. 로크는 교회에 대한 국가의 박해와 정치적인 일에 대한 교회의 간섭이 모두 불합리하다는 근거 위에서 종교적 관용을 정당화하고 있다.[8)]

해방 이후 한국 사회에서 유교주의 같은 단일한 종교성 통치 이념은 사라졌으며, 종교와 신앙의 자유는 그 어떤 기본권보다 확실하게 보장되었다. 그 덕분에 다양한 형태의 종교가 난립할 수 있었다. 국가권력도 종교에 대해 간섭하지 않는 정교분리(政教分離)의 원칙을 비교적 성실히 지켜왔다. 이런 점에서 로크가 제안한 종교적 관용의 정당화는 우리 사회가 안고 있는 종교적 갈등의 해소책으로는 적절하지 않다. 교회와 국가권력 같은 표면적이고 물리적인 충돌보다는 오히려 동일한 기독교 내에서의 분파주의와 다른 종교들 사이에서 보이는 암투적 상황이 우리가 지금 직면하고 있는 종교적 갈등의 실제적 상황이다. 이런 종교들 간의 대치 상황은 아주 복잡한 양상을 띠고 있으며, 문제 해결의 방식도 국가와 교회의 대립 상황에서보다 훨씬 어렵다. 성(聖)과 속(俗)의 갈등은 로크의 경우처럼 이 양자를 분리하고 각각의 역할을 분담시킴으로써 비교적 간단히 해결되는 데 비해, 종교들 사이의 갈등은 더 복잡하다. 그리고 그것이 복잡한 이유는 각각의 종교가 양보할 수 없는 독선적인 신념의 체계들로 이루어져 있기 때문이다.

다른 종교에 대해 관용하는 태도를 가지도록 설득하기 위해서 두 가지 전략이 제안될 수 있다. 하나는 독단적인 종교적 신념을 무너뜨리는 일이며, 다른 하나는 더 성숙한 종교관을 가지도록 교육하는 일이다. '독단의 잠을 깨운' 데이비드 흄의 종교 이해는 전자의 전략으로 삼을 만하다. 그러나 기적의 근거를 무너뜨리고 유일신 사상의 배타성을 공격하는 흄의 공격적인 논의는 후자의 전략보다 과격하기 때문에 설득력을 갖기가 어렵다는 한계가 있다. 성숙한 종교관을 가지도록 교육하는 후자의 전략이 좀 더 현실적인 대안처럼 보인다. 어느 한 종교의 교리만을 가르치는 것이 아니라 오늘날과 같은 다원주의 사회에서 다른 종교들과 어떻게 공존할 수 있는가를 가르치는 쪽으로 종교 교육의 방향이 전환되어야 한다.

비록 종교의 자유가 보장되어 있기는 하지만, 아직도 개인의 내적 분열뿐만 아니라 종교가 다른 가족 구성원들 사이의 갈등, 그리고 종교와 종파가 다른 사회 구성원들 사이의 반목과 대립이 때때로 심각한 양상으로 노출되는 것이 현실이다. 종교 사이의 갈등과 적대감이 지역감정만큼이나 깊은 '미운 감정'의 골을 파놓았다. 물론 종교의 다양성 자체가 문제가 되는 것은 아니다. 다만 종교가 독선과 독단으로 흐르고 다른 종교나 종파에 대해 배타적이며 불관용적인 태도를 취할 때 문제가 된다. 그리고 다양성이 추구되는 사회에 살면서도 미숙한 신앙의 수준에 머물 때 문제가 된다. 이런 태도의 종교와 신앙은 종교적 분파주의와 광신주의를 낳기 쉽다.

오늘의 한국 사회 어디에서나 쉽게 경험할 수 있는 종교적 갈등과 대립을 극복하고 종교적 관용을 실천하기 위한 현실적 전략은 기복 신앙 중심의 종교관에서 벗어나고 더 성숙한 근대적 종교관으로 전환하도록 유도하는 일이다. 종교(religion)라는 말에는 '다시(re) 잇는다(ligere)'라는 뜻이 담겨 있다. 이 말에서 우리는 끊어진 인간과 신의 수직적 관계와 인간과 인간의 수평적 관계를 다시 회복하는 일이 종교의 본래 기능임을 발견하게 된다. 주위에서 쉽게 경험할 수 있는 종교적 갈등과 대립, 그리고 같은 종교 안에서 벌어지는 분파주의적 현상들은 오히려 인간과 신, 인간과 인간의 상호관계를 무너뜨리고 파괴하고 있는 듯이 보인다. 자신이 믿는 종교에 대해 확신을 갖는다고 해서 다른 종교에 대해 불관용하고 배타적인 태도를 보일 필요는 없다. 이 양자 사이에는 아무런 논리적 상관관계가 없다. 헌법이 보장하는 종교의 자유란 달리 말하면 종교 선택의 자유를 의미한다. 그리고 선택은 개인적인 선호에 따라 결정될 문제이지 강요될 수 있는 성질의 문제가 아니다. 자유주의는 종교를 정통과 이단, 유일신 종교와 다신 종교, 토착 종교와 외래 종교 사이에서 어느 하나를 선택해야 하는 양자택일의 대상으로 보지 않는다. 종교는 자율적 존재인 각각의 개인들이 자기의 양심과 성향에 따라 결정하는 선택의 대상이다. 그리고 이 경우 선택의 행위는 배타적(exclusive) 행위가 아니라 선택되지 않은 것과의 공존 관계가 반드시 성립되어야만 하는 포괄적(inclusive) 행위인 것이다. 왜냐하면 종교적 자유가 가능하기 위해서는 다양한 종교의 공존이 선행되어야 하고, 모든 종교는 끊임없이 선택을 기다리는 열린 상태로 남아 있어야만 하기 때문이다. 그리고 개인은 1회 이상 종교적 선택을 할 자유가 보장되어야만 한다.

종교가 본래 인간을 자유롭게 만드는 것이라면, 다른 종교에 대해 불관용하고 배척하는 종교적 열광주의와 분파주의는 우리의 영혼을 옭아매는 일을 할 뿐이다. 그리고 이런 불관용이 우리 사회 안에 있는 여러 다양한 신앙 체계들 사이에 화해를 이루려는 노력에 얼마나 방해가 되는 장애물인지는 새삼 말할 필요도 없다. 종교들 사이의 화해와 조화, 그리고 평화 공존의 가능성은 오직 종교적 관용의 실천을 통해서 가능하다.

4. 배타적인 경쟁의 논리 무너뜨리기[9)]

1993년 2월부터 집권한 김영삼 정권은 처음에는 '국제화'를 내세웠다. 그러다가 다시 '세계화'를 통치의 이데올로기로 삼았다. 모든 분야에서 세계화의 이름으로 변화와 개혁이 요구되었다. 그리고 이 세계화의 논리와 연계되어 온 국민에게 요구된 또 하나의 이데올로기는 '경쟁력 강화'였다. 이런 정부의 전략에 긍정적인 면이 있다는 것을 부인하는 것은 아니다. 그러나 문제는 이 '경쟁력 강화'라는 담론이 경쟁관계에 있는 타자에 대해 불관용할 수밖에 없도록 만든다는 데 있다. 정부가 주도하고 기업들이 솔선수범 따르고 있는 이 '경쟁력 강화'의 구호 속에 은폐되어 있는 불관용의 비도덕성을 지적하는 일은 최소한 이 시대를 지배하는 왜곡된 허위의식으로부터 벗어나 다른 대안을 모색하는 첫걸음이 될 것이다. '무한 경쟁 시대', '경쟁력 강화'라는 현실 인식이 개인의 생존 방식으로 강요되었을 때 발생하는 세 가지 도덕적 결함은 공통적으로 관용의 결핍에서 비롯된다. 따라서 배타적이고 불관용적인 경쟁의 논리를 극복하는 길은 관용을 실천함으로써, 그리고 더불어 사는 법을 배움으로써 가능하다.

첫째, 무한 경쟁 또는 경쟁력 강화의 논리는 최소한의 생존이나 타자와 함께 공존하겠다는 방책이 아니라 '죽기 살기 경쟁'이며, 강자가 약자 위에 군림하겠다는 이기심과 탐욕을 그 바탕에 감추고 있는 전술이다. 경쟁하는 개인은 자기 보호를 위해 힘을 길러야 하고 수없이 많은 가상의 적들과 끊임없이 전투할 준비를 하고 있어야 한다. 홉스는 이미 이런 경쟁적 개인들이 존재하는 사태를 '자연상태(state of nature)'라 불렀고, '만인에 대한 만인의 투쟁 상태'가 발생하는 제1원인을 '경쟁(competition)'이라 지적하고 있다. 그리고 이 경쟁은 (물질적) 소유를 위해 사람들을 공격적으로 만들며, 다른 사람을 지배하기 위해 폭력을 사용한다고 설명하고 있다. 굳이 구체적인 국가를 적시할 필요도 없이 경쟁이 심한 현대의 시장경제 체제를 자본의 힘과 제도적 폭력이 지배하는 사회로 규정하는 데 주저하지 않는 것은 이를 증명해준다. 사적 이윤 추구와 무한에 가까운 욕구 충족이 가능하다는 자본주의 체제를 포기하지 않는 대신에 우리는 늘 경쟁의 긴장감과 패자가 될지도 모른다는 위기감을 감내해야만 한다. 개인을 경쟁의 도구로 만드는 이 시대의 왜곡된 담론들은 철학적 비판을 통해 여과될 필요가 있다.

둘째, 경쟁이라는 결정 방식 자체에 결함이 있다. 즉, 경쟁은 불공정하기 쉽다는 점에서 비도덕적이다. 처음부터 경쟁은 공정한 게임이 되기 어려운 경우가 많다. 개인의 차원에서 이루어지는 경쟁의 경우 그 게임의 규칙은 경쟁자 개인들의 차이성과 개별성을 대부분 무시한다는 점에서 비도덕적이라 비판될 수 있다. 순위를 매기기 위한 모든 종류의 시험이 개인들의 독특함과 차이성을 간과하고 있는 것은 이 제도의 극복하기 어려운 한계임은 말할 나위도 없다. 기업이나 국가의 차원에서 이루어지는 경쟁의 경우도 마찬가지로 공정하지 못하다는 점에서 비도덕적이다. 국제화와 관련해서 누가 먼저 경쟁하자고 제안을 했는가를 보라. 무한 경쟁의 시대로 돌입했다거나 경쟁력을 강화해야 한다고 말하는 것도 모두 외부로부터의 도전이 있은 후가 아닌가. 싸움을 누가 먼저 걸어왔는가를 보면 경쟁의 논리가 결코 약자의 웅변이 아니라 강자의 요구 사항이라는 것은 자명해진다. 세계 무역 질서를 재편하여 공정한 경쟁을 하자는 우루과이라운드(UR) 협정이나 세계무역기구(WTO)의 창설에 약소국들의 의견이 거의 반영되지 않았다는 것을 보면, 이것들이 결국은 강자의 이익 보호에 더 기울어져 있다는 불공정성을 확인할 수 있을 것이다.

셋째, 현실은 무한 경쟁의 시대이며 경쟁력이 강한 자만이 살아남는다는 냉혹한 적자생존의 법칙은 평등한 분배의 원칙 또는 분배적 정의 실현의 당위성을 희석시킬 위험이 있다는 점에서 도덕적 결함을 가진다. 이는 한 국가가 경제 정책의 기본 방향을 설정할 때 성장과 분배 어느 쪽에 더 비중을 둘 것인가 하는 문제와 동일 선상에 있다. 성장 우선론자들은 비록 경쟁이 불평등한 사회를 일시적으로 초래하더라도 성장을 위해서는 경쟁의 논리에 의존하는 것이 최선의 선택이라고 주장할 것이며, 분배론자들은 이상적이지만 경쟁에서의 승패를 떠나 누구라도 최소한의 인간다운 삶을 살 수 있는 권리가 있는 한, 국가, 사회는 이를 보장해주어야 한다고 말할 것이다. 우리처럼 후진국에서 개도국으로, 그리고 중진국으로 이행하는 사회일수록 '선 성장, 후 분배'라는 정책이 훨씬 설득력이 있어 보인다. 우리는 우리 자신의 세대보다는 다음 세대를 위해 고통을 참아야 하고 더 많은 분배를 위해 자신의 몫을 챙기는 일을 유보해야 한다는 논리에 설득당해 왔다. 그리고 성장 우선론에는 언제나 경쟁심을 부추기고 그 경쟁에서 승리하는 것이 최선의 가치라는 목적론적 태도가 지배적이다. 경쟁에서 승리한 자들만의 정의가 아니라 패배한 다수들을 위해서도 평등한 분배 원칙은 지켜져야 한다고 본다. 그럴 때라야 자연스러운 사회 통합의 구심점이 생기게 된다. 경쟁력 강화만을 통해서는 결코 건강한 사회 통합이 이루어지지 않는다는 것을 우리는 지난 30여 년의 시행착오를 통해 배웠어야 했다. 국가나 정부가 안고 있는 정의 실현의 의무는 그 어떤 것에 의해서도 희석될 수 없는 당위적 가치이다.

경쟁자인 이웃들에게 패배감을 안겨주고 상처를 입히며 지탱해온 지난 30여 년의 경쟁 시대로 부족하다면 언제까지 더 인내하고 기다려야 하는가? 경쟁 시대를 거치며 입은 가장 큰 상처 가운데 하나는 사회 구성원들을 원자적 개인들로 분해했으며, 승자에게 보이는 찬사와 패자에게 보내는 비난 사이에 엄청난 차이가 있다는 것을 보여줌으로써 승패에 너무 집착하도록 만들었다는 데 있다. 이런 태도의 경쟁에서는 승자와 패자를 엄격하게 갈라놓으며, 승자가 모든 것을 취할 수 있는(winner takes it all) 권리를 인정하게 한다. 패자에 대한 관심과 고려가 없는 경쟁은 비도덕적이다.

배타적인 경쟁의 논리를 무너뜨리고 더불어 살아가는 방법을 교육하는 일은 건강한 미래의 한국 사회를 위해 시급한 일이다. 이를 위해서는 무엇보다도 관용의 덕목이 교육되어야 한다. 먼저 초등학교와 중고등학교 교육과정을 거치면서 얼마나 우리가 다른 사람과 더불어 사는 법을 배웠는지 반성해보아야 한다. 경쟁을 부추기는 입시교육, '자기 자식만 잘되면 된다'는 부모들의 편집광적인 교육열, 그리고 몇몇 소위 일류 대학의 출신자들이 우리 사회의 최대 수혜자가 된다는 불공정한 현실에 관용의 가치는 설 자리를 잃고 말았다. 인간다운 삶을 살 수 있는 사회를 만드는 것이 우리의 목표라면 배타적인 경쟁의 논리에 함몰되어서는 안 되며, 이제부터라도 전 교과과정을 통해 여러 가지 방식으로 관용의 덕목이 교육되어야 한다. 이 책의 부록으로 실린 『관용: 평화의 시작 — 평화, 인권, 민주주의의 교육을 위한 교수 · 학습 지침서』 5장은 전 교과과정에서 관용이 어떻게 교육될 수 있는지에 대해 구체적인 예들을 제시하고 있다.

관용 교육을 제대로 받은 우리의 후배 세대들이 국가나 기업을 관리하고 경영할 때는 경제와 경영의 어려움을 '정리 해고제' 같은 불관용적 방식으로 해결하려고는 하지 않을 것이다. 또 관용의 덕목으로 무장된 근로자는 자본의 노예가 되기보다는 정당한 요구와 집단 이기성 요구 사이를 구별할 줄 아는 자각된 노동자로 남을 것이다. 성공적인 노동운동의 선결 조건인 타협과 협상의 능력도 관용을 중요한 가치로 인식하고 실천함으로써 증가된다. "다른 사람들을 위하여 공유물로서 충분하게 그리고 여전히 풍부하게 남겨져 있어야 한다"[10]는 로크의 단서 조항(Lockean proviso)과 내가 싫어하고 반대하는 사람을 용납하도록 요구하는 관용의 덕목이 우리 사회의 지나친 경쟁을 규제하는 원리로 받아들여질 수는 없을까?

5. 학문, 예술, 문화의 자유

고전적인 의미에서 자유주의의 원칙을 우리는 J. S. 밀의 『자유론』 2장에서 발견할 수 있다. 자유주의 원칙은 '자유로운 의사 표현', '문화적인 다양성', '개인들의 자기 발전' 등의 가치들에 근거하고 있다. 비록 '해로움의 원리(harm principle)' 또는 '온정적 간섭주의'의 원칙에 따라 표현의 자유에 어느 정도 제한이 불가피하다는 점을 밀이 지적하고 있지만, 그 이외에는 최대한으로 표현의 자유를 보장해야 한다는 것이 밀이 생각한 자유주의의 정신이다. 한국 사회의 여러 분야에서 이런 자유주의의 원칙을 지키려는 노력을 하고 있다는 것은 의심의 여지가 없을 만큼 분명한 사실이다. 그러나 여전히 많은 부분에서 개인의 자유가 제한당하고 있는 것도 사실이다. 학문의 세계에서, 예술과 문화의 영역에서 표현의 자유는 여러 가지 형태로 제한당하고 있다. 그리고 자유의 제한은 곧 불관용으로 이어지며 때때로 물리적인 억압을 수반한다.

우리나라의 경우 학문 연구의 자유는 최대한 지켜지고 있다고 믿지만, 아직도 마르크스 이론이나 그 밖의 급진 사상을 긍정적인 면에서 자유롭게 논의할 수 있는 정도는 아니다. 더욱이 진보 이론을 정치적인 이념으로 하는 진보 정당의 설 자리는 상당히 좁은 것이 우리의 현실이다. 지난 몇 차례의 선거에서 다른 나라의 진보 정당과 비교해서 상대적으로 온건했던 몇몇의 진보 정당들이 철저하게 국민들로부터 외면당한 것은 무엇보다도 진보 이론에 대한 일반인들의 불관용이 얼마나 심각한 상태인가를 증명해주는 것이었다. 선동적인 혁명론을 주장하고 실제로 물리적인 혁명을 추진하는 정당까지 관용해야 한다고 주장하는 것은 아니다. 그러나 가능한 한 이론적인 논의라는 한계 안에 머문다는 조건 아래에서 급진 사상을 허용하는 것이 엄밀한 의미에서 자유주의의 정신이며, 이는 자유주의의 건강한 발전을 위해서도 필요하다. 국가보안법은 인문, 사회과학 분야의 학문 활동을 위축시키고 있으며, 진보 단체의 결성과 활동에 많은 제약을 가하고 있는 것이 우리의 현실이다.

1989년에 이란의 지도자 호메이니는 영국 작가 살만 루시디(Salman Rushdie)의 소설 『악마의 시(*The Satanic Verses*)』에 대해 파트와(fatwa)[11)]를 발표하였다. 그의 처형을 명령했고 그 소설의 소각을 지시했다. 이 소설이 이슬람 국가와 종교를 모욕했다는 이유에서 이 작품에 대한 배척 운동을 전개한 것이다. 서유럽의 많은 국가들이 이란의 이런 조치에 대해 항의했으며, 작가 루시디는 오랫동안 은신처에서 숨어 살아야 했다. 이와 유사한 문학 작품에 대한 불관용의 경우를 우리는 최근 재일교포 작가 유미리에 대한 일본 우익단체의 테러 위협에서 보게 된다. 또 몇 년 전 마광수 교수의 『즐거운 사라』는 음란 소설로 분류되어 금서 조치되었으며 검찰에 기소되어 유죄 판결을 받았다. 최근 장정일의 『내게 거짓말을 해봐』 역시 음란성 시비에 말려들어 출판사와 작가 스스로 책의 판매를 포기한 사건은 표현의 자유에 대한 심각한 제약으로 받아들여지고 있다. 에로티시즘과 외설 문학 사이의 경계가 모호한 것은 사실이지만, 문제가 된 두 작품에 대한 검찰의 평가는 문학적 표현의 자유를 제한하는 불관용적 태도를 잘 나타내주었다. 상상력과 창조력이 최대한 보장되어야 할 문학의 세계에서 다룰 수 없는 성역이 여전히 남아 있다는 것은 문학의 발전에 큰 걸림돌이 된다는 것은 분명하다.

이 밖에도 음악이나 미술, 연극에서 표현의 자유가 지난 수십 년 동안 심각한 정도로 제약받아왔다는 것은 숨길 수 없는 사실이다. 동베를린 사건에 연루되었다는 이유로 세계적으로 인정받은 윤이상의 음악과 이응로 화백의 그림은 국내에서 제대로 평가될 수 없었다. 김지하의 「오적(五敵)」이란 시가 그랬고, 김민기의 「금관의 예수」, 양희은의 「아침이슬」과 이미자의 「동백아가씨」, 그리고 홍성담의 판화 등이 여러 이유로 금지된 것은 우리나라 문화 예술에 대한 정부의 불관용을 확인하기에 충분한 증거들이었다. 영화나 음악 작품들에 대한 사전 검열이 위헌이라는 헌법재판소의 판결은 예술 활동에 운신의 폭을 넓혀주는 계기가 되었다. 만약 문화적 다양성을 중요한 자유주의의 가치로 인정해야 한다는 원칙에 우리가 동의한다면, 최소한 학문, 예술, 문화의 영역에서 개인들이 표현하는 모든 행위들에 대해 정부나 사회는 관용적인 태도를 가져야만 한다. 그것의 가장 구체적인 방법은 정부가 개인의 자유로운 행위에 대해 최대한 불간섭하는 것이며, 정부의 예방적 기능을 축소하는 일이다.

학문, 예술, 문화에서의 자유로운 표현을 보장하기 위해서는 관용의 실천이 무엇보다도 요청된다. 남과 북이 갈라져 있다는 정치적 상황과 보수적인 전통 윤리의 흔적이 아직도 많이 남아 있다는 사회적 현실이 그동안 학문, 예술, 문화에 많은 제약을 가해온 것은 어쩔 수 없는 사실이다. 이들 분야에 대한 불관용의 역사를 얼마나 성공적으로 극복하는가 하는 문제는 한국 사회의 성숙도를 가늠하는 척도가 될 것이다.

끝으로 관용적인 태도가 요청되나 아직 상당한 수준의 불관용을 보이는 두 가지 문제를 논의해보고자 한다. 그 하나는 일본 문화의 유입에 대한 우리 사회나 정부의 불관용적 태도를 어떻게 평가할 것인가 하는 문제이며, 다른 하나는 동성애자들의 권리 요구에 대한 사회적 평가와 관련된 문제이다. 서양 문화, 특히 미국 문화가 아무런 장애 없이 우리 사회 곳곳에 침투해 들어온 현실에서 오직 일본의 영화나 연극, 대중음악의 수입을 법적으로 금지하고 있는 것은 이제 설득력을 잃어가고 있다.[12] 이미 음성적인 통로를 통해 일본의 문화가 전면적으로 노출되어 있는 것이 현재의 상황이다. 법적인 차단만으로 우리의 문화를 지키기에는 이제 불가능한 시점에 와 있다. 우리 문화의 정체성을 확보하고 자생력을 기르는 일이 무엇보다도 중요하며 우선적으로 해야 할 일이다. 단순히 외래문화의 유입을 차단하는 것이 최선의 선택은 아니라고 본다. 자기 문화란 외래문화와의 끊임없는 접촉과 충돌을 통해 발전한다는 사실을 고려한다면, 일본 문화의 수입에 대해 지나치게 부정적인 태도를 가질 필요는 없다고 본다. 일본의 저질 문화가 유입될 것은 분명하며, 일본의 식민 통치에 대한 분노가 아직 생생하게 남아 있는 상황에서 일본 문화에 대해 관용적 태도를 가지라는 요구는 아직 시기상조인 듯 보인다. 그러나 장기적으로 볼 때 다른 문화에 대한 관용적 태도는 궁극적으로 우리 문화의 발전에 기여하리라 믿기 때문에 이제는 이 문제도 적극적인 태도를 가지고 접근해야 한다고 본다.

히틀러가 집권한 제3제국은 아리안족 혈통의 순수성을 지킨다는 명분으로 6백만 명이 넘는 유대인과 유럽 전역에 걸쳐 유랑하며 살던 집시들, 그리고 동성애자들을 처형했다. 타자에 대한 불관용이 낳은 가장 비극적인 사건이었다. 앞의 두 가지는 종족적 불관용이었으며, 후자는 행위(activity) 또는 기구적(organizational) 불관용이었다. 이 세 가지 대상들에 대한 유럽인들의 사회적 편견이 아직 해소되지 않고 있지만 동성애자들에 대한 편견은 그래도 상당 부분 개선되었다. 서유럽과 미국에서는 동성애자들이 독자적인 세력을 형성하고 정치적 권익 보호를 요구하는 압력단체로 부상되어 있다. 우리나라의 경우 최근에 동성애자 조직체가 공개되었으며 공적인 활동을 시작했다. 이들의 요구와 활동에 대해 어떤 평가를 내릴 것인가? 관용할 것인가, 아니면 불관용하여 금지, 처벌할 것인가? 이들의 행위를 비정상적인 것으로 보기 때문에 결코 관용해서는 안 된다는 의견이 지배적이다. 또 동성애가 에이즈 같은 질병을 다른 사람에게 전염시킬 수도 있다는 사실 때문에 비도덕적이라고 본다. 이런 일반적인 견해를 가진 사람들은 동성애자들에게 노골적으로 또는 은밀하게 불관용적인 태도를 보이는 것이 우리의 현실이다. 이런 현실적 상황을 부인하는 것은 아니지만 최소한 동성애에 대한 적절한 이해가 요구된다.

동성애자들을 단순히 성도착증 환자 정도로 평가하는 것은 적절한 태도라고 보기 어렵다. 동성애에 대한 의학적인 설명이 필요하며, 이성애와 마찬가지로 사랑을 표현하는 한 가지 다른 방식으로 이해할 필요도 있다. 동성애자들에 대한 우리 사회의 선입견과 편견을 바로잡기 위해서는 공개적인 논의와 토론의 과정을 거치는 일이 반드시 필요하다. 그런 다음에 내리는 동성애에 대한 평가와 판단은 심정적인 거부감에서 오는 편견과 선입견의 잘못을 피하고 적어도 공정할 수 있을 것이다.

6장

관용과 교육: 불관용의 심리적 배경

관용이 도덕적 가치로서 담고 있는 기능 가운데 하나는 사람들 사이에서 일어나는 불가피한 갈등을 규제할 수 있는 한 가지 적극적인 방법이라는 것이다. 즉, 싫어하고 반대하는 대상들에 대해 관용을 실천함으로써 많은 경우에 개인의 자유는 확대된다. 그리고 그런 관용의 덕목이 상호 호혜적으로 실천될 때 사회적 통합도 깨지지 않으며 인간으로서의 존엄성도 최대한 유지될 수 있다. 이런 관용의 가치와 관련해서는 주로 정당화의 문제와 한계 문제, 그리고 어떻게 교육할 것인가 하는 문제로 집중된다. 불행하게도 많은 연구자들이 앞의 두 문제에 더 많은 관심을 기울인 반면에 관용을 어떻게 교육할 것인가 하는 문제에 대해서는 관심을 별로 기울이지 않았다. 어떻게 관용을 실천할 수 있는가 하는 문제에 대해 그동안 연구자들이 관심을 기울이지 않은 데에는 두 가지 이유가 있다. 하나는 관용의 문제가 일차적으로는 개인의 결단에 달린 문제라는 잘못된 인식 때문이었다. 개인의 심성이 너그러우면 관용적인 사람이 되고 그렇지 못하면 불관용적인 사람이 된다는 단순한 논거 위에서 관용을 사적(私的)인 태도로 보려고 했다. 그렇기 때문에 관용이 사회적 가치로서 갈등과 분쟁의 조절 기능을 가지고 있다는 사실에 대해 주목하지 않았다. 그러나 관용을 실천하는 일은 결코 개인적 차원에 머무는 것이 아니다. 한 개인이 결단하고 행동하는 데는 공적으로나 사적으로 주어지는 교육의 결과가 많은 영향을 미친다는 사실을 염두에 둘 때 관용의 가치를 어떻게 교육할 것인가 하는 문제는 중요하게 떠오른다. 그리고 다른 하나는 근대 이후의 서구 사회가 비록 관용의 영역을 확대해온 역사이지만 20세기에 들어서서도 여전히 불관용의 영역은 남아 있으며 오히려 어느 부분에서는 불관용의 영역이 더 많아졌고, 특히 자본주의 정신이 강조하는 경쟁과 생산성의 증가라는 가치가 관용 정신의 필요성을 그만큼 약화시켰기 때문이다.

관용의 가치를 정당화하거나 또 관용의 한계를 정확하게 인식하는 일 등은 그 자체로도 중요하다. 그러나 이런 작업은 모두 관용을 어떻게 실천할 것이며 또 실천할 수 있도록 교육할 것인가 하는 문제와 직접적으로 관련되어 있다. 수단과 목적이라는 관계로 설명한다면, 앞의 두 문제는 수단에 해당할 것이며 뒤의 교육 문제는 목적에 해당할 것이다. 관용을 교육시키는 것은 실천하도록 하기 위해서이며, 실천하기 위해서는 마땅히 관용이 옳은 가치라는 것이 정당화되어야 하고 또 한계를 분명하게 드러내야 한다. 다른 사회적, 정치적 덕목들과 마찬가지로 관용도 여러 가지 분야에서 실천되고 또 교육되어야 한다. 실천성이 없는 가치 교육은 허위의식을 조작해낼 뿐이기 때문이다.

그러면 관용을 어떻게 교육할 것인가? 관용의 가치를 교육하는 것은 두 가지 방향에서 가능하다. 하나는 여러 분야에서 관용의 가치가 실천될 필요성이 있다는 것을 적극적으로 보여주는 일이며, 다른 하나는 불관용의 근거를 공략함으로써 관용의 가능성을 확대하는 일이다. 불관용을 행사하는 경우에 그 배경에 놓여 있는 심리적 요인들의 정체를 드러내고 또 제거함으로써 불관용의 비합리성은 노출된다. 그리고 이런 작업은 반대로 관용의 가치를 부각시키는 데 적절한 전략으로 삼을 만하다. 또한 이 두 가지 방향에서의 교육은 규범적인 학교교육에서 뿐만 아니라 가정이나 사회 같은 일반적인 환경에서 이루어지는 교육을 통해서도 수행되어야 한다. '교육받은 사람이 더 관용적'이라는 일반적인 평가를 정당한 것으로 전제할 때에만 관용의 가치를 확대하거나 불관용의 가능성을 제거하는 일이 교육의 문제로 전환된다. 교육을 통해 더 관용적인 개인이나 사회가 만들어진다는 확신은 앞으로의 논의를 가능하게 만드는 전제이다. 이 장에서는 불관용을 행사하는 사람의 심리적 근거를 노출시키는 좀 더 소극적인 전략에 집중하려고 한다. 불관용을 행사하는 경우 그 심리적 배경에 놓여 있는 세 가지 요소 — 공포의 감정, 가치 상대주의, 그리고 광신주의 — 를 제거하는 일은 관용의 가치를 확대하는 데 필요한 교육적 목표가 된다. 한국의 학교교육이 얼마나 이런 목표를 지향하고 있는가에 따라 한국 사회가 얼마나 관용적인가가 결정된다고 본다.

1. 공포의 감정과 불관용

불관용은 공포의 감정에서 비롯된다. 특히 상실에 대한 두려움은 거의 본능적으로 '자기방어 기제(self-defence mechanism)'를 작동하게 만들고 이것은 두려움과 공포의 대상에 대해 불관용하게 만든다. 보수주의자들, 기득권을 가진 사람들, 그리고 다수의 쪽에 속해 있는 사람들은 늘 상실의 공포심을 지니고 있다. 따라서 현 상태의 유지를 기대하며 이것에 대해 위협하고 도전하는 세력에 대해 불관용하기 쉽다. 반면 소외되거나 소수에 속한 사람들에게도 상실감은 기본적인 정서가 되기 쉽고, 현 상태의 지속적인 고정화로 자신의 세대뿐만 아니라 다음 세대까지 가난과 소외가 이어질지 모른다는 두려움 때문에 불관용적 태도를 보이는 경향이 강하다. 이런 공포와 두려움의 제거는 관용적 태도를 가질 수 있는 여유를 만들어준다. 남한과 북한 사이에 대화 자체를 불가능하게 만들거나 불신하게 만들며 결국 불관용하게 만드는 것은 서로 두려움과 공포의 감정을 기본 정서로 가지고 있기 때문이다. 노동자와 고용주 사이에서 보이는 갈등도 관용함으로써 자기 이익이 상실될지 모른다는 공포의 감정이 지배적일 때 파국에 이르기 쉽다.[1)] 부당하거나 불공정한 경쟁은 승자나 패자 모두에게 상실에 대한 두려움을 안겨주며, 이런 두려움과 공포는 상대방에게 불관용하게 만드는 강한 경향을 보이기 때문이다.

경쟁이 있는 곳에는 언제나 승자와 패자가 있을 수밖에 없으며, 여기에는 상실의 두려움이 근원적으로 지배한다. 만약 교육의 프로그램을 통해 이런 공포와 두려움의 감정을 완화시키거나 제거하려고 한다면, 일차적으로 교육의 현장에서 불필요한 경쟁을 감소시켜야만 한다. 그리고 개인이나 집단 사이에는 차이성(difference)이 필수적인 요소로 존재하며, 이 점이 교육을 통해 강조될 필요가 있다. 동화(assimilation)를 관용과 혼동해서는 안 되며, 동질성(homogeneity), 같음(sameness), 그리고 함께함(togetherness)과 같은 것들이 반드시 관용을 조장하지 않는다는 것도 분명하다. 관용을 확대하기 위해서는 어느 정도의 분리(separation)가 요청된다.[2)]

2. 가치 상대주의와 불관용

가치 상대주의의 함정은 충돌하는 두 가치가 서로에 대해 불관용적 태도를 취하도록 유도한다. 상대주의가 때로 갈등 상황에서 문제 해결의 대안으로 적절한 역할을 한다는 것은 분명 사실이다. 다양한 가치가 존재하며 대립적인 가치들 사이에는 근본적인 우열이 없으며 각자에 의해 선택된 삶의 방식은 그 자체로 가치가 있다는 신념을 포기하지 않도록 만든다. 앞에서 말한 개인이나 집단 사이의 분리 또한 어느 정도 상대주의적인 해결 방식이다. 그러나 가치 상대주의가 주장하는 두 가지 주장 가운데 하나는 위험한 함정을 내포하고 있다. 그 두 가지 주장은 "만약 여러 가지 동등하고 선한 삶의 방식이 존재한다면, 민주주의적 정치제도는 이것들 사이에 중립을 지켜야 한다"는 것과, "우리의 삶의 방식도 다른 사람의 것만큼 좋은 것이라면, 새로운 구성원, 새로운 유행, 그리고 새로운 사상에 적응하기 위해 우리가 변화되어야 할 의무는 없다"는 것이다.3) 문제의 함정은 두 번째 주장 가운데 있다. 다른 사람의 것, 즉 그의 가치관, 삶의 방식 등이 나의 것 못지않게 옳을 수 있다는 믿음은 다른 것에 대해 관용적 태도를 가지도록 만든다. 그러나 반대로 다른 사람의 것 못지않게 나의 것도 옳다는 신념은 자기 오류의 가능성을 인정하거나 자기 변화의 가능성을 차단시킬 위험을 안고 있다. 이것을 '상대주의의 정체성'이라 이름 붙일 수 있을 것이다. 자기 확신이 강하면 강할수록 자기를 기만하는 경향은 커지며 불관용의 광신자가 되기 쉽다. 가치 상대주의는 역설적이게도 다른 사람의 가치관과 삶의 방식을 인정하면서도 자신의 것에 대한 집착 또한 견고하게 만든다. 여기서 배타성과 불관용은 싹트게 된다.

포퍼는 인간이 스스로 잘못을 범할 수밖에 없는 존재라는 것을 지나치게 강조하면서 상대주의를 불가피한 제약 조건이라고 믿는 경향에 대해 비판적이다. 그리고 상대주의의 극복이 가능하다고 주장한다. 상대주의의 함정을 벗어나는 길을 우리는 포퍼의 '지적 정직성'에서 찾을 수 있다. 그의 주장에 의하면, 잘못을 범할 수 있다는 것은 어떤 것도 옳을 수 있다는 상대주의를 보장해주는 것이 아니라, 더 진리에 가까이 가야 할 필요성이 있음을 보여준다. 즉, 지속적인 진리의 추구는 탐구의 가능성을 열어주며 상대주의에 머물지 않도록 해준다. 포퍼가 보여준 이런 상대주의의 극복과 열린 세계를 향한 탐험의 정신은 지식의 탐구 과정에서 뿐만 아니라 학교교육의 현장에서, 그리고 실천의 영역에서도 여전히 유효하며 요구된다.

3. 광신주의와 불관용

광신주의(fanaticism)의 제거는 좀 더 관용적인 사회로 가기 위해 극복해야 할 문제이다. 여기서 말하는 광신주의는 종교적인 의미에서 뿐만 아니라 어떤 종류의 신념에 대해 배타적인 확신을 가지고 행동하는 것에 대해 일반적으로 붙일 수 있는 개념이다. 혁명론자, 이상주의자, 그리고 자기 충족적 진리에 대한 강한 신념을 지닌 사람들은 모두 광신주의로 흐를 위험을 언제나 안고 있다. 옳고 그름, 선과 악, 그리고 참과 거짓의 구분이 분명하게 그어질 수 있다고 믿는 경직된 이분법적 사고는 예외자의 도전을 위험한 것으로 간주한다. 국가에 의해 조작된 교육은 때때로 국민들을 열광주의자로 만들고 예외자를 공동의 적으로 간주하도록 유도한다. 그리고 이들이 보이는 공통적 태도 가운데 하나는 자기와 다른 것에 대해 배타적이고 불관용적이라는 점이다. 대부분 이들이 보이는 배타성과 불관용성은 자기 충족적 확신에 근거할 뿐만 아니라 배제하고 불관용하는 것에 대한 무지에서 비롯된다. 문제가 무엇인지를 정확하게 인식하거나 무엇이 사실(facts)인지를 더 명확하게 판단하려는 능력이 결여되어 있는 경우에 그 불관용성과 배타성은 강화된다. 따라서 이와 같은 광신주의와 맹목적 열광주의를 공략하는 가장 적절한 무기는 이들에게 정확한 정보와 지식, 그리고 객관적 사태 인지의 능력을 제공해주는 길이다. 그리고 이것은 교육을 통해서만 가장 효과적으로 수행될 수 있는 작업이다.

오늘의 한국 교육이 지향하고 있는 목표는 얼마만큼 불관용의 요소를 제거하고 관용의 가치를 실현시키려는 의지를 담고 있는가? 국민 윤리 교육이라는 이름으로 공정성과 객관성을 상실한 가치 교육을 시키지 않았는가를 반성해볼 필요가 있다. 다원적 가치가 공존하는 현대사회를 성공적으로 운영해낼 수 있는 세대를 준비시키고 있는가를 점검해야 한다. 이것이 교육자들에게 주어진 시대적 의무이기도 하다.

7 장

관용과 가치 교육의 전략

1. 문제 제기

데이비드 헤이드(David Heyd)가 편집한 『관용(*Toleration*)』이라는 책은 '이해하기 어려운 덕(An Elusive Virtue)'이라는 부제목을 붙이고 있다. 이 부제목이 암시하고 있듯이, 관용의 덕목은 실천하기도 어렵고 그 이상을 실현하기도 어려운 덕목임에 틀림없다. 근대 이후 자유주의 국가에서 '관용'의 덕은 가장 근본적인 도덕적, 정치적 덕목 가운데 하나로 간주되어왔다. 그리고 여전히 오늘날에도 법률가들과 정치인들의 수사학적 용어로 자주 쓰이고 있다. 그럼에도 불구하고, 현실의 세계는 관용의 덕목이 확산되기보다는 불관용과 폭력의 세력이 더 힘을 발휘하고 있는 것처럼 보인다. 이 세계가 지상낙원이 아닌 이상 일정한 부분 불관용과 폭력이 존재하는 것은 피할 수 없는 현실이다. 그러나 최근에 우리가 경험하고 있는 불관용과 이것에 깊게 연루된 폭력이 그 위험 수위를 넘어서고 있다는 데 문제의 심각성이 있다. 특히 300-400년의 근대를 거치면서 합리성에 대한 믿음과 여러 종류의 관용을 배우고 훈련한 서구인들 사이에서 가장 비합리적인 불관용의 행태가 다시 발견된다는 데 심각한 우려를 하지 않을 수 없다. 유대인에 대한 편견과 불관용이 얼마나 무서운 결과를 낳았는가를 목격한 유럽인들의 악몽이 채 사라지기도 전에, 독일과 프랑스의 극우주의자들에 의해 이민족 추방 운동은 급속하게 번지고 있다. 이런 경향은 자민족 중심주의에 뿌리를 두고 있으며, 외국인 혐오증(xenophobia)을 유발시켜 폭력적인 행동으로 유도할 위험이 크다. 실업의 증가와 복지 정책의 후퇴를 외국인과 이방인의 탓으로 돌리려는 위험한 발상은 언제라도 쉽게 폭력으로 이어질 가능성을 배태하고 있다. 또 최근 미국의 대외 정책이 이슬람 근본주의와 사회주의 국가에 대한 불관용을 기본 노선으로 하고 있는 것도 역시 우려할 만한 상황이다.

여러 종족으로 구성된 단일 국가 안에서 종족들 사이에 벌어지는 갈등과 불관용은 많은 아프리카 국가들이 공통적으로 직면한 심각한 문제가 되고 있으며, 태국과 필리핀, 호주와 뉴질랜드 등의 국가에서처럼 다수 민족이 소수 민족에 대해 가하는 사회적, 정치적, 경제적 차별과 불관용은 인간의 존엄성을 위협하는 수준으로 악화되고 있다. 타 문화, 타 종족에 대한 불관용과 이에 수반되기 쉬운 폭력은 서구 선진 국가들이 지난 수백 년 동안 이루어놓은 정신적 가치, 그중에서도 인간의 존엄성과 인도주의(humanitarianism)에 대한 존경심을 손상시킬 위험이 있다. 또 전체주의와 정치적 불관용은 아직도 민주화의 도상에 있는 많은 후진 국가들에게는 커다란 장애물이 되고 있다.

한국 사회 안에서도 불관용의 징후는 여러 곳에서 발견되며, 또 실제 표면으로 나타나는 경우도 많다. 필자는 앞의 5장에서 한국 사회에서 관용이 요청되는 경우 다섯 가지를 지적했다.[1] 이데올로기 극복과 동질성 회복을 위해서, 탈연고주의를 위해서, 종교적 분파주의의 해체를 위해서, 배타적인 경쟁의 논리를 무너뜨리기 위해서, 그리고 학문, 예술, 문화의 자유를 위해서 관용의 덕목은 절실히 요청된다. 이 다섯 가지 영역은 거꾸로 보면 한국 사회에서 불관용의 현상이 가장 두드러지게 나타나는 곳을 의미한다. 통일론에 대한 다양한 의견 개진을 금지, 차단하고 있는 정부의 불관용은 독단적이며, 자유민주주의 체제를 수호한다는 명분으로도 정당화되기 어렵다. 연고주의와 지역 패권주의에 뿌리를 둔 불관용은 개인적인 영역에서부터 공적인 영역에 이르기까지 확대되어 있으며, 공동체 의식을 붕괴시키고 닫힌사회를 만들 위험을 언제나 안고 있다. 또 다른 종교나 종파에 대해 배타적이고 불관용적인 태도를 보이는 일부 종교의 광신주의는 종교의 순수성에 상처를 입히고 있는 것이 현실이다.

이 밖에도 가부장적 권위나 남성우월주의에 근거한 성차별, 값싼 노동력을 제공하고 있는 동남아시아인들에게 가해지는 인종차별, 세계적인 현상으로 확대된 자민족 중심주의, 맹목적인 애국심에 근거한 민족주의, 반미나 반일 같은 외국인 혐오증, 그리고 사람과 자연, 자원에 대한 착취 등은 우리 사회 안에서 쉽게 발견되는 불관용의 현상들이다. 이런 현상들이 광범위하게 과거보다 증폭되어가고 있으며, 어떤 경우에는 은폐된 채 더욱 심화되고 있다. 문제의 심각성은 불관용의 확대가 그 자체로 위험할 뿐만 아니라 평화를 위협하고 인권을 심각하게 침해한다는 데 있다. 앞으로 평화로운 세계가 이루어지고 인권이 향상되는 그런 사회가 되려면 개인의 차원에서부터 국가 간의 관계에 이르기까지 관용의 덕목은 구체적으로 교육되어야 하고 실천되어야만 한다. 이를 위해 무엇을 어떻게 교육할 것인가를 논의하는 일이 바로 이 글의 목적이다.

2. 관용 교육의 필요성과 방법

카틴카 에버스(Kathinka Evers)는, "갈등은 관용의 필요성을 낳는 어머니요, 개방성은 관용의 기초"라고 말한다.[2] 갈등과 분쟁이 있고 적대적 관계에 있는 상대방에 대해 불관용하는 일은 사람이 사는 세상이라면 피할 수 없는 현상들 가운데 하나이다. 그러나 이런 불관용이 점차 확대되고 있으며 개인적인 차원에서 국가 차원에 이르기까지 모든 분야에 걸쳐 광범위하게 나타나고 있다는 데 문제의 심각성이 있다. 유네스코가 작성한 『관용: 평화의 시작 — 평화, 인권, 민주주의의 교육을 위한 교수 · 학습 지침서』에는 불관용의 증상과 행동에 나타나는 불관용의 징표에 대해 여러 가지를 나열하고 있다.[3] 몇 가지 예를 들어보면, 첫째, 불관용을 촉발하는 언어의 사용을 들 수 있다. 다른 종족이나 국가를 폄하하고 모욕하는 말을 사용하는 경우이다. 우리 주위에서 흔하게 들을 수 있는 것에는 '쪽발이 왜놈', '검둥이', '튀기(혼혈아)' 등이 있다. 둘째, 희생양 만들기가 있다. 충격적인 사회적, 정치적 문제들을 특정한 집단의 탓으로 돌리는 태도이다. 주로 정치적 음모가 개입되어 있는 희생양 만들기는 회사나 학교에서도 개인에게 가하는 집단의 행동 양태로 나타난다. 셋째, 약한 자를 못살게 굴기가 있다. 청소년들 사이에서 빈번히 일어나는 소위 '이지메(집단 괴롭힘)' 현상이 대표적인 경우에 속한다. 모욕을 주거나 물리적으로 약한 자를 괴롭히는 직접적인 경우뿐만 아니라, 장애인들에 대한 사회의 무관심과 냉대도 간접적인 방식으로 약한 자를 못살게 구는 것이다. 이 외에도 배척하려는 대상에 대해 부정적인 특징으로 전형화하기, 사회적 혜택을 제한하거나 사회 활동을 배제하는 차별, 종교적인 상징물이나 문화적인 조형물 등에 대해 가하는 신성모독과 파괴 행위, 난민 추방, 여성과 아동에 대해 가하는 성차별과 아동학대 등 불관용의 징표들은 많이 있다.

그런데 이런 불관용의 행동과 징표들 배후에는 공통된 몇 가지 심리적 요인들이 있다. 이것은 불관용의 심리적 배경이라 이름 붙일 수 있다. 필자는 이미 다른 논문에서 불관용의 세 가지 심리적 배경에 관해 설명했는데, 공포와 상실감, 가치 상대주의의 함정, 광신주의가 그것이다.[4] 경쟁 관계에 있는 모든 대상들—그것이 개인 간이든, 계급 간이든, 아니면 종족, 정부, 국가들 사이든 관계없이—은 상대에 대해 공포와 상실감을 갖기 쉽고, 이런 감정은 타자에 대해 불관용의 태도를 보이기 쉽다. 싫어하고 반대하는 상대방을 인정함으로써 생길지도 모르는 불이익과 상실에 대한 두려움은 필요 이상의 자기방어 기제를 강화시킨다. 또 가치 상대주의는 얼핏 보아 다양성을 인정하고 나와 다른 타자를 인정하는 태도인 것처럼 보이나, 사실 정체된 상대주의 뒤에는 강한 배타적인 태도가 숨어 있다. 특히 가치 상대주의가 폐쇄적인 방식 또는 자기 완결적인 방식으로 해석될 때에는 자기 반성력을 잃게 되며, 그럴 경우 타자에 대해서는 무관심을 보이기 쉽고 자신에 대해서는 변화의 유연성을 잃게 된다. 근대 자유주의는 회의적 다원주의로 이행했으며, 이런 다원주의는 무관심을 증폭시키고 조장시켜왔다고 헤이드는 지적하고 있다.[5] 무관심이 관용의 본래적 가치를 위태롭게 만든다는 그의 지적은 정체된 가치 상대주의의 위험과 일맥상통한다. 넓은 의미에서의 광신주의는 참과 거짓, 선과 악, 정의와 불의의 구분이 확실하게 결정될 수 있다는 단순한 이분법적 사고에 길들여진 태도이다. 이런 광신주의는 타자를 거짓, 악, 불의로 간주하고 그것들에 대해 불관용하는 것을 당연하게 생각한다.

이런 세 가지 배경 이외에도 이기주의와 우월주의는 불관용의 심리적 배경에 놓여 있는 또 다른 태도들이다. 개인적 차원에서의 이기주의뿐만 아니라 집단이기주의, 국가이기주의는 다른 집단이나 종족, 국가에 대해 불관용적 태도를 갖게 만든다. 님비(NIMBY) 현상, 태국이나 중국의 변방에 있는 소수 민족들에게 가하는 다수 종족의 억압과 차별, 인도와 스리랑카의 종족 분쟁 등은 모두 집단과 종족의 이기심에서 비롯된 것들이다. 또 남성이 여성에 대해 가지는 남성우월주의나 백인들이 유색인들에 대해 가지는 종족우월주의는 여성이나 다른 종족에 대해 불관용적인 태도를 갖게 만든다.

불관용의 확산을 막고 관용의 가치를 확대하기 위해서 가장 긴급하게 요구되는 일은 불관용을 낳는 낡은 제도들을 바꾸는 일과 관용의 덕목을 학교교육을 통해 교육하는 일이다. 전자가 법률가나 정치가가 해야 할 일이라면, 후자는 철학자와 교육학자가 공동으로 해야 할 일이다. 관용을 교육하는 데는 두 가지 접근 방법이 가능하다. 소극적인 방법으로는 불관용의 배경이 되는 심리적 요인들을 들추어내고 이것들을 제거하는 일이다. 잘못된 교육의 결과든, 자연스러운 이기심의 발로든, 아니면 본능적인 사디즘(sadism)의 일종이든, 불관용은 가능한 한 우리의 의식과 행동 영역으로부터 제거되어야 할 악덕이다. 개인적 차원에서 국가의 수준에 이르기까지 불관용은 타자에 가해지는 억압 구조를 정당화해준다. 관용 교육은 일차적으로 불관용의 심리적 배경들을 분석해냄으로써 그 원인과 정체를 밝히는 일부터 시작되어야 한다. 이런 교육은 불관용의 해독제로서의 기능을 한다.

관용 교육의 적극적인 접근 방법은 구체적인 가치 교육을 시행하는 일이다. 여기에는 관용뿐만 아니라 이와 연관된 여러 가지의 가치 교육이 병행되어야 한다. 특히 인권을 존중하는 일, 평화를 구현하는 데 필요한 가치, 다양성과 공존의 원리, 그리고 민주주의적 사고방식 등이 교육되어야 한다. 관용과 이런 여러 가지 가치들 사이의 관계는 마치 나무의 뿌리와 가지들 사이의 관계와 유사하다. 뿌리가 썩으면 나무가 자랄 수 없는 것처럼, 관용이라는 뿌리 가치(root value)로부터 영양 공급이 없으면 자유, 인권, 민주주의, 다양성, 개방성 등의 가치들도 자랄 수 없다. 구체적으로 관용의 확대를 위해 어떤 가치를 교육할 것인가를 논의하기에 앞서 관용 교육에 적절한 방법론의 일반 원칙을 세우는 일이 중요할 것이다. 『관용: 평화의 시작 — 평화, 인권, 민주주의의 교육을 위한 교수 · 학습 지침서』에는 여러 가지 구체적인 교육 프로그램들이 잘 설명되어 있다.[6] '종교 간의 이해', '통합 교육과 대립 집단의 만남', '다문화 민주주의를 위한 시민 교육', '공간과 목표를 공유하기', '폭력의 조사', 그리고 '인권과 다문화 교육' 등이 그것이다. 그러나 구체적인 프로그램이 무엇이든 간에 모든 관용 교육은 소위 '접촉 가설(contact hypothesis)' 또는 '접촉 이론(contact theory)'이라는 방법론적 원칙 위에서 이루어져야 한다고 본다.[7] 로빈 윌리엄스(Robin Williams)와 고든 올포트(Gordon Allport)에 의해 제안된 이 접촉 가설은 비교적 간단하다. 이 가설에 따르면, 서로 다른 사회적 집단을 학교와 같은 접촉이 불가피한 상황에다 놓으면 이들 상이한 집단 사이에 조화가 증가하는 결과를 낳는다. 물론 이런 식의 접촉이 모두 긍정적인 결과를 초래하는 것은 아니나, 적어도 성공적인 접촉의 조건을 만들어준다면 갈등과 대립을 보이던 집단 사이에 조화와 공존의 태도는 증가한다고 믿을 수 있다. 그 성공적인 조건은, (1) 지속적인 접촉으로 변화가 생기고, (2) 접촉 상황에서 각각 평등한 지위가 확보되고, (3) 경쟁을 피하도록 해주는 것이다.[8]

접촉 이론과 관련해서 한 가지 중요한 점은, 이 이론이 학교라는 제한된 접촉 상황에서만 적용되는 것이 아니라, 갈등과 대립, 그리고 불관용이 행사되는 곳이면 어디에나 적용될 수 있는 원칙이라는 점이다. 서로 다르고 적대적인 것들끼리의 지속적인 접촉이 관용의 정신을 확대하는 적극적 태도라면, 접촉 차단 또는 분리는 불관용을 은폐시키는 역기능을 한다. 종족 간이나 종교와 종파들 사이, 그리고 국가들 사이의 갈등을 해소하고 충돌을 피할 수 있는 손쉬운 방책 중의 하나가 분리 정책인 것은 사실이다. 그러나 이 분리 정책은 문제를 해결하기보다는 덮어두는 것에 불과하며, 결과적으로는 문제를 더욱 복잡하게 만든다. 과거 남아프리카공화국이나 호주, 뉴질랜드, 미국에서 있었던 인종 분리 정책이나, 지금도 북아일랜드에서 시행하고 있는 가톨릭과 개신교 시민들 사이에 그어져 있는 거주지역 분리선, 그리고 강대국의 이해 다툼의 타협물로 생겨나 아직도 우리의 영토를 가르고 있는 휴전선은 모두 편의성이 강조된 분리 정책의 산물들이다. 분리와 나눔은 기본적으로 차별을 전제로 하며, 차별은 불관용을 사람들의 의식 속에 자리 잡게 만든다.

3. 관용 교육의 세 방향과 그 전략적 가치들

적어도 우리가 논의하는 관용의 교육 문제는 한 가지 신념이 전제되어야만 가능하다. 그것은 교육받은 사람이 더 관용적일 가능성이 많으며, 지식과 교육은 관용을 확대하는 데 탁월한 도구가 된다는 믿음이다. 그래서 보그트(W. Paul Vogt)는 교육을 "널리 알려진 블랙박스(proverbial black box)"라고 말하고, 이 상자 안에는 관용을 만들어내는 무엇인가가 들어 있다고 했다.9) 비록 교육받고 문명화된 유럽인들이 인디언들과 아프리카 사람들에게, 그리고 아시아의 여러 나라에서 불관용과 차별을 더 적극적으로 행사한 것이 역사적 사실이지만, 교육과 관용의 긍정적 관계에 대한 우리의 믿음을 포기할 수는 없다. 상대방에 대한 몰이해와 무지가 빚는 불관용이 얼마나 위험한가를 본다면, 관용의 정신을 확대하기 위해 우리는 여전히 교육의 힘에 의존하지 않을 수 없다.

그렇다면 구체적으로 어떤 가치를 교육할 것인가? 관용이 본래 자유주의의 전통 안에서 자라온 가치이기 때문에, 기본적으로 자유주의가 신봉하는 가치들과 양립할 수 있는 것들이 교육의 대상이 되어야 할 것이다. 여기서는 유가(儒家)에서 강조하는 충(忠)과 서(恕)의 가치, 원효의 화쟁(和諍) 정신, 그리고 데이비드 흄의 공감(sympathy) 의식과 공동체주의자들이 이해하고 있는 새로운 자아 관념을 관용 교육의 구체적인 내용으로 제안하려고 한다. 이 네 가지 가치들은 모두 너그러운 사회를 만들기 위한 전략적 가치들로 적절하다고 본다. 관용이 실현되는 사회가 되기 위해서는 다른 사람을 존중하는 태도, 토론 문화의 지향, 공동체 의식의 계발이 필요하다고 본다. 관용 교육의 방향도 바로 이런 목표를 지향하고 있으며 그 구체적인 전략적 가치들로 위에서 말한 네 가지를 제안하는 것이다. 충서(忠恕)의 가치를 통해 타자 존중의 태도가 길러질 것이며, 화쟁 정신을 통해 토론 문화의 모범을 배우게 되며, 공감과 확대된 자아 관념을 통해 공동체 의식이 계발될 수 있을 것이다.

1) 충서의 가치와 타자 존중의 정신

관용은 실천이 요구되는 덕목이다. 그리고 실천은 오랜 훈련과 교육을 통해서 얻어지는 실천력이 생겼을 때 가능하다. 관용의 대상을 넓은 의미의 타자라고 말할 때, 타자 존중의 정신이 교육될 때 관용을 실천할 수 있는 원동력이 제공된다. 이 '타자 존중(respect for others)'이란 개념은 일차적으로 루소(J. J. Rousseau)에게서 빌려온 것이다. 이 개념은 그의 교육론이라 불리는 『에밀』에서 주로 다루어지고 있다. 니콜라스 덴트(Nicholas Dent)는 「루소와 타자 존중」이란 논문에서 "타자에 대한 관용이 곧 타자 존중의 정신으로 구성된 루소의 공동체에서 가장 중요한 특징"이 된다고 말하고 있다. 그리고 "타자 존중의 정당성은 고통받는 타자에 대한 동감적인 관심으로부터 출발한다"고 말하고 있다.[10] 루소가 말하고 있는 이런 타자 존중의 정신을 교육하는 데 가장 효과적인 덕목을 유가의 전통에서 찾아볼 때 충(忠)과 서(恕)에서 그 유사성을 발견할 수 있었다. 유교적 가치관이 아직도 상당 부분 우리의 가치 의식 세계를 지배하고 있다는 점을 고려할 때 충서의 가치를 교육하는 것이 그 한 대안이 된다고 본다.

충서(忠恕)란 공자 사상의 중심 가치인 인(仁)의 또 다른 이름이다. 인을 체(体)라 본다면 충서는 용(用)에 해당한다고 볼 수 있다. 인과 충서의 가치를 관용 교육의 내용으로 삼는 일은 공자의 가르침이나 유가의 철학적 전통을 현대적인 의미에서 다시 부활하는 일이 될 것이다.

『논어』에서 증자(曾子)는 공자의 '일이관지(一以貫之)'를 충서로 해석하고 있다: 공자께서 말씀하시길, "삼아! 나의 도는 하나로 꿰었느니라." 증자께서 말씀하시길, "옳습니다." 공자께서 나가시거늘, 문인이 묻기를 "무엇을 이르신 것이냐?" 증자께서 말씀하시길, "부자(夫子)의 도는 충(忠)과 서(恕)뿐이다."[11] 『중용』에서도 한 차례 충서가 언급되고 있다. "충과 서가 도에서 멀리 떨어져 있지 않으니, 자기에게 베풀어지나 원치 않는 것이면 다른 사람에게도 베풀지 말라."[12] 사서(四書) 전체를 통해 인(仁)만큼 많이 언급된 것은 아니지만 충서의 도는 공자 사상의 핵심 개념인 것은 분명하다.

충이란 덕으로써 바르게 하는 것("忠, 德之正也", 『春秋左氏傳』, 文公元年), 윗사람으로서 백성의 이익을 생각하는 것("上思利民,

忠也”, 『春秋左氏傳』, 桓公六年), 선을 가지고 다른 사람을 가르치는 것(“敎人以善, 謂之忠”, 『孟子』, 勝文公) 등으로 정의되고 있다. 관자(管子)가 덕을 “백성을 사랑하고 사리사욕이 없는 것(愛民無私曰德)”이라 했음을 상기할 때, 충에는 애민(愛民) 정신이 들어 있다. 또 백성의 이익을 생각하기 위해서는 사리사욕으로부터 벗어나야 한다는 것은 봉건사회의 군주의 덕목일 뿐만 아니라 현대사회에서 여러 가지 형태로 윗사람 또는 강자라고 불리는 사람들에게도 요구되는 덕목이 된다. ‘애민무사(愛民無私)’하고 ‘사이민(思利民)’하는 충은 모든 형태의 강자들이 약자들에 대해 취해야 할 심리적 태도를 말한다고 볼 수 있다. 그리고 이런 태도는 충에 대한 주자(朱子)의 해석처럼 “자기 몸과 마음을 다하는 것(盡己之心)”으로 압축될 수 있을 것이다.[13)]

서(恕)는 ‘같을 여(如)’와 ‘마음 심(心)’의 합성어로 이루어져 있다. 즉, 서(恕)란 다른 사람의 마음과 같아짐을 의미한다. 다른 사람의 마음을 알고 같아지기 위해서는, 나의 마음을 돌이켜보면 된다. 왜냐하면 나의 마음은 누구보다도 자신이 가장 잘 알기 때문이다. 자공(子貢)이 공자에게 평생토록 실천해야 할 바를 한마디로 말한다면 무엇이라 할 것인가라고 묻자, 공자는 그것이 서(恕)라고 대답했다. 그리고 서(恕)의 구체적인 내용은 “자기가 하기 싫은 일은 남에게도 시키지 말라”는 것이었다.[14)] 위에서 인용한 공자의 ‘일이관지(一以貫之)’에 대한 증자의 해석을 주자는 다시 주를 달아, “자기를 미루어 생각하는 것을 서(推己之謂恕)”라고 해석하고 있다.[15)] 이는 자기의 마음을 미루어 생각하여 다른 사람의 마음에 이르는 것(推己及人)이다. 맹자 역시 인(仁)을 구하는 방법으로 서(恕)의 실천을 지적하고 있다.[16)] 그리고 다른 사람의 마음과 같아지는 방법으로 ‘돌이켜 구하는 마음(反求心)’을 말하고 있다. “왕이 기뻐서 말하기를, '시경에 이르기를 나는 다른 사람의 마음을 헤아릴 수 있노라' 하니 선생을 두고 하는 말이로소이다. 내가 행하고 돌이켜 구해도 내 마음에 얻는 것이 없더니, 선생께서 일러주시니 내 마음에 가엾은 생각이 떠오릅니다."[17]

공자는 인(仁)을 '다른 사람을 사랑하는 것(愛人)'으로 설명하고 있다. 다른 사람을 사랑한다는 것은 곧 다른 사람의 마음이 되는 것이며, 이를 위해서는 먼저 자신을 관찰하고 유비 추리를 통해 다른 사람을 이해해야 한다. 그리고 타자 이해의 적극적 방법으로 충서, 애인, 극기복례(克己復禮) 등을 말하고 있다. 공자는 구체적인 행위규범을 정하고 있는데 그것은 도덕적 명령문의 형태로 나타난다. "자기가 하기 싫은 일은 남에게 시키지 말라." "자기가 서고자 하면 남을 세우고, 자기가 이르고자 하면 남을 이르게 하라."[18]

충서의 덕목을 가르치는 일은 곧 타자 존중의 정신을 가르치는 것과 같다. 그리고 타자 존중의 정신은 관용을 실천할 수 있는 도덕적 힘과 정당성을 보장해준다. 비록 다른 사람이 나와 다르다고 하더라도 그리고 그의 생각이나 행동에 대해 반대한다고 하더라도 그것을 용납하거나 관용해야 할 이유는, 내 안에 타자가 있으며 타자 안에 내가 있기 때문이다. 충과 서는 궁극적으로 나와 타자를 동질적인 존재로 보도록 설득하는 데 있다. 공자는 일반인들이 가장 알기 쉽고 이해하기 쉽게 충서를 설명하기 위해 상식에 호소하고 있다. 먼저 자신의 욕망과 이익이 어디에 있는가를 살피도록 했으며, 그 욕망과 이익 추구의 확대 과정을 통해 타자들도 나와 동일한 욕구를 가진 존재라는 사실을 확인하도록 했다.[19] 자기 부모가 소중한 것처럼 다른 사람의 부모도 소중하게 여겨야 한다는 단순한 도덕은 '자기를 돌이켜보고 난 후 다른 사람을 미루어 생각하는 것(推己及人)' 이외에 어떤 형이상학적 원리도 필요치 않을 만큼 선명하다.

충과 서의 가치는 일차적으로 개인의 수양과 훈련을 전제로 한 덕목이다. '자기의 마음을 다하는 일'이나 '자기를 미루어보아 타인에게 이르는 일'은 모두 개인적 수양의 정도에 따라 달라지기 때문이다. 그러나 도덕의식의 확장을 통해 충서의 가치는 다른 사람에 대한 도덕규범, 즉 사회윤리의 덕목으로 확대될 수 있다. 바로 이런 점 때문에 학교나 사회에서 충서의 덕목이 교육되어야 하는 것이다.

2) 화쟁 정신과 토론 문화의 지향

한국 철학의 전통에서 토론과 논쟁의 역사를 경험하는 일은 그리 어렵지 않다. 그럼에도 조선왕조 500년의 유학사가 생산적인 토론과 논쟁의 역사였다는 믿음을 쉽게 갖지 못하는 이유는 어디에 있는가? 그것은 불행하게도 철학적 논쟁이 논쟁으로 그치지 않고 정치적 당쟁으로 비화되었고, 생사를 다투는 처절한 싸움으로 변질되었기 때문이다. 또 아직도 우리 사회에서는 토론 문화가 정착되지 않았다고 말하는 사람들이 많이 있다. 설령 그것이 일부분 사실이라고 하더라도, 우리의 학문적 전통에 훌륭한 논쟁의 역사가 있었다는 사실을 우리는 기억할 필요가 있다.

토론 문화를 지향하고 이론적 적대자가 결코 제거되어야 할 대상이 아니라는 관용의 정신을 확대하기 위해서는 이에 적합한 가치 교육을 시행하는 일이 중요하다. 잊힌 토론의 역사를 다시 회복하고 그 정신과 태도를 계승하는 일은 가장 구체적으로 역사적 사실과 사례를 가르치는 일로부터 시작된다. 퇴계 이황과 고봉 기대승이 주고받은 7년간의 이기론(理氣論) 논쟁은 그 내용이 얼마나 정확한가 아닌가의 문제를 떠나서 두 사람이 보여준 태도만으로도 우리의 모범이 되기에 충분하다. 또 율곡 이이와 우계 성혼 사이에 벌어진 논쟁 역시 이념적 관용의 한 전형을 보여주고 있다. 비록 입장을 달리했지만 상대방의 논점에 대해 정중하게 지적하고 반론을 제시했던 조선시대 선비들의 토론 문화를 통해 한국 유학사는 점철되어왔으며, 중국이나 일본과는 다른 유학의 이론을 창출해낼 수 있었다.

토론 문화와 관용의 정신을 확대하는 데 기여할 또 하나의 모범을 우리는 신라의 원효에게서 발견한다. 그의 『십문화쟁론(十門和諍論)』에 담긴 정신은 1,300년의 시공간을 넘어 여전히 우리에게 교훈을 주고 있다. 이 글에서 구체적으로 화쟁론의 중심 내용을 설명할 필요는 없다. 학교교육의 현장에서 필요한 교육 내용은 원효의 화쟁 사상이 품고 있는 정신과 태도이지, 불교 사상 자체는 아니기 때문이다. 그렇다면 어떤 점에서 원효의 화쟁론은 관용의 정신을 확대하고 토론 문화를 지향하는 데 도움이 되는가?

원효의 불교 사상을 특징적으로 회통(會通) 불교라고 부르는 것은 상식이다. 외형상 이 회통 불교는 당나라 현장법사의 이론을 계승한 것이지만 원효와 현장의 회통 사상은 근본적으로 다르다는 사실에 주목해야 한다. 현장은, "법(法)은 모두 본래 하나이므로 그 모순을 회통하지 않으면 안 되는 것이다"라고 말했다.[20] 현장법사가 말하는 회통의 원리는 법(法, 진리)의 단일성에 근거를 두고 있다. 이를 풀어서 말하면, 부처님의 가르침인 진리는 하나뿐이므로 다양한 해석과 논증들도 결국은 하나의 진리로 귀착할 수밖에 없다는 것이다. 따라서 해석과 논증들 사이에 존재하는 모순은 반드시 극복되어 회통되어야 한다는 것이 현장의 회통 원리이다.

반면 원효는 "회통이란 문(文)이 서로 다른 것을 통(通)해서 의(義)가 서로 같은 것에 맞추는 것(會)"이라 정의하고 있다.[21] 원효의 회통의 원리는 의(義, 의미)의 동일성에 근거를 두고 있다. 이를 풀어서 말하면, 각자(각 종파들)의 주장은 서로 다를 수 있기 때문에 이론(異論)들이 있을 수 있다. 진리에 대한 다른 해석은 서로 모순을 일으킬 수도 있다. 그러나 모순을 제거할 필요는 없다. 왜냐하면 모순을 제거하는 일은 어느 한 입장에 집착해야만 가능한 일이며 이런 일은 적대적인 입장을 용납할 수 없는 불관용의 행위를 피할 수 없기 때문이다. 원효는 다만 모순처럼 보이는 것들이 그 뜻에 있어서 동일하다면 그것이 곧 회통되는 것이라 보았다.

여기서 원효의 회통 사상이 그의 근본 사상인 화쟁론에 근거하고 있다는 사실에 주목할 필요가 있다. 즉, 원효는 회통의 방법론으로서 화쟁 사상을 제시하고 있다. 원효의 화쟁론은 시대적 산물이다. 원효가 살았던 당시 중국과 신라의 불교에는 12-13개의 종파가 난립하고 있었다. 종파 불교로 많은 갈등과 이설(異說)들이 난무하게 되었고 신라 사회에 심각한 악영향을 끼쳤다. 원효는 이들 종파 불교의 각 교설들을 화해시키고 배타적인 교리 해석을 해체시킬 필요성을 강하게 느꼈을 것이다. 그의 이런 생각은 『십문화쟁론』의 서문에 강하게 표현되고 있다. "여래가 세상에 있을 때에는 중생이 한결같이 그의 원음(圓音)을 따라 이해하고 (판단하여 별 문제가 없었으나) 이제는 공공(空空)의 논(論)이 구름같이 치달아 혹은 자기는 옳고 타인은 그르다고 말하는 단순한 이론만이 횡행하고 있어 드디어 건너기 어려운 큰물이 되어버렸다. … 청색과 남색이 체(體)를 같이하고 얼음과 물이 원천을 같이하는 것과 같다 함은 공유성상(空有性相)의 이론이 천파만파로 갈라지지만 그 본래의 원천은 하나인 것이다. … 나는 이에 몇 마디 서를 술(述)하고서 이름 지어 '十門和諍論'이라 하였다. 사람마다 좋은 일이라 말하지 않는 사람이 없었다."[22)]

원효의 『십문화쟁론』 가운데 지금은 3문(三門)만 남아 있으나 그의 다른 저술들을 바탕으로 해서 나머지 일곱 가지 문제에 대해서도 복원이 가능하다. 오법안에 의하면 원효가 화쟁한 열 가지 문제

는 다음과 같다:[23] (1) 공(空)과 유(有)의 다름에 대한 집착들을 화쟁하였다. (2) 모든 사람에게 불성(佛性)이 있는가 없는가의 물음에 대해 화쟁하였다. (3) 사람과 법(法)의 다름에 대한 집착을 화쟁하였다. (4) 열반에 대한 해석의 차이를 화쟁하였다. (5) 부처님의 몸(佛身)이 항상 존재하는가 소멸하는가에 대한 다른 해석들을 화쟁하였다. (6) 불성(佛性)에 대한 이론들을 화쟁하였다. (7) 지식이란 이것과 저것을 분별하는 것이며 동시에 이것과 저것은 서로 의존되어 생기는 것이다. 분별성과 의타성을 화쟁하였다. (8) 참 지혜와 이것을 얻는 데 방해가 되는 정신적 장애와 육체적 장애 간의 이론을 화쟁하였다. (9) 진(眞), 속(俗)의 구분을 화쟁하였다. (10) 삼승(三乘)이 곧 일승(一乘)임을 화쟁하였다.

화쟁론은 모든 논쟁들의 화해와 통일을 목적으로 한 원효의 독창적인 교학 방법론이다. 원효는 논쟁과 여러 이설(異說)들 사이의 갈등이 현실적으로 존재한다는 사실을 부인하지 않는다. 오히려 논쟁의 불가피성을 적극적으로 인정하는 입장을 보인다. 논쟁이 공론(空論)으로 흐르지 않는 한, 좀 더 완성된 진리에 이르기 위해서는 논쟁들의 공존이 필요하다. 토론과 논쟁이 없이는 진리에 이를 수 없다고 본 원효의 생각은 분열된 종파 불교의 현실을 인정하면서 동시에 이를 극복하려는 적극적 태도를 잘 보여준다. 그리고 원효는 상호 대립과 모순으로 충돌하는 이론(異論)들 사이의 논쟁들을 종식시키기 위해 어느 한 입장에서 다른 것들을 배제하는 방식을 택하지 않고, 조화와 통일을 위해 화쟁의 전략을 택했다. 이 점이 바로 현장과 원효의 회통이 확연하게 구별되는 곳이다. 화쟁은 논쟁을 매개로 해서 성취된다. 다시 말해 논쟁은 이론(異論)들 사이의 갈등 구조를 드러내는 일이며, 이런 갈등과 대립 없이는 화쟁도 없다.

논쟁은 자기주장을 내세우는 행위이다. 그리고 토론은 자기주장을 다른 사람의 것과 견주어보는 행위이다. 그런데 논쟁과 토론에서 최소한 자기주장의 일부 또는 전부를 수정하려는 태도를 가지지 않는 한 그 논쟁과 토론은 공론으로 그칠 위험성을 언제나 안고 있다. 그리고 그것은 집착일 뿐이다. 원효가 경계한 것은 자기주장의 무한한 집착과 공론이지, 진리 즉 불의(佛意)에 이르기 위한 생산적인 토론과 논쟁 자체는 아니었다고 본다.

토론과 논쟁이 빈약한 사회는 불관용적인 사회가 될 위험이 많다. 왜냐하면 토론과 논쟁의 빈곤은 상대방에 대한 몰이해와 극단적인 배척을 낳기 때문이다. 원효의 화쟁 정신을 오늘의 학교 교실에서 교육해야 할 강한 이유가 있다면, 그것은 화쟁이 종교적 관용과 에큐메니컬 운동의 원리이기 때문이며,[24] 동시에 훌륭한 토론 문화를 키울 수 있는 모범을 보여주고 있기 때문이다. 화쟁의 목표인 이설(異說)들 간의 조화와 통일은 토론과 논쟁의 개방성, 그리고 여러 이설들의 공존을 인정하는 관용적 태도가 전제될 때에만 가능하다.

3) 도덕적 공감과 공동체 의식의 계발

관용의 정신을 확대하고 도덕 교육을 통해 관용의 가치를 실현하기 위해 우리가 제공할 세 번째 대안은 공감(sympathy)의 개념과 새로운 자아 관념의 형성이다. 공감이라는 말은 전적으로 흄에게서 빌려온 것이다. 그리고 새로운 자아 관념의 형성도 흄의 자아 개념에 대한 분석과 자기 동일성의 확실성에 대한 회의주의적 비판에서 그 단초를 찾았으며, 공동체주의자들의 자아 관념을 그 모범으로 삼으려고 한다. 관용적인 사회로 가기 위해 구체적으로 시행해야 할 도덕 교육의 한 전략적 대안으로 이 공감의 개념과 새로운 자아 개념을 제안하려는 것이다. 여기서 전략적 대안이란 공감의 힘을 기르는 것과 근대적 자아의 편협성에서 벗어나 공동체적 의식을 가진 자아를 기르는 것이 곧 새로운 도덕 교육의 구체적 내용이 될 수 있다는 의미에서이다. 공감에 대한 중요성과 자아에 대한 새로운 이해를 통해 우리가 기대할 수 있는 것은 관용의 정신을 확대하는 일이다. 공감하는 힘을 기르고 공동체적 자아 관념을 형성하도록 교육의 현장에서 도와주는 일은 다원주의 사회와 관용적인 사회를 가능하게 만드는 최소한의 필요조건이라고 본다.

(1) 공감

『인성론』의 3권에서 도덕에 관한 모든 논의를 마감하면서, 흄은 이 책의 결론에서 다시 한 번 이 공감 개념부터 강조하고 있다. "공감은 인간의 본성 가운데 아주 강력한 원리이며", "도덕적인 판별의 주된 근거"이다.[25] 흄의 도덕 이론에서 이 공감 개념이 중요한 자리를 차지하고 있음에도 불구하고 이제까지 해석자들이 주의를 기울이지 않은 것에 대해 머서(P. Mercer)는 비판하면서, 이 공감에 대한 이해 없이는 『인성론』의 3권(도덕에 관하여)이 제대로 이해될 수 없다고 지적하고 있다.[26]

『인성론』의 2권에서 흄은 공감에 대해 다음과 같이 언급하고 있다. "인간 본성의 성질들 가운데 가장 두드러진 것은 우리의 경향이나 정감이 다른 사람들의 것과 아무리 다르거나 반대된다고 하더라도, 다른 사람과 공감하거나 또는 교류를 통해 그들의 것을 받아들이는 경향이 있다는 것이다."[27] 비록 사람들이 생각하는 의견이나 느끼는 감정, 그리고 신념들이 서로 다르다고 하더라도 서로 동일한 사회 또는 넓게는 한 세계 안에서 공존할 수 있는 것은 공감의 힘이 인간의 본성 가운데 있기 때문이다. 한 사람의 느낌과 생각이 다른 사람에게로 전달 또는 전이될 수 있는 심리적 근거가 바로 공감이다. 그래서 머서는 공감을 신념, 의견, 태도 등이 어떻게 사회 내에서 확산될 수 있는지를 설명하는 원리라고 보았다.[28] 그리고 공감은 현재적 사건이나 대상들에 대해서 느끼는 감정만이 아니라 미래적 사건이나 사태에 대해서도 가질 수 있는 타자에 대한 태도이다. 또 공감은 공간적인 제약을 뛰어넘어 접촉할 수 없는 대상들에 대해서도 가지게 되는 느낌이다. 물론 공감하는 힘은 그 대상이 공간적으로나 시간적으로 근접해 있을 때 강하게 되며, 자신과 유사한 경우에 타자에 대한 공감력은 더욱 선명하고 강해진다. 나와 타자가 인과적인 관계의 계열에 놓여 있을수록 공감의 힘은 더욱 증대된다. 예를 들면 아프리카 어느 민족이 겪고 있는 빈곤에 대해 느끼는 연민의 감정보다는 북한에 있는 동포의 고통이 더 생생한 것은 자연스러운 일이다. 또 자신의 쾌락과 고통만큼 확실하고 우선적인 것은 없으며, 가족이나 친구 같은 연고가 있는 대상들의 쾌, 불쾌도 자신의 것으로 쉽게 인식될 수 있다. 그러나 공감의 힘은 확장이 가능하며 일차원적인 관계를 떠나 낯선 이방인이나 적대자의 행, 불행의 감정까지 전이하는 일은 오직 공감의 힘이 인간 모두에게 보편적 성질로 주어져 있기 때문이라는 것이 흄의 주장이었다.[29] 흄의 말대로 "인간의 마음은 서로에 대해 서로를 비추어주는 거울과 같다."[30] 이 말은 주자가 말한 '추기급인(推己及人)'과 다름이 없다.

관용의 덕목은 서로 다른 것들(사상, 이론, 행위, 가치, 신념, 태도 등)에 대해 거부, 억압, 반대, 처벌 등의 부정적 행위를 중지할 것을 요구하는 도덕적 명령이다. 싫어하고 반대하는 것에 대해 용납하라는 이 도덕적 요구는 관용의 덕목이 갖고 있는 가장 심각한 역설적 상황이다. 심정적으로는 나와 다르거나 반대되는 것에 대해 거부하고 제거해야 자연스러운 일이지만, 그럼에도 불구하고 관용해야 할 이유나 근거는 있다. 이 문제는 관용의 정당화 문제와 관련되어 있으며 이미 필자의 다른 논문에서 상술한 바가 있다.[31] 여기서는 이런 이해하기 어렵고 실천하기 어려운 관용을 어떻게 교육할 것인가 하는 문제에 초점을 맞추고자 한다. 관용의 실천력을 높이기 위해 우리는 무엇에 호소할 것인가?

우리가 흄의 공감 개념에 관심을 돌리는 이유는 바로 관용의 가치를 교육하고 실천하도록 요구하는 일과 공감의 힘을 기르는 일이 직접적으로 관련될 수 있다는 믿음 때문이다. 즉, 학교교육을 통해 공감하는 힘을 기르는 것이 관용의 가치를 인식시키고 또 실천할 수 있는 힘을 갖게 하는 데 적절한 전략이 될 수 있기 때문이다. 흄의 지적처럼 "사회에 대한 관심을 확장시켜주며 타자의 이익에 관심을 갖게 하는 새로운 원리는 공감뿐"이기 때문이다.[32] 오늘날 우리 사회가 '공감대가 약하다'든지 '연대감(solidarity)이 없다'고 말하는 것은 개인주의 현상이 낳은 일반적 경향이라고 진단할 수 있다. 개인의 익명성, 타자에 대한 무관심, 경쟁력 강화의 이데올로기가 낳은 적대감, 그리고 파편화된 개인들의 주체 의식은 현대 한국 사회가 직면하고 있는 가치 혼돈의 문제와 근원적으로 맞닿아 있다. 이런 문제들을 해결하기 위한 한 가지 방책이 곧 나와 다르거나 반대되는 타자들에 대해 공감하는 힘을 기르는 일이 될 것이다. 다른 사람의 고통을 함께 공감하는 것이 곧 연민의 감정(pity)이며,[33] 이것은 자비심(benevolence)이라는 정념과 관련되어 있다. 연민의 감정은 자비심(타자에 대한 사랑의 감정)을 행사하게 만드는 일차적 정념이라고 볼 수 있다. 그리고 이 두 가지 정념은 모두 공감의 원리에 의해서 작동되는 정념들이라고 흄은 말하고 있다.[34]

연민의 감정, 자비심, 공감 등의 정념들을 갖도록 교육하는 일은 이제까지 우리가 무관심하게 또는 적대적인 관계로 보았던 타자들에 대해 관용적인 태도를 갖도록 만드는 데 기여할 것이다.

(2) 새로운 자아

근대 이후 자유주의와 개인주의에 대한 신념은 하나의 보편적 이념으로 간주되어왔다. 정치적 또는 경제적인 진보의 배후에는 언제나 이들 가치에 대한 신념이 놓여 있었다. 그리고 이들 이념의 실천자로서의 자아, 주체에 대한 믿음 역시 확고했다. 즉, 실체로서의 자아는 그 인격적 동일성을 항상 유지, 확보할 수 있다는 믿음을 근대인들은 갖고 있었다. 데카르트가 보여준 것처럼 인식의 순서(ordo cognoscendi)의 맨 처음 자리에 놓인 것은 의심의 그물에서 벗어난 사유하는 존재로서의 '나'였으며, 홉스의 경우에도 양도할 수 없는 최후의 권리를 보유한 계약의 일차적인 당사자는 자기보존 욕구를 지닌 개인이었다. 자기 충족적인 실체로서의 자아는 라이프니츠에 이르러 더 이상 타자와의 관계가 필요치 않은 '창이 없는' 모나드(monad)로 강화된다. 이런 근대사회에서 살아가는 개인들은 사회로부터 어떤 규정을 받기 전에 이미 독립적으로 존재하는 개별자들이었다. 단절된 자아들 사이의 조화와 질서는 계약에 맡기거나 신의 손으로 넘어가고 말았다.

만약 극단적인 개인주의와 이기주의, 그리고 자기밖에 모르는 몰아(沒我)적인 가치관이 현대 한국 사회가 보이고 있는 일반적인 병리 현상이라는 데 동의한다면, 이에 대한 치유의 한 방안을 우리는 자아에 대한 새로운 이해로부터 찾아볼 수 있지 않을까 생각한다. 그리고 그 단초는 흄에게서 발견되며, 현대의 공동체주의자들의 자아에 대한 이해에서 그 모범을 보게 된다.

모두 아는 것처럼 흄은 『인성론』의 1권 마지막 부분에서 인격의 동일성에 대한 물음을 묻고 있다. 그의 논의의 핵심은 자아(주체)의 관념이 동일성을 유지할 수 있다는 어떤 증거도 불충분하다는 사실을 밝히는 데 있다. 상식이나 경험을 통해 우리가 알고 있는 자아의 존재를 부인하거나 의심한 것이 아니다. 인격의 동일성에 대한 우리의 관념은 상상력에 의해 만들어진 허구일 뿐이며, 우리는 단지 자신에 대한 지각(perception)의 다발 이외에 어떤 것을 통해서도 결코 자기 동일성을 증명할 수가 없다. 데카르트나 홉스, 그리고 라이프니츠가 믿었던 그런 파괴되지 않고 불변의 요소로 이루어진 자아의 실재성과 동일성을 흄은 결코 용납할 수가 없었다. 이런 흄의 자아 분석을 통해 우리가 얻을 수 있는 교훈은 근대적 자아를 반성하고 새로운 자아에 대한 해석의 가능성을 얻는 데 있다.

규약론의 입장에서 사회계약론과 자아의 실재성을 비판했던 흄, 그리고 흄을 계승한 것은 아니지만 현대의 공동체주의자들도 마찬가지로 자아에 대한 새로운 해석을 요구하고 있다. 현대의 공동체주의자들은 자유주의의 전통에 대한 내부적 비판자들이라 불린다. 롤즈로 대표되는 현대 자유주의 이론과 샌델, 매킨타이어, 테일러로 대표되는 공동체주의 이론 사이에서 벌어지는 긴장 관계의 중심에는 인격, 자아 또는 개인과 사회와의 관계 등에 대한 상이한 해석들이 자리 잡고 있다. 샌델은 모든 자유주의 병폐들의 진원지를 롤즈의 인격(person) 개념에 두고 있다.35) 공동체주의자들은 개인과 사회 사이의 관계에 대해 자유주의자들이 오해하고 있다고 지적한다. 즉, 사람들이 삶을 살고 자신의 가치를 형성하고 자신이 누구인지를 결정하는 것은 사회라는 사실을 자유주의자들이 간과하고 있다는 것이다.36) 개인의 존재 목적이 사회에 앞서 선행적으로 결정되어 있으며 이 목적을 위해 계약이라는 전략이 최선의 선택이라는 자유주의자들의 가정에 대해 공동체주의자들은 비사회적 개인주의(asocial individualism)라는 이름을 붙여 비판한다.37) 사회계약론의 전통에 서 있는 롤즈는 개인이 사회보다 우선한다는 입장을 고수하는 반면, 공동체주의자들은 타자와의 관계를 통해서만 자아는 인격

적 동일성을 확보할 수 있다고 주장한다.[38)]

우리가 공동체주의자들이 이해하고 있는 인격 또는 자아 개념, 그리고 개인과 사회의 관계 이론에 주목하는 이유는 이들의 입장이 관용의 가치를 교육하는 일과 밀접한 관련이 있어 보이기 때문이다. 자아에 대한 변화된 인식 없이는 위에서 지적한 현대 한국 사회의 일반적인 병리 현상을 치유할 수 없다. 이 점과 관련해서 찰스 테일러(Charles Taylor)의 언급은 음미해볼 만한 가치가 있다. 그는 현대의 세 가지 타락한 현상을 나르시시즘(자기도취)에 빠진 개인주의, 비인격적 기계주의로 빠진 도구적 이성, 그리고 정치적 자유를 상실케 하는 부드러운 전제주의(soft despotism)라고 지적하고 있다.[39)] 그리고 이런 현상들을 극복하는 데 가장 큰 걸림돌은 '자기 흡수적인 개인들의 원자주의(atomism of the self-absorbed individual)'라고 말하고 있다.[40)] 원자적이고 고립적인 개인들이 추구하는 자기성취(self-fulfillment)의 문화는 자기에로의 침잠과 외부와의 단절을 초래했으며, 오늘날 우리가 보고 있듯이 타자에 대해 무관심하게 만들고 말았다. 자아 발견 또는 자기실현은 개인주의가 지향하는 이상적인 덕목으로 오랫동안 간주되어왔으며, 그 실현의 성공과 실패는 다른 사람의 도움 없이 개별적인 노력에 달려 있다고 믿어왔다. 테일러는 이런 편협한 원자적 개인주의가 초래한 현대의 병적 현상을 치유하기 위해서 자아(인격) 개념에 대한 근본적인 이해의 전환이 필요하다고 주장한다.

자아, 주체, 자기실현 등은 타자(다른 사람들 또는 사회)와의 관계를 통해서 그 성격이 규정되며, '타자 없이는 나도 있을 수 없다'는 생각은 타자에 대해 더 개방적이고 관용적인 태도를 가지도록 만든다. 헤겔주의자인 테일러는 타자와의 관계를 설명하기 위해 '인정(recognition)'의 개념을 끌어들인다. 즉, 자기 동일성의 확보는 오직 타자들의 인정이 필수적으로 요청되며 대화적 관계를 통해 가능할 뿐이다.41) 관용적이고 다원적인 사회를 만들기 위해서는 서로 다른 개인들이 각자의 개별성을 유지하면서도 동시에 우리는 서로 다른 사람들에 의존되어 있다는 공동체 의식을 가져야만 한다. 그리고 이런 공동체 의식은 자아에 대한 새로운 이해가 선행적으로 교육될 때에만 가능하다. 학교교육과정을 통해 새롭게 확대된 자아 관념을 지니도록 교육하는 일은 공동체 정신을 계발하고 또 관용이 실천되는 사회를 만드는 데 중요하게 기여할 것이다.

4. 관용 교육의 현실과 제안

관용은 자유주의와 민주주의를 바탕으로 한 근대 시민사회를 가능하게 만든 도덕적, 정치적 덕목이었다. 자유민주주의를 체제 이념으로 신봉하고 있는 우리의 경우, 지난 반세기 동안 여러 번의 헌법 개정을 통해 이 체제가 그 기능을 제대로 수행할 수 있도록 보완해 왔다. 그리고 도덕과 윤리 교육의 이름으로 이 체제의 우월성을 강조해왔다. 그러나 남북 분단 상황과 냉전 체제가 아직도 끝나지 않고 있다는 현실이 윤리 교육의 내용과 방향에 많은 제약을 가하고 있다. 1996년에 개정된 고등학교 윤리 교과서는 개인윤리, 사회윤리, 국가윤리, 동서양 윤리와 한국의 전통 윤리, 그리고 통일 문제로 구성되어 있다. 전체 내용 가운데 관용과 충서에 대한 언급은 한 군데밖에 없으며, 화쟁을 언급한 곳은 두 군데가 있을 뿐이다. "공동체의 이익을 위해 자기 이익을 양보하거나 관용을 베풀어야 하며, 대동사회를 지향하기 위해 유학에서 충서의 덕목을 제시했다"는 언급은 너무 단편적이라는 비난을 피할 수 없다. 그리고 "전통 윤리와 서구 시민 윤리와의 조화를 위해 화쟁론과 이통기국론(理通氣局論)

의 정신을 본받아야 한다"는 주장은 지나친 비약이다. 또 공동체 정신의 필요성과 그 회복을 여러 번 반복해서 강조하지만 그 주장들이 대부분 원론적이고 선언적인 진술들에 그치고 있다. 예를 들어 "자본주의의 인간화를 위해 공동체 의식이 필요하고, 이런 일들은 교육 활동과 시민운동의 차원에서 이루어져야 한다"고 지적하고 있을 뿐이다. 공동체 정신을 교육하는 데 필요한 구체적인 내용이 없이 원칙론만 기술하고 있는 것이다. 공감 의식을 기르거나 공동체적 자아관을 형성하도록 먼저 교육하지 않고서는 이런 원론적 선언들이 아무런 의미가 없다는 것은 분명하다. 또 시민사회 윤리를 다루는 부분에서 "경쟁보다는 조화가 좋다"고만 말할 뿐이지, 이를 어떻게 실천할 것인가에 대해서는 아무런 언급이 없다. 계승해야 할 한국의 전통 사상에서도 "인간 존중의 사상을 계승하여 인간의 존엄성을 회복하자"고 말하지만, 이를 실천하기 위한 구체적인 방법론과 교육 내용이 전혀 언급되어 있지 않다. 충서의 가치와 화쟁 정신과 같은 좀 더 구체적이고 실천적인 교육을 통하지 않고서는 위와 같은 주장들의 교육 효과는 기대될 수 없다.

국가윤리의 장에서는 공산주의를 비판하는 내용이 줄어든 반면, 민족주의, 자유민주주의, 자본주의, 그리고 세계화의 논리를 강조하고 있다. 그런데 문제는 여기서도 원칙적인 주장만을 되풀이할 뿐 그 원칙들이 실제의 세계에서 실현되기 위해 먼저 교육되어야 할 구체적인 내용이 간과되어 있다는 사실이다. 예를 들면 사회 통합의 이데올로기로서, 문화 선진국으로 성장하기 위해, 민족 통일의 에너지 원천으로, 그리고 인류 공영에 이바지하기 위해 민족주의가 필요하다는 주장은 정당하다. 그러나 적대적인 이념들과의 공존을 가능하게 만드는 관용 교육이 선행적으로 이루어지지 않는 한 이런 민족주의는 배타적인 이념으로 전락할 위험을 언제나 안고 있다.

이미 우리 사회 안에도 여러 다른 민족들이 소수 집단을 이루어 살고 있으며 다양한 문화들이 혼재되어 있다. 다종족, 다문화 사회에서의 적응력을 어떻게 기를 것인가 하는 문제에 대해서 아무런 언급이 없다는 것은 미래 지향적인 윤리 교육이라 할 수 없다. 다른 종족이나 문화들과 교류하면서 생기는 여러 종류의 갈등을 이미 우리는 경험하고 있다. 이런 갈등과 충돌을 합리적으로 해소하기 위해서는 나와 다른 것들을 용납하고 인정하는 관용의 정신이 더 폭넓게 확대되어야 한다. 이를 위해서는 이 글에서 제안한 것과 같은 구체적인 관용 교육이 절실히 요청된다.

타자 존중의 정신을 기르는 데 적절한 전략적 가치 개념으로 우리는 유가의 충서 개념에 주목했다. 한동안 충효 교육이 그 본래의 뜻을 잃을 만큼 오염된 정치 교육의 수단으로 이용된 적이 있었다. 이제 충효라는 정치 교육보다는 충서의 덕목을 가르치는 도덕 교육이 한국 사회에 더 필요하다고 본다. 폭력이나 힘으로가 아니라 논쟁과 토론으로 문제를 해결하겠다는 토론 문화와 민주주의적 사고방식을 기르기 위해 우리는 원효의 화쟁 정신에서 그 모범을 찾았다. "칼(sword) 대신에 말(word)로 하자"는 포퍼의 요청처럼 서로 다른 생각과 이론을 견주어보아 누가 더 진리에 가까운가를 따져보는 일은 민주주의적 토론 문화가 형성되어 있을 때에만 가능하다. 끝으로 고립적인 원자적 개인주의를 극복하고 서로 다른 사람들끼리의 공존과 조화를 위해서는 공동체 정신이 절실히 필요하고, 이를 기르기 위한 전략적 가치 개념으로 공감과 공동체적 자아 관념을 제안했다. 충서, 화쟁, 공감, 공동체적 자아를 관용 교육의 구체적인 내용으로 제안하는 이 글의 성공과 실패는 새롭게 쓰일 고등학교 윤리 교과서에서 어떻게 반영되는가에 따라 결정될 것이다.

8장

관용을 위한 가치 교육의 내용과 방법

관용은 자유주의와 다원주의 사회를 위한 기초 개념이다. 그리고 민주주의와 평화 공존을 위한 전략적 가치이다. 서양의 근대정신 가운데 관용의 덕목이 중요한 위치를 차지하고 있는 것에 비해 한국 사회는 아직도 관용의 가치가 일반 의식으로 확대되지 못하고 있다. 따라서 관용 교육을 위한 교육과정 마련 및 그 실시가 시급한 과제로 대두되고 있다. 이 장은 관용 교육 실시를 위한 사전 단계로 현행 교과서의 관용정신 반영 정도, 학생들의 관용지수를 살펴보고 관용 교육을 위한 방향을 제시한다.

현재 중고등학교에서 교육되고 있는 사회와 도덕·윤리 교과서를 분석한 결과, 관용 교육적 관점이 일관성 있게 전개되고 있지 않았으며, 특히 역사와 도덕·윤리 교과서는 불관용적 태도를 키울 수 있는 것으로 나타났다. 역사 영역은 약육강식형으로, 도덕·윤리 교과서는 이상주의적이거나 신공화주의적으로, 지리 영역은 학문탐구형으로, 일반사회 영역은 논쟁문제 해결형으로 서술하고 있다.

한국의 중고등학교 학생들의 관용지수를 측정하기 위해 정치, 경제, 사회, 문화, 종교의 영역에서 쉽게 직면하는 갈등 상황 36개를 제시하고 이에 대한 학생들의 관용, 불관용의 태도를 측정하였는데, 불관용 혹은 무관심을 보인 문제들이 다수 나타났다. 특히 심각한 불관용 또는 무관심을 보인 대상은 통일 문제, 북한 사람, 북한의 핵미사일 개발, 부유층의 사치, 사형제도의 폐지, 불편함을 주는 시위, 공동생활에서 오는 불편함, 국악에 대한 이해, 다른 종교 시설 등이다.

이러한 결과를 바탕으로 관용 교육을 위한 구체적인 내용을 다음과 같이 제안하였다. 첫째, 시민사회의 구성원으로서 갖추어야 할 덕목으로 관용과 타자 인정의 정신을 근거로 교과서를 서술할 필요가 있다. 둘째, 북한 문제, 통일 문제, 다른 민족, 다른 문화, 다른 종교 간의 문제를 관용 교육에서 심각하게 다루어야 한다.

1. 서론

관용의 덕목이 17세기 이후 서구의 자유민주주의 사회를 가능하게 만들었으며 오늘날 다원주의 사회의 기초 개념인 것은 잘 알려진 사실이다.[1] 만약 우리가 자유민주주의와 다원주의 사회를 지향한다면 관용의 가치가 더 넓게 확산되고 실천적 가치로 자리 잡아야 함은 당연하다. 우리 사회가 좀 더 열린사회로 변화되기 위해서, 그리고 개인들이 각자 추구하는 가치들의 충돌이나 갈등이 합리적으로 해소되기 위해서는 관용의 덕목이 사회 일반 의식으로 확대될 필요가 있다. 관용은 단순히 개인의 훈련이나 수양을 통해 얻어질 수 있는 사적 가치가 아니라, 다른 사람이나 사회의 법률과 제도 등 구조적인 관계를 통해 확보될 수 있는 사회적 가치이다.

관용은 대략적으로 “어떤 대상(개인, 집단, 종족, 문화나 예술작품, 종교, 이념과 사상 등)에 대해 반대하지만 그 대상에 대해 부정적 행위(반대, 거부, 억압, 처벌, 배척, 추방, 폭력 행사 등)를 자발적으로 중지하는 것”으로 정의할 수 있다.[2] 그러나 그 개념은 “어떤 것에 대해 강력하게 반대하면서도 동시에 용납하는 것”이라는 『옥스퍼드 영어사전』의 정의로부터 “다른 역사, 문화, 그리고 주체성을 가지고도 여러 집단의 사람들이 평화롭게 공존할 수 있는 것”으로 정의하는 공동체주의자 마이클 월쩌의 정의까지 다양하다.[3] 관용의 가치가 기본적으로는 자유주의라는 이념적 토대 위에서 성장한 것이지만 월쩌의 말대로 공동체주의자들의 이상을 실현하는 데도 필요한 가치로 나타나기도 한다.

관용을 실천하는 일에는 인내와 참음도 포함되어 있으며, 자비나 용서와도 공유하는 부분이 있다. 그렇기 때문에 관용은 통상적으로 관대함이나 너그러움과 유사한 것으로 이해되고 있기도 하다. 또 관용은 강자의 덕목으로 이해되어 마치 은혜를 베풀 듯이 강자가 약자에게 혜시를 베푸는 것과 같은 것으로 이해되기도 한다. 그러나 이런 관용에 대한 잘못된 이해는 우리가 이 논문에서 사용하고자 하는 것과 상당한 거리가 있으며, 서양의 17세기 이래 이해되어온 관용 개념과도 차이가 있다. 관용이라는 개념의 내포와 외연을 좀 더 정확하게 규정짓기 위해서는 몇 가지 조건들을 만족시켜야 한다. 첫째, 관용은 타자, 즉 관용의 대상이 누릴 수 있는 자유와 권리의 확대와 깊은 관련이 있어야 한다. 강자의 도덕이 아니라 상호 평등적인 관계에서 타자의 권리와 자유를 확대하려는 데 목적을 둔 실천적 가치이다. 따라서 부도덕한 행위는 관용의 대상이 될 수 없다. 둘째, 관용은 그 대상이 싫거나 반대하는 것이어야 한다. 즉, 갈등 관계에 있는 대상에 대해서만 관용의 문제는 발생한다. 셋째, 관용은 힘의 행사를 자발적으로 중지할 수 있는 능력이 있어야 한다. 그렇지 못할 경우 강제적인 시인 또는 묵인과 구별이 안 된다.

이러한 관용 개념은 한국 사회에서 아직은 생소하다. 따라서 우리가 자유주의와 다원주의를 지향하고 다문화사회에 필요한 관용적 태도를 키워야 한다면, 이는 교육을 통해서 의도적으로 키울 수밖에 없다. 이 글은 우리나라 중고등학교 학생들에게 어떤 내용과 방법으로 관용을 가르칠 것인가를 탐색하는 데 그 궁극적인 목적이 있다.

이 글은 관용 교육의 내용과 방법을 구체적으로 도출하는 전 단계로서 관용 교육의 내용 및 방법에 대한 일반적인 시사점을 도출하고자 한다. 이를 위해 교과서 분석과 학생들의 관용지수를 측정하였다.

우선 관용지수(Tolerance Quotient) 측정을 위한 평가 문항을 개발하고, 다음으로 현행 중고등학교 사회와 윤리 교과서를 관용 개념과 관련하여 분석하였다. 관용지수란 싫어하고 반대하는 대상들에 대해 한 개인이 얼마나 관용적 태도를 보이는가를 나타내주는 척도를 의미한다. 심리적 태도나 행동 방식을 계량화하는 어려움은 있지만, 관용지수 측정을 통해 한국의 중고등학교 학생들의 일반적인 경향을 측정할 수는 있다.

2. 교과서 분석

1) 분석 대상[4)]

6차 교육과정 중 사회 과목과 도덕 과목에 속하는 중등학교 교재를 대상으로 하였다. 사회과와 도덕과를 택한 이유는 사회과의 경우 일반적으로 민주시민적 내용을 직접적으로 교수하는 교과목으로 알려져 있기 때문이고, 도덕과의 경우 윤리적 가치와 덕목을 직접 교수하는 교과목이기 때문이다.

중등교육과정은 국민공통기본교과와 선택 과목(일반 선택 및 심화 선택)으로 나누어지는데, 여기서 분석의 대상으로 삼은 것은 국민공통기본교과(국사 제외)와 선택 과목 중 정치이다. 따라서 중학교 1, 2, 3학년용 사회 및 도덕, 고등학교 공통사회(상하), 윤리 및 정치(교육부) 10권을 분석 대상으로 선정하였다. 따라서 분석 대상이 상당히 제한되는데, 이는 지면 관계상 모든 교과서를 분석의 대상으로 삼을 수 없기 때문이다.

2) 분석 방법

각 교과서는 관용에 대한 관점이 암묵적으로 전제되어 있는데, 이 점을 잘 드러낼 수 있는 방법으로 분석하였다.

분석 방법은 다음과 같다. 첫째, 관용이라는 단어가 명시적으로 언급되는 횟수 및 개념의 정확성 분석, 둘째, 관용이 사용되는 맥락인 다원주의와 관련된 덕목이 교과서에 투영되는 정도, 그리고 둘째를 살펴보기 위해 (1) 교과서 전체의 서술 체계, (2) 교과서 내용을 분석하고자 한다.

이 세 가지 분석법을 통해, 첫째, 교과서가 다원주의적 정신을 방해하는 방향으로 짜였는가, 그 정신을 함양하는 방향으로 짜였는가를 살펴본다. 방해의 방향은 국수주의적 사고방식이나 힘에 의한 지배 등을 얼마나 강조하는가와 관련된다.

둘째, 다원주의 및 관용의 세부적인 의미를 구분하고자 한다. 이는 다음의 두 가지 요소를 얼마나 강조하는가와 관련되어 있으며,

이 두 가지 요소를 강조할수록 다원주의를 지지할 가능성이 크며 그에 역행할수록 기능주의나 전체주의를 지지할 가능성이 크다. (1) 덕목면에서는 기능주의 혹은 일원론의 주요한 덕목인 일원성, 폐쇄성, 협동성, 양보, 조화 등보다는 다원주의의 특징인 다원성, 개방성, 조정 규칙의 중요성 등을 부각시키는 정도. (2) 서술상에서는 일방적인 선언을 지양하고, 다양한 문화, 이념의 객관적 서술 혹은 공통분모 이외의 것에 대한 서술을 지양하고, 갈등을 묘사하고 조화의 어려움이 나타나는 정도.

3) 관용에 대한 분석

사회 및 도덕 교과의 궁극적인 목적은 민주시민으로서의 자질을 육성하는 것이다. 이를 위해 도덕 교과는 인간으로서 마땅히 지키고 실천해야 할 보편적이며 이상적인 가치들과 우리 사회에서 바람직한 생활의 기준이 되는 도덕규범과 가치들을 내면화시키도록 하고 있으며, 사회 교과는 사회현상을 올바르게 인식하고, 사회 지식 습득과 사회생활에 필요한 기능을 익히며, 민주사회 구성원에게 요청되는 가치와 태도를 지니도록 하고 있다(중학교 교육과정, 1997; 고등학교 교육과정, 1997).

따라서 이 양자는 모두 민주시민 교육이라는 우리나라의 교육목적에 부합하도록 교육과정을 구성하도록 의도되어 있다. 그렇다면 이 양자가 현실적으로 얼마나 이에 부합하도록 구성되어 있는가?

(1) 역사 영역: 약육강식형

관용이라는 단어가 명시적으로 표현된 곳은 한 군데도 없으며, 암묵적으로 관용에 대한 입장을 드러내고 있을 뿐이다.

중학교 사회 교과서 중 역사 부분은 역사적 현상에 대한 역사학적 연구 결과를 설명하는 것이 주류를 이루며, 탐구활동이나 주요활동과 같은 탐구문제가 제시되고 있지만 그 분량 면에서 매우 미미하거나(탐구활동), 장의 말미에 문제만 던져놓은 형식이다(주요활동). 주요활동의 경우 세세한 자료를 주면서 수업시간에 탐구를 할 수 있도록 되어 있지 않다. 교과서에 제시된 어떤 활동이든 모든 과정은 철저히 사실만을 설명하는 방식으로 되어 있다.

교과서 각 장에서 제시되고 있는 주요활동을 살펴보자. 중학교 1학년 "IV. 아시아 사회의 발전과 문화권의 형성 1. 동아시아 사회의 성장"에 나타나 있는 주요활동은 "1. 진이 중국을 통일하게 된 배경을 자연 환경과 국가 정책의 두 가지 면에서 조사해보자. 2. 한이 법가 사상 대신 유교를 채택한 이유를 조사해보자. 3. 사회과 부도에서 장건이 개척한 비단길의 경로를 찾아보고, 그 주변의 자연환경에 대하여 살펴보자"이다.

과거 사실을 아는 것에 초점이 있지, 그 역사를 해석할 때의 논쟁점, 그 시대의 쟁점 사항들, 그것이 오늘날에 갖는 의미를 중심으로 학습의 주안점이 진술되고 있지 않다.

구체적인 내용 서술 방식에 있어서도 관용적이지 못한 부분이 매우 많다. 중학교 1학년 "VII. 아시아 전통사회의 변화 4. 서아시아와 이슬람 사회의 변천 (1) 오스만 제국의 성립과 발전 ② 오스만 제국의 성립 ③ 오스만 제국의 근대적 개혁"을 살펴보면 다음과 같다.

> "셀주크 투르크의 지배 아래 있던 소아시아 지역의 오스만 투르크는 13세기 말에 독립하여 오스만 제국을 세웠다. 이 나라는 당시 쇠약한 비잔틴 제국을 공격하여 발칸 반도의 대부분을 차지하였다. 15세기 중엽에는 술탄 마호메트 2세가 콘스탄티노플을 점령하여 비

잔틴 제국을 멸망시켰으며, 이로써 유럽 세력을 압도하여 그 세력이 급속히 확장되어나갔다."(p.219)

"16세기에 들어와 오스만 제국은 자국 내의 다양한 민족과 문화를 효과적으로 포용하는 여러 가지 독자적인 제도를 완비하였다. 특히, 피지배 민족에 대한 보호 정책을 실시하여, 소수 민족들은 자신의 종교와 관습을 지킬 수 있었다.

… 이러한 경제적 타격은 제국 내의 사회적 혼란을 가져왔고, 18세기에 이르러 영국, 러시아 등 강대국의 압력과 나라 안 이민족의 반란으로 점차 쇠퇴하기 시작하였다."(pp.219-220)

이 기술 방식은 역사 교과서의 전형적인 방식이다. 인용한 부분은 오스만 제국이 힘을 가지게 된 요인이 무엇이며 힘을 잃게 된 요인이 무엇인가 중심으로 역사를 기술하면서 다른 국가를 약간씩 언급하는 방식을 택하고 있다. 즉, 힘의 논리를 중심으로 모든 사실을 기술하고 있다.

흔히 오스만 제국은 다원주의를 논의할 때 다른 문화에 대한 관용 정책을 가장 잘 편 모범적 사례로 언급되곤 한다.[5] 이 부분에 대한 묘사는 위 고딕체로 쓰인 부분에 나타나 있다. 그러나 이 부분은 오스만 제국이 성립하고 멸망하기까지의 전 과정을 설명하는 과정에 묻혀 있다. 즉, 힘의 논리에 의해서 국가가 흥망하는 과정에서 하나의 부수적인 제도로 관용 정책을 묘사하고 있는 것이다. 이러한 묘사법은 역사 관련 교과서 전체를 통해 일관되게 나타나고 있다.

전체적인 교과서 서술 방식은 사실을 단순히 서술하되 그 서술 방식이 힘의 논리를 바탕으로 사실을 인과적으로 기술하는 방식을 택하고 있다. 우리는 이를 '약육강식형 교과서 서술법'이라고 이름을 붙이고자 한다.

흔히 약육강식을 강조하는 것은 도덕적 태도를 기르는 데 가장 해악이 되는 접근법이다. 따라서 약육강식형 서술법은 관용적 태도 형성, 나아가 민주적 사고를 형성하는 데 도움이 되지 않는다. 특히 관용적 태도 형성을 위해서는 관용과 직접적으로 관련된 내용으로 프로그램을 짜고 이를 직접 교수하는 것보다 관용의 내용을 간접적으로 가르치는 것이 더 효과가 크다는 연구 결과가 있다. 즉, '사람은 피부색에 관계없이 유전자 구조가 같다'는 생물학적인 내용은 관용을 직접 가르치지 않지만 은연중에 관용적 태도를 기르는 것으로 나타났다. 이렇게 볼 때 우리나라 역사 교과서 서술 방향을 제고해야 할 것으로 보인다.

(2) 지리 영역: 간접 체득형 I — 학문적 탐구

지리 영역도 관용이라는 단어를 명시적으로 사용하는 경우는 없다. 단지 암묵적으로 관용에 대한 입장을 드러내고 있을 뿐이다. 중고등학교 지리 교과서의 거의 전 부분을 차지하는 것은 지리 현상에 대한 학문적 탐구 결과에 대한 설명이다. 그리고 극히 제한적으로 '탐구활동'이 있으며, 장의 마무리 활동으로 '주요활동'(중학교)과 '연구학습문제'(고등학교)가 있다. '연구학습문제' 부분에 쟁점이 되는 토론 주제를 일부 포함시키고 있기는 하지만,6) 이 세 가지 활동은 대체로 사실에 대한 설명 혹은 조사 및 인과관계 탐구에 초점이 맞추어져 있다.

중학교 1학년 "I. 지역사회탐구 3. 지역사회의 변화와 발전"에 나타난 것을 살펴보면 다음과 같다. '학습의 주안점'은 "우리 지역사회가 변화하는 원인은 무엇인가? 지역사회의 변화 모습은 어떻게 조사하는가? 우리 지역사회에는 어떤 문화재가 있는가?"이며, '주요활동'은 "1. 다음은 1975년의 이천시 지도이다. 이 지도와 1996년의 지도를 비교하여 이천시의 변화된 모습을 발표해보자. 2. 우리 지역사회를 빛낸 사람들을 조사하고, 지역사회의 지도에 그 위치를 표시해보자. 아울러, 지역사회의 문화재에 관한 사진이나 설명 자료를 수집하여 종류별로 나누어 정리해보자"이다.

포스트먼에 따르면 과학은 우리 이성이 작용하고 있을 때를 지칭하는 말이다. 다시 말해 과학은 "이성이 우리가 저지른 실수를 수정하는 작업을 하고 있을 때"를 가리키는 말이다. 이러한 관점에서 과학은 물리학이나 생물학 또는 화학 등 하나의 과목을 지칭하는 것이 아니라, 배움에 대한 겸손과 올바른 시각, 그리고 균형 의식을 부여하는 도덕적 강령이라고 할 수 있다.7)

따라서 지리 영역은 세계에 대한 편견 없는 지식, 학문적 탐구활동을 모방할 때 체득하게 되는 개방성, 오류 가능성을 인정하는 태도를 통해 관용에 기여할 수 있을 것으로 보인다. 즉, 학문 영역이 내놓은 이차적 지식과 탐구 방법을 통한 관용적 태도에 대한 간접적 체험이 이 영역의 특징이라 할 수 있다.

(3) 일반사회 영역: 간접 체득형 II — 논쟁문제 중심

일반사회 영역 어떤 곳이든 민주주의에 대한 부분을 다루고 있기 때문에 다른 어떤 교과목보다 직접적으로 관용에 대해 다루고 있다고 할 수 있다. 따라서 이 영역은 어떤 교과서에 관용 개념이 몇 번 명시적으로 나타나고 있는가보다는 관용을 다루는 방식(즉, 어떤 다원주의를 지지하는가)에 대한 문제가 더 중요하다. 중학교 일반사회 영역에는 관용에 대한 단어가 등장하는 부분이 없으며, 관용에 대한 개념이 등장하는 부분은 고등학교 공통사회(상)와 정치 교과서이다.

중학교 사회 교과서와 고등학교 공통사회(상) 및 정치 교과서의 특징은 탐구활동(중학교), 탐구과제(고등학교 공통사회와 정치 교과

서)가 작은 소절마다 하나씩 부가되어 있다는 것이다. 먼저 학문적 연구 결과를 약간 언급하고 이를 탐구과제화해서 학생들이 스스로 생각하는 지문을 본문 속에 첨가시키고 있다. 탐구활동은 사실적 자료 제시, 자신의 입장 정리, 바람직한 대안에 대한 토론의 순으로 전개된다. 이 활동은 거의 모든 소절에 부가되고 있다. 또한 어떤 교과서보다 주요활동이 사실적 자료 제시 → 토론(반대 입장 경청과 올바른 대안의 탐색)의 형식으로 구성되어 있다.

중학교 3학년 "II. 민주정치와 시민생활 3. 민주정치와 복지향상"에 나타나 있는 학습의 주안점, 탐구활동, 주요활동을 살펴보면 다음과 같다.

'학습의 주안점'은 "1. 민주정치의 원리와 현실 사이에 갈등이 발생하는 이유와 해결 방안에 대하여 생각해보자. 2. 지방자치제도의 의의와 역할에 대한 탐색을 토대로, 지역 간의 갈등을 극복할 수 있는 방안을 생각해보자. 3. 우리나라 민주정치의 경험에 대한 이해를 바탕으로, 해결해야 할 문제를 탐색해보자"이다.

'탐구활동'은 '비상사태인가, 쿠데타인가?'와 '인두세 폭등'에 대한 상황 묘사를 하고 "1. 위의 두 사건에서 정치적 갈등이 일어난 이유는 무엇인가? 2. 페루의 정치상황이 비상사태인지, 쿠데타인지 토론해보자. 3. 시민의 불복종이 정당화될 수 있는 요건을 들어보자. 4. 민주정치의 원리와 현실 간의 갈등을 줄일 수 있는 방법은 무엇인가?"와 같은 문제 제기를 하고 있다.

'주요활동'은 "1. 우리나라 헌법 전문에 명시된 '4·19 민주이념'은 무엇을 의미하는 것인지 토의해보자. 2. 헌법에서 국민의 자유 보장과 관련된 조문을 찾아 그 의미를 탐색해보자. 3. 국민의 저항권 행사가 정당화될 수 있는 범위와 그 한계에 대하여 논의해보자"이다.

따라서 일반사회 영역은 대체로 지식을 단순히 전달하는 데 치중하기보다는 사실에 근거해서 대안을 제시하고 토론하는 방향으로 교과서를 구성하고 있음을 알 수 있다.

고등학교 정치 교과서 "I. 현대 시민 생활과 민주정치 1. 민주주의의 이념과 원리 (3) 민주주의의 운영원리"에서 민주주의의 운영원리 중의 하나로 '비판, 타협, 관용'을 제시하고 있다.

> "민주주의에서 개인은 상대적인 입장에서 사회 통합의 길에 참여하고 있으므로, 남의 생각이나 행동을 인정하고 받아들이는 관용이 매우 중요하다. 관용이란 자기와는 다른 타인의 이질성을 받아들이고 용인하는 것을 뜻한다.
>
> 관용의 정신은, 항상 자기의 생각에 한계가 있음을 지각하여 타인의 생각에 대하여 마음의 문을 열어놓는 것이며, 자기의 유한성을 자각함으로써 다른 사람들의 존재를 인정함을 전제로 한다. 결국, 관용이란 타인과의 공존을 인정할 뿐 아니라, 다른 사람의 의견도 수용하는 능동적이고 개방적인 자세를 말하는 것이다."

이와 같은 식의 묘사는 고등학교 공통사회(상) "I. 시민사회의 형성과 발전 2. 민주시민의 역할 (1) 민주사회의 시민 중 '시민과 사회' "에서 민주시민에게 요구되는 덕목 중의 하나로 관용을 언급하는 부분에서도 나타난다. 따라서 일반사회 교과서에 등장하는 관용 개념은 정확하다고 할 수 있다. 그러나 일반사회 영역 전체가 일관성을 가지고 있다고 할 수는 없는 것 같다.

예를 들어 중학교 3학년 일반사회 영역에서 협동, 경쟁, 갈등을 설명하는 부분은 기능주의적 요소가 강하게 부각되고 있다. 이런 요소는 고등학교 일반사회 관련 교과서에서도 종종 나타난다.

공동생활에는 상호작용이 필요한데, 그 유형에는 협동, 경쟁, 갈등 세 가지가 있다. 이에 대해 "협동은 동일한 목표를 위해 공동 노력하는 경우이며, 경쟁은 동일한 목표를 서로 차지하기 위해 애쓰는 것이며, 갈등은 경쟁이 극심해져서 상대방을 강제로 굴복시키거나 제거해서 목표를 달성하려고 하는 것"이라 정의하고 있다. 그리고 갈등의 예로 친구 간의 싸움, 부부 간의 싸움, 노사 갈등, 데모하는 군중, 전쟁 등을 들고 있다(중학교 3학년, pp.7-8).

여기서 서로 다른 목표를 가질 수 있는 가능성 및 다양성의 중요성이 전혀 언급되지 않는다. 또한 갈등은 나쁜 것으로만 표현되고 있으며 갈등의 생산적인 측면은 전혀 언급되지 않는다.

일반사회 영역은 전반적으로 민주주의와 논쟁 문제에 대한 토론 등을 강조함으로써 관용적 태도를 키우는 데 우호적으로 구성되어 있음을 알 수 있다. 그러나 지식을 설명하는 부분에서는 기능주의적 요소가 많이 보인다. 따라서 일반사회 영역은 대체적으로 토론을 중시함으로써 관용적 태도를 간접적으로 체득할 수 있도록 되어 있다. 즉, 관용적 태도와 관련해서 이념화(ideal type)하자면 '토론 중심의 간접 체득형'이라고 할 수 있다. 하지만 세부적으로 기능주의적 요소가 강조되는 부분이 있음도 지적해야 하겠다.

(4) 도덕 · 윤리 교과서: 이상적 윤리 추구형 혹은 신공화주의형[8)]

중학교 도덕 교과서나 고등학교 윤리 교과서의 본문 내용으로 탐구문제가 주어지는 경우는 거의 없다. 본문은 예시를 들고 그것에 대한 모범답안을 제시하는 방식으로 서술되고 있다. 따라서 여러 가지 대안이 동등한 비중으로 등장하지 않는다. 장의 말미에 얼핏 보기에는 논쟁문제인 것처럼 보이는 문제 몇 가지를 '연구 및 실천 과제'(중학교), '연구문제'(고등학교)에 제시하는 경우도 있으나, 이미 해답은 본문 내용 중에 나와 있다. 즉, 본문의 답을 말미에서 확인하는 성격이 강하다고 하겠다.

그렇다면 윤리 교과서가 지향하는 답의 방향은 무엇인가? 그것은 중학교 도덕 교과서나 고등학교 윤리 교과서 전편에서 나타나고 있다.

> "도덕적으로 훌륭하게 산다는 것은 성인군자나 학식이 많은 사람들만이 할 수 있는 일은 아니다. 노력하면 누구나 그렇게 할 수 있다. 즉, 어떻게 사는 것이 도덕적으로 훌륭한 삶을 사는 것인지 바르게 알아, 그렇게 살려고 최선을 다하면 된다."(중학교 도덕 교과서, 머리말)

> "그러므로 가장 고상한 삶은, 남에게 아무런 손해를 끼치지 않고 자신의 만족에 그치지 않으며, 자신을 희생하면서 다른 사람에게 이익을 주는 것이라 할 수 있다. 이를 위하여 자신이 희생하고 고통을 당하더라도 보람 있는 삶이라고 생각한다면, 그것은 자신에게도 매우 이상적인 삶이 될 것이다."(고등학교 윤리 교과서, p.21)

다원주의보다 이상적 삶에 더 관심을 가지는 것이 도덕·윤리 교과서의 기본 관심사임을 알 수 있다. 이는 도덕·윤리 교과서 전편을 관통하는 이념이다. 중학교 1학년 도덕 교과서를 살펴보자. 지, 신, 행의 일치 강조(p.41, p.152, p.181), 욕망의 위계서열화(pp.52-53), 난 사람보다 된 사람의 강조(pp.5-6), 도덕 실재론적 사고(pp.14-15, pp.54-61, p.118), 도덕적인 품성을 위해 끊임없이 수행해야 함을 강조 등이 그 예들이다. 하지만 이러한 사고방식은 도덕 실재론에 대한 회의의 검증, 품성보다는 행위윤리에 치중하고 다양성을 존중하는 현대의 전반적인 추세에 어긋난다.

이상적 삶은 어떤 내용이 없이 달성될 수 없다. 그렇다면 그것은 어떤 품성이나 덕성 혹은 자질을 요구하게 되는데, 그 자질의 내용으로 무엇을 정할 것인가가 문제이다. 이때 윤리 교과서에서 가장 많이 등장하는 것이 전통적 윤리 가치, 반공적 사상, 민주적 가치, 성의의 삶이다. 이들 중에 무엇이 우위를 점하는가? 전통적 윤리 가치가 더 우위에 있음을 다음을 통해 알 수 있다.

> "우리나라의 사회윤리는 한국적 전통윤리와 서구적 시민윤리의 조화 속에서 추구해야 하되, 어디까지나 우리의 전통윤리를 중심으로 삼고 서구적 시민윤리를 보충해야 한다. … 앞으로 사회윤리는 홍익인간의 경천애인(敬天愛人) 정신에 기초를 두어야 한다. … 우리의 전통윤리 중에서 또 하나 추가할 것이 효제충신(孝悌忠信)의 도덕률이다."(고등학교 윤리 교과서, p.42)

결국 윤리 교과서가 이상적 삶으로서 제시하는 것이 구체적으로 무엇인가는 매우 애매하다. 그것은 한편으로는 매우 이상적인 척하다가도 현실문제로 돌아오면 매우 보수적인 내용으로 회귀한다.

윤리 교과서가 개인보다는 공동체를 중심축으로 생각한다는 것은 곳곳에서 발견된다. 이는 기능주의에서 요구하는 덕목을 강조하는 것과 같다. 중학교 1학년 도덕 교과서를 예로 들어보자. 겸손, 이타성의 강조(pp.41-42), 연대 의식, 약속(기능주의적 관점에서의 약속, p.181), 양보, 협동(p.85, pp.178-189)의 강조, 인정의 강조(pp.166-174), 절약의 강조(pp.162-166), 군사부일체의 관념(p.113), 절제와 아량, 믿음과 의리, 예의와 염치, 청렴과 검소(pp.152-157), 사회의 진정한 평화와 협동, 사랑의 강조(p.188) 등 교과서의 거의 모든 부분이 기능주의적 덕목으로 가득 차 있다.

이러한 결과로써 판단하건대 도덕 · 윤리 교과서는 민족공동체에 대한 일체감을 느끼게 하는 것을 우선시하면서 그에 부수적으로 개인의 자아실현 혹은 다양성의 실현을 강조하는 것으로 판단된다. 결국 윤리 교과서가 지향하는 바는 공동체주의의 한 변형인 신공화주의라고 할 수 있다. 신공화주의는 공동체의 공공선 실현을 위해 도움이 되는 범위 내에서 다양성을 찬양하는 이념이다.

이러한 사고방식은 관용 개념에도 그대로 투영된다. 관용 개념은 중학교 1, 2, 3학년 도덕 교과서나 고등학교 윤리 교과서에 모두 나타나는데 그 기본적인 의미는 다음과 같다.

중학교 3학년 도덕 교과서 "I. 바람직한 삶 3. 인본적인 삶의 자세 (2) 사랑과 관용"은 관용이 도덕 교과서에서 사용되는 맥락을 잘 묘사하고 있다. 여기에서 관용은 사랑과 동일한 것으로 취급되며, 이는 인간을 성숙하게 만들고 사회에 평화와 정신적 풍요로움을 가져다주는 것으로 묘사되고 있다.

> "… 한편, 오늘날의 사회에서는 인간관계가 사무적으로 변하고 있으며 … 이러한 현대사회에서 인간의 정을 느끼게 할 수 있는 것이 관용이다.
>
> 관용의 의미는 크게 … 하나는 남이 잘못을 저질렀을 때에 그것을 용서하는 태도이며, 다른 하나는 우리와 외견을 달리하는 사람들을 너그럽게 받아들이는 포용력이다. … 인간은 언제나 잘못을 저지를 수 있지만, 또한 그러한 잘못을 개선할 수 있는 능력을 지니기도 하였다. 아울러, 인간은 저마다의 세계를 가지고 있는 존재이다. 따라서 우리가 어떤 획일화된 잣대를 가지고 엄격하게 적용함으로써 생겨날 수도 있는 문제점들을 사랑으로 보완하고자 하는 것이 바로 관용인 것이다."(pp.49-50)

여기서 관용은 싫지만 참는다는 것보다는 관후함, 사랑 등으로 해석되고 있음을 알 수 있다. 관용적 태도를 취하고 다양성을 인정하는 근거가 매우 상이할 수 있음을 알 수 있다.

이는 고등학교 윤리 교과서에서 더욱 명백하게 나타나는데, "V. 통일의 과제와 전망 3. 통일 이후의 전망 (1) 통일국가의 미래상"에서는 '통일 한국'의 네 가지 이념적 좌표를 언급하고 있다. 이 중 세 번째는 '정의로운 복지국가'의 실현이다. 통일 한국에서도 여러 가지 갈등이 점증할 것을 우려하면서 관용을 민족공동체 형성의 한 요소로 사용하고 있다.

> "… 이러한 난관을 극복하고 복지국가를 실현하려면, 민족 성원들이 모두 고난을 감내하겠다는 인내심을 길러야 한다. 그리고 관용과 협동정신을 바탕으로 한 공동체의식을 다져야 하며, 통일 비용을 충당할 수 있는 경제력을 비축하도록 노력해야 할 것이다."(p.290)

여기서 관용은 끈끈한 민족공동체를 형성하는 하나의 하위 요소이다. 그러나 관용의 원 맥락은 서로 이념을 달리하고 민족을 달리할 경우에도, 혹은 서로 독립하여 분리된 주권을 가질 경우에도 참는 것을 의미한다. 따라서 윤리 교과서에서 관용이 사용되는 맥락은 상당히 제한적임을 알 수 있다. 이는 하나의 공동체감이 느껴질 때까지는 참는 것을 의미하거나, 아니면 사랑으로 포용하자는 의미가 강하다.

이상의 논의를 종합해보면 도덕 · 윤리 교과서는 일차적으로는 민주시민의 윤리에 관심을 두기보다는 이상적 인간의 완성에 관심을 두고 서술되고 있다. 그러나 이상적 인간형의 모습을 너무 강하게 상정함으로써 각 개인이 자신의 관심사 혹은 이해관계에 따라 살아가는 것을 폄하하는 경향이 강하다. 또한 이상적 인간형의 구체적인 모습이 무엇인가가 문제시될 때 민족주의적이거나 동양적인 성격을 강조하는 경향이 나타난다. 따라서 다원주의를 거부할 가능성이 내재하고 있다.

4) 교과서 분석에 대한 종합

사회 교과와 도덕 교과를 분석한 결과는 다음과 같다.

먼저 관용이란 단어가 명시적으로 나타나는 경우는 거의 많지 않았다. 하지만 고등학교 공통사회(상), 정치, 도덕·윤리 교과서에서는 관용이라는 단어가 각 1회씩 사용되고 있었다.

이들을 분석한 결과에 따르면 공통사회와 정치 교과서에서는 '싫지만 참는다'는 의미가 부각되고 있으나, 도덕·윤리 교과서에서는 대체적으로 관용의 개념을 기능적 조화의 관점에서 바라보고 있다. 따라서 엄밀한 의미에서 '싫지만 참는다'의 의미가 부각되고 있지 않다.

다음으로 관용과 다원주의적 사고가 관련성을 맺고 있으므로 각 교과서가 얼마나 다원주의적 사고를 고취시키는 방향으로 내용이 구성되고 있는가를 살펴보았다.

역사 영역은 역사에 대한 사실적 내용을 설명하는 방식으로 교과서를 편찬하였다. 역사적 사실을 설명하는 방식은 힘의 논리를 전제로 하여 설명하고 있다. 따라서 세계를 힘의 논리로 보게 할 가능성을 내재하고 있다.

지리 영역은 지리적 내용을 지리학적으로 고찰하도록 교과서를 편찬하였다. 따라서 객관적 탐구에 치중하고 있다고 할 수 있다. 객관적 탐구는 암묵적으로 토론 문화를 조성함으로써 관용의 기본전제인 오류 가능성의 태도를 갖게 할 수 있다. 하지만 상대적인 문화를 객관화함으로써 문화상대성을 침해할 수도 있다.

일반사회 영역은 관용 개념 사용이 상당히 정확하고 논쟁 문제를 중심으로 교과서를 편찬함으로써 다원주의적 사고에 기여할 수 있을 것 같다. 그러나 탐구 문제 이외의 지식을 설명하는 부분 등에서 기능주의적 전제가 간혹 드러나고 있다.

윤리 과목은 인간이 추구해야 할 가장 이상적인 인간상을 상정하고 어떻게 하면 그 수준에 도달할 것인가를 중심으로 내용이 편찬되어 있다. 하지만 이상적 인간상의 모습을 구체화시킬 때 민족주의적 성향이나 기능주의적 덕목을 과도하게 강조한다. 따라서 이 과목은 이상적 인간상을 과도하게 강조함으로써 현실과 괴리되기 쉽고 또한 민족주의나 기능주의적 덕목을 강조함으로써 다원주의와 부합하기 어려운 측면을 노출하고 있다.

전체적으로 보아 우리나라 민주시민적 가치 태도를 가르치도록 되어 있는 사회 및 윤리 교과가 일관성 있게 관용 덕목을 가르치고 있는가는 의심스럽다. 이렇게 교육이 지향해야 할 목표와 현실이 겉도는 것은 교과서 집필자들이 교과서 내용과 집필 방법에 대해 많은 고민을 하지 않은 결과로 여겨진다.

3. 관용지수 측정 및 해석

1) 연구 방법

(1) 설문지 구성

관용지수를 측정하는 이유는 한국의 중고등학교 학생들이 어떤 대상에 대해 특히 적대감이나 저항감을 가지고 있는가를 파악하려는 데 있다. 싫어하고 반대하는 대상들을 여러 분야에서 선택하여 질문을 하고 이에 대한 대답을 통해 피측정자가 보이고 있는 관용과 불관용의 태도를 지수화할 수 있을 것이다. 설문지를 통한 측정과 분석을 통해 우리가 궁극적으로 얻고자 하는 결과는 교육과정에서 관용 교육을 시행할 때 그 교육의 내용과 방향을 결정할 근거를 찾고자 하는 데 있다. 관용지수가 낮은 대상들이 일차적으로 가치교육의 대상이 되어야 한다.

관용지수의 평가지는 정치, 경제, 문화, 사회, 그리고 종교 등 다섯 가지 영역에서 쉽게 발견되는 갈등 상황 36문항으로 구성되어 있다. 정치적인 영역은 이데올로기의 갈등, 북한 사람들에 대한 태도, 통일 문제, 북한의 핵 개발과 남한의 핵 보유 주장, 진보정당의 출현, 운동권 학생들의 정치 참여 등 최근 한국 사회의 정치 영역에서 쟁점이 되고 있는 문제들로 이루어져 있다.

경제의 영역에서는 주로 노동자들의 파업의 권리, 일부 부유층들의 사치와 낭비, 외국 상품의 선호와 로열티 지불에 관한 태도를 묻고 있다. 사회의 영역에서는 부유층 자녀들의 조기 유학에 대한 판단, 외제차를 보고 느끼는 감정, 사형제도의 폐지 주장, 학교에서의 처벌, 연고주의의 폐해, 시위, 공동체 생활에서 부딪히는 여러 가지 불편함, 동성애자, 폭주족, 그리고 가입을 거부하는 단체 등에 대한 태도를 묻고 있다. 문화의 영역에서는 일본 문화의 수입 개방, 세대 차이에서 발생하는 문화의 갈등, 국악에 대한 편견, 영화나 소설의 사전 검열에 대한 입장, 국제결혼, 문화 우월주의, 민족 우월주의자에 대한 태도 등으로 구성되어 있다. 마지막으로 종교의 영역에서는 종교 시설이 내 집 앞에 세워지는 것을 어떻게 볼 것인가 등 다른 종교에 대한 태도, 종교 근본주의자, 개종을 조건으로 한 결혼, 광신자에 대한 평가, 종족과 종교의 갈등에 대한 관용과 불관용의 태도 등으로 구성되어 있다.

각 문항은 네 가지 선택지들로 구성되어 있는데, 응답자에게 상대편의 이익을 완전히 무시하는 (1) 적극적 반대(불관용), 싫지만 인정하는 (2) 관용적 태도, 적극적으로 수용하는 (3) 적극적 찬성, 그리고 (4) 무관심(판단 보류) 가운데 하나를 택하도록 했다. 통일을 예를 들면 다음과 같다.

> **2) 독일 통일의 경우처럼 우리나라의 통일도 많은 문제를 발생시킬 것입니다. 통일에 대해 당신은 어떻게 생각하십니까?**
> ① 현 상태로 만족하며 성급하게 통일을 추진하는 일에 대해서 반대하겠다.
> ② 많은 혼란은 있겠지만 감수하며 통일을 위해 노력하겠다.
> ③ 통일이 된다면 어떤 어려움이 있더라도 무조건 찬성한다.
> ④ 통일에는 관심이 없다.

(2) 조사 대상

지역별 인구비, 성비, 학교급비(중고등학생) 등을 고려한 다단계 층화 표집에 의해 전국의 중고등학교 학생 2천 명을 표본으로 선정하였다. 전체 2천 명의 대상 가운데 유효한 표본 수는 1,944명이었다.

2) 조사 결과

본 설문조사는 학생들의 관용에 대한 일반적인 경향성을 파악하는 데 목적이 있지, 각 배경 변인별로 차이를 검토하는 데 있지 않다. 따라서 각 영역별로 전체 학생들의 관용 정도를 살펴본 후 관용 교육을 위한 일반적인 지침을 얻는 정도로 만족하고자 한다.

(1) 정치 영역

정치 영역에서 주목해보아야 할 부분은 북한의 일반인과 통일에 대한 우리 학생들의 태도에서 심각한 문제점이 발견된다는 점이다. 북한 사람을 민족으로 인정하는 관용과 찬성의 태도는 31.9%에 불과한 반면, 좋아하지도 싫어하지도 않으며 관심이 없다고 답한 학생의 수가 65.8%나 이르고 있다.[9] 또 통일 문제에 관해서도 응답자의 40.9%가 현 상태에 만족하여 통일을 위한 노력에 소극적이거나 반대하는 견해를 표시하고 있다. 이 두 문항의 수치가 암시하는 것은 이제까지의 통일 교육이나 이데올로기 교육에 심각한 결함이 있음을 보여주고 있다. 북한을 이해하기보다는 적대적인 감정을 부추기거나 적으로 보게 만드는 데 부정적 이미지가 상당히 형성되어 있음을 보게 한다. 이런 편향된 교육의 결과는 북한의 핵미사일 개발과 남한의 핵 보유에 관해서도 불균형적인 태도를 나타나고 있다. 적으로서의 북한의 핵미사일을 개발하는 것에 대해서는 63.7%가 반대하면서도 남한의 핵 개발에 대해서는 67.5%가 관용하거나 찬성하고 있다. 이는 '우리는 전부, 다른 사람은 전무(all for ourselves, nothing for other people)'라는 부도덕한 원칙과도 통한다.[10]

문항	불관용(반대)	관용	찬성	무관심
북한의 일반인에 대해서	2.1%	10.0%	21.9%	65.8%
통일에 대해서	40.9%	38.8%	9.9%	10.4%
진보 정당의 출현에 대해서	23.6%	40.8%	6.4%	29.1%
대학생의 정치 활동에 대해서	12.0%	40.8%	32.3%	14.8%
북한의 미사일 개발에 대해서	63.7%	15.4%	11.1%	9.8%
남한의 미사일 개발에 대해서	22.4%	39.1%	28.5%	9.9%

(2) 경제 영역

경제 영역에서 제시된 문항 가운데 가장 불관용적인 태도를 보인 것은 부유층들의 사치 행위에 대해서였다. 자유주의 국가는 개인의 재산을 자기 마음대로 사용할 수 있는 권리를 보장하고 있음에도 불구하고 부자들이 사치하는 것에 대해 부정적 태도를 가지는 것은 경제적 불평등에 대한 불만으로 해석될 수 있다. 이는 외제차를 타는 사람에 대해 29%의 응답자가 '발로 차고 싶다'라는 불관용적 태도를 보이는 것과 일맥상통한다. 가진 자에 대한 적대감이 증가하는 것은 곧 사회적 불안정으로 확대될 수 있다는 것을 의미한다. 이는 최근 IMF 구제 금융의 여파로 간격이 더 벌어진 빈부의 차이를 반영하는 것으로 해석될 수 있다. 건강한 자본주의 사회를 이루기 위해서는 사적 소유권의 보장과 더불어 재산권 행사의 도덕적 의무 개념을 정착시킬 필요가 있다. 소위 천민자본주의를 극복하려는 노력이 요청된다고 볼 수 있다.

문항	불관용 (반대)	관용	찬성	무관심
공공 근로자의 파업권에 대해서	26.9%	57.0%	8.9%	7.3%
부유층의 사치에 대해서	58.0%	22.3%	15.6%	4.1%
외제품 사용과 외화 유출에 대해서	30.0%	51.5%	11.0%	7.5%
부유층의 조기 유학에 대해서	18.1%	42.2%	27.8%	11.8%
외제차 타는 사람에 대해서	29.0%	20.4%	33.4%	17.1%

또 하나 주목할 것은 공공사업의 근로자들이 파업을 할 경우에 대한 응답자들의 반응이다. 이런 종류의 파업이 많은 시민들에게 불편을 준다는 것은 여러 차례 경험한 바 있다. 파업의 권리와 시민들

의 불편 사이에서 응답자들의 26.9%가 부정적인 반응을 보이고 있다. 비록 65.7%의 다수가 불편을 감수하더라도 근로자의 파업권을 인정하겠다는 관용적 혹은 찬성의 태도를 보이고 있지만, 적지 않은 수가 불관용 내지는 반대의 견해를 가지고 있다는 것은 노동자의 권리와 관련한 시민 교육의 필요성을 제기하고 있다.

(3) 사회 영역

사회의 영역에서 우리의 관심을 끈 결과는 사형제도의 폐지, 시위 문화, 공동생활에서 발생하는 불편, 동성애자와 폭주족, 그리고 가입을 거부하는 단체에 대한 응답들이었다. 표에서 나타나고 있듯이 이 여섯 문제에 대해 응답자들은 상당히 적극적인 반대 혹은 불관용적 태도를 보이고 있다.

사형제도의 폐지에 대해 37.5%에 이르는 학생이 불관용적 태도를 보이는 것은 범죄인의 생명도 소중하다는 인권적 고려 등의 측면에서 학습되는 것이 필요함을 보여준다. 그리고 자신에게 여러 가지 불편을 주는 이웃집의 소음에 대해 50.9%의 응답자들이 부정적 태도를 보이는 것과 타인에게 심각한 피해를 줄 우려가 있는 폭주족에 대해 42.3%가 부정적 태도를 보이는 것은 이웃과의 관계에서 자신의 권리를 명확하게 주장한다는 측면에서 긍정적이라고 생각할 수 있다. 하지만 가두시위에 대해 부정적 태도가 40.5%에 이르는 것, 동성애자에 대한 편견 때문에 37.9%나 되는 학생이 불관용적 태도를 보이는 것은 교육적 차원에서 심각하게 고려되어야 할 것으로 보인다.

우리 사회는 자신의 주장을 공공연하게 펼칠 수 있는 자유를 보장하고 있는 자유주의 국가이다. 따라서 타인에게 심각한 피해를 주지 않는 경우에는 자신의 사상을 주장하고 그에 따라 행동하는 것을 보장하고 있다. 우리 사회가 새로운 사상이나 행동에 대해 아직도 매우 불관용적인 것은 이에 대한 교육이 필요함을 암시한다.

문항	불관용(반대)	관용	찬성	무관심
사형제도 폐지 주장에 대해서	37.5%	45.3%	9.3%	7.9%
체벌의 필요성에 대해서	27.4%	45.2%	19.9%	7.4%
싫어하는 지역의 사람에 대해서	13.5%	8.3%	65.4%	12.8%
내 집 앞의 장애인 시설에 대해서	7.8%	28.7%	52.0%	11.5%
교통 혼잡을 수반한 시위에 대해서	40.5%	32.9%	17.6%	8.9%
공부를 방해하는 이웃집의 소음	50.9%	35.1%	9.2%	4.6%
동성애자의 대해서	37.9%	27.6%	6.2%	28.3%
폭주족에 대해서	42.3%	24.0%	13.1%	20.5%
가입을 거부하는 단체	34.3%	45.5%	2.5%	17.6%

(4) 문화 영역

문화의 영역에서 응답자들이 불관용적인 태도를 보인 대상은 세대 간의 갈등, 국악에 대한 몰이해, 문화와 민족 우월주의자에 대해서이다. 특히 국악에 대해 적극적으로 반대하는 행위(라디오의 채널을 돌려버리는 등)는 63.4%나 되었다. 이는 우리의 전통 음악에 대한 교육이 실패하고 있음과 서양 음악이 청소년들의 감성 세계를 지배하고 있음을 반증해주고 있다. 문화에 대한 편향된 흡수가 전통문화를 포함해서 다른 문화에 대해 편견 또는 부정적 시각을 갖게 만들고 있다. 이는 단순히 취향이 다르다는 것에 국한된 문제가 아니다. 가정에서 텔레비전의 채널 지배권을 누가 갖고 있는가의 문제와도 연결되어 있다. 부모 세대의 취향을 자녀 세대가 공유하기보다는 각각 따로 다른 문화를 향유하려는 경향이 24.8%나 되었으며, '관심 없다'를 선택한 응답자 16.3%를 포함하면 결코 적지 않은 수가 부모 세대와 문화적 단절을 원하고 있는 것으로 보인다.

민족과 문화 우월주의자에 대해 응답자의 60% 가까이가 반대하는 견해를 보인 것은 오히려 문화상대주의 또는 만민평등주의를 선호한다는 반증으로 해석될 수 있다. 백인 중심의 유럽과 미국의 문화가 지배적인 상황에서 국수주의나 맹목적 애국주의(chauvinism)로 흐르지 않는 한, 민족과 문화 우월주의자에 대해 불관용하는 것은 균형 잡힌 생각으로 판단된다.

문항	불관용 (반대)	관용	찬성	무관심
일본 문화의 개방에 대해서	12.7%	53.0%	26.5%	7.8%
부모님의 TV 선택권에 대해	24.8%	25.1%	33.8%	16.3%
국악 프로그램에 대해서	63.4%	12.9%	8.8%	14.8%
영화, 음악의 사전 검열에 대해서	34.4%	27.3%	34.4%	10.0%
여자 학생회장 선출에 대해서	4.6%	8.2%	17.7%	69.3% (상관없다)
혼혈아에 대해서	7.2%	14.1%	70.2%	8.6%
자문화 중심주의에 대해서	55.2%	26.5%	2.1%	16.1%
자민족 중심주의에 대해서	59.3%	22.7%	2.0%	16.0%

(5) 종교 영역

종교에 대한 응답자들의 선택을 보면 한 가지 흥미로운 사실이 발견된다. 일반적으로 다른 종교에 대해 적대적인 태도를 보인 사람은 적다. 종족과 종교가 다르다는 것이 차별의 원인이 되어서는 안되며 관용하고 평화롭게 공존해야 한다는 생각(85.9%)과 다른 종교를 인정하겠다는 생각(75.1%)이 지배적이다. 그러나 자신이 싫어하는 종교의 시설이 자기 집 앞에 세워지는 것이나 자신의 종교를 지나치게 강요하는 맹신주의자에 대해서는 35.5%와 67.1%의 응답자가 적극적으로 반대와 불관용을 하겠다는 태도를 보였다. 이런 경향은 직접적으로 자기 이익에 거슬리는 대상인가 그렇지 않은 대상인가에 따라 태도가 달라지고 있다는 사실을 보여준다. 다른 사람의 권리를 보장해주는 일은 일정한 부분 자신의 이익이 제한된다는 사실을 심각하게 고려하지 못하기 때문에 이런 경향이 생기는 것으로 분석된다.

관용은 다른 사람의 권리와 자유를 확대하는 일과 관련되어 있다. 따라서 타자에 대해 관용을 실천한다는 것은 그 대상이 가지고 있는 권리와 자유를 보장해주는 행위이다. 타자의 권리와 자유의 확대는 자신의 이익과 충돌이 생길 수도 있음을 의미한다. 관용이 인내 또는 참음과 관련이 있는 것은 바로 자기 자신의 이익을 때로는 포기하거나 싫어하는 타자에 대해 부정적인 행위를 중지해야 하기 때문이다. 관용 교육은 바로 자유와 권리 교육, 타자 존중의 정신, 인내와 참음의 교육과 직접 관련되어 있다.

문항	불관용(반대)	관용	찬성	무관심
종족과 종교의 차이에 대해서	4.1%	85.9%		9.8%
다른 종교에 대해서	5.5%	75.1%		19.3%
내 집 앞에 싫어하는 종교 집회소가 들어서는 것에 대해서	35.5%	38.9%		25.5%
종교 근본주의자에 대해서	67.1%	16.8%		16.1%

4. 관용과 교육

1) 관용 교육의 내용들

사람은 상호 의존적인(inter-dependent) 또는 상호 주관적인(inter-subjective) 존재이다. 이 말은 누구나 다른 개인과의 관계나 접촉이 없이는 존재할 수 없다는 것을 의미한다. 개인적 선의 성취는 혼자의 노력으로 달성되는 것이 아니라, 다른 사람, 사회, 제도의 도움에 의존되어 있다. 이런 맥락에서 글렌 틴더(Glen Tinder)는 "주위 다른 사람, 사회적 조건과 구조의 도움 없이 관용적인 사람이 되라고 개인에게 요구하는 것은 무의미하다"고 지적하고 있다.[11] 교육은 접촉이 이루어지는 현장이며, 교실은 상호 의존적인 조건의 개인들이 접촉을 통해 관용의 정신을 배우고 실험할 수 있는 최적의 실험실이다. 관용은 고립적인 개인에게 요구되는 가치가 아니라 나와 다른 사람들과의 평화로운 공존을 위한 전략적 가치이다. 이런 의미에서 관용은 단순히 다른 사람을 방해하지 않는 것이 아니라 다른 사람과 열린 마음으로 관계를 맺게 하는 행위이다. 현대사회에서 교육의 성공과 실패는 교육의 수혜자들에게 서로 관용하도록 만들어주는 일에 달려 있다고 해도 과언이 아니다.

이제 우리는 앞에서 분석된 내용, 즉 불관용적인 태도를 보인 대상들을 중심으로 해서 구체적으로 관용 교육의 내용을 제안하고자 한다.

첫째, 시민 교육의 중요한 덕목의 하나로 관용의 가치가 교육되어야 한다. 2절의 교과서 분석과 앞의 조사에서 드러났듯이 우리의 청소년들은 시민으로서 갖추어야 할 덕목 교육 가운데 관용 교육이 결여되어 있다. 근로자들의 파업권에 대해, 사형제도의 폐지 요구에 대해, 그리고 정착되지 못한 시위 문화에 대해 불관용적인 생각을 가지고 있는 사람이 적지 않다. 관용이 권리와 자유의 확대를 위한 실천이라면, 파업의 권리, 생명 존중과 인권, 그리고 기본권 가운데 하나인 집회의 자유를 인정하는 일과 관용은 직접적으로 연결되어 있다. 내게 피해와 불편을 주는 행위, 그리고 용서하기 어려운 범죄자의 행동에 대해 관용을 실천하도록 교육하는 일이 궁극적으로 의도하는 바는 우리 사회를 좀 더 열린사회로 만들고 공감력이 있는 시민들을 만들려는 데 있다. 서양의 근대 시민사회는 개인주의와 자유주의를 뿌리로 해서 성장해왔으며, 이에 영양분을 공급한 것은 관용의 정신이었다.12) 건강한 시민사회를 만드는 주체는 건강한 시민들이며, 시민을 위한 교육의 성공과 실패는 곧 시민사회의 성패를 좌우한다. 이때 시민 교육의 핵심 가치는 다양성이 보장되고 인권이 신장되고 시민 윤리가 제대로 작동하도록 기능하는 관용의 덕목이다.

파업권에 대한 부정적 시각, 가진 자들에 대한 저항감, 사형제도 폐지에 대한 거부감, 인권 침해의 요소가 있는 체벌의 필요성 인정, 시위에 대한 반감 등은 교육을 통해 수정될 필요가 있는 부분들이다. 이런 문제들은 대부분 갈등 상황에서 비롯되기 때문에 학습자들이 스스로 문제를 제기하고 토론을 통해 갈등 해소의 방법을 찾도록 유도하는 교육 방법이 적절할 것이다.13)

둘째, 통일 교육의 전면적인 수정이 요청된다. 65.8%에 이르는 많은 응답자가 평범한 북한 사람에 대해 무관심을 표시했다는 것은 심각하다. 왜냐하면 이들이 언제라도 잘못된 교육을 통해 불관용적인 태도로 변할 가능성이 있기 때문이다. 그동안 이데올로기 비판 교육이나 통일 교육을 통해 형성된 적대 이미지(enemy image)는 북한 체제나 북한 사람들에 대해 부정적인 편견을 가지도록 유도해왔음은 사실이다. 박지영은 이런 적대 이미지가 개인적 태도 안에 형성되는 이유로, 이것은 전적인 무지와 편협한 마음의 오해에서 비롯되며, 사회적 교육, 집단 간의 갈등 이론 등을 통해 형성된다고 지적하고 있다.[14] 냉전 체제 아래에서 살았던 기성세대들에게 이런 적대 이미지 교육이 불가피한 점은 있었다. 그러나 실제로 통일을 위해 노력해야 하고 또 통일 이후에 살아갈 다음 세대들에게는 더 이상 냉전 논리에 근거한 종래의 통일 교육은 부적합하다. 통일 교육의 틀이 전면적으로 전환되어야 한다. 그리고 그 새로운 틀의 바탕에는 관용의 정신이 놓여 있어야 한다.

통일 교육에 반드시 관용 교육을 포함해야 하는 이유는 관용의 덕목과 정신이 이제까지 남과 북이 각각 상대방에 대해 가지고 있던 두려움과 미움의 감정을 완화하도록 만들어주기 때문이다.[15] 관용의 정신은 남과 북이 얼마나 서로 다른가를 보여주는 데 그치지 않고, 다르면서도 어떻게 공존할 수 있는가를 가르쳐준다. 동족을 살상하기 위해 벌이는 무기 경쟁이 얼마나 비이성적이고 반민족적인 행위인가는 말할 필요조차 없다. 무모한 군비 경쟁을 멈추고 군비 축소를 위해 남북한이 협상의 테이블로 나오는 데는 관용의 정신이 전제되어야 한다. 유엔이 1995년을 '세계 관용의 해'로 선포한 배경도 이 관용의 가치가 평화(공존), 인권, 그리고 민주주의의 원리가 되기 때문일 것이다. 우리가 얼마나 이 관용의 가치를 통일 교육의 내용으로 반영하는가에 따라 통일의 방식, 방향, 그리고 통일 이후의 한국 사회의 모습까지도 결정될 것이다.

또한 통일의 과정에서 뿐만 아니라 통일 이후에도 이질화된 남과 북의 사회가 심각한 충돌이나 갈등 없이 서로에 적응하기 위해서는 장기간에 걸친 관용 교육이 절대로 필요하다. 민족 동질성 회복이라는 과제도 결국은 지속적인 접촉을 통해 해결되어야 하며, 싫지만 용납하는 관용의 정신이 남북한 두 진영에서 좀 더 일반적인 의식으로 확산될 때라야 가능하다. 관용 교육이 없는 통일은 통일 후 통일을 기다린 시간보다 훨씬 긴 시간 동안 새로운 갈등을 겪게 만들지 모른다.16)

셋째, 바른 세계화 교육은 국제 이해 교육이어야 하며, 이는 관용 교육으로부터 시작되어야 한다. 세계화와 경쟁력 강화의 논리가 정치적, 경제적인 관점에서만 이해된다면, 이는 다른 민족과 국가를 경쟁의 상대자로 인식하게 만들며 배타적인 감정을 갖게 만든다. 다시 말해 타 민족이나 국가의 문화, 종교, 전통, 사상 등에 대한 심층적 이해가 없이는 진정한 세계화는 불가능하다. 국제 이해 교육이 없는 세계화와 경쟁력 강화는 위험하다. 또 세계화가 서구의 선진 자본주의 국가를 맹목적으로 모방하거나 흉내 내는 일이라고 이해한다면 이 또한 위험한 생각이다.17)

왜냐하면 진정한 세계화는 서구뿐만 아니라 제3세계를 포함하여 지구상의 여러 나라들에 대한 올바른 이해를 전제로 하기 때문이다. 따라서 이제까지 추진되어온 세계화 전략에 근본적인 수정이 필요하며, 그 방향은 바른 국제 이해 교육을 통해서 정해져야 한다. 그리고 관용은 바로 이런 국제 이해 교육이 성공적으로 수행되기 위해 반드시 필요한 덕목인 것이다. 세계화의 여러 양상들 가운데 국제적인 문제 해결을 위해서는 국가 간의 상호 의존적 관계가 중요하다는 인식이 점차 강조되고 있다. 그리고 이것은 관용의 중요성이 증가함을 뜻하기도 한다. 왜냐하면 상호 의존적 관계가 지속되려면 타자에 대해 싫고 반대하는 점이 있더라도 용납하는 관용을 실천해야 하며, 그러지 않고서는 상호 의존과 공동의 문제 해결이 불가능하기 때문이다. 관용의 덕목이 왜 이 시대, 그리고 21세기 인류의 미래에 중요한 덕목으로 다시 부상되어야 하는지는 분명하다. 국제

사회에서 상호 간의 이해를 확보하고 그럼으로써 평화 공존과 바른 세계화를 성취하기 위해서 관용의 덕목이 필요한 것이다.

새뮤얼 헌팅턴이 『문명의 충돌』에서 지적하고 있듯이, 21세기는 문명권들의 충돌이 불가피할 것이다. 문명과 문명이 만나는 단층선에서 가장 위험한 문화적 분쟁은 시작된다. 21세기가 그의 예견처럼 될 개연성은 높다. 만일 우리가 특별하게 준비하지 않는다면 21세기에는 더 참혹한 문명 간의 전쟁을 치러야 할지 모른다. 대규모의 전쟁을 피할 수 있는 준비 가운데 하나가 바로 관용의 덕목으로 바른 국제 이해 교육을 하는 일이다. 헌팅턴이 경고한 문명들 사이의 충돌을 사전에 방지하기 위해 유엔은 1998년 11월 4일 이란 대통령 하타미의 제청으로 2001년을 '문명 간 대화의 해'로 선포하였다. 각국의 정부와 국제기구, 비정부기구(NGO) 등은 문명 간 대화를 촉진하기 위한 다양한 문화, 교육, 사회 프로그램을 실행하기로 했다. 그는 연설에서 "새로운 천 년(밀레니엄)의 문턱에 서 있는 인류가 상호 적대감과 대립을 종식시키기 위한 노력을 기울인다면 후대에 매우 가치 있는 유산으로 남을 것"이라고 말했다. 다음 세기, 다음 세대들에게 물려주기 위해 노력해야 할 지적 유산 가운데 하나가 관용의 정신이어야 한다는 것은 자명한 사실이다. 교육과정에서 관용의 덕목을 가르쳐야 할 당위성이 바로 여기에 있다.

넷째, 공동체 의식을 기르기 위한 적극적 방법의 하나로 감성 교육을 해야 한다. 현대 한국 사회에 대해 '공동체 의식이 약하다'거나 '공감대의 기반이 약하다'는 평가를 하는 것은 상식에 속한다. 그만큼 우리 사회 구성원들 사이의 결속력이 약화되었음을 말해준다. 원자화된 개인주의가 낳은 일반적인 경향들, 즉 개인의 익명성 선호, 타자에 대한 무관심, 경쟁력 강화의 이데올로기가 낳은 적대감, 그리고 고립주의 등은 현대 한국 사회가 직면하고 있는 가치 혼동의 문제와 근원적으로 맞닿아 있다. 이런 문제들을 해결하기 위한 한 가지 방책이 곧 나와 다르거나 반대되는 타자들에 대해 공감하는 힘을 기르는 일이 될 것이다.

사라 불라드(Sara Bullard)는 『관용 가르치기(*Teaching Tolerance*)』라는 책의 부제목을 '열린 마음과 공감력 있는 어린이로 키우기'라고 붙이고 있다. 그리고 '소속의 끈'이라는 장에서 어린이에게 관용을 가르치기 위해 필요한 덕목 다섯 가지를 말하고 있는데, 감정이입(empathy), 존경심, 용납, 용서와 참여(involvement)가 그것이다. 이 가운데 감정이입은 공감력(sympathy)을 키우는 일과 동일하며 이는 감성 교육을 통해서만 가능하다. 다른 사람의 고통을 함께 공감하는 것은 곧 연민(pity)의 감정에서 비롯되며, 이것은 자비심(benevolence)이라는 정념과 관련되어 있다. 연민의 감정은 자비심(타자에 대한 사랑의 감정)을 행사하게 만드는 일차적 정념이라고 볼 수 있다. 그리고 이 두 가지 정념은 모두 공감의 원리에 의해서 작동되는 정념들이라고 데이비드 흄은 말하고 있다.[18] 흄의 말대로 "인간의 마음은 서로에 대해 서로를 비추어주는 거울과 같다."[19] 자기의 마음을 미루어보아 다른 사람의 마음을 짐작할 수 있는 능력은 공감력이며 이는 누구에게나 있다. 관용 교육은 이 공감력을 기르는 일과 직접 관련되어 있다. 실직자의 고통, 굶주리고 있는 북한 동포들에 대한 연민, 전쟁과 기아로 인한 고통을 겪고 있는 아프리카나 아시아의 난민들의 고통을 공감하지 않고서 공동체 의식을 갖는다는 것은 위선일 뿐이다.[20]

2) 새로운 관용 교육과정의 구상을 위한 제언

위에 나타난 결과를 바탕으로 새로운 교육과정을 구성하고 교과서 집필 시 고려해야 할 점을 제시하면 다음과 같다.

교과서의 서술 형식을 바꿀 필요가 있다. 도덕·윤리 교과서는 너무 이상주의적이거나 국수주의적인 내용을 담고 있는 반면, 역사 교과서는 약육강식형으로 기술되어 있다. 지리 교과서는 학문적 지식에 치중해 있다. 따라서 이 모든 교과를 관용 교육, 더 나아가 민주시민 양성이라는 관점에서 그 서술 방향을 제고할 필요가 있다.

만약 교과서 서술 형식을 바꿀 경우에는 현재의 맥락에서 재반성하는 과정이 있어야 한다. 예를 들어 역사적 사실 중에서 민주주의에 역행하는 것은 무엇이고 그것을 추동하는 것은 무엇인가, 어떤 경우에 민주주의가 지탱될 수 있을 것인가와 같은 질문 제기가 되도록 교과서를 구성할 필요가 있다.

탐구활동을 교과서 본문 중에 강화할 필요가 있다. 그 방법은 교과서의 내용을 탐구활동 형식으로 꾸미는 것인데, 장의 말미에 마무리 활동으로 제시하는 것은 큰 효과를 못 낼 것으로 생각된다. 본문이 탐구 중심으로 될 때 실제 수업도 탐구 중심으로 갈 가능성이 클 것이다.

또한 교수 내용을 줄이고 교과서를 성전(聖典)으로 생각하는 사고방식을 전환시켜야 한다.

5. 결론: 가치 교육의 방향

1995년 11월 16일 유네스코 28차 총회에서 선포된 '관용의 원칙에 관한 선언' 제4조는 관용 교육과 관련해서 다음과 같이 선언하고 있다. "교육은 불관용을 예방하는 가장 효율적인 수단이다. … 관용을 위한 교육은 절박한 지상 과제로 간주되어야 한다. … 이것은 다른 문화에 개방적이고, 자유의 가치를 인정할 줄 알고, 인간의 존엄성과 차이를 존중하고, 갈등을 예방하거나 그것을 비폭력적 수단으로 해결할 줄 아는, 사려 깊고 책임감 있는 시민을 교육하기 위해, 교사 훈련, 교과과정, 교재와 학과의 내용, 새로운 교육공학을 포함하는 그 밖의 교육 자료 등을 개선하는 데 특별한 주의를 기울인다는 것을 뜻한다."

우리의 교육 현실이 위의 선언문에서 제안하고 있는 목표에 어느 정도 근접하고 있는지를 냉정하게 검토하기 위해 우리는 현행 중고등학교 사회와 도덕 · 윤리 교과서를 분석했다. 역사 영역에서 주류를 이루는 서술 방식은 약육강식형이었다. 힘의 논리가 지배적이었던 과거 역사에 대한 현대적 반성이 대부분 결여되어 있다. 이런 점은 역사를 단순히 갈등과 투쟁의 과정으로만 보게 만들 위험이 있으며, 관용의 정신이 서양 근대 이후의 역사에서 어떻게 사회적 힘으로 작용했는지에 대해 아무런 정보를 제공하고 있지 못하다.

지리나 일반사회의 영역에서도 주로 단편적인 사실적 지식을 체득하는 것에 교육의 중심이 놓여 있었다. 다른 문화나 민족에 대한 깊이 있는 이해를 하기에는 부족했으며, 이는 세계화 시대에 적응하며 살아갈 청소년들의 욕구를 충족시켜줄 수 없을 것이다. 윤리와 도덕 교과서에서 추구하는 교육 목표는 대부분 지나치게 이상형의 인간성을 강조하는 것에 그치고 있다. 모두가 도덕군자가 될 수는 없다. 오히려 현실 속에서 부딪치게 될 여러 가지 윤리적 문제들을 구체적으로 해결할 수 있는 능력 — 예를 들면 관용의 덕목을 실천할 수 있는 힘 — 을 기르는 것이 더 필요하다.

연구자들이 개발한 관용지수 측정 평가지를 통해 실시한 측정 결과를 토대로 우리나라 중고등학교 학생들이 가치 의식 가운데 어떤 종류의 대상에 대해 불관용적인 태도를 보이고 있는가를 조사하였다. 정치, 경제, 사회, 문화, 종교의 영역에서 발견되는 학생들의 불관용적 태도는 다원주의 사회와 개인주의적 가치를 지향하는 우리 사회의 발전에 걸림돌이 될 것이라는 심각한 우려를 낳기에 충분했다. 그리고 이 조사를 근거로 관용 교육을 위한 네 가지의 구체적인 내용을 제안하였다. 통일 교육, 시민 교육, 공동체 의식 교육, 그리고 바른 세계화 교육이 그것인데, 이 네 가지 교육은 모두 관용을 그 뿌리 가치(root-value)로 전제해야 한다. 마지막으로 관용 교육의 성공적인 수행을 위해 현행 교과과정에 관용 교육이 체계적으로 반영될 필요성이 있음을 강조하였다.

관용 교육에 대한 이러한 방향 제시는 관용 교육을 위한 출발점이지 완결점은 아니다. 앞으로 이 연구를 바탕으로 다음과 같은 후속 연구가 진행되기를 바란다. (1) 여기서 분석한 교과서는 사회 및 도덕 교과의 공통 영역을 주로 분석하였으나, 선택 영역 및 타 교과에 대해서도 분석할 필요가 있다. 분석할 때 위에서 제시한 네 가지 유형은 분석의 틀로써 타당성을 가질 것으로 생각된다. (2) 이제까지 진행되어온 교육과정별로 분석하여 역사적인 변화의 과정을 추적할 필요가 있다. (3) 교과서 내용을 배운 후 학생들에게 어떤 변화가 나타나는지를 연구할 필요가 있다. 특히 약육강식형, 이상주의형, 탐구형 등 이런 유형별로 실험 연구가 있었으면 한다. (4) 관용지수를 다양한 배경 변인별로 연구했으면 한다. 이런 기초 자료는 추후 구체적인 교육과정을 짤 때 도움을 줄 것이다. (5) 이러한 연구들을 바탕으로 관용 교육 지침서를 만들었으면 한다.

공동 연구자: 조영제(청소년개발원)

9장

관용의 윤리: 철학적 기초와 적용 영역들

1. 문제 제기: 왜 다시 관용인가?

2005년은 유엔이 정한 '세계 관용의 해' 10주년이 되는 해이다. 지난 10년 동안 세계 여러 나라에서 불관용의 현상들이 얼마나 많이 일어났는가는 지적하지 않아도 모두 아는 사실이다. 국제간의 분쟁 가운데는 다른 문화, 종교, 인종, 사상 등의 차이를 인정하지 않는 불관용적 태도에서 비롯된 것들이 대부분이다. 관용을 전 지구적인 가치로 확산하여 인류의 평화 공존을 호소했던 유엔의 본래 의도와는 달리 10년이 지난 지금 국제간의 불관용적 상황은 더욱 악화되었다.

우리나라의 불관용적 상황도 결코 세계의 경우와 비교해서 덜하지 않다. 우리에게는 다른 나라에는 없는 오래된 불관용의 장벽이 남아 있다. 이데올로기의 갈등과 분단의 고착이 낳은 상대방에 대한 불신과 불관용은 앞으로 통일을 준비하는 과정에서 절대적으로 해소되어야 할 심리적 장애이다. 또 진보와 보수 사이의 갈등은 내부 분열과 갈등을 부추기고 있다. 더욱이 우리 사회는 과거 어느 경우에도 없었던 다종족, 다문화 사회로 변화되어가고 있다. 국내에 들어와 있는 외국인 노동자 숫자가 137만 명(2015년 5월 기준)을 넘어섰으며, 다른 외국인들까지 포함하면 더 이상 단일 민족이라 말할 수 없을 만큼 다양한 국적의 사람들이 공존하고 있다. 우리 모두는 다른 피부 색깔, 언어, 문화, 종교의 차이를 책에서가 아니라 현실 속에서 직접 체험하며 살아가고 있다. 다문화주의(multiculturalism)는 비교적 단일한 문화적 전통 속에 살고 있던 우리에게 심각한 도전을 하고 있다. 가치와 문화 체계들 사이의 충돌을 소화해낼 역량이 우리에게 필요한데, 과연 우리는 그런 역량을 갖고 있는가?

마거릿 클락(Margaret Clark)은 나와 다른 사람을 구분하는 경계선을 그으려는 성향의 사람들을 지칭하여 '경계선을 의식하는 사람들(boundary minded people)'이라 하고 있는데, 특히 정치인, 종교 지도자들에게서 흔히 발견된다고 지적하고 있다.[1] 그러나 사실 우리 모두가 이런 성향을 갖고 있다. 자기 영역을 확보하고 경계선을 그으려는 텃세주의는 학연, 지연, 혈연 같은 연고주의나 맹목적 애국심같이 배타성을 그 바탕에 갖고 있다.

관용의 중요성은 신분이나 지위, 인종적 기원, 종교적 신념보다는 인간으로서 한 개인이 소유하고 있는 권리와 자유의 가치가 증대되던 17세기부터 하나의 도덕적 이상으로 논의되어왔으며, 지난 400년 동안 자유주의의 중심적 가치로 자리 매김을 해왔다. 그러나 여전히 인류는 불관용적인 태도와 억압적 관행에 익숙하며, 관용을 실천하는 일이 인류의 미래를 결정할 수도 있다는 심각성에 대해서는 간과하고 있다.

닉 포션(Nick Fotion)은 관용의 덕목이 쉽게 간과된 이유에 대해 다음과 같이 두 가지로 진단하고 있다. "첫째, 우리말과 행동은 이분법적(선과 악, 옳음과 그름 등)으로 되어 있으나 관용은 삼분법적(trichotomous)이기 때문이다. 여기서 삼분법이란 선과 악, 옳음과 그름 사이에 비결정 지대가 있음을 의미한다. 관용은 바로 이 도덕적 비결정 지대에서 유용한 선택지를 제공한다. 둘째, 우리가 일상생활에서 관용 개념을 거의 사용하지 않기 때문이다."[2] 그러나 우리는 일상생활 속에서 실제로 많은 경우 참고 인내하며 생활하면서도 그것이 관용을 실천하는 일이라고 느끼지 않고 또 말하지 않고 있다.

관용의 덕목은 우리 곁에 가까이 있으면서도 그것을 자각하지 못하는 우리에게 잘못이 있다는 점을 지적하지 않을 수 없다. 관용은 실천하기 어렵다고 해서 무시해도 좋을 만큼 우리나 국제 사회가 열린사회인 것은 아니다. 문화적 다양성이 풍요로운 인류의 미래를 결정한다고 할 때마다, 평화 공존의 소중함이 강조될 때마다, 그리고 갈등의 합리적 해결을 위한 준비가 요청될 때마다 관용의 문제는 다시 제기된다.

2. 관용의 성격 규정을 둘러싼 논의들

1) toleration과 tolerance를 구분하는 것은 유의미한가?

영어나 프랑스어, 그 밖의 유럽 언어에서는 이 두 개념을 구분해서 사용하고 있다. 그 의미의 차이가 어디에 있는가를 파악하는 일은 유럽 언어에 익숙하지 않은 동양인에게는 더 까다로운 문제인데, 영어권 학자들 사이에서도 일치된 견해를 보이고 있지는 않다. 이 두 개념에 대한 차이를 문제 삼은 것은 1971년에 나온 *Government* *and Opposition*이라는 저널에 기고된 일련의 논문들을 통해서이다.[3] 버나드 크릭(Bernard Crick)은 행위나 실천적 관용을 지시할 때는 tolerance를, 관용에 관한 이론을 지칭할 때는 toleration이라는 말을 구분해서 사용하고 있다. 예를 들면 정치적, 인종적 등 구체적인 관용 대상의 이름을 붙여서 사용할 때는 tolerance를 사용하는 것이 더 적절하다고 그는 지적하고 있다.

프레스턴 킹(Preston King)은 이 두 개념을 "tolerance는 고통처럼 어떤 신체적인 불편함을 참는 행위로, 그리고 toleration은 경쟁적인 이론처럼 어떤 지적인 불편함을 참는 행위로 구분하고 있다." 그리고 "toleration을 tolerance보다 좀 더 광범위한 의미로 사용하고자 하며, toleration은 모든 불관용(intolerance)에 대한 반대 개념으로 사용하고, tolerance는 가장 최소한의 반대 개념으로 사용하고자 한다."[4]

라파엘(D. D. Raphael)은 위의 두 사람의 구분법에 대해 동의하지 않는다. 『옥스퍼드 영어사전』에 나와 있는 두 개념에 대한 의미 차이를 고려할 때, 위의 두 사람의 구분은 일상적인 용법에서 벗어나 있다고 비판한다. 그리고 라파엘은 사전적 의미에 충실하게 따라 toleration만을 사용하고 있다. tolerance는 "순수하게 신체적이거나 수동적인 인내 또는 저항에 대해 말할 때는 toleration보다 더 일반적으로 사용된다"는 사전적 구분법을 따르고 있다.[5]

또 toleration은 역사적으로나 이론적으로 종교적 관용과 깊은 관련이 있고, tolerance는 정치적 관용과 더 관련되어 있다고 주장하는 사람도 있으며, 보그트(W. Paul Vogt)는 toleration을 국가가 개인에 대해 가하는 억압의 힘을 자제하는 것으로 보고, tolerance를 개인들 간의 행위나 태도의 영역을 위해 유보된 행위를 지칭하는 말로 사용하고 있다.[6]

이처럼 tolerance와 toleration을 구분하는 데 어떤 공통점을 발견하기는 어렵다. 역사적으로 보면 toleration이란 개념은 16세기 이후에 사용되기 시작했다. 로크나 스피노자가 17세기 종교적 관용을 말할 때 toleration이란 개념을 사용하고 있으며, 그 이후 대부분 관용에 관한 이론을 말할 때는 이 개념을 사용해왔다. J. S. 밀도 『자유론』에서 관용을 언급할 때 toleration이란 단어를 사용하고 있다.

그런데 tolerance라는 용어는 훨씬 이전부터 사용되어왔다. 로마가 속국들에 대해서 관대한 정책을 시행할 때나 이슬람을 국교로 신봉하던 오스만 제국이 유대교를 포함하여 비(非)이슬람 종파의 자치제인 밀레트 체제(Millet system)를 허용할 때도 tolerance라는 말을 사용하고 있다. 또 근래에 와서 구체적인 실천을 강조하는 관용을 말할 때도 tolerance를 사용하는 경우가 많다. 유엔이 '세계 관용의 해'를 지정할 때 'the year of tolerance'라는 단어를 사용하고 있으며, 프랑스어의 문화적 관용을 지칭하는 일반 명사는 '톨레랑스(tolerance)'라 표기한다. 영국이나 미국같이 영어권 나라에서 쉽게 발견되는 공익 광고에서는 폭력이나 범죄를 용납해서는 안 된다는 불관용을 지칭하기 위해 'zero tolerance'라는 말을 사용하고 있다. 이처럼 tolerance는 좀 더 실천적인 영역에서 사용하고 있다.

이 두 단어는 사용하는 사람이나 문맥, 그리고 상황에 따라 약간의 차이를 갖고 있는 것은 사실이지만, 한국어에서는 구분이 어려우며, 호환해서 사용하더라도 유의미한 차이는 없다.

2) 관용의 성격 규정에 관한 논의들

관용은 도덕의 계보에서 어떤 지위를 갖고 있는가? 자유, 정의, 평등과 같이 일급(first order)의 덕목인가, 아니면 불완전한 사회에서 충분하지는 않으나 필요한 이급(second order)의 덕목인가? 자유와 정의에 관한 이론들이 다양하게 존재하는 만큼 관용에 관한 이론 역시 다양한 각도에서 분석되고 있으며, 그만큼 개념적 혼란도 피할 수 없다. 포션은 개념 분석의 실패가 혼란의 원인이라 진단하고 있으나, 정작 자신의 책 『관용(*Toleration*)』에서 하고 있는 분석 작업은 관용 개념을 선명하게 해주기보다는 더 복잡하게 만들고 있다. 개념의 종류를 불필요하게 세분하고 있기 때문이다.[7] 포션을 비롯하여 여러 연구자들이 관용의 성격에 대해 각기 다른 설명을 하고 있는데, 그것이 오히려 혼란을 일으키는 한 원인이 된다. 관용을 '조심스러운 개념(slippery concept)', '불가능하고 불안전하고, 잘 잊히는 개념(impossible, unstable, elusive concept)', 그리고 '역설적인 개념(paradoxical concept)' 등으로 말하는데 이것들은 모두 관용의 덕목이 갖고 있는 한계만을 보고 평가한 결과이다.[8] 이런 혼란에 대해 프레스턴 킹의 다음의 말은 시사하는 바가 있다. "관용 개념에 대한 분석을 조심스럽게 다루지 않고 또 적절한 위치에 두지 않는다면, 양의 탈을 쓴 철학적 늑대들이 그 개념 안에 들어 있다는 것을 너무 늦게 발견하게 될 것이다."[9]

관용은 다음과 같은 두 가지 도덕적 성격을 갖고 있다. 첫째, 관용은 베푸는 것이 아니라 도덕적 명령이다. 우리말에서 관용은 대부분 '베풀다'라는 동사를 붙여서 사용하는 경우가 많다. 이런 관용법이 관용의 덕목에 대한 오해를 낳게 한 주요한 원인 가운데 하나이다. 무엇을 '베풀다'는 것은 힘을 가진 강자의 관점에서 이루어지는 행위이다. 약자가 누구에게 무엇을 베풀 수는 없다. 따라서 관용을 베푸는 주체도 강자라는 것을 전제로 한다. 그러나 적어도 근대 이후의 관용의 덕목은 강자의 윤리를 넘어서고 있다. 이 점과 관련해서 마이클 월쩌(Michael Walzer)의 지적은 흥미롭고 또 우리에게 익숙한 '관용을 베풀다'라는 말이 어느 정도 근거가 있음을 말해주고 있다.

마이클 월쩌에 의하면, 과거 다민족 제국들(페르시아, 이집트, 로마 제국 등)은 제국 내에 있는 여러 민족들의 정치적, 문화적, 종교적 자치를 상당히 인정하는 관용 정책을 시행했다. 평화 공존을 위해 다른 선택의 여지가 없었기 때문이다. 이렇게 제국들은 힘을 가지고 있으면서도 속국들에게 '관용을 베풀었다.' 앞에서도 지적했듯이 이때의 관용은 tolerance라는 용어가 적절하다.[10] 그러나 16세기 이후 관용은 강자의 윤리에서 더 일반적인 도덕적 명령으로 확장되기 시작했다. 특히 17세기 이후 자유주의와 개인주의가 사회 이념으로 자리 잡기 시작하면서 관용은 사회계약론과 더불어 이들 이념들이 시민사회 안에서 제대로 작동되기 위한 원리로 요청된다.[11]

그러나 관용이 처음부터 도덕적 덕목으로 자리 잡은 것은 아니다. 월쩌의 설명에 의하면, 종교적 관용이 가장 먼저 주요 문제로 등장하게 되는데, 수차례 피 비린내 나는 종교전쟁을 겪고 난 후 유럽 사람들은 상대방의 종교나 종파를 체념적으로 용인할 수밖에 없다는 현실을 자각하게 된다. 이런 '체념적 용인'이 종교적 관용의 기원이다. 체념적 용인이 지속적으로 유지될 때 '자비로운 무관심'으로 발전하고, 이것이 "내게는 마음이 들지 않더라도 타인은 그의 권리를 행사할 권리를 가지고 있다"는 '도덕적 스토아주의'로 발전했다.[12]

월쩌가 말하는 세 가지 형태의 관용은 아주 느슨한 분류라는 점을 지적할 수 있다. 그리고 체념적 용인이나 자비로운 무관심은 위에서 우리가 규정한 관용, 즉 '반대'와 '부정적 행위의 자발적 중지'라는 정의에 부합하지 않기 때문에 관용의 범주에서 제외되어야 마땅하다. 원리화된 도덕적 스토아주의만이 덕목으로서의 관용이라고 보아야 한다. 이것이 16세기 이후 서양 사회에서 하나의 덕목으로 자리 잡기 시작한 관용(toleration)이다. 약자에게 관대함을 보여주는 행위가 아니라, 싫어하고 미워하는 타자의 '자연적 권리를 인정하라'는 도덕적 명령이 곧 관용이다.

둘째, 관용은 덕목일 뿐만 아니라 태도 또는 정도의 문제(matters of attitude or degree)이다. 관용은 사람들 사이에서 원활한 관계를 유지하고 평화 공존을 하는 데 필요한 경험의 산물이라는 것은 분명하다. 관용이 아리스토텔레스의 경험주의적 덕의 윤리와 같다는 피터 존슨(Peter Johnson)의 평가도 같은 맥락이다.[13)] 관용은 인간의 불완전한 세계 안에서, 그리고 자유와 선택에 직면해서 그 도덕적 성격이 잘 드러나는 덕목이다. 비록 피터 니콜슨(Peter Nicholson)은 관용을 도덕의 문제에 한정해야 한다고 말하고 있지만, 스캔론(T. M. Scanlon), 존 호튼(John Horton) 등 많은 연구자들은 그 범위를 비도덕적인 문제까지 확대해야 한다고 말한다. 관용을 태도 또는 정도의 문제로 보려는 시각이 바로 그것이다.

관용을 태도나 정도의 문제로 보는 일은 관용의 한계 및 범위 문제가 제기될 때 그에 대한 대답으로 유용하다. 어디까지 관용할 것인가, 또 어떻게 관용할 것인가 하는 문제는 관용을 둘러싼 논란 가운데 핵심 쟁점 중의 하나이다. 이런 물음에 직접적으로 대답하는 일은 불가능하며, 문맥 상대적인 대답만이 가능하다. 실천하는 주체의 관점에서 보면 관용은 태도의 문제가 되며, 대상에 초점을 두고 보면 관용은 정도의 문제로 바뀐다. 다시 말해 싫어하고 불승인하는 대상을 어느 정도로 관용할 것인가 하는 문제와 또 관용의 주체인 나 또는 우리는 어떤 태도를 가지고 대응할 것인가 하는 문제는 관용 문제의 양면과도 같다.

관용을 정도나 태도의 문제로 본다는 것은 관용이 그 양극단인 불관용과 전적인 수용(full acceptance) 사이의 어느 중간 지대에 있는 가치라고 본다는 것이며, 그 중간 지대를 확정 지을 수 없다는 의미이다. 동일한 사람이라도 처한 상황과 대상에 따라 각기 다른 대응(관용과 불관용적 대응)이 가능하기 때문이다. 스캔론은 “관용을 실천하는 일이 비용을 수반하고 위험성을 가진 도전적인 정책이지만 우리 모두가 추구할 만한 가치를 가진 태도”라고 말하며, 그것이 태도의 문제를 다루는 데 있어서 차선책이라고 한다.[14] 스캔론은 관용을 “우리와 다른 사람을 평등한 사람으로 용납하는 것”으로 정의하고 있으며, 관용적인 사회는 그 형식적 정치에 있어서 민주주의적이다. 그리고 민주주의란 법과 제도의 문제와 태도의 문제가 결합되어 있기 때문에 민주주의적 태도와 관용의 태도는 불가분의 관계에 있다.[15]

또 안토니 블랙(Antony Black)은 관용을 일시적인 장치(temporary device)나 도덕적 이상이 아니라 원리의 차원까지 올라갈 수 있는 합리적 전략(rational strategy)이라고 평가하고 있다.[16] 이것도 관용을 하나의 태도나 정도의 문제로 보려는 시각과 동일선상에 있다. 평화 공존을 확보할 수 있는 목적을 달성하는 것만으로도 관용의 덕은 강화될 필요가 있다.

3. 관용의 윤리의 철학적 기초

관용의 윤리란 무슨 의미인가? 그것은 생명의료윤리나 공학윤리 같은 실천 윤리학의 분과들과는 어떻게 구별되는가? 후자가 특정한 분야에 종사하는 사람들이 직면하는 윤리적 문제를 다루는 것이라면, 관용의 윤리는 누구라도 항상 직면하는 싫어하고 반대하는 대상들에 대해 어떻게 행동할 것인가를 결정하는 한 가지 도덕적 태도와 정도에 관한 문제를 다룬다. 좀 더 일반적이고 확장된 도덕적 태도를 그 적용 범위로 갖는다. 관용은 타자에 대한 태도를 지시하는 말이기 때문에 행동을 전제로 한다. 어떻게 행동할 것인가를 결정하는 과정에 '욕망을 억제하는 일'과 직접 관련되어 있기 때문에 관용은 윤리적 덕목이 될 수 있는 것이다.

또 관용의 윤리의 철학적 기초라는 말은 무슨 의미인가? 관용이 도덕적 덕목이 되기 위해서는 정당화의 과정을 거쳐야 하는데, 관용 윤리의 철학적 기초란 정당화의 토대를 마련하는 일이다. 따라서 관용의 윤리의 철학적 기초를 확인하는 일은 곧 관용을 정당화하는 일과 불가분의 관계에 놓여 있다. 나는 이미 『관용과 열린사회』에서 관용의 정당화 근거 세 가지를 제시한 바 있다.[17] 도덕성으로부터의 논증, 분별력으로부터의 논증, 그리고 합리성으로부터의 논증 등이 그것이다. 이 절에서는 이 논증들이 각기 자유주의, 실용주의, 그리고 완화된 계몽주의라는 철학적 기초 위에 서 있다는 것을 보여주고자 한다.[18]

1) 자유주의

관용이 자유주의 덕목이라는 사실은 더 이상 논증할 필요도 없다. 그러나 자유주의도 여러 갈래로 진화되어왔고, 자유주의자들 사이에도 의견의 차이가 많기 때문에 단순히 관용 윤리의 철학적 기초로 자유주의를 지적하는 일은 위험하다. 로크, 칸트, 그리고 드워킨처럼 자유주의를 권리의 관점에서 강조하거나, 벤담과 밀처럼 공리성에다 자유주의의 토대를 세우는 등 자유주의자들 사이에는 그 편차가 크다. 그러나 넓은 의미에서 자유주의자라고 하려면 적어도 두 가지 사실은 동의해야 한다. 첫째, 모든 사람은 평등한 사람으로 취급되어야 한다는 사실이며, 둘째, 사람은 자율성을 가진 존재라는 사실이다.[19] 이런 사실에 동의하지 않는 한 자유주의자라 할 수 없다. 이 두 사실 위에서 관용의 윤리는 정당화될 수 있을 뿐만 아니라 그 철학적 기초를 확보할 수 있다.

모든 사람이 평등하다는 원리는 관용 대상에 대한 평가이며, 자율성은 관용을 실천하는 주체에 대한 평가이다. 관용 대상도 동등한 취급을 받을 권리를 가지고 있으며, 관용의 주체는 관용을 실천할 수 있는 힘과 더불어 자율성을 갖고 있어야 한다. 오직 그럴 때만이 관용은 그 정의와 일치한다. 우리가 앞에서 내린 정의에 따르면, 관용은 반대하고 싫어하고 불승인하는 대상에 대해 용납하고, 부정적 행위를 자발적으로 중지하는 것이다. 관용 대상이 갖고 있는 평등한 대우를 받을 권리와 관용 주체가 갖고 있어야 할 자유(자율성)가 결합될 때에 관용은 하나의 실천적 덕목이 된다.

프레스턴 킹은 관용을 자유의 일종으로 보고 있다. 관용을 실천하려면 반대하는 대상에 대해 용납하는 행동을 해야 하는데, 여기에는 자율성, 힘, 인내심, 반대의 거부 등이 개입되어 있다. 이런 행동을 하려면 자유, 즉 도덕적 자율성이 전제되어야 한다. 이런 자율성 없이는 관용을 실천하는 일이 불가능하며, 관용은 복종, 강제적 시인, 또는 묵인하는 행위에 그칠 뿐이다. 따라서 관용은 특정한 종류의 자유와 불가분의 관계에 있다.[20]

그렇다면, 관용의 윤리가 토대로 삼고 있는 자유주의는 어떤 성격의 자유주의인가? 이에 대해 한스 오베르디에크는 '실제적 자유주의(substantive liberalism)'라는 이름을 붙이고 있는데, 그 성격 규정은 다음과 같다. 첫째, 실제적 자유주의는 정치적 중립성에 대한 요구를 포기하는 자유주의이다. 이 점에서 고전적인 자유주의 또는 노직(Robert Nozick)의 자유지상주의와 구별된다. 실제적 자유주의는 국가가 최대한 개인의 자유를 간섭해서는 안 된다는 자유주의의 일반 원리를 거부하는 것은 아니지만, 경쟁적인 가치들 사이에 분명한 선과 악의 판단이 가능할 때 국가 제도는 간섭할 충분한 이유가 있다는 점을 인정한다. 둘째, 실제적 자유주의는 절차적 자유주의만으로도 충분하다는 것을 거부하고 더 나은 사회를 위해 구체적이고 실질적인 논증을 제시할 필요가 있다고 주장한다. 이 점에서 롤즈의 정치적 자유주의와도 구별된다. 셋째, 실제적 자유주의는 좋은 삶에 대한 자신들의 길이 바람직하다는 신념을 유지하나, 그것이 '유일한 길'이라고 간주하지 않는다.[21] 바로 이 세 번째 자유주의 태도가 관용의 정신과 일치한다.

2) 실용주의

관용의 윤리가 그 학적 토대를 갖기 위해서는 전통 윤리학의 어느 한 입장과 가치를 공유해야만 한다. 앞에서 우리는 관용이 도덕적 이상은 아니지만 열린사회를 지향하는 하나의 태도 또는 정도의 문제라고 지적한 바 있다. 정도 또는 태도의 문제란 다른 말로 표현하면, 관용의 기준이나 한계에 대한 합의가 불가능하고 불확정적이라는 뜻이다. 한스 오베르디에크의 말대로, "관용과 불관용의 경계선이 바뀐다고 놀랄 만한 일은 아니며, 그것이 악한 상대주의(vicious relativism)를 수반하지 않는다."[22] 관용은 문맥 상대적이고 실천 판단적(practice laden)인 가치이다. 따라서 상대주의 입장에서 있다.[23]

인식론의 관점에서 볼 때 영국 경험론이 독단주의를 거부하고 회의주의와 가족 유사성을 갖고 있듯이, 윤리학사에서 영국의 경험주의 윤리학은 도덕적 상대주의와 쾌락주의, 그리고 공리주의를 통해 그 맥을 잇고 있다. 관용의 윤리가 그 근원으로 돌아가면 영국의 경험주의 윤리학과 아주 가깝게 연결되어 있음을 알 수 있다.

또 관용은 다원주의 사회의 전략적 가치이다. 다원주의 사회란 다양성과 자율성에 대한 신념 위에 세워진 사회이며, 이런 사회에는 대립하는 가치 체계들 사이의 양립 가능성과 통약 불가능성이 인정되어야 한다. 다원주의 사회에서 발생하는 갈등과 대립의 문제는 결코 한 가지 방식으로 해결될 수 있다는 믿음을 포기해야 한다. 이럴 때 비로소 관용은 갈등 해소 또는 평화 공존을 위한 전략적 가치로 작동한다.[24)]

위의 세 가지 관점을 만족시키며 관용과 공통의 윤리적 토대를 가질 수 있는 입장에는 실용주의 또는 도구주의 윤리학이 있다. 존 듀이(John Dewey)로 대표되는 실용주의는 인간의 삶을 문제적 상황(problematic situation)이라고 부른다. 그리고 이 문제적 상황에서 제기되는 여러 가지 문제를 해결하기 위해서는 철학의 개조가 필요하다고 주장한다. 철학은 문제 해결에 유용한 도구여야 하기 때문이다. 도구적 관점에서 인식, 논리, 진리, 그리고 도덕을 새롭게 개조해야 한다고 주장한다.

실용주의 윤리학은 도덕적 추론에서 마지막에 도달하는 지점을 결론(conclusion)이라 부르지 않는다. 도덕의 문제에서 '결론'이란 다른 선택의 여지를 남겨놓지 않는 강한 구속력을 함축한다. 실용주의 윤리학은 이런 강한 의미의 결론이란 말 대신에 결단(decision)이라는 말을 더 선호한다. 도덕적 결단은 개인이 안고 있는 도덕적 문제에 대한 해결 수단으로서의 기능을 제대로 할 때에만 의미를 가진다. 결단은 개인적이고 일회적이며, 다른 개인들의 도덕적 결단과 충돌을 피할 수 있다. 왜냐하면 문제가 다르면 그 해법도 다르기 때문이다.

관용의 윤리와 실용주의 윤리학은 개인이나 사회가 안고 사는 여러 종류의 갈등과 대립이 파국으로 가지 않고 평화롭게 공존할 수 있는 도구적 기능을 중요하게 간주하고 있다는 점에서 공통적이다. 관용을 유용성의 관점에서 설명하고 있는 월쩌의 다음과 같은 말은 동의하기가 쉽다. "여러 가지 다양한 선택 가능성 중에서 오직 하나의 정답이 필연적으로 존재하고, 이것만이 철학적으로 승인될 것 같지 않다. … 모든 선택들은 (문제 해결의 도구로서 기능을 하는 한) 잠정적이며, 실험적이어야 한다."25)

3) 완화된 계몽주의26)

계몽주의는 17세기 자연주의의 18세기 변형이라고 할 수 있다. 또 17세기를 이성의 시대라 하고 18세기를 계몽의 시대라고 구분해서 말하고 있으나, 실질적으로 두 세기는 동일한 방향을 지향했다고 할 수 있다. 17세기 서양의 지성인들은 이성의 합리적 기능에 대해 신뢰하고, 수학과 기하학, 그리고 경험과학의 방법론을 모든 학문 분야에 적용하는 것이 가능하다고 믿었으며, 자연과 마찬가지로 인간 사회 안에도 합리적 질서가 내재되어 있다는 자연법사상에 대한 믿음을 갖게 된다. 이런 17세기 자연주의적 신념은 그대로 18세기로 전승되며, 이성의 계몽적 기능을 더욱 확장하게 된다.

계몽주의의 주요 이념에 관해 데나 굿맨(Dena Goodman)은 다음과 같이 요약하고 있다. "인간 본성과 과학적 탐구를 통해 명백하게 드러난 인간의 이성에 대한 신념, 모든 개인들의 근본적인 평등성에 대한 믿음, 인간의 자유는 타고난 것이자 바람직하다는 전제, 그리고 무제한적인 인간의 진보와 종교적 관용에 대한 이념은 계몽주의 운동의 공통점이다."27)

계몽주의는 철학적 이론 이상의 사회 문화 운동이며, 유럽 전역과 전 분야에 걸쳐 일어난 개혁 운동이라고 볼 수 있다. 계몽주의 계획(Enlightenment Project)은 유럽 사회를 새로운 시각에서 해석하고 그 해석에 근거해서 변화시키려는 17-18세기 유럽 지성인들의 공동 작업이라 할 수 있다. 유토피아와 개혁은 이 18세기 계몽주의 시대의 화두였다.[28] 프랑스에서 디드로(Denis Didrot)의 감독 아래 1751년 7월 1일 『백과전서(*Encyclopedia*)』 제1권이 출판되었을 때, 예수회에서는 이를 '사탄의 성경(Satan's Bible)'이라 명명하고 금서로 지정했지만, 계몽에 대한 신념을 가로막기에는 역부족이었다. 계몽주의 운동은 사회적 진보와 개발을 통해 지식, 문화, 종교, 정치, 사회 등을 개조하려는 원대한 계획이었다. 칸트는 "계몽이야말로 인간이 자초한 미성숙함으로부터 빠져 나올 수 있는 인류의 탈출구"라고 말하고 있다.[29] 그리고 미성숙함이란 자기 자신의 이해력(오성)을 사용할 줄 모르는 무능력에 있다고 한다.

이런 계몽주의 운동이 관용의 윤리의 철학적 기초가 될 수 있는 이유는 간단하다. 계몽주의 운동의 단초를 제공한 17세기 철학자들, 로크, 스피노자, 피에르 벨(Pierre Bayle)과 18세기 중반 계몽주의의 완숙기에 활동하던 볼테르, 디드로, 흄, 루소, 칸트 등은 모두 관용론에 관한 작품을 쓰거나 이론적 지지자들이었기 때문이다. 노먼 게라스(Norman Geras)는 "계몽주의 계획의 실제적 본질에 대해서 지성의 역사는 우리에게 무엇을 말해줄 것인가"라고 반문하고, 그 대답으로 "계몽주의가 번창한 나라들에서 계몽주의는 종교적 관용의 원리에 충실했다"고 한다.[30] 계몽주의자들은 관용의 덕목이 종교적 다양성뿐만 아니라 문화적, 인종적 차이와 다양성을 수용하도록 만드는 실마리를 제공한다고 인식하였다. 또 '무지로부터 오는 공포(fear born out of ignorance)'가 불관용을 낳기 때문에 더 많은 지식

과 이성의 계몽은 무지를 제거하고 불관용을 완화시킬 수 있다고 확신했다.[31]

4. 불관용의 근거들

나는 『관용과 열린사회』에서 불관용의 심리적 배경에는 공포의 감정, 가치 상대주의, 그리고 광신주의가 자리 잡고 있다는 것을 지적한 바 있다.[32] 사람들이 어떤 대상에 대해 불관용할 때는 그 이유가 있는데, 위에서 지적한 세 가지 배경은 그 이유들 가운데 하나이다. 왜 사람들이 관용하기는 어렵고 불관용하기는 쉬운가? 관용을 실천하는 사람에게도 인내와 참음의 고통이 수반되지만, 불관용의 대상이 된다는 것은 불승인 또는 거부의 대상이 된다는 것이며, 그것에는 더 큰 불안과 고통이 따른다. 우리는 불관용을 개인이 책임을 지는 도덕적 결함으로만 볼 수 없다. 불관용 행위에는 사회적, 문화적이며 집단적인 성격도 강하게 내포되어 있다. 이 절에서는 불관용의 근거들에 대해 살펴봄으로써 불관용을 극복하기 위한 구체적 대안들을 모색하려고 한다.

마이클 코벳(Michael Corbett)은 사람들이 불관용하는 세 가지 근거를 지시하고 있는데, 나는 여기에 한 가지 덧붙일 수 있다고 본다.[33] 첫째, 불관용은 생물학적, 물리적 조건에 기초되어 있을 수 있다. 특히 종족과 성에 대한 편견과 불관용은 생물학적 토대 위에 근거하고 있다는 것이 그의 지적이다. 백인들이 유색인에 대해 갖고 있고, 남성이 여성에 대해 보이는 편견과 차별, 그리고 불관용의 밑바탕에는 이런 생물학적, 물리적 조건이 아주 결정적인 요소로 작용한다는 것이다. 비단 종족과 성뿐만이 아니라 나이, 몸무게, 키, 신체적 결함과 장애 등도 모두 불관용을 하도록 작동하는 생물학적 요소들이다.

에이어(A. J. Ayer)도 코벳과 동일선상에서 같은 주장을 하고 있다. 그의 지적에 의하면, 서구 사회에서 가장 해로운 불관용의 출처는 더 이상 반유대인 정서가 아니라 피부색에 따른 편견이다. 피부색깔은 불관용의 대상을 금방 확인시켜주기 때문에 그 행위도 구체적이고 직접적으로 표출될 수 있다.[34] 이런 피부 색깔의 차이로부터 오는 차별과 불관용은 모두 생물학적 결정론에 근거하고 있는데, 세 가지 잘못된 가정으로부터 출발하고 있다. 첫째, 지배적인 백인이 피지배적인 다른 민족보다 더 우월하며, 그 우월성은 신적인 축복이나 유전적으로 결정된 것이다. 둘째, 백인의 순수성은 오염되어서는 안 되기 때문에 백인 여성과 유색인 남성 사이의 결혼은 가장 혐오스러운 관계로 인식하고 있다. 셋째, 백인이 유색인을 지배하는 것은 권리이자 의무라고 생각하고 있다.

둘째, 불관용은 사회적 특성을 가지고 있다. 피부 색깔과 같은 자연적인 조건 이외에 역사적, 문화적인 조건과 교육 환경, 직업과 수입, 그리고 거주 지역 등 사회적인 여러 요소들은 불관용을 일상화시키는 데 촉매제 역할을 하고 있다. 최근 프랑스에서 일어난 폭동의 한 주요한 이유는 프랑스 사회에서 소외된 유색인 청년들의 분노 때문이었다. 이들이 주류 사회에 대해 저항하고 불관용한 행동을 한 것은 개인의 폭력적 성향 때문이라기보다는 실패한 이민 정책과 슬럼화된 이민자들의 거주 지역에 대한 불만이 표출된 것이라고 볼 수 있다. 그러나 이런 불만이 쌓이게 된 것은 반대로 프랑스 주류 사회가 유색인 이민자들에게 보인 불관용과 무관심에 한 원인이 있다. 도시 빈민이 부자들보다 덜 관용적인 성향을 보이는 것이나, 타자를 배타적으로 거부하려는 텃세주의도 모두 사회적, 문화적인 산물들이라 볼 수 있다.

셋째, 불관용은 사람들이 지지하고 있는 신념이나 태도에 기초되어 있다. 광신주의가 다른 신앙 체계에 대해 더 적극적으로 불관용하는 이유는 그만큼 자신의 신념에 대한 확신이 크기 때문이다. 정치적 이데올로기 신봉자들이 불관용하는 일이나, 종교적 불관용도 모두 자신이 믿고 있는 이념이나 종교에 대해 강한 확신과 태도를 갖고 있기 때문이다. 그리고 이런 신념과 태도는 개인적 성향이라기보다는 집단적 성향이 더 강하다. 이데올로기나 종교적 신념 등이 모두 집단적 가치 체계이기 때문이다. 이 집단적 성격의 신념과 태도가 어떻게 불관용을 낳는가에 대한 적절한 사례를 우리는 윌 킴리카(Will Kymlicka)가 지적한 밀레트 체제(Millet system)에서 발견할 수 있다.

킴리카는 두 가지 종류의 관용을 설명하면서, 개인의 자유 모델(individual liberty model)과 집단 권리 모델(group right model)로 구분하고 있다. 밀레트 체제는 집단 권리 모델의 관용을 실천함으로써 다른 종교 집단의 권리를 인정하고 공존할 것을 주장했으나, 동일한 집단 내에서 개인의 자유에 대해서는 제한하거나 불관용했다. 집단의 권리가 개인의 자유보다 더 우선한다는 신념과 태도는 개인의 자유에 대해 불관용하는 것을 정당화했다.35)

이런 강한 신념과 태도에 기초한 불관용 행위는 행위자 스스로가 정당하다고 믿는 경향을 만든다. 오랫동안 절대주의에 가까운 형식적 유교주의 이념을 신봉한 조선시대 양반 사회가 서학과 천주교에 대해 불관용한 것은 자기 충족적 신념과 더불어 봉건사회를 지탱하려는 기득권 집단의 방어적 태도에서 비롯된 것이라 볼 수 있다.

넷째, 불관용은 무지로부터 오는 공포와 두려움, 그리고 자기 보존 욕구에 기초되어 있다. 불관용은 나와 다른 것을 위험한 것으로 인식하고 나의 생존을 잠재적으로나 직접적으로 위협하는 것으로 볼 때 표출되는 태도이자 행위이다. 종교사를 보면 다른 종교에 대해서는 관대하면서도 같은 종교 내의 다른 교파나 저항 세력에 대해서는 더 폭력적인 불관용을 보여 온 예가 많다. 종교개혁 이전 가톨릭교회가 독점적 지위를 갖고 있을 때, 불관용은 주로 가톨릭교회 내의 반대 세력에 집중되어 있다. 마녀사냥이나 종교재판의 대상은 다른 종교가 아니라 가톨릭교회 신학에서 벗어났다고 판단되는 그리스도교의 변형된 형태들에 대해서였다. 이들이 바로 무지로부터 오는 공포와 위협의 직접적 대상들이었기 때문이다.

개신교 신자였던 존 로크가 가톨릭교회에 대해 적대적이고 불관용적인 태도를 보인 것도 결국 영국의 평화와 안전에 위협적인 요소가 가톨릭교회에 있다고 보았기 때문이다.[36] 가톨릭교회의 교황주의는 세속적인 통치권보다 교황의 권위를 더 우위에 두려는 전통인데, 이것은 영국 국왕의 권위를 위협하는 이론이라 간주되었다. 또 우리가 이슬람을 다른 종교보다 더 폭력적인 종교라고 생각하는 것도 보수적인 기독교가 무지에의 논증을 악용하여 만들어낸 편견에서 비롯된 것일 수 있다. 이들 네 가지 불관용의 근거들이 잘못된 것이라는 점을 인식하는 것은 우리의 의식 안에 숨어 있는 불관용의 씨앗을 제거하는 데 중요하다.

5. 관용의 윤리의 적용 영역들

문화적 동질성이 유지되는 나라일수록 배타성이 강하고 관용의 수준도 낮다는 것은 일반적으로 사실이다. 나는 한국 사회에서 관용의 덕목들이 절실하게 요청되는 다섯 가지 영역에 대해 지적한 바 있다. 첫째, 이데올로기 극복과 동질성 회복, 둘째, 탈연고주의, 셋째, 종교적 분파주의의 해체, 넷째, 배타적인 경쟁의 논리 무너뜨리기, 다섯째, 학문, 예술, 문화의 자유가 그것이다.[37] 이 글에서는 관용 교육과 관련하여 세 가지 적용 영역에 대해서 고찰하고자 한다.

첫째, 국제 이해 교육의 영역과 관용 교육이다. 유네스코한국위원회가 출판한 『학교에서의 국제 이해 교육』에서는 국제 이해 교육의 목표 아홉 가지를 제시하고 있는데, 이 가운데는 관용의 덕목과 직접 관련되어 있는 것이 많다. 지구 사회 안에서의 가족 의식, 인종과 문화의 다양성에 대한 문화 상대주의적 관용성의 앙양, 세계의 상호 의존성과 상호 관계의 과정에 대한 이해, 한국 문화의 세계화와 국제 사회 문화 속에서의 문화 주체성 필요 인식 등은 모두 '다름과 차이'를 인정하는 관용의 정신이 없이는 실현하기 어려운 목표들이다.[38]

국제 이해 교육은 단순히 다른 나라나 국제 관계에 대한 지식만을 의미하지 않는다. 지식의 양적인 측면에서만 본다면, 한국의 중고등학교에서 이루어지는 국제 이해 교육은 미국이나 유럽의 나라들에 비해 결코 뒤지지 않는다. 그러나 진정한 국제 이해 교육의 핵심은 인종주의를 넘어서고 문화 다양성에 대한 신념을 갖도록 하는 데 있다. 공익 광고에 사용되었던 "살색은 색깔이 아니다"라는 표현은 우리의 의식 안에 피부색에 대한 편견이 얼마나 강하게 자리 잡고 있는가를 단적으로 보여주고 있다. 우리나라에 들어와 있는 동남아시아 노동자들에 대한 인종차별을 우리 스스로 극복하지 않는 한, 우리가 서양인들로부터 받는 차별에 대해 비판할 자격을 얻지 못한다. "너희는 이방인을 학대해서는 안 된다. 너희도 이집트 땅에서 이방인으로 있었으니, 이방인의 심정을 알지 않느냐?"[39] 입장 바꿔 생각하는 것(易地思之)이 곧 관용을 더 쉽게 실천할 수 있는 길이라는 것은 이미 지적한 바 있다.

비교적 단일 민족으로 구성된 우리나라가 점차 다종족, 다문화

사회로 이행하고 있으며, 그 속도는 점점 빨라질 것이다. 다른 피부 색깔을 가진 사람들과, 그들의 문화, 종교 등을 곁에 두고 공존해야만 할 것이다. 관용의 정신이 토대가 된 국제 이해 교육이 없이는 가까운 미래의 한국 사회는 또 다른 내부 갈등의 진통을 겪게 될 것이다.

둘째, 인권 교육의 영역과 관용 교육이다. 인권의 신장과 관용은 불가분의 관계에 있다. 인권이 침해되는 사례들은 대부분 불관용의 결과와 일치하기 때문이다. 어린이, 여성, 사회적 약자, 그리고 양심수 등의 인권 침해는 그 반대편에 있는 사람들의 불관용적 행위 때문인 경우가 대부분이다.

인권 교육은 먼저 '자기 권리 찾기'부터 시작하지만 결국은 '다른 사람 권리 존중하기'까지 확대되어야 한다. 나와 차이가 나고 또 인정하고 싶지 않더라도, 약자의 권리를 존중하는 관용적 태도를 갖지 않는 한, 인권 의식의 확장은 어려울 것이다. 루소의 말처럼, 관용은 타자 존중의 정신이며, 우리 사회 여러 분야에서 제기되고 있는 인권 문제를 해결하는 데 필요한 덕목이다. 관용의 윤리와 인권 교육이 필요한 영역을 몇 가지 사례로 든다면 다음과 같다.

어린이 학대 : 가정에서 어린이를 상대로 한 폭력 및 학대는 부모나 성인에 의해 이루어지는 불관용의 대표적 사례이다. 불관용을 배우는 첫 번째 장소가 가정이라는 사실은 관용 교육의 첫 번째 교실이 곧 가정이라는 점을 역설적으로 말해준다.

집단 괴롭힘 : 물리적 폭력이 수반되는 집단 괴롭힘은 주로 학교에서 발견되지만 성인들의 직장 사회에서도 발생한다. 집단 괴롭힘의 가해자들이 보이고 있는 폭력성의 밑바탕에는 불관용적 태도가 지배적인 힘으로 작동한다.

끼리끼리 놀기 : 집단 괴롭힘이 적극적인 불관용의 실천이라면,

끼리끼리 놀기는 따돌림이며 소극적인 의미의 불관용적 행위이다. 비록 물리적 폭력은 사용하지 않지만 소외를 발생시키고, 정신적인 폭력으로 타자를 파괴하는 경향이 강하다. 따돌림의 형식과 내용과 방법은 다양하지만, 근본적으로 나와 다른 상대방을 인정하지 않고 배척하려는 불관용적 태도는 공통적이다.

외국인 노동자의 권리 : 3D 업종에서 부족한 일손을 충당하기 위해 허용된 외국인 노동자들의 유입은 한국 사회에 점차 심각한 사회 문제로 부각되고 있다. 열악한 노동 조건이나 저임금 등의 문제뿐만 아니다. 14만 7천 명(2015년 기준)이 넘는 국제결혼 이주자 수의 증가에 따라 이들에 대한 법률적, 제도적 보완이 요구되고 있다. 다문화 가정은 두 문화의 충돌이 일어나는 불관용의 현장이 되기도 하며, 외국인 노동자들의 법적 권리와 그 자녀들의 법적 지위가 불안정한 상태는 개인의 권리 침해를 넘어서 가족의 해체까지 초래하고 있다. 이런 점에서 이들 다문화 가정을 위한 관용 교육과 인권 교육은 가장 시급한 우리 사회의 과제이기도 하다.

셋째, 양성 평등 교육 영역과 관용 교육이다. 영국 여왕 엘리자베스 2세의 남편인 필립 공은 1997년 11월 20일 결혼 50주년을 회고하면서, 자신들의 결혼 생활에서 얻은 교훈 하나를 소개했다. "모든 결혼한 사람들에게 줄 수 있는 교훈은, 관용이야말로 행복한 결혼 생활의 필수적인 요소라는 사실이다. 모든 일이 잘 풀릴 때는 관용이 중요한지 잘 모를 수 있으나, 난관에 직면했을 때는 결정적인 것이 된다."[40)]

우리 모두가 경험하고 있는 바와 같이, 한국 사회는 급격한 핵가족화로 인해 전통적인 가족 개념이 변해가고 있으며, 1997년 IMF 경제 위기 이후 가정의 해체 현상이 두드러지게 표면화되었다. 또 이혼율의 증가와 더불어 한 부모 가정이 늘어가고 있다. 성 역할이 과거와 많이 달라지면서 양성 평등 의식이 많이 고양되고 있는 것도 사실이다. 그런데 이런 급변하는 사회 현상을 수용하는 사람들의 의식에는 아직도 변화를 현실로 인정하는 데 어려움을 느끼는 경우가 적지 않은 것도 사실이다. 남성 중심적 문화가 아직도 지배적인 상황이며, 호주제가 폐지되었다고 해도 남녀 간의 전통적인 성 차별 의식은 여전히 남아 있다. 양성 평등 의식을 갖는 것이 바람직한 방향이지만 그러기 위해서는 관용의 윤리라는 그 도덕적 토대가 먼저 마련되어야만 한다. 관용은 두 가지 각기 다른 관점에서 양성 평등의 실현을 위해 순기능을 한다. 하나는 관용의 윤리가 가정의 해체를 막는 데 기여할 수 있으며, 다른 하나는 혈통주의를 극복하고 가족 개념의 지평을 새롭게 확장하는 데 필요하다.

가정의 해체 원인 가운데 하나인 부모의 이혼 사유에는 성격 차이나 부조화로 인한 것이 가장 크다고 한다. 그런데 성격 차이나 부조화는 상대방 성에 대한 차별 의식이나 자기 성에 대한 우월 의식이 그 밑바탕에 놓여 있다. 가부장주의자나 남성 우월주의자의 가정이 이혼의 위험에 더 많이 노출되어 있는 것은 당연하다. 관용의 윤리는 건강한 가정을 유지하는 데 필수적인 요소라는 것은 필립 공의 제안이 아니더라도 누구나 알 수 있는 점이다.

이혼율의 증가와 가정의 해체 현상은 필연적으로 새로운 형태의 가족 개념을 일반화시키는 데 상당한 역할을 했다. 재혼 가정, 입양 가정, 그리고 국제결혼 가정 등은 전통적인 혈통주의의 관점에서 보면 정상적인 가정이라 할 수 없을 것이다. 그러나 이제 가족의 개념적 지평은 확장되어야 한다. 재혼으로 인해 형성된 새로운 가족관계, 입양을 통해 만들어진 가족관계, 그리고 국제결혼으로 생긴 다문화 가정 등은 모두 새로운 형태의 가족 개념으로 포섭되어야 한다. 그리고 그 관계가 원만하게 유지되는 데는 관용의 태도가 거의 절대적으로 필수적이다. 월쩌는 국제결혼이 낳는 문화적 이질성(다문화주의)을 융합하는 데 관용이 더 절실하게 요청된다는 점을 강조하고 있다. 관용은 이제 가정에서도 요청되는 시기에 우리가 와 있다는 사실이다.[41]

6. 결론: 불관용적 행동과 태도를 극복하기 위한 제안들

불관용은 우리가 맞서 싸워야 할 심리적 전쟁터이며, 그 전선은 전방위적이다. 정치적, 종교적 불관용, 외국인 혐오증, 텃세주의, 권위주의 교육 현장, 그리고 불관용을 부추기는 미디어의 세계 등은 모두 불관용적인 태도를 만들어내는 재생 공장과도 같다. 또 자유민주주의 사회에서 다양성에 대한 주된 위협은 정부 자체로부터 오는 것보다 소수의 반대자를 억압하기 위해 다수의 힘을 사용하고자 하는 불관용적 다수로부터 나온다는 마거릿 클락의 지적은 불행하게도 사실이다.[42] 다수의 전제(tyranny of majority)는 숫자에 의한 오류 논증이며, 불관용적 사회의 특징이다. "민주주의 사회에서 국민에 의한 억압은 정부에 의한 억압의 문제보다 더 해결하기 어렵다. 왜냐하면 민주주의에서 국민 다수의 힘은 물리적이면서도 도덕적인 힘으로 작용하고 그래서 더 강제적이기 때문이다"[43]라는 토크빌의 주장도 같은 맥락으로 이해될 수 있다. 열린사회로 나아가는 데 걸림돌이 되는 것은 정부의 불관용 정책도 문제이지만 국민들의 의식 안에 자리 잡은 불관용적인 배타주의가 더 치유하기 어려운 장애물이다.

한스 오베르디에크의 지적에 의하면, "위험이 따르지 않는 불관용은 거의 없으며, 저항에 부딪히며 실패할 위험이 항상 존재한다." 약자들은 불관용을 직접 실천하거나 행위로 나타낼 수 없을지라도 불관용적 태도를 가질 수는 있다. 이런 "약자들도 힘을 얻게 되면 불관용적인 태도가 행위와 실천으로 나타날 수 있기 때문이다."[44] 관용과 불관용의 경계선이 상황에 따라 달라질 수 있듯이, 관용의 주체와 객체(대상)도 여건에 따라 바뀔 수 있다. 마이클 월쩌는 자신이 유대인으로서 관용의 대상이라고 생각하며 자랐으나 이제 모든 사람을 관용해야 할 주체로 인식하게 되었다고 고백하면서 자신의 관용론인 『관용에 대하여(*On Toleration*)』를 시작하고 있다.[45]

관용이 없이는 우리가 싫어하고 불승인하는 대상에 대해 원초적인 부정적 반응을 보이기 쉬우며, 타자를 이해할 필요성을 느끼지 못한다. 그 결과 우리는 무고한 타자에게 고통을 가할 위험에 노출되기 쉽다.[46] 관용의 윤리를 확립하고 불관용의 현상들을 축소하기 위해 어떻게 할 것인가? 이것이 우리의 마지막 과제이다. 나는 헬렌 웡(Helene Wong)이 제시한 종족적 관계 복원을 위한 제안을 불관용의 제거를 위한 기술로 확대 제안하고자 한다.

그녀는 지배적인 다수 종족이 소수 민족에게 해야 할 실천 사항에 대해 다음과 같이 제시하고 있다.[47] 첫째, 타자에 대한 두려움을 극복해야 한다. 둘째, 친근한 사이로 만들어야 한다. 셋째, 이성적인 대화를 해야 한다. 넷째, 타자의 소리를 듣는 용기가 필요하다. 다섯째, 단일 문화적 태도를 포기해야 한다. 여섯째, 동일한 것도 다르게 볼 수 있도록 허용해야 한다. 일곱째, 소수자의 입장에 서보아야 한다. 특히 유럽인들에게는 아시아의 나라를 방문하여 낯선 소수자의 처지를 경험하는 것이 타자 이해의 첫걸음이 된다.

타자의 자리에 불관용의 대상 어느 것을 대입하더라도 같은 의미를 갖는다. 이 타자가 통일 이후 북쪽 사람일 수도 있고, 외국인 노동자일 수도 있고, 다른 아시아 문화일 수도 있다. 내 옆집에 사는 다른 종교인일 수도 있고, 진보를 반대하는 보수주의자 이웃일 수도 있다. 다양성 안에서 통일성(unity in diversity)을 볼 수 있고 다양성 안에서 조화(harmony in diversity)를 이루는 데 유용한 덕목인 관용이 더 실현되는 사회를 향해 우리가 실천해야 할 과제는 여전히 남아 있다.

관용은 '예'와 '아니요' 둘 중 하나를 선택하는 문제가 아니라 '아니요'라는 부정적 선택 다음에 요청되는 긍정적 태도이다. 18세기 프랑스의 대표적인 관용론자인 볼테르의 다음과 같은 말은 음미할 만한 가치가 있다. "나는 당신이 말한 것에 시인할 수 없소. 그러나 나는 당신이 그것을 말할 권리를 위해 죽기로 옹호하겠소(I disapprove of what you say, but I will defend to the death your right to say it)."[48] 다른 사람의 권리와 자유를 더 많이 보장해주면 줄수록 나의 권리와 자유 또한 확장된다는 사실에 관용의 윤리는 주목하고 있다. 여전히 오늘날에도 우리는 자유와 권리의 결핍 현상을 곳곳에서 목격하고 있는 한, 관용의 윤리는 그 존재 가치를 보장받게 될 것이다.

10장

관용 교육: 통일 세대를 위하여[1)]

1. 문제를 던지며

2016년 8월 광복 71주년을 지나면서, 그리고 휴전협정 발효 63년을 지나면서 다시 한 번 통일에 대해 생각해보게 된다. 세대마다 통일을 바라보는 시각이나 통일에 대한 전망이 각기 다를 것이다. 나는 오늘을 살아가는 20-30대의 젊은 세대들에게 통일을 어떻게 생각하는지 묻고 싶다. 통일에 대한 기대와 전망은 어떻게 하고 있는가? 통일의 당위성에 대해 어느 정도 확신을 갖고 있는가? 통일을 준비하기 위해 무엇을 해야 한다고 믿고 있는가? 통일에 대한 각종 여론조사나 이론들은 수없이 많다. 철학자가 이에 덧붙여 무슨 이야기를 할 수 있겠는가. 제2차 세계대전 이후 우리와 마찬가지로 분단국이었던 동서독의 베를린 장벽이 무너지는 날 얼마나 부러웠던지, 지금 돌이켜보아도 그날의 기억은 생생하다. 독일의 통일은 우리의 통일도 금방 현실화될 것 같은 착각과 착시 현상을 불러일으켰다.

그 후 20년이 지나도록 우리의 통일 환경은 한 걸음 나아가는 듯하다가도 다시 뒷걸음질치고 있다. 비록 통일로 나아가는 길이 멀고 험하다 해도 중단 없이 한 걸음씩이라도 나아가야만 한다. 왜냐하면 통일은 우리 민족에게는 지상명령과 같기 때문이다.

문제는 우리 세대, 우리 민족의 목표인 통일을 성취하기 위해 지금 여기서 구체적으로 무엇을 준비해야 할 것인가에 있다. 상대방이 받아들일 수 없는 제안을 해놓고 대화의 실패를 상대방의 탓으로 돌리는 과거의 잘못을 더 이상 되풀이해서는 안 되며, 정치적 계산을 감추고 통일의 문제에 접근하려는 과거 정부의 솔직하지 못한 태도를 더 이상 용납해서도 안 된다. 머지않은 미래에 맞이할 수도 있는 통일을 위해 구체적인 준비 작업을 바로 시작해야만 한다. 그 준비가 얼마나 성공적으로 되었느냐에 따라 통일 이후 우리는 갈등을 최소화할 수 있다. 그러지 않을 경우 통일 이전보다 더 큰 갈등과 혼란을 피할 수 없게 될 수도 있다. 나는 통일을 준비하는 이 시점에서 우리가 구체적으로 해야 할 일 다섯 가지를 제시하고자 한다.

첫째, 실패한 통일론에 대한 냉정한 반성이 이루어져야 한다. 그동안 남과 북의 정부에서 제안한 통일론을 논의의 대상으로 삼아야 한다.

둘째, 배타적인 이데올로기의 극복과 민족 동질성 회복을 위해 관용 교육이 시행되어야 한다. 그렇게 함으로써 남쪽의 국민들이 북한에 대해 가지고 있는 적화 열등감(red complex)과 북한이 남한에 대해 가지는 제국주의 침략의 피해의식이 극복될 수 있다.

셋째, 남한 사회 안에 작지 않은 힘을 가지고 있는 극우주의자들과 반공주의자들을 성공적으로 설득해야 한다. 전쟁을 부추기는 자들의 음모를 폭로해야 한다.

넷째, 군비 축소를 위한 남과 북의 접촉과 회담을 즉각 시작해야 한다.

다섯째, 우리를 둘러싼 주변 강대국들과의 외교에서 자주적인 노선을 더욱 확고하게 정립해야 한다.

2. 실패한 통일론에 대한 반성

과거의 통일론을 반성하는 일은 최소한 다음의 두 가지 사실을 인정하는 것으로부터 시작된다. 즉, 전쟁을 통한 적화 통일이 실패했고 또 앞으로도 실패할 수밖에 없다는 사실과, 개방사회로 나오도록 유도하면서도 내심 북쪽 사회의 붕괴를 기대하여 남쪽의 의도대로 통일을 이루겠다는 욕심을 남쪽의 지도자들만이 아니라 자본주의에 익숙해져 있는 우리 모두가 포기해야만 한다는 사실이다. 그렇게 할 때에야 비로소 분단 이후 남과 북이 선택한 통일론에 대한 철학적 반성과 비판은 의미 있게 된다.

이승만 정권 이래 오랫동안 우리 정부가 일관성 있게 강조한 북한 정책 중의 하나는 반공 국시론(反共國是論)이었으며, 그 후 역대 정부에서 다양한 통일론을 제안해왔다. 평화로운 통일도 우리 남한 정부의 주도권 아래 추진되어야만 하는 것이었기에, 북한은 그것을 수용하기 어려웠을 것이다. 사실상 반공이나 승공이나 또는 평화 통일론조차도 모두 상대방 체제의 완전한 제거를 통해서만 가능하기 때문에 근본적으로는 북한 체제의 와해를 전제하고 있다. 북한도 마찬가지로 1948년 공산 정권 수립 이후 적화 통일론이 그들이 내놓은 전부였다. 남과 북의 통일론은 명칭만 다를 뿐 실제로는 자기주도형 통일론이라는 같은 논리적 구조를 가지고 있다.

내가 보기에 여기에는 두 가지 모순성이 숨겨져 있다. 북의 적화 통일론은 전쟁이나 이에 버금가는 파괴적 방법에 의존하지 않고서는 불가능한 것이며, 남의 반공(승공) 통일론도 사실상 전쟁의 대가를 치르지 않고서는 성취가 불가능하다는 점을 그 안에 내포하고 있다. 적어도 남과 북이 서로 먼저 공격하지는 않는다고 하더라도, 통일을 위해서는 상대방이 먼저 공격해주기를 바랄 수밖에 없는 것이 이 두 통일론이 내포하고 있는 첫 번째 모순성이다. 통일의 가면 속에 감추어진 전쟁의 위협과 무력 통일의 위험성을 우리는 지난 60여 년간 보아온 것이다.

남과 북의 통일론이 구조적으로 지니고 있는 모순성은 우리에게 '분단 고착'이라는 바람직하지 못한 결과를 낳았다. 그리고 이런 모순성을 지닌 두 통일론을 양쪽이 서로 고집하면서도 여전히 평화통일이라는 민족적 과제를 해결해야 한다고 말하는 정치인들의 이율배반은 기존의 통일론이 숨기고 있는 두 번째 모순성이다. 이는 일종의 자기 분열이라 말하지 않을 수 없다. 지난 2002년 6월 월드컵이 한창 진행 중인 시기에 서해 연평도 근해에서 일어난 남북한 해군 간의 국지전쟁은 분단 모순의 민낯을 그대로 보여주었다. 그 시간 동해에서는 금강산 관광객이 북으로 가고 있었다. 이런 심각한 자기모순을 우리는 어떻게 해석할 것인가? 이런 모순성을 분명하게 자각하는 일이야말로 좀 더 새로운 통일론을 담아낼 수 있는 새로운 그릇을 만드는 일의 시작이다.

독일의 경우, 동독과 서독의 분단과 대립은 비록 평화적이기는 했지만 끝내 흡수 통합이라는 바람직하지 못한 방향으로 전개되면서 오히려 통일 후에 새로운 심각한 갈등과 문제를 안게 되었다. 어쩌면 독일식의 통일을 우리는 가능한 최선의 방식이라고 늘 염두에 두고 있었는지도 모른다. 경제적으로 우리가 북한보다 조금 우위에 있다고 해서, 그리고 국제적으로 우리가 북한보다 영향력이 더 많다고 해서 그런 생각을 쉽게 해왔다. 그러나 표면상 평화적인 방식이지만 사실은 한쪽 사회의 완전한 와해와 붕괴를 전제로 한 독일식 통일은 우리에게 적절한 모델이 될 수 없다. 이제까지 남과 북이 주장해오던 통일론이 각기 역사의 실험실에서 그 모순성이 드러난 이상 제3의 대안이 절실히 요청된다.

3. 민족 동질성 회복과 관용 교육

분단이 세대와 세대를 넘어 이어져야 할 피할 수 없는 민족의 운명일 수는 없다. 오히려 통일이라는 변증법적 종합을 위해 부정되어야 할 매개적 수단일 뿐이다. 이 말은 남한과 북한이 모두 변하지 않고서는 통일이라는 역사적 종합은 사실상 불가능하다는 것을 의미한다. 달리 말하면 자유민주주의와 사회주의, 자본주의와 공산주의의 대립 같은 냉전 시대의 이데올로기를 끝까지 고집하는 한 통일은 요원할 수밖에 없다. 그렇다면 어떻게 변해야 하며, 또 그런 변화를 위해 무엇을 해야만 하는가?

통일을 위한 두 번째 준비 작업으로, 나는 배타적 이데올로기의 극복과 민족 동질성 회복을 위해 관용 교육이 시급히 시행되어야 한다는 점을 제안하고자 한다. 이제까지 남쪽의 국민들이 북에 대해 가지고 있는 적화 열등감과 북의 인민들이 남쪽에 대해 가지고 있는 제국주의 피해망상이라는 두 가지 왜곡된 의식은 상대방에 대해 불관용적이고 부정적인 태도를 갖도록 작용해왔다. 이 비뚤어진 의식을 수정하기 위해서는 무엇보다도 관용 교육이 선행되어야 한다. 그리고 분단 이후 너무도 달라진 민족의 정체성을 회복하는 일은 무엇보다도 관용의 정신을 필요로 한다. 따라서 두 가지 영역에서의 관용 교육은 통일 세대를 위해 통일을 준비하는 우리 세대에게 맡겨진 중요한 과제 가운데 하나이다.

이데올로기의 배타성을 극복하는 일이야말로 통일을 준비하는 일이며, 이를 위해서는 관용의 가치와 정신이 학교교육을 통해 확대되어야 한다. 해방 이후 남한과 북한은 각기 미국과 소련을 통해 서로 다른 이데올로기를 받아들였고 지금까지 신봉하고 있다. 어쩌면 북한만큼 이데올로기의 교조적 성격에 집착한 체제도 그 예가 없으며, 남한만큼 이데올로기의 배타성과 불관용성에 몰두한 체제도 그 예가 흔치 않아 보인다. 이런 두 체제가 만나 하나로 통일된다는 것은 처음부터 불가능해 보였다. 분단 이후 그 많은 시간이 지난 것에 비해 통일에 접근한 우리들의 발걸음이 더디기만 했던 것도 다 이런 이데올로기의 교조성과 배타성 때문이다. 그동안 북한은 개인의 행위와 사회질서를 위한 도식적인 전형으로 주체 이데올로기를 교육해왔고, 남한은 이데올로기 비판의 이름으로 공산주의 이념에 대한 공격으로 일관해왔다. 이데올로기는 교육되어야 하되 독선적이어서는 안 되며, 비판되어야 하되 특정한 이념을 비진리(非眞理)로 배척해서는 안 된다. 오히려 이데올로기 비판의 목적은 어떤 이념들의 체계든 변할 수 있고 허구성과 병폐를 지니고 있다는 사실을 지적하는 데 있다. 그리고 한 특정한 이념을 고수하는 데서 오는 폐단과 해독을 막는 데 있다. 이렇게 볼 때 남과 북은 현실적인 지배 이데올로기에 대해 냉정한 자기비판을 가해야 하며, 그런 비판으로부터 살아남은 것들만이 통일을 위한 매개 역할을 할 수 있게 된다.

이데올로기 비판으로부터 무엇이 살아남을 수 있을 것인가? 최종적으로 통일을 위해 변증법적 매개 역할을 할 수 있는 것은 성숙된 민주주의일 것이다. 남한의 자유민주주의와 북한의 인민민주주의가 그 명칭이나 역사적 배경이 다르다고 하나, 공통적으로는 두 체제가 모두 통치의 보편적 정당성을 확보하기 위해서 국민의 지지를 얻어야 한다는 점에서는 동일하다. 따라서 국민의 동의에 의해 국가권력이 창출되는 진정한 민주주의 국가로 성숙되는 길만이 남한과 북한이 변화되어야 할 방향이다. 비록 북한이 우리보다 민주주의 국가로 변신하는 데 훨씬 더 어려운 상황에 놓여 있지만 인내심을 가지고 기다려야 하며, 우리 또한 좀 더 성숙한 민주주의 국가로 변화되어야만 한다. 민주주의는 우리가 선택할 수 있는 최선의 통치 형태이며, 한 체제 내에서 상충하는 주장과 집단이 공존할 수 있도록 해준다. 또 다른 이데올로기에 대해 관용할 수 있는 심리적 여유를 줌으로써 독단과 비타협의 위험으로부터 벗어나게 해준다. 남과 북이 각자 자기 체제 내에서 민주화를 이룰 때에만 각자의 이데올로기가 더 이상 우상화가 되지 않으며 비판에 대해서도 유연성을 지니게 된다. 또 통일을 위한 어떤 대안도 진지하게 토의할 수 있는 여유를 가지게 된다.

관용은 상처 난 민족 동질성의 회복과 통일 이후 민족 화합을 위해서 가장 절실하게 요청되는 도덕적 덕목이다. 어떤 방식으로, 또 언제 통일을 하든지 분명한 것은 오랫동안 각자 다른 방식으로 굳어진 문화와 언어와 가치관 등 이질성을 극복해야 한다는 숙제가 우리 앞에 놓여 있다는 사실이다. 지난 60여 년간의 단절은 생각보다 훨씬 심각한 이질성과 차이성을 보일 것이다. 같은 민족이라는 정서에 기대어 이런 이질성을 극복할 수 있다고 하는 것은 낙관적인 희망사항일 뿐이다.

소위 말하는 '동질성의 회복'은 분단 이전의 상태로 되돌아가는 것을 의미하지 않으며, 어느 하나에 다른 하나가 일방적으로 적응하는 것도 아니다. 동질성 회복을 위해 우리가 해야 할 일차적이며 동시에 가장 중요한 절차는 이미 오랫동안 각각의 체제에 익숙해져 있는 것들을 서로 용납하고 관용하는 일이다. 그리고 이것은 정부가 그동안 보여왔던 경직된 정책을 수정할 것을 요구할 뿐만 아니라 일반 국민들의 의식 속에 자리 잡고 있는 적대감과 공포감을 제거할 것을 요구한다. 언제라도 공산화될지 모른다는 공포감과 적화 열등감으로부터 벗어날 때가 되었다. 그리고 북한 역시 언제라도 남쪽에서 침략해올지 모른다는 피해의식에서 벗어날 때가 되었다.

다른 것들끼리 서로 만나고 접촉함으로써 기존의 것이 아닌 제3의 무엇으로 두 사회가 변화되어야 하고, 그 변화된 것에다 공동의 기반을 세움으로써 동질성의 회복은 가능해진다. 그리고 이런 방식의 동질성 회복이 가능하려면 그 사회가 다원적 가치를 인정할 수 있을 만큼 성장해야 한다. 비록 북한이 우리보다 다원 민주주의 국가로 변신하는 데 훨씬 더 어려운 상황에 놓여 있지만 인내심을 가지고 기다려야 하며, 우리 스스로 좀 더 성숙한 다원 민주주의 국가와 그 기초적인 관용의 가치가 지배하는 사회로 변화되어야만 한다.

4. 극우주의자와 반공주의자에 대한 합리적 설득

통일을 준비하는 세 번째 일은 우리 사회 내부에 있는 극우주의자들과 반공주의자들을 설득하는 일이다. 왜냐하면 이들을 합리적인 방식으로 설득하지 않는 한 통일에 큰 걸림돌이 될 위험이 있기 때문이다. 또 통일에 대해 거부권을 행사할 수 있을 만큼의 힘을 가진 세력이기 때문이다. 한국전쟁 이후 통일을 반대하거나 아니면 북진 통일론을 들고 나온 것은 대부분 이들이었다. 북한과의 관계에 대해 언제나 보수적인 입장과 강경한 주장을 내세운 것도 이들이었다. 반공주의자와 극우주의자들은 이승만 정권 이래 역대 정권에서 비교적 보호받으며 성장할 수 있었고, 오늘날에도 여전히 막강한 정치적 힘을 가지고 있다. 이들은 고급 공무원과 기업의 경영자, 그리고 군부 내의 고급 장성에 이르기까지 우리 사회의 여러 분야에 걸쳐 널리 퍼져 있다. 또 반공주의자는 아니더라도 온건한 우익 성향 또는 보수적인 성향을 가지고 있는 대다수의 국민들 정서는 언제라도 이들 반공주의자와 극우주의자의 편으로 흡수될 준비가 되어 있다는 점을 고려할 때 이들의 잠재력은 결코 간과되어서는 안 된다.

강경 노선의 반공주의자와 극우주의자는 북한의 공산주의에 대해 관용적 태도를 취하기가 어려우며, 분단 극복의 유일한 대안은 우리 쪽의 흡수 통일뿐이라고 본다. 아니면 더 극단적으로는 차라리 흡수 통일을 바라지 않는 사람도 있을 수 있다. 왜냐하면 흡수 통일 이후에 남쪽에서 져야 할 경제적 부담이 결코 작지 않으며, 특히 기득권을 가지고 있는 계층의 부담은 더욱 크기 때문에 현 상태의 유지를 더 선호할 수도 있다.

극우주의자와 반공주의자를 어떻게 관리할 것인가 하는 문제는 통일을 준비하는 데 중요한 과제 가운데 하나이다. 나는 여기서 이 문제와 관련해서 세 가지 해법이 가능하다는 것을 제안하고자 한다.

첫째, 통일의 과정이나 그 이후에 닥쳐올 변화에 대해 극우주의자, 반공주의자들이 느낄지도 모르는 불안과 공포감을 해소시켜주는 일이다. 대체로 현 상태를 유지하려고 하고 변화를 꺼리는 보수주의자들이 타자에 대해 불관용과 배타성을 강하게 보이는 이유는 기득권의 상실과 과도하게 치를지도 모를 희생에 대한 두려움 때문이다. 기득권을 놓치지 않으려는 보호 본능은 급격한 변화에 대해 일차적으로 거부하는 태도를 보인다. 따라서 이들을 설득하기 위해서는 어떤 경우라도 급격한 방식의 통일을 피해야 하며, 통일 이후에도 일정한 부분 이들의 기득권을 보장해주어야 한다. 구체적으로 무엇을 어떻게 보장해줄 것인가를 지금 여기서 논의할 수는 없다. 그러나 통일이 가져올 다소의 불편함과 불이익보다는 이로움이 훨씬 클 것이라는 사실을 인내를 가지고 설득해야 한다. 그들이 심정적으로 느끼는 상실에 대한 두려움을 극복할 수 있도록 도와주어야 한다.

여기서 한 가지 주목해야 할 점은 남한 사회뿐만 아니라 북한 사회 내에 있는 극좌파 같은 강경주의자들 역시 동일한 상실감과 두려움을 가지고 있으리라는 점이다. 통일 이후 동독인들이 '식민화되었다'는 느낌을 가졌다는 사실을 우리는 음미해보아야 할 것이다.[2] 북한의 강경주의자들이 느끼고 있을 이런 식민화에 대한 두려움과 상실의 공포감 역시 통일의 걸림돌이 되고 있다. 이미 지난 몇 번의 정치적 상황 변화를 통해 이런 경향을 파악할 수 있었다. 순조롭게 진행되던 남북 대화가 북의 강경파들에 의해 여러 번 좌절된 것을 우리는 알고 있다. 1991년과 1992년 사이에 남과 북의 총리들이 상호 방문하면서 이루어놓은 '남북 화해 및 불가침 합의서'가 강경파의 목소리로 중단된 것은 이를 증명해준다. 통일을 준비하면서 우리가 설득해야 할 대상은 다수의 일반인들이 아니라 이처럼 남과 북의 사회에 적지 않게 힘을 행사하고 있는 강경주의자들인 것이다.

둘째, 극우주의자와 반공주의자의 배후에 숨겨져 있는 비타협성과 폭력성을 들추어냄으로써 통일을 가로막고 있는 이들의 음모를 폭로하는 일이며, 이로써 이들의 입지를 우리 사회에서 점차로 줄여나가는 일이다. 극좌파와 혁명론자들이 극우파나 보수주의자들보다 폭력적이고 배타적 성향을 더 많이 보인다는 선입견을 일반인들은 가지고 있다. 그러나 실제로 극우나 극좌는 그 폭력성에 있어서 상당히 유사성을 보이고 있다. 1960-70년대 아프리카나 중남미의 여러 극우주의 정권이 군사독재 등을 통하여 얼마나 폭력적이었는지를 보면 이를 잘 알 수 있다. 유럽과 미국에서는 극좌파의 혁명론이 사라지고 아울러 폭력에 호소하던 종래의 투쟁 방식을 포기한 반면,

극우주의와 백인우월주의 같은 극단주의자들의 폭력이 더 현저하게 나타나고 있다.

일반적으로 말해서 이들 강경주의자들이나 극단주의자들이 활동하기에 좋은 여건은 지난 1980년대 이후 동서양에 걸쳐 확산되어온 신보수주의 경향과도 관련되어 있다. 유럽의 경기 침체와 실업의 증가는 정치적으로는 보수주의 정당들이 집권하도록 만들었으며, 사회적으로는 극단주의자들의 등장을 용납하도록 했다. 이들의 유색인 배척 운동은 난민 추방, 노골적으로 미워하기 등 물리적인 폭력을 서슴없이 행사하고 있다. 이들의 불관용과 적대적 행위는 그동안 유럽인들이 희생을 치르면서 이루어놓은 종족적 관용과 평화 공존에 대한 믿음에 상당히 손상을 입힐 위험이 있다. 이들 극우주의자들이 유럽과 미국 사회의 발전에 걸림돌이 될 개연성은 상당히 높으며, 이들과 유사한 극단주의자들 — 남의 반공주의자와 북의 강경파 — 이 통일을 준비해야 하는 남과 북의 사회 전체에 상당한 걸림돌이 될 개연성도 높다. 극우주의자의 관점이 상대방을 인정하지 않으려는 비타협성을 강하게 함축하고 있다는 사실과 반공주의자의 통일론이 결국 전쟁이라는 폭력에 의존할 수밖에 없다는 한계를 지적하고 폭로하는 일은 이들의 입지를 줄이는 한 가지 전략적 방법이 될 것이다. 이로써 통일을 가로막을지도 모르는 내부의 적을 제거하는 이중 효과를 기대할 수 있을 것이다.

셋째, 극우주의자들과 반공주의자들의 영향력을 최소한으로 축소시켜야 하며, 이를 위해서 진보적이거나 합리적인 온건주의자들의 목소리가 확대되어야 한다. 즉, 이들이 정치적인 힘을 가질 수 있도록 해야 한다. 극단적인 주장들의 설득력을 약화시키는 데 가장 효과적인 방식은 그 반대 세력이 실질적인 정치적 힘을 가지는 것이 되기 때문이다. 다시 한 번 독일의 경우를 보자. 독일 통일의 기반을 제공한 것은 진보적인 정당 이념을 표방했던 사민당의 집권이었다. 빌리 브란트의 동방 정책이나 이를 실천한 헬무트 슈미트의 사민당이 집권하게 된 것은 동서 냉전 체제가 강화되고 있던 당시 독일 통일의 문을 열 수 있었던 결정적 계기가 되었다. 또 사민당의 집권을 가능하도록 만들어준 것은 독일 국민의 선택이었다.

보수적이고 반공주의 이념을 근간으로 하는 한국의 정당들로는 통일을 바라는 국민들의 마음을 충분하게 담아내는 데 한계가 있음이 분명하다. 앞으로의 통일 시대를 열 정치 세력은 진보 이념을 표방하는 정당이거나, 아니면 최소한 합리적인 온건주의자들의 정당이어야 할 것이다. 그리고 이들을 정치 세력으로 세울 수 있는 국민들의 선택적 혜안이 선행적으로 요청된다. 아마도 통일의 시기와 방법, 그리고 절차 등 쌓여 있는 많은 문제들은 결국 다소 낭만적일지라도 진보적인 통일 정책을 추진할 수 있는 정당을 우리 국민이 얼마나 현명하게 선택하느냐에 따라 그 해결의 실마리가 찾아질 것이다. 반공주의나 배타적인 보수주의 이념으로는 결코 통일의 문제가 해결되지 않을 것이다.

5. 군비 축소와 통일 비용의 준비

분단이 낳은 비극 가운데 가장 큰 것은 물론 6 · 25 전쟁일 것이다. 그리고 감당해내기 어려울 만큼의 군사비 지출은 남과 북의 국민들 모두에게 또 하나의 비극이 아닐 수 없다. 같은 동족끼리 서로를 죽이려는 데 소모한 군사비는 계산이 불가능할 만큼 많으며, 이를 나라의 경제건설이나 사회복지에 투자했다면 지금쯤 남과 북은 상당한 수준의 복지국가가 되어 있을 것이다.

2014년 남한의 국방 예산은 36조 2천 3백억 원이며, 이는 산술적인 규모로 보면 세계 10위의 국방 예산이다. 남한이 북한의 국방 예산보다 대략 34배 많은 액수이다. 국방부의 통계자료를 포함해서 많은 군사 전문 기관에서 발표한 남북한의 군사비, 군사력, 전쟁 수행 능력 등에 관한 자료들은 공통적으로 다음과 같은 사실을 보여주고 있다. 남한과 북한은 전쟁 이후 계속해서 군사력을 증강해왔으며 이에 따라 국방비가 큰 폭으로 확대되어왔다. 국가의 경제력과 상관관계가 있겠지만 냉전 체제가 한참 강화되던 1950-60년대보다 오히려 냉전을 종식시켜가던 1980-90년대에 국방비의 증가폭이 급상승했다는 사실은 남한과 북한이 모두 군비 경쟁으로 국가 경제력을 무모하게 소모했다는 인상을 준다. 이런 소모적인 군비 경쟁에는 네 가지의 배경이 있다.

첫째, 남과 북이 서로에 대해 불신하고 있기 때문이다. 북으로부터 또 한 번의 침략이 있을지 모른다는 불안감(적화 열등감)이 남쪽 국민들의 정서에 자리 잡고 있으며, 미군의 주둔과 을지훈련 같은 한미합동 군사훈련을 보는 북의 인민들은 언제라도 자신들이 공격받을지 모른다는 불안감으로 세뇌되어 있다. 이런 불신과 불안은 군비 경쟁을 부추기고 또 정당성을 확보하게 만든다.

둘째, 남과 북은 서로 상대방에 비해 자신들이 약자라는 인식을 하고 있다. 이 약자의식은 군비 경쟁에서의 우월로 보상받고 싶은 심리를 조장해내고 있다. 실제로 1975-76년을 전후로 해서 남한이 북한보다 국방 예산의 규모가 더 커졌음에도 불구하고 여전히 우리는 북한보다 군사적으로 약자라는 생각을 가지고 있다. 남북한이 일대일로 전쟁하면 불리하다는 의식은 국방 예산을 증가하자는 요구를 정당화해주는 배경이 된다. 남한이 북한보다 사회적, 경제적인 힘에서는 월등한데도 군사적인 힘에는 여전히 북한이 우리보다 더 우세하다는 평가는 약자의식의 발로이며, 이를 빌미로 군비 경쟁은 중단 없이 가속화되고 있다.

셋째, 군비 경쟁을 멈추지 않는 배경에는 인간의 어리석음(stupidity)이 자리 잡고 있다. 전쟁이 가장 비이성적인 방식으로 문제를 해결하는 방법이라면, 군비 경쟁 역시 인간이 합리적인 존재라는 일반적인 믿음을 가장 거스르는 비합리적 행위이다. 과거 어느 때보다 대량 살상 또는 인류의 절멸까지 가능케 하는 현대전은 신무기의 개발과 직접 관련되어 있다. 인간은 끊임없이 새로운 무기를 개발해 왔으며, 결국에는 만들지 말았어야 하는 핵무기까지 만들어냈다. 이는 인간이 얼마나 어리석은 존재인가를 단적으로 보여주는 사례이다. 인류의 기술사, 문명사에서 볼 때, 언제나 새로운 물건을 만들어 낼 때에는 사용의 목적이 분명하게 있었다. 쓰지 않을 물건을 만드는 어리석음은 이제까지 없었다. 그러나 핵무기는 사용하지 않기 위해 만드는 가장 불합리한 선택의 산물이다. 북한의 핵실험, 장거리 미사일 개발 등은 이런 어리석음과 반이성적인 행위일 뿐이다. 서양의 핵 강대국들은 핵무기를 축소하거나 폐기하려는 노력을 꾸준히 하고 있다. 핵무기에 버금가는 제조 비용과 유지 비용을 소모해가면서 재래식 무기를 개발하고 있는 우리의 군비 경쟁은 오직 어리석음과 비합리성으로부터 벗어나야만 끝이 날 것이다.

넷째, 군비 경쟁의 배후에는 미국을 중심으로 하는 군수산업의 축소와 무기상들의 음모가 숨어 있는 듯 보인다. 사양 산업인 방위산업, 군수산업을 유지하고 무기상들이 그 사업을 유지하기 위해서는 국지적인 분쟁과 소요가 필수적으로 요청된다. 남한과 북한의 군사적인 긴장과 대립은 이들 군수산업의 경영자나 무기상들에게는 호재가 될 수밖에 없다. 미국의 군수산업을 지키려는 미국 행정부의 간섭과 압력이 남북한 간의 군사회담을 가로막고 있는 큰 장애물은 아닌지 의심스럽다.

군비 경쟁에서 군비 축소로의 방향 전환은 상호 불신, 약자의식, 비이성적인 어리석음으로부터 우리를 자유롭게 만들어주는 효과가 있을 뿐 아니라 경제적인 측면에서도 엄청난 효과가 있으리라는 것은 너무도 자명하다. 특히 통일의 비용을 준비해야 하는 우리로서 따로 과중한 조세 부담 없이도 통일 이후에 소요될 비용을 비축할 수 있을 것이다.[3] 많은 사람들이 남북한 간의 경제적인 교류를 가장 일차적인 접촉의 통로로 이용할 것을 충고하지만, 나의 생각으로는 무엇보다도 군사회담이 선행적으로 이루어져야 한다고 본다. 나는 이미 앞에서 1995년 세계 관용의 해를 남북한 군비 축소를 위한 군사회담을 시작하는 원년으로 삼자는 제안을 한 바 있다. 정치적, 군사적 통합이 통일로 가는 가장 마지막 단계에서 이루어져야 할 협상의 주제이기는 하지만, 군비 축소를 위한 논의와 조정은 가장 먼저 시작되어야 할 일이라고 본다.

6. 자주적 외교 노선의 확립

통일을 위해 준비해야 하는 다섯 번째 과제는 정부가 자주적인 외교 노선을 확립하는 일이다. 이제까지 우리 정부가 비자주적인 외교를 했기 때문에 하는 말이 아니다. 여기서 말하는 자주적인 외교 노선의 확립이란 우리의 통일 문제와 관련된 이해 당사국들과의 관계에 한정해서 말하는 것이다. 특히 미국, 러시아, 중국, 일본, 그리고 북한 사이에서 벌어지는 외교적인 전투에서 얼마나 우리가 성공적이었는가를 반성해보자는 의미에서 이렇게 제안하는 것이다.

우리나라의 경우 외교는 총소리 없는 전쟁과도 같다. 특히 냉전의 유물처럼 유일하게 남아 있는 분단과, 새로운 냉전의 진원지가 될 수도 있는 상황에서 우리나라 외교는 더욱 치열하고 폭발력을 지닌 최전선이다. 미국, 중국, 일본, 그리고 러시아 등 강대국들의 이해 충돌이 언제라도 일어날 수 있는 지정학적 위치 때문에 우리의 안전은 결코 군사적인 힘만으로는 담보할 수 없다. 외교의 중요성이 그 어느 때보다 강조되는 이유이다.

이 문제와 관련해서 다시 독일의 경우를 살펴보자. 서독은 통일을 위해 구소련뿐만 아니라 제2차 세계대전의 승전국이었던 미국, 영국, 프랑스의 승인을 받아내야 했다. 이를 위해 서독의 정부가 어떤 노력을 기울였는지는 자세하게 알 수 없으나, 적어도 소련의 구체제 붕괴 이후 러시아의 경제 개발에 막대한 자금을 지원했다는 사실만은 분명하다. 이는 통일의 대가라고 여겨진다. 독일의 통일은 곧 독일의 강대국화를 의미했으며, 이는 히틀러의 악몽을 기억하고 있는 유럽인들에게 두려움으로 인식되었다. 서독 정부의 외교적 노력은 유럽 통합의 주도적인 역할로 나타났으며, 유럽 통합의 전망은 독일 통일로 야기된 유럽인들의 두려움을 희석시키고 연대 의식을 갖도록 만들기에 충분했다.

우리의 경우는 어떠한가? 미국, 러시아, 중국, 일본이라는 주변 강대국들이 북한보다 더 통일의 큰 걸림돌이 되는 것은 아닐까? 북한을 상대로 한 외교전에서 승리한다는 것이 자랑스러운 일인지 다시 한 번 생각해보아야 한다. 이런 승리는 결국 북한을 고립화시키는 것이며, 통일을 점점 어렵게 만드는 결과를 낳는다. 우리는 미국과 일본을 설득해야 한다. 만약 미국과 일본이 북한을 아직 열리지 않은 시장 정도로 본다면, 그래서 북한의 시장을 선점하거나 남한에 시장을 빼앗기지 않으려는 의도에서 우리의 통일을 가로막고 있다면, 이는 단호히 거부되어야 한다. 통일의 당위성 앞에 어떤 정치적 흥정이나 정권의 이해득실도 우선할 수 없다는 생각을 가져야 한다. 마찬가지로 우리는 러시아와 중국도 설득해야 한다. 남한이 북한보다 일본과 미국을 설득하기 쉬운 것처럼, 북한은 중국과 러시아를 설득하기에 남한보다 유리한 입장에 있다. 남과 북은 분단의 일차적인 책임이 있는 이들 네 나라를 상대로 통일을 위한 자주적인 외교력을 집중해야 한다. 그 가운데 하나가 분단의 일정한 책임이 이들 네 나라에 있음을 상기시키는 일이다. 우리가 원하지 않았던 분단이 미소 냉전 체제의 희생물이었다면, 이 체제가 와해된 지금도 여전히 분단된 채 남아 있는 우리의 현실에 대해 미국과 러시아, 그리고 중국은 가장 큰 책임이 있다. 통일을 위한 협상의 과정에서 이 책임의 문제는 반드시 지적되어야 하며, 그 보상을 어떤 방식으로든 받아내야 한다. 이런 것들이 우리가 취해야 할 자주적 외교 노선인 것이다.

주변국들과의 외교 관계가 자주적이어야 하는 것과는 달리, 남과 북의 외교적 관계에는 민족주의적 노선이 요청된다. 체제와 이념을 달리하는 두 나라가 호혜 평등적인 관계를 유지하면서, 국제 외교 무대에서 서로를 적으로 인식하지 않고 동반자적 태도를 갖도록 하는 데는 민족주의에 호소하는 것 이상의 좋은 공통분모는 없다. 민족주의라는 개념이 다소 시대착오적인 것으로 들릴지 모르나 이 글에서의 민족주의는 소박한 의미로 사용되고 있다. 민족 내부의 결속 원리로, 또 자주성을 회복하려는 전략으로, 그리고 배타적인 종족적 우월주의를 거부하는 태도로 민족주의에 호소하려는 것이다. 같은 한 나라였다가도 민족이 다르면 분할되는 것이 냉전 체제 붕괴 이후의 국제 질서인데, 우리가 같은 민족임에도 아직까지 유일한 분단 국가로 남아 있다는 사실은 부끄러운 일이다. 다음 세기, 다음 세대에까지 이 비극을 넘겨줄 수 없다는 생각을 남과 북의 모든 구성원들이 해야 한다. 통일을 이룰 때까지 한시적으로라도 민족주의 이념은 우리 민족 구성원을 결속할 수 있는 정신적 연결고리가 되어야 한다.

7. 관용과 통일 교육

1945년 8월 15일의 해방은 미완성의 해방일 뿐이다. 반쪽짜리 해방을 기념하는 광복절은 더 이상 일제의 굴레로부터 벗어난 날을 기념하는 날로 그쳐서는 안 된다. 오히려 분단의 아픔을 되새기고, 미완성의 해방을 반성하고 통일을 각오하는 날로 삼아야 한다. 통일은 이 미완의 해방을 완성하는 일이며, 언제가 되든지 통일의 그날이야말로 진정한 해방을 기념하는 날이 될 것이다.

통일에 대한 우리의 희망은 어디에 있는가? 그 희망은 북한의 고려연방제나 남한의 국가연합체 같은 대안들을 만들어내는 일에 달려 있지 않다. 오히려 어떤 대안이든 상대방의 계획에 대해 진지하게 고려하는 태도와 상대방에게 자신의 것을 강요하지 않는 태도의 변화에 희망이 달려 있다. 그리고 또 하나의 희망은 직접 통일을 성취하거나 적어도 통일의 부담을 짊어질 다음 세대를 위해 성공적인 통일 교육을 수행하는 데 있다. 앞에서 제안한 다섯 가지의 준비 작업도 사실은 얼마나 우리가 통일 교육을 잘하느냐에 그 성공과 실패가 달려 있다. 반공 교육을 중심에 놓거나 남한 체제의 우월성을 강조하는 기존의 통일 교육은 수정되어야 한다. 다섯 가지 통일의 길을 가능하게 만들기 위해서는 새로운 내용의 통일 교육이 필요하며, 관용 교육은 그 중심 내용이 되어야 한다.

관용 교육은 남과 북이 각각 상대방에 대해 가지고 있는 두려움과 미움의 감정을 완화하도록 만들어준다. 관용의 정신은 남과 북이 얼마나 서로 다른가를 보여주는 데 그치지 않고, 다르면서도 어떻게 공존할 수 있는가를 가르쳐준다. 동족을 살상하기 위해 벌이는 무기 경쟁이 얼마나 비이성적이고 반민족적인 행위인가는 말할 필요조차 없다. 무모한 군비 경쟁을 멈추고 군비 축소를 위해 남북이 협상의 테이블로 나오는 데는 관용의 정신이 전제되어야 한다. 유엔이 1995년을 '세계 관용의 해'로 선포한 이유도 이 관용의 가치가 평화(공존), 인권, 그리고 민주주의의 원리가 되기 때문일 것이다. 우리가 얼마나 이 관용의 가치를 통일 교육의 내용으로 반영하는가에 따라 통일의 방식, 방향, 그리고 통일 이후의 한국 사회의 모습까지도 결정될 것이다. 즉, 통일의 과정에서 뿐만 아니라 통일 이후에도 이질화된 남과 북의 사회가 심각한 충돌이나 갈등 없이 서로에 적응하기 위해서는 장기간에 걸친 관용 교육이 절대로 필요하다. 성급한 통일을 피해야 하는 이유는 바로 통일을 맞이할 준비가 되어 있지 않기 때문이며, 우리의 의식 속에 각인되어 있는 불관용의 어두운 그림자를 지우지 못하고 있기 때문이다. 관용 교육이 없는 통일은 통일 후 통일을 기다린 시간보다 훨씬 긴 시간 동안 새로운 갈등을 겪게 만들지 모른다. 통일의 연착륙을 위해서 관용의 정신은 광범위하게 교육되어야 한다.

특별기고

존 롤즈의 관용론

박정순(연세대 철학과 교수)

1. 서론

존 롤즈(John Rawls, 1921-2002)가 2002년 11월 24일 81세의 나이로 영면했을 때, 세계 학계는 이구동성으로 그를 20세기 후반기에서 가장 영향력 있는 윤리학자 및 정치철학자로 찬양하고, 또한 그의 『정의론』을 존 스튜어트 밀(John Stuart Mill)의 저작 이후 가장 중요한 정치철학적 저작이라고 평가하면서 그 부음을 안타까워했다.

그의 대표 저작인 『정의론(*A Theory of Justice*)』(1971; 1999)은 개인적, 정치적, 경제적 자유와 권리가 개인들 사이에서 상호 양립 가능한 방식으로 동일하게 최대한 보장되어야 한다는 자유의 원칙을 우선시하는 고전적 자유주의의 요소를 가지고 있다. 그리고 유사한 능력과 재능을 가진 사람들은 유사한 삶의 기회를 가져야 한다는 공정한 기회균등의 원칙도 포함되어 있다. 더 나아가서 사회적,

경제적 불평등은 최소수혜자들의 삶의 기대치를 최대한 향상시키는 한 허용된다는 차등원칙을 통한 분배적 정의의 실현이라는 평등주의적 요소도 결합했다. 이러한 결합은 공정한 선택 상황에서의 공평무사한 합의를 가정하는 "공정성으로서의 정의(justice as fairness)"라는 사회계약론적 방법을 원용하여 이룩된 것이다. 방법론적으로 "공정성으로서의 정의"는 자유주의적 평등주의에 대한 철학적 정당화를 제공하게 된다. 롤즈는 또한 자신의 정의의 원칙들이 우리들의 숙고적인 도덕적 판단과 일치한다는 반성적 평형상태라는 정합론을 정당화의 근거로 주장하기도 했다. 따라서 그의 정의론은 1950년대 이후 개인의 실존적 결단을 강조하거나 아니면 언어분석적 메타윤리학적 논의에만 사로잡혀 있던 서구 학계의 규범철학의 불모 상황에서 체계적인 거대 규범철학의 복귀를 가져올 수 있었던 것이다(스키너 참조).

그의 정의론은 그동안 사회복지의 극대화 원리를 통해 자유주의에 대한 지배적인 철학적 근거로서 행세하던 공리주의의 약점을 극복하게 된다. 그의 정의론은 전체 복지라는 미명 아래 소수자에 대한 인권이 침해될 가능성이 있는 공리주의의 약점을 원리적으로 극복함으로써 자유주의 정치철학의 한 전형을 이루었던 것이다. 롤즈에 의해서 창출된 자유주의의 새로운 유형은 "권리준거적인 칸트적인 의무론적 자유주의"로서 1980-90년대에 전개된 '자유주의 대 공동체주의 논쟁'을 촉발한 계기가 되었다. 또한『정의론』출간 이후 줄곧 롤즈는 정치적 자유와 경제적 평등의 양립 가능성에 관련하여 자유지상주의와 마르크스주의 양 진영으로부터 평등 때문에 자유가 훼손되고 자유 때문에 평등이 상실된다는 상반된 비판을 받게 되었던 것도 사실이다. 이러한 상반된 비판은 오해에서 비롯된 것이라는 주장이 있지만, 자유와 평등을 조화시키려는 롤즈의 시도는 그 자체가 지난한 세계사적 문제라는 것을 웅변적으로 잘 말해주고 있다. 롤즈는 자신의 그러한 시도를 "실현 가능한 유토피아"를 위한 대장정이라고 말한 바 있다.

『정의론』 출간 이후 롤즈는 정의로운 사회의 안정성에 관련하여 『정의론』을 부분적으로 변호하고 보완할 뿐만 아니라 현대사회에서의 다원주의적 사실에 직면하여 자유주의의 더 높은 수용성을 확보하기 위해 고심하게 된다. 그 결과 자유주의적 정의관을 포괄적이고 형이상학적인 것이 아니라 공적이고 정치적인 영역에 한정시킴으로써 다양한 가치관을 가진 사람들 사이에서 공적 이성을 기반으로 자유주의적 정의관에 대한 중첩적 합의를 추구하는 『정치적 자유주의(*Political Liberalism*)』(1993)를 출간하게 된다. 이어서 자신의 정의론을 국제사회에 확대 적용한 『만민법(*The Law of Peoples*)』(1999)도 출간한다. 롤즈가 남긴 다른 저작들도 있지만, 통상적으로 이 세 저작이 롤스 정의론의 3부작으로 간주되고 있다.

롤즈가 타계한 지도 벌써 14년이 지났다. 롤즈의 정의론이 남긴 사상적 유산과 궤적은 그 방법론적 접근이나 실질적 내용 모두에 있어 국내적 정의는 물론 국제적 정의 문제를 해결하는 데 커다란 자산임에 틀림없다. 롤즈가 정의론을 통해 남긴 문제들은 오늘날도 여전히 살아 있는 이슈들이라고 아니 할 수 없다. 롤즈의 정의론이 남긴 사상적 유산과 파장을 철학적으로 파악해보고, 또한 대립적 이론들과의 비판적 대조와 아울러 그 현실적 적용의 문제를 고찰하는 것은 오늘날 후학들이 당면한 커다란 학문적 과제라고 할 것이다(박정순, 2009a, pp.5-7).

관용은 "자유주의의 실질적 핵심(the substantive heart of liberalism)"이라고 일컬어진다(Hampton, 1989, p.802). 또한 "정치적 관용은 흔히 자유주의와 거의 동의어로 생각되고 있다."(Fotion and

Elfstrom, p.117) 그렇다면 현대 자유주의 철학의 부흥을 주도한 존 롤즈의 정의론과 그에 의거한 관용론을 그의 3부작을 통해서 고찰하는 것은 커다란 적실성과 의의가 있을 것이다.

2. 『정의론』에서의 관용

1) 평등한 양심의 자유

롤즈의 『정의론』에서 관용의 문제는 제2부 "제도론", 제4장 "평등한 자유"의 34절 "관용과 공익(Toleration and the Common Interest)", 35절 "불관용자에 대한 관용(Toleration of the Intolerant)"에서 다루어진다.

한편, 관용이 논해지는 두 절에 대한 배경적인 논의로 33절 "평등한 양심의 자유(Equal Liberty of Conscience)"가 우선적으로 고찰되고 있다. 롤즈는 자신의 공정성으로서의 정의관은 평등한 양심의 자유에 대한 강력한 논거를 제시하고 있으며, 이러한 논증이 일반화되면 정의의 제1원칙인 "평등한 자유의 원칙"도 뒷받침해줄 수 있으며, 또한 자유의 우선성을 해명할 수 있다고 생각한다(『정의론』, p.288). 33절에서 논의되고 있는 양심의 자유는 원초적 입장의 계약자들이 단일한 개인이 아니라 자신들이 속해 있는 단체나 집단이 최선을 다해 보호해야 할 특정한 관심이나 가치관의 자유로운 표출을 뜻하는 적극적인 것으로 정치적 자유이다. 이것은 시민 각자가 도덕적 존재로서 공정하게 대우받을 경우 그들이 받아들이게 될 협동 체제의 원칙들을 실현하기 위해서 평등한 양심의 자유에 의거한 종교적, 도덕적 자유에 대한 권리들이 부여되는 것을 의미한다(『정의론』, p.281, p.288). 따라서 공정성으로서의 정의가 제공해주는 종교적, 도덕적, 철학적 교설에 대한 양심의 자유와 그 안전한 보호에 대한 평등한 부여는 계약 당사자들의 "상호 관용"에 대한 적극적인 태도를 전제하고 있다. 원초적 입장의 계약 당사자들은 자신들의 자유가 어떤 지배적인 종교적 혹은 도덕적 교설에 의해서, 혹은 다른 사람들의 자유에 의해서 제약되는 것을 원하지 않을 것이다. 또한 무지의 장막이 드리워진 원초적 입장에서는 다양한 종교적, 도덕적 교설들이 갖는 상대적 강점을 확인할 수 없는 불확실성의 선택 상황이므로 서로의 상이한 관점들을 상호 인정함으로써 타인의 양심의 자유를 인정함과 동시에 자신의 양심의 자유도 인정받는 "상호 관용"이 이룩된다(박준웅, p.21). 롤즈는 종교적인 신교 자유의 원칙을 사회적인 형태로 일반화하면 공공제도들에 있어서 평등한 자유에 이르게 된다는 점을 강조하고 있다(『정의론』, p.280, 각주 6).

따라서 롤즈의 정의의 제1원칙인 "평등한 자유의 원칙"은 "각자는 모든 사람의 유사한 자유 체계와 양립할 수 있는 평등한 기본적 자유의 가장 광범위한 전체 체계에 대해 평등한 권리를 가져야 한다"는 것이다. 이러한 자유의 원칙은 제2원칙인 "공정한 기회균등의 조건 아래 모든 사람들에게 개방된 직책과 직위가 결부되어야 한다"는 "공정한 기회균등의 원칙"과 "사회적, 경제적 불평등은 최소수혜자에게 최대의 이익이 되도록 편성되어야 한다"는 차등원칙에 우선한다(『정의론』, p.400). 롤즈의 공정성으로서의 정의관이 작동하는 사회는 구성원 상호 간의 양심의 자유가 정의의 제1원칙인 "평등한 자유의 원칙"에 의해서 권리로서 보장받는다는 것이다. 따라서 진보적 존재로서의 인간의 항구적인 관심에 근거한 유용성으로 평등한 양심의 자유와 관용을 주장하는 존 스튜어드 밀의 공리주의는 비록 유력한 것이기는 하지만 모든 사람에 대한 평등한 자유를 정당화하지 못할 것이라고 비판한다(『정의론』, p.285; Cf. 밀,

『자유론』, p.32). 그리고 "예술이나 학문, 문화에 있어서 인간적 탁월성의 성취를 극대화할 수 있도록 사회가 제도를 마련하고 개인의 의무와 책무를 규정하는 데 지침이 되는 단일 원리의 목적론적 이론"인 완전주의(perfectionism)도 모든 사람이 타인들의 유사한 자유와 양립하는 최대의 동등한 자유를 가져야 한다는 평등한 자유의 원칙과 상호 관용을 보장하지 못한다(『정의론』, p.284, p.431). 물론 "어떤 사람은 타인들이 그와 동일한 신념과 제1원칙을 받아들여야 하며 만일 그렇게 하지 않으면 그들은 대단한 과오를 범하게 되어 그들의 구원에로의 길을 상실하게 된다"고 생각하는 종교적 근본주의 혹은 원리주의(religious fundamentalism)는 당연히 배제된다(『정의론』, p.283).

롤즈는 제4장 55절에서 59절까지 시민 불복종과 양심적 거부의 문제들도 다루고, 그것들의 정당화와 관용의 한계 문제도 논의하고 있다(『정의론』, pp.473-508). 롤즈는 시민 불복종을 "흔히 법이나 정부의 정책에 변혁을 가져올 목적으로 행해지는, 공공적이고 비폭력적이며 양심적이기는 하지만 법에 반하는 정치적 행위"라고 정의한다(『정의론』, p.475). 시민 불복종은 그것이 정치권력을 쥐고 있는 다수자에게 제기된다는 의미에서 뿐만 아니라 정치적 원칙, 즉 헌법과 사회제도 일반을 규제하는 정의의 원칙들에 의해 정당화되는 행위라는 점에서 정치적 행위이다. 시민 불복종의 정당화는 어떤 개인적인 도덕 원칙이나 종교적 교설에 근거할 수는 없고, 한 사회의 "정치적인 질서의 바탕에 깔려 있고 공유되고 있는 공공적인 정의관에 의거해야만 한다."(『정의론』, p.477) 롤즈는 정의의 제1원칙인 "평등한 자유의 원칙"과 제2원칙 가운데 "공정한 기회균등의 원칙"이 위배되었을 때만 시민 불복종이 정당화된다고 지적한다(『정의론』, pp.484-485).

롤즈는 양심적 거부를 “어느 정도 직접적인 법령이나 행정적인 명령에 대한 불순종”이라고 정의한다(『정의론』, p.481). 앞에서 언급한 시민 불복종과 비교해본다면, 양심적 거부는 다수자의 정의감에 호소하는 청원의 형식이 아니라, 한 개인이 숭배하는 종교적 혹은 철학적 신념일 수 있다(『정의론』, pp.481-482). 양심적 거부와 관련하여 제기되는 문제는 ‘여호와의 증인’처럼 종교적 신념에 의거한 국기에 대한 경배 거부, 그리고 집총 및 군복무 거부이다. 그리고 평화주의자들의 군복무 기피, 혹은 병사가 전쟁에 적용되는 도덕법칙에 분명히 어긋난다고 생각되는 명령에 복종하려 하지 않는 것 등을 들 수 있다(『정의란 무엇인가』, p.481). 롤즈는 한 사회를 유지시키는 정치적 정의의 원리들이 요구하는 것으로 보이는 행위를 거부함에 있어서 종교적 원리에 호소하는 경우는 정당한 절차를 발견하는 것은 어려운 문제라고 생각한다(『정의론』, p.482). 즉, 종교적 원리에 호소하는 군복무의 거부에 관한 진정성을 파악하기 어려울 뿐만 아니라, 종교적 원리에 의거하여 군복무 면제라는 특혜적 위치를 주장하면서도 타인들의 평등한 자유를 침해하는 종파들에게 관용을 베풀 수 없기 때문이다(『정의론』, p.483). 롤즈는 “일반적으로 한 사회에 대해서 대립적인 도덕관들에 부여되는 관용의 정도는 정의로운 자유 체제 내에서 그것들에게 동등한 위치가 허용될 수 있는 한도에 달려 있다”고 명시한다(『정의론』, p.483). 롤즈는 양심적 거부가 정당화될 수 있는 경우는 한 사회에서 공인된 정치적 원리와 정의의 원칙들이 위배된 경우에 한정한다(『정의론』, p.491). 만약 국가가 부정의한 전쟁을 수행할 경우에는 평화주의자는 “단지 관용될 뿐만 아니라 존경을 받을 수 있다.”(『정의론』, p.483) 따라서 롤즈는 일반적이고 전면적인 평화주의가 아니라 특정한 여건 속에서 전쟁에 가담하는 일에 대한 분별 있는 양심적 거부, 즉 조건부의 평화주의는 수용되어야 한다고 인정한다(『정의론』, p.497). 그리고 롤즈는 전쟁 중에 한 병사가 불법적인 전쟁 행위에 가담하라는 명령을 받았을 경우, 그가 정의로운 전쟁 행위에 적용되는 원칙들이 명백히 위반되었다고 합당하게, 그리고 양심적으로 믿는다면 양심적 거부는 수용될 수 있다고 인정한다(『정의론』, p.494). 그래야만 6 · 25 전쟁에서의 노근리 양민 학살 사건과 베트남 전쟁에서의 1968년 미라이 학살 사건을 막을 수 있을 것이다. 그래서 전쟁에 참여한 병사는 인도주의적인 자연적 의무가 상관으로부터의 비인도주의적이고 부당한 전쟁 행위에 관한 명령보다 우선적이며, 따라서 그러한 명령을 "거부할 권리뿐만 아니라 거부할 의무까지도" 갖는다고 말할 수 있다(『정의론』, p.496).

2) 관용과 공익

34절 "관용과 공익"에서 롤즈는 평등한 양심의 자유로부터 도덕적인 자유와 사상, 신앙 및 종교적 관행의 자유를 보장하는 체제가 옹호되지만 이러한 자유들은 공공질서와 안녕이라는 국가적 이익을 위해서 규제된다는 점도 인정하고 있다(『정의론』, p.289). 국가는 특정한 종교를 선호할 수 없으며, 신앙고백을 요구하지 못하며, 어떤 종교에 가입하거나 탈퇴한다고 해서 벌금이나 근신을 부과할 수는 없다(『정의론』, p.289). 이러한 관점에서 국가는 도덕적, 종교적 자유를 지지하게 된다. 다만 국가는 철학적, 도덕적, 종교적 교설들에 관여하지는 않으나 평등한 원초적 입장에서 개인들 자신이 합의하게 될 정의원칙들에 따라서 그들의 도덕적, 정신적 관심 분야에 대한 추구를 규제하게 된다. 비록 그 한계가 부정확하다는 것을 롤즈는 인정하고 있지만, 공공질서에 대한 국가적 이익의 한계 내에서 양심의 자유를 통제하는 것은 공동의 이익, 다시 말하면 "대표적인 평등한 시민의 이익이라는 원칙에서 도출되는 제한"이라 할 수 있다(『정의론』, p.290). 그러므로 양심의 자유가 제한되어야 할 경우는, 그러지 않을 경우 "정부가 유지해야 할 공공질서를 해치게 되리라는 합리적인 예상이 있을 때"에 한해서이다(『정의론』, p.290). 롤즈는 이러한 양심의 자유에 대한 제한은 형이상적 교설이나 인식론, 혹은 철학이나 과학에 있어서 의미나 진리의 문제는 아니라는 점을 지적한다(『정의론』, p.291).

양심의 자유에 대한 이상과 같은 롤즈의 논증은 "관용은 실제적인 필요성이나 국가적인 이유들로부터 도출되는 것이 아니다"라는 점을 명백히 한다(『정의론』, p.292). 도덕적, 종교적 자유는 평등한 자유의 원칙으로부터 유래한 것이며, 이러한 원칙이 갖는 우선성을 가정할 경우 "평등한 자유를 부정할 수 있는 유일한 근거는 더 큰 부정의나 나아가 더 큰 자유의 상실을 피하기 위한 것이다."(『정의론』, p.292) 롤즈는 여기서 자유 혹은 관용의 근거로서 철학에 대한 회의나 종교에 대한 무관심이 내포되어 있는 것이 아니라는 점도 명백히 한다(『정의론』, p.292). 이러한 관점에서 롤즈는 서양의 과거 몇 세기 동안 인정된 관용을 제한하는 여러 근거들은 그릇된 것이라고 결론을 짓는다(『정의론』, p.293).

롤즈는 "교회 밖에서는 구원이 없다(Extra Ecclesiam nulla salus)"는 종교들에 대해서 관용을 베풀지 않은 루소나(『사회계약론』, p.184), 가톨릭교도와 무신론자에게 관용을 베풀지 않은 로크의 입장을(*A Letter Concerning Toleration*, pp.156-158) 약간은 우호적으로 해석한다(『정의론』, p.294). 롤즈는 두 사람이 가톨릭 신자들이나 무신론자들에게 관용을 베풀지 않는 이유는 그들이 공공사회의 규약을 준수하리라고 믿을 수 없다는 것이 분명하다고 생각했기 때문이라고 해석한다. 롤즈는 두 사람의 제한적 관용은 많은 역사적 경험과 정치 생활의 더 넓은 가능성에 대한 지식을 갖게 되면 자신들의 입장이 그릇되거나 혹은 특수한 여건에서만 참되다는 것을 확신할 수 있을 것이라고 지적한다(『정의론』, p.294). 그러나 이단자에게 사형을 정당화한 가톨릭의 옹호자 아퀴나스나 가톨릭교도들과 개신교도들 사이의 상호 적대적인 자유의 억압이 신학적 원리나 신앙의 문제에 근거해 있는 경우는 명백한 불관용의 사례라고 지적한다(『정의론』, p.294).

3) 관용의 역설: 불관용자에 대한 관용

35절에서 롤즈는 관용론에서 가장 다루기 힘든 문제, 즉 불관용자에 대한 관용의 문제를 다루고 있다. 이 문제는 소위 "관용의 역설(the paradox of toleration)"로 알려져 있으며 도덕적 딜레마의 형식으로 제시된다. 롤즈는 여기서 세 가지 문제를 구분하고 있다. 첫째, 불관용하는 종파가 자기에게 관용을 베풀지 않는다고 불평할 명분이 있는가 하는 문제이다. 둘째, 관용적인 종파가 불관용적인 종파에게 어떤 조건 아래에서 관용을 베풀지 않을 권리가 있는가 하는 문제이다. 셋째, 언제 관용적인 종파가 관용을 베풀지 않을 권리를 가질 것이며 어떤 목적을 위해 그러한 권리가 행사되어야 할 것인가이다(『정의론』, p.295). 롤즈는 종교적 관용에 관련된 관용의 역설의 문제를 다루지만, 그러한 논구는 다른 경우까지 확대할 수 있다고 생각한다.

관용의 역설은 도덕적 딜레마의 형식으로 제시된다. 첫 번째 선택지는 불관용자를 관용하면 관용의 정신을 지킬 수는 있지만 사회적으로 불관용이 결과한다는 것이다. 두 번째 선택지는 불관용자를 불관용하면 관용의 정신을 지킬 수는 없지만 사회적으로 불관용을 막을 수 있다는 것이다. 우리가 관용의 정신을 중시하면 첫 번째 선택지를 택해야 할 것이지만, 사회적 결과로서의 관용을 중시하면 두 번째 선택지를 택해야 할 것이다. 첫 번째 선택지는 관용의 자기 파괴적인 내부적 모순에 봉착하지만, 두 번째 선택지는 일견해서는 관용의 정신을 살리지 못하지만 관용의 한계를 명백히 함으로써 관용의 정신의 실제적 적용에서의 합당성을 살린다고 볼 수 있다. 그러므로 우리는 두 번째 선택지를 택해야만 한다. 관용의 역설에 관련된 문제는 칼 포퍼(Karl Popper), 롤즈, 그리고 마이클 월쩌(Michael Walzer)가 다루었으며, 두 번째 선택지를 모두 옹호하였다(포퍼, pp.457-458, 7장에 대한 주 4; 월쩌, pp.147-151).

관용의 역설은 윤리학적 상대주의의 관점과 연계되면 첫 번째 선택지를 택하게 만들므로 더욱 복잡하게 전개된다. 윤리학적 상대주의는 타 문화에 대한 관용과 이해의 정신을 중시한다. 그러나 만약 타 문화가 불관용적이라면 우리는 불관용을 관용해야 하는 역설에 빠진다(Hinman, p.47; Pasamonk, p.207; 김용환, 2006, p.75). 관용의 역설은 관용을 중시하는 자유주의의 역설(paradox of liberalism)로도 나타난다. 자유주의 국가에 사는 호전적인 반자유주의자들은 관용되거나 아니면 불관용된다. 만약 관용된다면 그 정책의 결과 관용을 제약하는 반자유주의가 득세하게 된다. 만약 불관용된다면 자유주의 국가는 그 정책 자체로 볼 때 반자유주의적이 된다. 그래서 관용에 대한 헌신과 공약을 내세우는 자유주의는 어떻게 하든지 간에 관용을 감소시킬 수밖에 없게 된다. 그렇다면 기본적으로 관용의 광범위한 확대를 주장하는 자유주의의 기본적 입장은 큰 타격을 입게 된다(Cohen, pp.514-515).

롤즈의 경우 『정의론』에서 정의의 제1원칙은 처음에는 “각자는 모든 사람의 유사한 자유 체계와 양립할 수 있는 평등한 기본적 자유의 가장 광범위한 전체 체계에 대해 평등한 권리를 가져야 한다"는 것이었다(『정의론』, p.400). 하지만 나중에 "각자는 평등한 기본적 권리들과 자유들의 충분히 적절한 체계에 대한 평등한 요구권을 가지며 그러한 체계는 모든 사람에게 동일한 체계와 양립 가능해야 한다"로 변경되었다(『정치적 자유주의』, p.6, p.336, p.359; 필자 번역 수정). 『정의론』에서 제시된 "가장 광범위한 전체 체계(the most extensive total system)"는 여기서는 "충분히 적절한 체계(a fully adequate scheme)"로 바뀐다. 이것은 기본적 자유들이 상충할 수도 있기 때문에 상호 조정되어야 할 경우가 있으므로 최대의 평등한 자유는 가장 광범위한 자유가 아닐 수도 있다는 하트(H. L. A. Hart)의 비판을 수용한 것이다(『정치적 자유주의』, p.405; Hart, pp.543-547). 적절한 예를 든다면, 발언권의 규제 없는 자유로운 토론은 더 광범위한 자유이기는 하지만, 모든 사람의 발언의 자유가 상호 양립적으로 실현될 수 없다. 이것은 발언의 내용을 제약(restriction)하는 것이 아니고 발언의 질서를 규제(regulation)하는 것일 뿐이다(『정치적 자유주의』, p.364). 롤즈는 사실 이러한 구분을 『정의론』에서 제1우선성 규칙(자유의 우선성)으로 이미 제시하였다. "덜 광범위한 자유(a less extensive liberty)는 모든 이가 공유하는 자유의 전 체계(the total system of liberty)를 강화해야만 한다."(『정의론』, p.337, p.400) 이러한 롤즈의 인식은 자유의 범위와 관용의 범위는 일치한다는 관점에서 보면, "덜 광범위한 **관용**은 모든 이가 공유하는 **관용**의 전 체계를 강화해야만 한다"는 관용의 우선성 규칙으로 재진술할 수 있으며(강조 필자 삽입), 이것은 또한 관용에 관련된 자유주의의 역설을 해결하는 하나의 방책이 될 수 있을 것이다.

도덕적 관용에 관련된 "도덕적 관용의 역설(the paradox of moral

tolerance)”도 많이 언급되고 있다. 타인의 신조를 배척하는 이유와 그럼에도 불구하고 수용하는 두 가지 근거는 도덕적인 것인데, 도덕적으로 잘못된 것을 관용하는 것이 도덕적으로 정당하거나 혹은 심지어 도덕적으로 요구된다는 것은 역설이라 아니 할 수 없다(Forest, p.2; 김상범, pp.21-22). 관용에 관한 우리나라의 연구들은 이것을 주로 관용의 역설로 여기고 있지만 관용의 역설은 여러 종류가 있으며 그중 가장 난해한 문제는 딜레마적 형식으로 제기된 관용의 역설임을 인지해야 한다(이일대, p.83; 구승회, p.183; Cf. 김용환, 1997, pp.68-70).

롤즈는 앞에서 언급한 세 가지 문제에 대해서 다음과 같은 답변을 제시한다. 첫째, 불관용적인 종파는 자기에게 평등한 자유가 인정되지 않는다고 하더라고 불평할 근거가 없다. 어떤 사람의 불평권은 그 자신이 다른 사람들과 상호 간에 인정하는 원칙들이 위반되었을 경우에 국한된다. 불관용적인 종파는 자신의 종파에 속하는 사람들의 종교의 자유를 인정하지 않으면서 불관용을 포함한 자신의 더 넓은 종교의 자유가 인정되지 않는다고 불평할 수는 없다(『정의론』, pp.295-296). 롤즈는 불관용자들을 정의로운 제도의 평등한 자유로부터 이익을 취하면서도 그것을 유지하기 위한 자신의 본분을 다하지 않는 사람들로서 “무임승차자(a free-rider)”로 간주한다(『정의론』, p.504). 둘째, 관용적인 종파가 불관용적인 종파에게 관용을 베풀지 않을 권리는 양심의 자유를 부정함으로써 정의의 원칙이 어겨지는 경우에 그것을 반대하는 권리로서이다(『정의론』, p.297). 셋째, 관용적인 종파는 그들 자신의 안전이나 자유로운 제도가 위험에 직면할 경우 자기보존의 권리에 의거하여 불관용적 종파의 자유를 제한하게 된다. 이러한 제한은 원초적 입장에서 계약당사자들이 합의할 정의원칙들과 그것들에 따른 평등한 자유의 보장에 위배된다는 관점에서 행해지게 된다(『정의론』, p.297).

이상의 논의에서 본다면 롤즈의 『정의론』에서 관용의 원칙은 정의의 제1원칙인 "평등한 자유의 원칙"에 속하는 양심의 자유와 종교의 자유에 의거하여 수립되게 된다. 그러나 롤즈는 나중에 『정의론』에서의 정의의 원칙과 관용의 원칙은 질서정연한 사회에서 모든 사람들이 받아들이는 것으로 가정된 사회계약론에 의한 포괄적인 자유주의라는 도덕철학적 교설로서 제시되었기 때문에 모든 사람의 합의와 사회적 안정성을 담보할 수 없다는 것을 인정하게 된다. 그래서 등장한 것이 정치적 자유주의이며, 여기서 관용의 새로운 근거가 제시된다(『정치적 자유주의』, pp.xix-xx; 박정순, 1998, pp.277-278; 박정순, 2009b, pp.58-59).

3. 『정치적 자유주의』에서의 관용

1) 정치적 자유주의와 정치적 정의관, 그리고 관용

롤즈는 자유주의, 좀 더 엄밀하게는 정치적 자유주의의 역사적 기원은 종교개혁과 그 영향이라고 생각하며, 그것은 16세기와 17세기 종교적 관용에 관한 오랜 논쟁과 관련되어 있다고 본다(『정치적 자유주의』, p.xxx). 정치적 자유주의가 『정의론』과 다른 결정적인 차이는 공정성으로서의 정의관이 "포괄적인 자유주의(comprehensive liberalism)"나 "포괄적인 철학적 교설(comprehensive philosophical doctrine)"로서 제시된 것이 아니라, 포괄적인 종교적, 철학적, 도덕적 가치관과 교설들 사이의 중첩적 합의를 추구하는 정치적 정의관이라는 것이다(『정치적 자유주의』, p.xxxiv, pp.xix-xx). 롤즈는 공정성으로서 정의가 정치적 정의관이라는 것이 『정의론』에서는 미처 언급되지 못했거나 충분히 강조되지 못했다는 것을 시인한다(『정치적 자유주의』, p.218, 각주 3). 롤즈는 『정의론』에서 질서정연한 사회를 규제하는 공정성으로서의 정의관을 "하나의 포괄적인 철학적 교설"로 제시하여 모든 시민들이 동질적인 도덕적 신념과 가치 있는 삶에 대한 동일한 견해를 가진 것으로 간주함으로써 정의로운 사회의 안정성(stability)을 확보할 수 있다고 보았다(『정의론』, 제3부, 76절). 그러나 질서정연한 사회에서의 이러한 안정성은 상이한 종교적, 철학적, 도덕적 가치관과 교설들이 서로 상충하는 근대 자유민주주의 사회에서는 비현실적이다(『정치적 자유주의』, p.xxii). 따라서 질서정연한 사회에서의 안정성을 확보하기 위해서는 공정성으로서의 정의관이 포괄적인 도덕철학설로서의 자유주의가 아니라 "정치적 자유주의"가 되어야 한다(『정치적 자유주의』, p.xxxiv). 이러한 정치적 자유주의의 목표는 자유민주주의적인 다원주의 사회에서의 합당한, 그러나 상충되는 종교적, 철학적, 도덕적 가치관과 교설들로부터 안정되고 실행 가능한 정치적 정의관에 대한 "중첩적 합의(overlapping consensus)"를 이끌어내는 데 있다(『정치적 자유주의』, p.11).

롤즈는 여기서 방법론적으로 볼 때 "정치적 자유주의는 관용의 원칙을 철학 자체에 적용시킨다"는 유명한 언명을 한다(『정치적 자유주의』, p.11). 즉, 롤즈는 "어떤 독립적인 형이상학적, 도덕적 진리의 추구로서의 철학은 … 민주주의 사회에서의 정치적 정의관에 대한 실행 가능하고도 공감된 토대를 제공해주지 못한다"는 것을 분명히 한다(Rawls, 1985, p.230). "따라서 공정성으로서의 정의는 철학적으로 말하면, 의도적으로 표피에 머무른다"는 것이다(Rawls, 1985, p.231; 3절은 주로 박정순, 1998, 2009b에서 참조 및 발췌).

롤즈는 "정치적 정의관과 포괄적인 종교적, 철학적, 도덕적 교설들 사이의 구별”을 다음과 같이 제시하고 있다. 포괄적인 교설들은 인간의 삶의 가치와 인격적 덕목과 성격의 이상들과 우정, 가족관계, 결사체적 관계 등 인생 전반에 대한 비정치적 이상을 포함하는 데 비해, 정치적 정의관의 특색은 그러한 것을 배제하고, 다음 세 가지 관점에만 논의를 국한한다. 첫째, 정치적 정의관은 입헌민주주의 정체의 사회적 기본구조, 즉 정치, 경제, 사회제도라는 특정한 주제를 갖는 도덕적 개념이다(『정치적 자유주의』, p.13). 둘째, 정치적 정의관은 어떤 특정한 포괄적 학설로부터도 독립적이다. 즉, 정치적 정의관은 그 자체로서 사회적 기본구조에 대한 합당한 개념을 제시하는 자유입지적 견해(freestanding view)이다(『정치적 자유주의』, p.14). 셋째, 정치적 정의관의 내용은 어떠한 포괄적 학설에 의해서가 아니라 민주사회의 공공적인 정치문화에 내재한 근본적인 관념들에 의해서 구성된다. 이러한 근본적인 관념들은 “공정한 협동 체계로서의 사회”의 관념, “자유롭고 평등한 인간들로서의 시민”의 관념인 “정치적 인간관”, 그리고 정치적 정의관에 의해서 효과적으로 규제되는 “질서정연한 사회”의 관념이다(『정치적 자유주의』, p.17).

포괄적인 교설들이 정치적 정의관으로서 거부되는 이유는, 그것들이 기본적인 정의의 문제들에 대한 충분한 중첩적 합의를 이끌어낼 수 없다는 데 있다. 이것은 현대사회의 도덕적 위기 상황과 사회정의의 문제를 보는 롤즈의 독특한 시각에 달려 있다. 현대사회의 도덕적 위기 상황은 자유민주사회의 전통 속에 내재한 “자유와 평등의 갈등”으로 요약된다. 이러한 갈등은 사회경제적 이익의 상충과 사회제도와 정책의 수행에 관한 다양한 사회과학 이론들 사이의 논쟁들뿐만 아니라, 상이한 종교적, 철학적, 도덕적 교설들 사이의 “가장 고귀한 것을 위한(for the sake of the highest things)” 논쟁들에도 그 근거를 둔다(『정치적 자유주의』, p.4). 롤즈가 정치적 자유주의의 중첩적 합의를 추구하는 이유는 "다원주의의 실상(the fact of pluralism)"으로 간주되는 다음과 같은 다섯 가지의 사실들 때문이다. 이러한 사실들은 어떠한 정치적 정의관도 전제해야 하는 정치적, 사회적 세계와 정치사회학과 인간심리학에 관한 일반적 사실들로서 한탄해야 할 파국이 아니라, 자유민주주의 사회의 자연적 결과이다(『정치적 자유주의』, p.xxxi). 롤즈는 근현대 자유주의적 입헌주의의 성공은 합당한 다원주의 사회에서 조화와 안정을 이룰 수 있는 가능성을 추구하는 데서 유래했다고 본다. 즉, 자유주의적 제도를 가진 사회에서 성공적이고 평화적인 관용의 실천이 나타나기 전에는 이러한 가능성을 알 방법이 없었다고 지적한다. 수세기 동안 지속되어온 불관용의 전통이 확인해주는 것처럼, 서구 사회에서 조화와 화합은 포괄적인 종교적, 철학적, 도덕적 교설들에 대한 합의를 필요로 하는 것으로 생각되어왔다. 즉, "불관용은 바로 사회의 질서와 안정의 조건"으로 널리 수용되었던 것이다(『정치적 자유주의』, p.xxxii). 그러나 종교개혁 이후 불관용에 대한 믿음의 약화가 자유주의적 제도의 길을 터놓게 되었던 것이다. 그래서 "자유 신앙의 원칙(the doctrine of free faith)"으로부터 자유주의가 발생하고 발전하게 되었던 것이다(『정치적 자유주의』, pp.xxxi-xxxii).

첫째, 다양한 포괄적인 종교적, 도덕적, 철학적 교설들이 상충하는 혹은 불가통약적인 인생의 의의, 가치와 목적에 대한 신조들을 개진하는 것은 근대 민주주의 사회의 영속적인 특색이다(『정치적 자유주의』, p.45). 둘째, 어떤 하나의 포괄적인 교설은 오직 국가권력의 억압적 사용을 통해서 유지할 수 있다(『정치적 자유주의』, p.47). 롤즈는 여기서 종교재판의 예를 들면서 자유주의의 유래는 종교개혁 이후에 형성된 관용의 원칙이라고 지적한다. 또한 롤즈는 설령 포괄적 교설이 널리 수용되고 있다고 하더라도 그것은 결국 자유를 억압하거나 질식시키기 쉬운 경향이 있다고 본다(Rawls, 1987, p.4, 각주 7). 셋째, 적대적인 사회적 계급들로 분열되지 않은 지속적이고 안정적인 민주사회는 적어도 정치적으로 활동적인 충분한 다수의 시민들에 의해서 기꺼이 자유롭게 지지되어야만 한다(『정치적 자유주의』, p.47). 이러한 세 번째 사실은 첫 번째 사실과 함께 감안해볼 때, 충분한 다수의 지지를 얻기 위해서는 다양한 포괄적인 교설들로부터 지지될 수 있는 정치적 정의관이 필요하게 된다. 넷째, 무력이나 외부적 권위에 의해서가 아니라 이성적으로 안정된 민주사회는 통상적으로, 아니면 적어도 암묵적으로, 어떤 기본적인 직관적 신념을 포함하고 있으며 그것으로부터 정치적 정의관을 구축하는 것이 가능하다(『정치적 자유주의』, p.48, 각주 41). 다섯째, 우리가 많은 중대한 판단을 내릴 때 우리는 양심적이고 충분히 합리적인 사람들이 심지어 자유로운 토론을 벌이고 나서도 동일한 결론을 얻기가 어렵다는 것을 고려에 넣는다(『정치적 자유주의』, p.73). 이것이 바로 "판단의 부담(the burdens of judgement)"으로서 민주주의적 관용의 관념을 위해서 "가장 중요한 것"이다(『정치적 자유주의』, p.73). 이러한 다섯 가지 사실과 민주주의를 가능케 하는 "합당하게 우호적인 조건", 즉 행정적, 경제적, 기술적 조건 등과 같은 사회적 배경에 대한 추가적 사실을 통해(『정치적 자유주의』, p.181), 롤즈는 합의 불가능한 포괄적인 학설을 배제하고 다원 민주주의 사회의 기초로서의 합의 가능한 정치적 정의관에 정치적 논의를 국한한다.

이러한 다원주의의 실상은 "단순한 다원주의(simple pluralism)"가 아니고 "합당한 다원주의(reasonable pluralism)"에 관한 사실로서, 정치적 자유주의는 중첩적 합의를 통해서 합당한 포괄적 교설들에 의해서 지지될 것이라고 가정된다(『정치적 자유주의』, p.xvi). 그러나 민주주의 정치문화에 내재한 기본적 신념들을 부정하는 "합당하지 않거나 불합리한, 그리고 심지어는 광신적인 포괄적 교설들(unreasonable and irrational, and even mad, comprehensive doctrines)"은 견제되어 그것들이 사회의 통합성과 정의를 훼손하지 못하도록 해야 한다(『정치적 자유주의』, p.xxi). 롤즈는 『정의론』에서 "불관용자에 대한 관용"을 논하면서 다루었던 것을 여기서 다시 명백히 하고 있다. 만약 모든 포괄적인 종교적, 철학적, 도덕적 교설들이 관용되어야 하다면 관용의 범위를 지나치게 확장시킨 것이다. 이렇게 된다면 관용의 원칙조차 관용되어야 하는 상대주의로 전락하고 말 것이다(박준웅, p.37). 그래서 롤즈가 합당한 포괄적인 종교적, 철학적, 도덕적 교설들만이 관용의 대상이라고 한정하는 것은 이기적이고, 비합리적이고, 합당하지 못한, 광신적인 교설들을 배제하여 정치적 자유주의에서 관용의 한계를 명백히 한 것으로 볼 수 있다(박재형, p.34). 롤즈는 그러한 포괄적 교설들의 예와 그러한 교설들이 억제되는 두 가지 상황을 언급한다(『정치적 자유주의』, pp.242-243). 우선 포괄적 교설들과 연결된 삶의 방식이 정의의 원칙들과 직접적인 상충에 있거나, 또는 그것들은 허용될 수 있지만 정의로운 입헌정체의 정치적, 사회적 여건 하에서 신봉자를 회득하는 데 실패하는 경우이다. 첫 번째 경우는 인종적, 민족적, 혹은 완전주의적 근거, 가령 아테네 또는 미국 남북전쟁 이전의 남부에서의 노예제와 같은 특정한 개인이나 인종에 대한 억압이나 경멸을 요구하는 가치관이 공정성으로서의 정의원칙과 배치되는 경우이다. 그리고 사람을 제물로 바치는 것과 같은 극단적인 종교적 관행은 분명히 금지되어야 한다(Cf. 『정의론』, p.482). 두 번째는 가톨릭과 같은 특정 종교와 그것에 관련된 가치관이 국가기관의 통제와 비가톨릭교도와 불신자에 대한 종교재판과 사형제도와 같은 효과적인 불관용을 실행할 수 있는 때만 사회적으로 실행 가능한 경우이다. 이러한 종교는 정치적 자유주의의 질서정연한 사회에서는 소멸하게 될 것이다. 그러나 정치적 자유주의의 관용의 한계는 결국 문화적 다원주의 사회에서 포괄적 자유주의와 배치되는 비자유주의적 사고와 종교 집단을 배제하는 한계를 노정시킨다는 비판도 가능할 것이다(이일대, p.73, p.85; 장동진 · 유인태, p.3, p.17; 김상범, pp.105-106).

결국 자유주의적인 정치적 정의관은 자신의 정치적 가치가 다른 모든 포괄적인 가치관과 교설들 사이에서 중립적인 것이라기보다는 오히려 그것들보다 우선적이고 우월하다는 것을 입증한다(『정치적 자유주의』, pp.11-12, pp.235-241, pp.276-281). 물론 롤즈가 이러한 문제들을 인식하지 못하고 있는 것은 아니다(『정치적 자유주의』, pp.11-12, pp.235-237). 롤즈는 정치적 자유주의도 자유롭고 평등한 인간들 사이의 사회적 협동이라는 실질적 가치관을 가지고 있기 때문에 완전히 순수한 절차적 중립성을 주장할 수 없다는 것을 인정한다. 그리고 정치적 자유주의는 "효과나 영향의 중립성(neutrality of effect or influence)"을 확보할 수 없지만, 그래도 인류 역사상 다른 어떠한 사상들보다도 "목적의 중립성(neutrality of aim)"은 달성했다고 주장한다(『정치적 자유주의』, p.239). 그리고 롤즈는 정치적 자유주의가 목적에서의 공동적 기반과 중립성을 추구하기는 하지만, 정치적 자유주의가 여전히 어떤 형태의 도덕적 성격의 우월성과 일정한 도덕적 덕목들을 권장한다는 것은 중요하다고 강조한다. 즉, 공정성으로서의 정의는 특정한 정치적 덕목들, "시민성"과 "관용"의 덕목과 같은 "공정한 사회적 협동"의 덕목, 선의 추구를 제약하는 "합당성"과 "공정심"과 같은 덕목들을 요구한다는 것이다. 그러나 롤즈는 여전히 이러한 덕목들을 정치적 정의관 속에 유입시키는 것은 포괄적 교설 위주의 완전주의적 국가에 이르지 않는다고 주장한다(『정치적 자유주의』, p.240).

2) 중첩적 합의와 공적 이성, 그리고 관용

롤즈의 『정의론』에서 정당화 방법론은 합리적 선택이론에 의거해서 원초적 입장으로부터 정의원칙을 도출하는 과정인 계약론적 정당화(contractarian justification)와 도출된 정의원칙과 우리의 특수한 도덕적 신념과 배경적 사회이론들 사이의 반성적 평형상태(reflective equilibrium)인 정합론적 정당화(coherence justification)로 이루어진다(『정의론』, p.52, p.56). 그런데 정치적 자유주의에서는 정치적 정의관이 합당한 포괄적 종교적, 철학적, 도덕적 교설들 사이의 중첩적 합의의 대상이 된다는 것이 더욱 중요한 정당화이다. 그리고 이러한 중첩적 합의는 질서정연한 사회에서 다양한 가치관을 가진 구성원들 사이에서 안정성을 확보할 수 있는가에 의해 판정된다. 중첩적 합의와 안정성을 통한 정당화는 결국 사회 구성원들의 공적 이성(public reason)을 통한 "공적 정당화의 기반(public basis of justification)"을 마련하는 것이다(『정치적 자유주의』, p.xxiv, p.10, pp.185-186). 롤즈는 "민주적 문화의 합당한 다원주의를 현실로 받아들일 때, 정치적 자유주의의 목적은 근본적인 정치적 문제에 관하여 정당화의 합당한 공적 근거의 가능성을 찾아내는 것이다"라고 말한다(『정치적 자유주의』, p.xxv). 정치적 자유주의에서 어려운 문제의 하나는 정당화 방법론에 관계되고 있는 원초적 입장과 반성적 평형상태, 그리고 중첩적 합의를 공적 이성을 통한 공적 정당화라는 총괄적인 체계로 일목요연하게 이해하는 일이다.

이러한 이해에서 가장 중요한 것은 롤즈의 정치적 정의관이 두 단계로 제시된다는 것이다(『정치적 자유주의』, p.80, p.65, pp.174-

175). 우선 제1단계에서는 정치적 정의관이 사회의 기본구조에 대한 자유입지적 견해로서 제시된다. 따라서 정치적 정의관은 민주주의적 정치문화에 내재한 근본적인 신념들로부터 출발한다. 그러한 신념들을 모형화하는 "원초적 입장"을 통해서 정의의 원칙을 도출하는 "정치적 구성주의"와 그러한 원칙과 우리의 숙고적 판단과 배경적인 사회적 사실과의 "광역적인 반성적 평형상태(wide reflective equilibrium)"가 정당화의 두 축이 된다. 제2단계에서는 도출된 정치적 정의관이 합당한 다원주의 사회인 질서정연한 사회에서 시민들의 중첩적 합의를 통한 사회적 통합과 안정성을 보장할 수 있는지가 정당화의 관건이다. 공적 정당화는 자유로운 공적 이성의 개념을 통해서 제1단계의 정당화와 제2단계의 정당화의 배경으로 자리잡고 있다. 제1단계에서는 원초적 입장에서의 무지의 장막 등 "합당성(the reasonable)"의 조건과 광역적인 반성적 평형상태를 가능케 하는 "충분한 숙고(due reflection)"의 개념을 통해서, 그리고 제2단계에서는 중첩적 합의를 가능케 하는 공적 토론에서 상대방이 납득할 수 있는 이유와 근거를 제시할 수 있는 이성의 능력 등을 통해서 자유로운 공적 이성이 발휘된다(『정치적 자유주의』, p.xxv, p.60, p.262). 공적 이성은 우리가 정의의 원칙을 도출할 때, 어떤 탐구 지침과 공적으로 인정된 규칙이 필요하다는 것을 말하고 있다. 그러므로 어떤 정의관이 효과적으로 합의된 정의관이 되기 위해서는 사적인 이해관계나 포괄적인 가치관을 반영하는 비공적 이성(nonpublic reason)이 사용되어서는 안 된다(『정치적 자유주의』, p.272). 공적 이성의 내용은 기본적 구조에 대한 정의의 원칙과 그러한 원칙이 타당하게 적용되는가, 그리고 그러한 원칙을 실현할 수 있는 법과 정책을 판정할 수 있는 탐구의 지침, 추론의 원칙과 증거의 규칙들이다(『정치적 자유주의』, p.277). 또한 공적 이성은 정치적 강제 권력이

근본적인 정치적 안건에 관련해서 정당하게 사용될 수 있는 "자유주의적 합법성의 원리(the liberal principle of legitimacy)"를 규정한다(『정치적 자유주의』, p.170, p.268; 자세한 논의는 정원섭 참조).

그러나 이러한 공적 이성을 통한 공적 정당화는 이성 개념 자체가 이미 정치적 자유주의의 가치를 전제하거나 그것에 따라서 규정되었기 때문에 순환적 정당화이거나 자기 충족적일 뿐이라고 비판된다. 또한 만약 공적 이성의 개념이 순전히 형식적이고 중립적이라면 그러한 공적 이성의 개념으로부터 롤즈의 정치적 정의관이 필연적으로 도출된다는 보장이 없다. 또 다른 각도에서의 비판은, 롤즈가 사용하고 있는 공적 이성의 개념은 결국 이성적 인간의 규정에 달려 있는데, 이러한 이성적 인간은 정의감과 가치관의 형성과 개조의 능력 소유, 정치적 가치의 우위성 인정, 그리고 "합당한 도덕심리학"에서의 원리-의존적 욕구(principle-dependent desires)를 통해서 규정되므로 여전히 칸트적이라는 것이다(Cf. 『정치적 자유주의』, pp.103-104). 따라서 그것은 다양한 포괄적인 교설들의 지지를 확보하기에는 지나치게 협소하다는 것이다.

중첩적 합의와 관련해서 가장 관심을 끄는 문제는 정치적 정의관과 합당한 포괄적인 교설들의 관련 방식이다(『정치적 자유주의』, p.xxv). 롤즈는 중첩적 합의가 하나의 초점, 필수적 구성 부분인 모듈(module), 혹은 정리(theorem)라고 말한 바 있다(『정치적 자유주의』, p.121, p.15, p.180; Rawls, 1987, p.9). 그 구체적인 관련 방식은 어떤 경우에는 정치적 정의관이 단순히 포괄적 교설의 단순한 결과일 수도, 연속적일 수도 있다. 어떤 경우에는 수용할 만한 근사치(acceptable approximation)일 수도 있다(『정치적 자유주의』, p.xix). 롤즈가 이러한 관련 방식을 구체적으로 제시한 것이 모형적 사례(model case)이다. 그 모형적 사례는 네 가지로 정리할 수 있다(『정치적 자유주의』, pp.180-181, pp.210-211). 첫째는 어떤 포괄적 교설은 종교적 교설과 자유로운 신앙에 대한 신념을 통해 관용의 원리로 나아가서, 결국 입헌적 민주주의의 근본적 자유인 정치적 정의관을 인정하는 경우이다. 롤즈는 로크의 『관용에 관한 편지』에서 제기된 입장이 이 사례에 해당한다고 지적한다(『정치적 자유주의』, p.180, 각주 12; Locke 참조). 둘째는 칸트의 『윤리형이상학 정초』에 나타난 자율성(autonomy)과 밀의 『자유론』에 나타난 개체성(individuality)에 기반한 포괄적 자유주의 이론과 같이 포괄적인 도덕적 학설의 논리적 귀결로서 정치적 정의관이 수락되는 경우이다(『정치적 자유주의』, p.xxiv, p.122; 칸트, 밀 참조). 다시 말하면 포괄적 자유주의는 정치적 자유주의의 연역적 기초가 된다(『정치적 자유주의』, p.97, p.210). 셋째는 다양한 정치적 가치들과 비정치적 가치들의 상호 조정에 따라서 사회질서가 유지되어야 한다는 부분적으로 포괄적인 교설로부터 민주주의가 가능한 충분히 우호적인 조건에서 정치적 가치가 다른 비정치적 가치와 충돌할 때 정치적 가치가 우월성을 갖는다는 것을 인정하게 되는 경우이다(『정치적 자유주의』, p.181, p.211). 넷째는 벤담(J. Bentham)과 시지윅(H. Sidgwick)의 공리주의처럼 사회적 상황을 고려할 때, 즉 인권과 자유를 억압하는 방식으로는 최대다수의 최대행복이 달성되지 않는다는 해석을 통해, 정치적 정의관을 수용할 만한 근사치로 받아들이는 것이다(『정치적 자유주의』, p.211; Cf. 『정의론』, p.222).

이러한 모형적 사례에 대해서 다양한 비판이 전개되고 있다. 문화적 다원주의 사회에서 종교적, 문화적인 내부적 결속을 중시하여 신앙의 자유를 인정하지 않는 종교적 교설의 경우 정치적 정의관이 가진 공적 이성의 엄격한 기준과 충돌할 가능성이 있다. 그리고 롤즈의 정치적 정의관과 벤담과 시지윅의 고전적 공리주의, 그리고 밀의 공리주의와의 양립 가능성 여부가 문제시될 수 있다. 롤즈가 『정의론』에서 공리주의에 대한 대안적 정의관을 제시하려는 중대한 이유들 중의 하나는 그것이 질서정연한 사회에서 안정성을 확보할 수 없는 것이라면(『정의론』, pp.245-246), 어떻게 정치적 정의관에서는 공리주의의 사회적 안정성을 인정할 수 있을 것인가(Scheffler, p.9)? 또한 사회적 안정성을 제외하고도 롤즈가 공리주의를 반대하는 이유들이 많은데(자유와 권리의 억압, 개인 간 차이 무시, 공리와 효용 비교를 위한 쾌락주의적 단일 척도 수립 등), 정치적 자유주의에서는 그러한 이유들이 다 사라져버린 것인가, 아니면 중요하지 않게 된 것일까? 그 다음 다원론적 견해를 보자. 이것은 다원적 원칙들의 직관적 조정을 통해 정의관을 구성하려는 입장이다. 롤즈가 주장하는 다원주의의 실상을 통해서 본다면, 다원론적 입장은 정치적 정의관보다 더 타당할 수도 있다. 여기서 우리의 관심을 가장 끄는 것은 칸트와 밀의 포괄적 자유주의와 정치적 정의관 사이의 관계이다. 롤즈는 정치적 정의관이 포괄적 자유주의의 결과이거나, 그것과 일치하거나, 혹은 연역적, 보조적 관계가 아니면, 적어도 유사성을 가지고 있다는 것을 누차 말한다(『정치적 자유주의』, p.210, p.247, p.260, 각주 42). 그렇다면, 롤즈의 정치적 자유주의는 다른 포괄적인 종교적, 철학적, 도덕적 교설들보다는 포괄적 자유주의와 더 밀접하게 관련되어 있으며, 또한 그것에 의존할 수밖에 없을 것이다. 특히 롤즈는 칸트의 도덕철학에서 정치적 정의관이 연역적으로 도출된다고 인정한다(『정치적 자유주의』, p.210). 그렇다면, 그의 정치적 정의관이 "칸트적인 도덕적 구성주의"가 아니고 "정치적 구성주의"라는 강변은 매우 역설적으로 들린다(『정치적 자유주의』, p.123; Cf. 롤즈, 1980). 또한 롤즈가 자유주의 정치문화에 내재한 직관적 신념들로부터 출발하지만, 그러한 직관적 신념들을 논란의 여지없이 받아들인다고 하더라도, 그러한 직관적 신념들은 포괄적인 자유주의적 관행과 제도의 누적적 결과일 것이다. 따라서 포괄적 교설로부터의 독립적인 자유입지적 견해를 추구한다는 관념과 자유주의의 정치문화에 내재한 직관적 신념에 의존한다는 관념, 다시 말하면 공정성을 확보하기 위해서는 포괄적인 교설들로부터 독립적이어야 하지만 안정성을 확보하기 위해서는 포괄적인 교설들로부터 지지가 필요하다는 두 가지 요구는 철학의 전통적인 딜레마의 하나인 초월과 내재의 딜레마이다(Archard, p.48).

롤즈는 물론 중첩적 합의에 대한 다음과 같은 반론을 예상하고 그것을 자세히 다룬다. 첫째, 중첩적 합의는 결국 단순한 잠정협정이 될 뿐이며 또한 그것을 벗어나지 못한다(『정치적 자유주의』, pp.181-184). 둘째, 일반적이고 포괄적인 교설들을 회피하는 것은 그러한 포괄적인 교설들의 진리 여부에 대해서는 말할 것도 없이 정치적 정의관의 진리 여부에 대한 무관심이나 도덕적 회의주의를 함축한다(『정치적 자유주의』, p.186). 셋째, 중첩적 합의가 단순한 잠정협정이 아니라는 것을 인정해도 실행 가능한 정치적 정의관은 일반적이고 포괄적이어야만 한다(『정치적 자유주의』, p.192). 넷째, 중첩적 합의는 유토피아적이다. 왜냐하면 중첩적 합의는 한 사회에서 그것이 존재하지 못할 때는 그것을 산출할 만하게 충분한 정치적, 사회적, 그리고 심리적 역량들이 결여되어 있고, 혹은 그것이 존재할 때라도 그것을 안정되고 지속적으로 만들 그러한 역량들이 결여되어 있기 때문이다(『정치적 자유주의』, p.196). 여기서 가장 중요한 것은 첫 번째와 세 번째의 반론이다. 롤즈는 정치적 자유주의가 홉스적 유형인 "잠정협정적 자유주의(modus vivendi liberalism)"로 오해되어서는 안 된다는 것을 분명히 한다. 잠정협정적 자유주의는 사회적 합의를 상대적인 힘의 우연적 균형에 의거하는 것으로,

개인적 혹은 집단적 이익들이 잘 고안된 입헌적 제도에 의해서 수렴될 수 있다는 것을 주장한다(『정치적 자유주의』, pp.181-185). 롤즈는 16세기경의 가톨릭과 프로테스탄트의 사이의 권력 관계를 보면 잠정협정의 폐해가 잘 드러난다고 지적한다. 당시에는 "관용의 원칙(the principle of toleration)"에 대한 중첩적 합의가 존재하지 않았기 때문에 양쪽의 신념 모두가 진실한 종교를 지지하고, 이단이나 그릇된 교리의 확산을 억제하는 것이 "통치자의 의무"라고 생각하였다. 그런 경우 관용의 원칙을 인정한다는 것은 그야말로 "잠정적 타협"에 그치고 말 것이다. 왜냐하면 만약 일방의 세력이 우세해질 경우, 관용의 원칙이 즉각 "그 효력을 상실"하게 될 것이기 때문이다(『정치적 자유주의』, pp.184-185). 롤즈는 이처럼 잠정협정적 자유주의에 의해서 확보된 안정과 사회적 합의는 말 그대로 잠정적인 것으로 힘의 균형이나 상황에 변화가 오면 붕괴된다고 주장한다. 이제 롤즈의 정치적 자유주의는 지속적인 사회적 안정과 통합을 확보하지 못하는 홉스적인 잠정협정적 자유주의와 충분한 사회적 합의를 이끌어내지 못하는 칸트와 밀의 포괄적인 도덕적 자유주의(comprehen- sive moral liberalism)의 딜레마를 피하려는 원대한 시도가 된다(『정치적 자유주의』, p.184, p.97, p.122, p.242). 그러나 많은 사람들은 이러한 딜레마를 피하기가 쉽지 않다고 비판한다. 즉, 잠정협정적 자유주의를 주장하는 사람들은 실질적인 자유주의적인 가치관을 피하고 진정한 중립성을 확보하기 위해서는 합리적 선택이론에 의거해야 한다고 주장한다(Gauthier, pp.132-148). 반면에, 포괄적 자유주의를 옹호하는 사람들은 정의적 정의관에서 실질적 내용을 배제하는 것은 결국 잠정협정적 자유주의로 전락하고 만다고 주장한다(Hampton, 1994, p.186). 롤즈는 합리적 선택이론의 정당화를 거부하였기 때문에(『정치적 자유주의』, p.66, 각주 7,

p.376, 각주 21), 롤즈가 피해 갈 수 있는 뿐은 후자인 것 같다. 어차피 모든 삶의 양식이 다 보전되는 사회를 생각할 수 없다면(『정치적 자유주의』, p.243), 비록 정치적 자유주의가 실질적 가치관을 전제하고 그 우월성을 주장하기는 하지만, 그것은 어떠한 다른 포괄적인 가치관보다는 여전히 중립적이며, 결코 포괄적인 교설에 따른 완전주의적 국가에 이르지 않는다는 것을 주장하는 것이다(『정치적 자유주의』, p.241). 이러한 롤즈의 정치적 자유주의는 현대 다원민주사회에서 종교적, 철학적, 도덕적인 포괄적 교설들 사이의 중첩적 합의를 공적 이성을 통해서 달성하므로 사회적 안정성을 확보할 수 있을 뿐만 아니라, 그러한 사회적 안정성을 바탕으로 관용과 상호신뢰가 증진되는 사회를 발전시킬 수 있을 것으로 보인다. 롤즈의『정의론』과『정치적 자유주의』는 비록 포괄적인 도덕적 철학설로서의 자유주의와 정치적 자유주의 사이의 준별에 근거하기는 하지만 모두 국내적 정의의 관점에서 정의로운 사회와 그에 따른 관용의 입지를 확보한 것이다. 국내적 정의의 관점을 국제사회에서의 정의와 관용에 관한 만민법으로 확대 발전시킨 것은 롤즈의 3부작의 마지막인『만민법』이다.

4.『만민법』에서의 관용

1) 만민법의 개요와 만민법의 정의원칙으로서의 인권

롤즈는 전 지구적 정의를『만민법(*The Law of Peoples*)』(1999)에서 다루고 있다(『만민법』, 2000; 이하『만민법』은 번역본임).『만민법』에는 "공적 이성의 재론(The Idea of Public Reason Revisited)"도 추가되어 있다(이하 박정순, 2001에서 부분 발췌). 롤즈는 만민법을 “국제법 및 국제 관행의 원칙과 규범에 적용되는 정의에 기초한 특수한 정치관”이라는 의미에서 사용한다(『만민법』, p.13). 따라서 만민법은 정치적 자유주의에 기초하여 한 사회의 공적 이성에 의해서 확보된 사회계약론적인 공정성으로서의 정의를 만민의 사회로, 즉 국제적으로 확장하려는 시도이다. 롤즈는 “만민법은 정치적 자유주의 이론체계 내에서 계발되고 정치체제에 적용되는 자유주의적 정의관을 만민의 사회로 확대하고자 한다는 점에 유의하는 것이 중요하다”고 지적한다(『만민법』, p.23). 그러나 국제사회에는 자유주의적 사회들만이 있는 것이 아니므로 국제법의 기초가 되는 만민법은 자유주의와 비자유주의 사회들 간의 상호 관계를 규제하기 위한 기준으로 제시된 일반적인 원칙들이기도 하다.

롤즈는 정치적 자유주의의 정치적 정의관이 만민법의 단계에서 이상적인 것으로 확대 수용되기 위한 필수요건을 제시하고 있다. 만민법에서 확대 수용될 정치적 정의관에는 합당하고 정의로운 사회를 구현하기 위한 정치적, 도덕적 이상, 원칙 및 개념들이 구비되어 있어야 하므로 다음과 같은 세 가지 특징을 가진 특수한 원칙들이 기본적으로 선행적으로 만족되어야 한다고 본다(『만민법』, p.30; 필자 번역 수정).

첫째, 자유민주적 입헌정체에서는 전통적으로 인정된 친숙한 종류의 기본적 권리들이 망라되어야 한다.

둘째, 특히 일반적인 선과 완전주의적 가치들의 주장에 대해서 첫 번째에서 망라된 기본적 권리, 자유 및 기회들에 대한 특별한 우선성이 부여된다.

셋째, 모든 시민들에게 필수적으로 요구되는 [사회적] 기본 가치들(primary [social] goods)을 보장하여 이들이 그것들을 사용하여 자신의 자유를 현명하고 효과적으로 실현할 수 있도록 해야 한다.

이어서 롤즈는 『정의론』에서의 무지의 장막이 드리워진 원초적 입장의 도출 절차와 유사한 방식을 통해서 만민사회의 대표들이 자유롭고 평등한 민주적 만민에게 친숙한 다음과 같은 전통적인 원칙들에 합의하게 될 것이라고 주장한다(『만민법』, p.65). 롤즈에게 만민법의 계약적 합의 당사자는 개인이나 국가가 아니라 만민들의 연합체나 협의체의 대표들이라고 볼 수 있다.

1. 만민은 자유롭고 독립적인 존재이다. 이들의 자유와 독립성은 다른 국민에 의해 존중되어야 한다.
2. 만민은 조약과 약속을 준수해야 한다.
3. 만민은 평등하며 자신들을 구속하는 약정에 대한 당사자가 된다.
4. 만민은 불간섭의 의무(duty of non-intervention)를 준수해야 한다.
5. 만민은 자기방어의 권리를 갖는다. 그러나 자기방어 이외의 이유로 전쟁을 일으킬 수 있는 권리를 가지지 못한다.
6. 만민은 인권을 존중해야 한다.
7. 만민은 전쟁 수행에 있어 특별히 규정된 제약 사항들을 준수해야 한다.
8. 만민은 정의롭거나 적정 수준의 정치 및 사회체제의 유지를 저해하는 불리한 조건하에 살고 있는 다른 국민을 도와줄 의무가 있다.

이러한 만민의 연합체(협의체)들에 대한 여덟 가지 원칙을 제시한 롤즈는 약간의 설명을 부기한다(『만민법』, pp.66-67). 1번부터 3번 원칙들은 만민의 연합체들의 정치적 집단의 최종 단위로서의 독립권과 그 자신들의 문제를 외세의 간섭 없이 스스로 결정할 권리로서의 만민의 자결권을 명시하고 있다. 연합체들에 대한 내정 불간섭의 원칙인 4번 원칙은 무법적 국가의 호전적 침략성, 그리고 심대한 인권 위반의 경우에는 명백히 제한적으로 적용되어야 한다고 강조한다. 이 원칙은 질서정연한 만민의 사회에는 적합하지만, 전쟁과 심각한 인권 위반 행위들이 만연하는 무질서한 국민들의 사회의 경우에는 그대로 적용되기 어렵다. 어떤 국민도 자신들이 속한 국내적 제도와 사회가 심각한 인권 위반을 하거나 소수파의 권리를 제한하는 경우에는 이에 대한 세계사회의 비난과 강제적 개입에 항의할 수 없다. 6번 원칙은 '세계인권선언'(1948)을 존중하라는 것이며 만민법이 인권에 기초하고 있음을 적시하고 있다(『만민법』, p.66; 손철성 참조).

제2차 세계대전 직후인 1948년에 선포된 유엔 '세계인권선언'을 필두로 한 일련의 인권 선언과 규약들을 통해 점진적으로 이룩된 인권의 공고화 현상은 인권 문화, 심지어는 "인권 혁명"이라고까지 표현되고 있다(Ignatief 참조). 통상적 정의에 따르면 인권은 인간이 단지 인간이기 때문에 어떤 차별도 없이 갖게 되는 생득적이고 불가양도적인 보편적 권리이다. 이제 인권은 보편적인 도덕적 권리일 뿐만 아니라 그 도덕권리적 이상은 국제 관습법(jus cogens)과 국제법(jus gentium), 그리고 각국의 입헌적 기본권의 설정을 통해 현실적으로 (부분적으로는 강제 규범력을 통해) 구현되었다. 따라서 인권 존중은 국제사회에서 국가의 대세적 의무(obligations erga omnes)가 되었다. "모든 사람은 태어날 때부터 자유롭고, 존엄성과 권리에 있어서 평등하다"는 것과 "모든 사람은 인종, 피부색, 성, 언어, 종교, 정치적 또는 그 밖의 견해, 민족적 또는 사회적 출신, 재산, 출생, 기타의 지위 등에 따른 어떠한 종류의 구별도 없이, 이 선언에 제시된 모든 권리와 자유를 누릴 자격이 있다"는 '세계인권선언'의 근본적인 두 원칙은 분명히 자유와 평등, 그리고 인간의 무차별적 존엄성이라는 고전적인 철학적 이념을 담고 있다(이종훈, 제1조, 제2조 1항; 박정순, 2006, pp.34-35).

관용의 개념과 관련해서 보면, 관용은 권력을 가진 자가 관용 수혜자들에게 마치 시혜하듯이, 즉 베풀 듯이 이루어지는 것처럼 보인다. 관용의 실행에 대한 이러한 일방적 측면을 불식시키기 위해서라도 관용의 근거로서 인권을 정초시키는 것이 좋을 것이다(소병철, pp.137-161). 왜냐하면 인권은 인간이 가진 권리로서 그에 상응하는 의무를 발생시키기 때문이다. 인권이 권리라는 것은 권리에 근거한 어떤 요구 사항이 통상적으로 청구되거나 주장되지 않아도 시혜적으로 혹은 우연적으로 충족되는 것과는 다르다는 것을 의미한다. 인권은 더 적극적인 차원의 것으로서, 특정한 사물, 사람, 단체, 국가, 혹은 모든 사람들에게 의무를 수반시키는 정당한 도덕적 혹은 법적인 요구로서 청구되거나 그러한 청구 자격을 부여하는 인간관계의 사회적 체계이다(박정순, 2006, p.38).

또한 인권은 법적인 권리임과 아울러 도덕적인 권리이다. (물론 법적인 권리 중에도 도덕적인 권리가 아닌 것도 있지만) 정의로운 사회체제가 배경이 된다면, 대체로 모든 법적인 권리는 도덕적인 권리일 수 있다. 그러나 모든 도덕적인 권리가 법적인 권리일 수는 없다. 따라서 인권은 한 사회의 법률적인 인정과 수용 여부에 관계없이 부여받는 도덕적 권리로서 한 사회의 정치적, 법률적 체제를 비판할 수 있는 독립적인 기준으로 간주된다. 또한 도덕적 권리도 어떤 사회에서 통용되고 있는 현실적 도덕과 정당화될 수 있는 도덕의 구분에 따라 분류되기도 하며, 이 경우 당연히 정당화될 수 있는 도덕에 따른 권리가 우선한다. 또한 인권은 인간이 지닌 다양한 사회적, 생물학적, 문화적, 경제적 배경에 따른 차별 없이 보편적으로 적용된다. 이러한 보편성은 "타인의 권리와 자유에 대한 적절한 인정과 존중"을 동시에 요구하게 된다(이종훈, 제29조 2항).

5번과 7번 원칙들은 정의전쟁론(just war theory)의 관점에서 본 만민법의 원칙들이다. 어떠한 국민도 다른 국민을 정복하면서 자결권 또는 분리 독립권을 주창할 수 없다. 정의전쟁론의 관점에서 인권에 기초한 법리주의적 모형(legalistic paradigm)의 6원칙들을 제시하고 있는 마이클 월쩌도 비교하고 참조하는 것이 좋을 것이다(Walzer, 1977, pp.61-62; 박정순, 2005 참조). 8번 원칙은 원조의 의무를 규정한 것으로 기근 및 가뭄의 경우 만민 상호 간에 상호부조에 대한 특정한 규정뿐만 아니라 모든 합당한 자유주의적 사회에서 국민의 기본적 필요의 충족에 관한 규정으로서 제시된 것이다(『만민법』, p.67).

결국 롤즈의 『만민법』은 인권(human rights)에 기초하여 어떻게 합당한 공적 이성과 정치적 정의관을 통해 규제된 시민들과 만민들이 정의로운 국제사회에서 평화롭게 살 수 있는가를 다루고 있다. 종교와 사상과 양심의 자유, 선거권과 동등한 정치적 참여의 자유와 언론, 결사, 거주 이전의 자유 등 입헌적 법치주의에서 보장된 자유와 권리, 공정한 기회균등과 여성에 대한 평등한 정의, 민족자결의 원칙, 오직 자기방어만을 위한 정의로운 전쟁의 허용 등은 바로 "현실적 유토피아의 실현"을 위한 자유주의적 만민법의 근본적 측면들이다(『만민법』, p.17, p.25; 손철성, p.264).

이상에서 본 것처럼 롤즈는 우선적으로 국내 정치에서 『정치적 자유주의』에 기초한 우선성이 부여되는 세 가지 특수한 원칙을 정립하고, 이어서 『정의론』의 원초적 입장을 통한 연역 절차에 따라서 여덟 가지의 만민법의 원칙을 정립한다. 이제 문제는 특히 여덟 가지 만민법의 원칙들을 구체적으로 어떻게 어떠한 만민들의 연합체에 적용할 것인가이다.

2) 만민사회들의 구분과 적정 수준의 위계적 만민, 카자니스탄에 대한 관용의 문제

롤즈는 우선 국제사회를 구성하는 국내적 개별 사회들, 혹은 만민들을 다음과 같이 분류한다. (1) 합당한 자유주의적 만민(reasonable liberal peoples)의 사회, (2) 적정 수준의 비자유주의적인 위계적 만민(decent non-liberal hierarchical peoples)의 사회, (3) 무법적 국가들(outlaw states), (4) 불리한 여건으로 고통받는 사회들(societies burned by unfavorable conditions), (5) 자애적 절대주의 체제(benevolent absolutism)이다(『만민법』, pp.14-15, pp.104-105). 이 중에서 합당한 자유주의적 만민의 사회와 적정 수준의 비자유주의적인 위계적 만민의 사회만이 질서정연한 만민들(well-ordered peoples)로 간주된다. 질서정연한 사회는 기본적 인권이 존중되고, 또 만민들이 정치적 결정에서 의미 있는 역할을 수행하는 것으로 간주된다. 무법적 국가는 국가의 성격상 기본적 인권이 존중되지 않으며, 불리한 여건의 사회 역시 그 사회의 여건으로 말미암아 기본적 인권이 보장되지 못한다. 자애적 절대주의 체제는 인권이 존중되나 정치적 결정에서 구성원들의 의미 있는 역할이 수행되지 못하므로 질서정연한 사회로 분류되지 않는다(『만민법』, p.15; 질서정연한 만민들의 구분은 장동진, 2001, p.317). 롤즈의 만민(peoples) 개념은 정치문화적 개념으로서 정치문화를 공유하고 있는 한 사회에 속한 인민으로 이해된다(『만민법』, p.163). 그리고 적정 수준(decent)은 "합당한(reasonable)"보다 완화된 개념으로, 적정 수준의 사회란 인권을 기본적으로 존중하지만 비자유주의적 사회라고 할 수 있다. 이러한 분류에서 이미 언급한 것처럼 인권의 준수 여부가 중요한 기준으로 제시된다(장동진, 2003, pp.202-203). 롤즈는 이러한 다섯 가지 사회를 이상적 상황과 비이상적 상황에서 각기 논의하고, 자유주의적 만민사회에서 비자유주의적인 적정 수준의 위계적 사회가 관용되어야 하는 이유도 동시에 제시하고 있다. 그러한 이러한 문제들을 좀 더 자세하게 알아보도록 하자.

이상적 이론의 제1부에서는 합당한 자유주의 만민들 상호 간에 합의될 수 있는 정의원칙들이 제시된다. 이미 우리가 논의한 만민법의 여덟 가지 원칙들이 그것이다. 이상적 이론의 제2부에서는 합당한 자유주의 만민들 상호 간에 합의될 수 있는 정의원칙들을 적정 수준의 비자유주의적인 위계적 만민들의 사회로 확대하는 문제가 다루어진다. 이러한 자유주의적 정의원칙들의 확장 과정에서 롤즈는 자유주의적 만민들이 비록 비자유주의적이지만 인권이 존중되고 있는 적정 수준의 만민들의 사회를 관용할 수 있어야 한다고 주장한다. 즉, "만민법을 비자유주의적 만민들에게로 확장하는 데 있어서 주요한 작업은 자유주의적 만민들이 비자유주의적 만민들을 어느 정도까지 관용해야 하는지를 상술하는 것이다. 여기서 관용한다는 것은 한 국민의 고유 방식을 변화시키기 위한 정치적, 군사적, 경제적 또는 외교적 제재의 행사를 자제하는 것을 의미한다. 나아가 관용한다는 것은 또한 이러한 비자유주의적 사회들을 만민의 사회의 우호관계에 참여하는 동등한 성원으로 인정하는 것을 의미한다."(『만민법』, p.98)

적정 수준의 비자유주의적인 위계적 만민(decent non-liberal hierarchical peoples)의 사회는 이미 언급한 것처럼, 기본적 인권이 존중되고, 또한 만민들이 정치적 결정에서 의미 있는 역할을 수행하는 것으로 간주되는 질서정연한 사회이다. 또한 이 사회는 평화의 법률과 공동선의 정의관을 존중하는 사회로서 자국 내 영토에 사는 모든 사람들에게 합당한 의무와 책무를 부과하는 사회이다(『만민법』, p.110). 롤즈는 적정 수준의 위계적 만민사회의 가상적 예로 이상화된 이슬람 사회인 카자니스탄(Kazanistan)을 든다. 이 사회는 정교일치의 사회로 신정정치(神政政治) 사회이며, 이슬람교가 국교이며, 오직 이슬람교도만이 정치권력의 고위직을 차지한다. 이슬람교의 종교적 의례는 이교도들에 대한 공포를 조장하거나 시민권을 상실시키지 않는 방식으로 진행되고 있으며, 따라서 다른 종교들도 관용이 된다(『만민법』, p.123). 롤즈는 그러한 이상적인 이슬람 사회인 카자니스탄은 현실세계에서 그 선례를 찾아볼 수 있다고 지적한다. 즉, 오스만 투르크 제국이 유대인과 기독교인들을 관용했을 뿐만 아니라 일종의 종교 자치제인 밀레트(Millet)를 제도적으로 실시한 것을 중시하고 있다(『만민법』, p.123, 각주 17). 롤즈는 물론 모든 사회들이 자유주의적이 되면 더 좋겠지만 적정 수준을 가지고 있는 비자유주의적 사회를 관용하는 것은 만민 간의 상호 존중과 관용의 정신을 진작시키기 위해서 중요한 것이라고 밝힌다(『만민법』, pp.193-194). 물론 롤즈의 만민법에서 무법적 국가나 자애적 절대주의적 체제는 관용할 수 없는 체제라는 것도 아울러 고려에 넣어야만 할 것이다.

이상화된 이슬람 사회인 카자니스탄에 대한 롤즈의 옹호는 많은 논란을 낳았다. 우선 관용을 통한 자유주의적 정의원칙의 확장을 논하는 롤즈의 입장은 자유주의적 만민과 적정 수준의 만민 간의 평등한 대칭성을 의미하는 것이 아니라 자유주의적 자국민중심주의

(ethnocentrism)에 의한 일방성을 반영한다(장동진, 2003, p.206; 장동진, 2001, p.327; 옹호론은 장동진 · 장휘, p.211). 또한 롤즈의 관용의 개념은 국내적 관점에 볼 때 억압적인 비자유주의적 국가들을 국제적 관점에서 관용한다는 점에서, 『정의론』에서 논한 불관용자의 불관용의 입장과는 모순될 수 있다(목광수, p.327). 반대로 국제적 관점에서 보면 카자니스탄은 비자유주의적 사회가 아니라 충분히 자유주의적 사회이므로 자유주의적 사회가 관용을 할 수 있다는 다른 시각에서의 비판도 제기된다(Chung, Hun, pp.201-231).

비이상적 이론에서는 우선 무법적 국가가 다루어진다. 롤즈는 호전적 침략성을 가지고 있는 무법적 국가에 대해서는 경제 및 기타 지원을 거부하는 것과 같은 외교적 조치가 강구되어야 한다고 생각한다. 롤즈는 아울러 무법적 국가의 팽창주의적 호전성에 대비하여 질서정연한 사회의 만민들은 자기방어 전쟁권을 가지고 시민들의 기본적 자유와 민주주의적 제도를 수호해야만 한다고 지적한다(『만민법』, p.150, p.152). 2003년 정의전쟁론의 관점에서 부정의한 이라크 전쟁을 시작했던 조지 부시(George W. Bush) 대통령이 2002년 반테러 전쟁의 일환으로 지목한 "악의 축(axis of evil)" 국가들은 국제 테러 지원과 대량 파괴 무기의 개발, 억압적 체제 등과 같은 공통점을 가지고 있으며, "불량국가(rogue state)" 중에서도 특히 국제사회에 중대한 위협이 되는 국가들인 이라크, 이란, 북한을 지칭했던 것은 롤즈가 말한 무법적 국가와 비슷한 측면이 있다. 그러나 악의 축은 미국의 이해관계에 기반한 일방적 규정의 측면도 있으며, 또한 선악 이원론의 경직성도 가지고 있다. 그리고 "미국편이 아니면 적"이라는 이분법적 준별은 "흑백논리" 혹은 "흑백론적 사고(black-and-white thinking)"로서 미국을 다른 나라들과는 다른 특별한 국가로 생각하는 미국의 "예외주의(American exceptionalism)"

에서 유래한 것이다. 조지 허버트 부시(George Herbert Bush) 전 대통령은 아들인 조지 W. 부시 대통령에 대해서 대체로 긍정적인 평가를 했다. 다만 그는 아들 부시가 "악의 축"이라는 용어를 사용한 것에 대해서는 누구에게도 도움이 되는 말은 아니었다고 회고했다(윤정호 기자 참조; 박정순, 2016, p.57).

그 다음 불리한 여건들로 고통받는 사회들에 대해서는 원조의 의무(duty of assistance)가 논해진다(『만민법』, p.170). 그러나 여기서는 롤즈가 『정의론』에서 제시한 차등원칙, 즉 사회적 불평등은 최소수혜자에게 최대이익이 되도록 편성되어야 한다는 원칙이 만민법에는 적용되지 않는다(『만민법』, p.182). 마지막으로 인권을 존중하지만 그 구성원들이 정치적 의사결정에서 참여하는 질서정연한 사회가 아닌 자애적 절대주의 사회도 비공격적이며 인권을 존중하는 사회라면 자기방어를 위한 전쟁권을 가진 것으로 평가받는다(『만민법』, p.149).

3) 공적 이성의 재조명과 관용

롤즈는 『만민법』에 수록되어 있는 "공적 이성의 재조명"에서도 관용의 문제를 다루고 있다. 롤즈는 자유주의적인 다원민주사회에서 그러한 사회와 양립할 수 없는 수많은 합당하지 않은 교설들이 있음에 주목하고, 그 예로 근본주의적인 종교와 같은 종교적 교설들이나 독재정치와 독재정부와 같은 비종교적인 세속적인 교설들을 지목한다(『만민법』, p.280). 롤즈는 합당하지 않은 교설들이 민주제도에 위협이 되며, 공적 이성과 정당한 법의 개념을 갖춘 합당한 민주사회를 완전하게 실현하려는 목표에 제약이 되므로, 그것들이 활동적이 되도록 방치하거나 무조건 관용할 수는 없다고 주장한다(『만민법』, p.280).

그러나 합당한 민주사회에서는 양심의 자유와 관용의 원리가 모든 시민들의 평등한 자유와 권리와 결합되므로 어떠한 유형의 입헌민주주의에서도 본질적인 위치를 차지해야만 한다. 이러한 본질적 위치는 입헌민주사회의 근본적인 기반이며 합당한 포괄적 교설들의 상호 간의 경쟁 관계를 규제해주는 역할도 한다(『만민법』, p.39). 합당한 포괄적 교설들은 입헌민주정체의 본질적 요소들을 거부하지 않는다. 따라서 합당한 포괄적 교설들을 믿거나 지지하는 합당한 사람들은 (1) 평등한 사람들 간의 사회적 협력을 위한 공정한 조건을 준수할 의향이 있으며, (2) 입헌민주사회의 합당한 관용의 기초가 되는 다원주의의 실상의 하나인 판단의 부담의 결과를 인정하고 받아들이며, (3) 정치적 권위의 일반적 구조에 적용되는 것으로 이해되는 정당한 법의 개념에 도달하게 된다(『만민법』, p.279). 따라서 "종교적으로 진실하거나 철학적으로 진실한 것은 정치적으로 합당한 것을 우선한다고 단언"하는 합당한 사람들은 포괄적 교설의 신봉자로서는 합당하지만 정치적으로는 합당하지 않은 것이다(『만민법』, pp.280-281).

롤즈는, 입헌민주사회에서는 민주주의와 합당한 종교적 교설들 간의 갈등은 물론 합당한 종교적 교설들 자체 간의 갈등이 크게 완화될 수 있으며, 합당한 정의원칙들의 경계 내에서 억제될 수 있다고 주장한다. 이러한 완화는 관용의 개념에 근거하고 있다. 그 하나는 순수하게 정치적인 것으로 합당한 정치적 정의관에 부합하여 양심의 자유와 종교적 자유를 보호하는 권리와 의무의 관점에서 표현되는 것이다. 다른 하나는 순수하게 정치적이지는 않지만 종교적 또는 비종교적 교설들 내에서 표현되는 것이다. 예들 들면, 이러한 표현은 종교적 교설들이 관용에 관한 정치적 주장의 일부를 "신이 우리의 자유에 대해서 부과해놓은 한계들"이라는 것을 인정한 뒤, 그것들을 자신들의 포괄적 교설들의 사회적 존립 근거로 해석하여 자유 신앙의 원칙을 발전시킨 결과로서 나온 것이다(『만민법』, p.239, p.273, pp.276-277). 이렇게 본다면 16-17세기 서구 사회에서 가톨릭교도들과 개신교도들 간의 관용의 원칙은 단지 잠정적 타협으로 존중되었다고 볼 수 있다(『만민법』, p.235). 그러나 정치적 자유주의에서는 관용의 원칙이 다원민주사회의 근본인 양심과 종교의 자유에 관한 정의의 제1원칙에 영구적으로 안정적으로 기반하고 있다는 점이 다르다. 롤즈는 "이런 측면에서 정치적 자유주의는 전통적인 기독교를 역사적으로 공격했던 계몽주의적인 자유주의(Enlightenment Liberalism)와 분명하게 다르며 또한 이를 거부한다"는 것을 명백히 하고 있다(『만민법』, p.276). 또한 롤즈는 역으로 정치적 자유주의에서는 "합당한 정치적 가치들이 종교적 교리들의 초월적 가치들에 의해 유린될 수 있다"는 것을 허용하지 않는다고 주장한다(『만민법』, p.272). 롤즈는 여기서 정치적 자유주의가 포괄적 교설들 간의 합당한 중첩적 합의의 대상이 되며, 그러한 교설들은 정치적 정의관을 지지할 것이라는 점을 다시 한 번 강조한다(『만민법』, p.271).

롤즈의 『만민법』이 세계화 시대에 다양한 관심과 비판의 대상이 되는 것은 당연한 일일 것이다. 현재 가장 주목할 만한 것은 비판적 논의가 상반되지만 연관된 양극을 달리고 있다는 점이다. 그 양극의 한 축은 포괄적인 가치관을 배제하는 합당성과 공적 이성에 기초한 인권 중심의 자유주의적 만민법에 대한 비판이다. 즉, 만민법은 이미 정치적 자유주의의 가치를 전제하거나 그것에 따라 규정되었기 때문에 순환적 정당화이거나 혹은 자유주의적인 서구중심주의일 뿐이라는 문화다원주의로부터의 비판이 그것이다. 그 양극의 또 다른 한 축은 롤즈가 국제적인 정치적, 분배적 정의에서 최소주의적인 입장을 취하고 있다는 점에 대한 비판이다. 롤즈는 우선 비자유주의적인 적정 수준의 위계적 사회를 관용함으로써 강한 자유민주주의적 보편주의의 실현을 주장하는 사람들의 불만을 사고 있다. 물론 가장 초미의 관심사는 "사회적, 경제적 불평등은 최소수혜자의 삶의 기대치를 최대로 하는 조건 속에서만 정당화된다"는 롤즈의 국내적 차등원칙을 지구 전체에 걸쳐 확대한 "지구적 차등원칙(the global difference principle)"을 천명하는 포기(Thomas W. Pogge) 등 국제적 평등주의자들의 주장이다(『만민법』, pp.184-185). 그들은 서구 중심의 일방적인 경제적 세계화로 승자독식 시장(winner-take-all-market)이 만연하고 있다고 갈파한다. 그 속에서 더욱 심화되는 국내적, 국제적 불평등 때문에 흔히 "20 대 80의 사회"라고 희화화되는 이 세계화의 시대에 기아와 궁핍 등의 불리한 여건으로 "고통받는 사회"에 대해서 롤즈의 『만민법』이 규정하는 "원조의 의무"만으로 과연 충분할 것인가?

새 천 년에 더욱 가속화되고 있는 세계화 시대에 그 이데올로기적 헤게모니를 제공하고 있는 신자유주의를 이해하고 또한 효과적으로 대응하기 위해서도 우리는 신자유주의의 사상적 원류인 자유주의를 잘 이해할 필요가 있다. 현대 자유주의의 사상적 태두인 롤즈가 이 책에서 개진하고 있는, 공적 이성과 만민법에 기초한 자유주의의 "현실주의적 유토피아"는 "카자니스탄"이라는 비자유주의적인 가상적 이슬람 위계사회에 대한 관용을 명시하고 있다는 점이 돋보인다. 롤즈의 『만민법』은 이렇게 문명의 무자비한 충돌과 교류 없는 단순한 공존 사이의 딜레마를 피해가면서, 미래 사회에 대한 인류의 실현 가능한 희망(종교와 사상과 양심의 자유, 여러 정치적 자유와 입헌적 법치주의의 자유와 권리, 여성에 대한 평등한 정의,

다원주의적 관용, 민족자결주의, 고통받는 사회에 대한 원조의 의무, 국제평화)을 작금의 빠르게 진행되고 있는 이 세계화 시대에서 인상 깊게 제시하고 있다.

5. 결론

현대 자유주의의 부흥을 주도한 존 롤즈의 정의론에 관한 3부작, 『정의론』, 『정치적 자유주의』, 『만민법』을 통해 본 관용의 문제는 관용의 정신이 자유주의의 중추적이고 핵심적인 도덕적, 정치적 가치임을 여실히 입증해주고 있다. 롤즈의 정의론에 관한 3부작은 정의로운 사회는 관용적인 사회이며 역으로 관용적인 사회는 정의로운 사회임도 밝혀주고 있다. 롤즈의 관용론은 기본적으로 양심의 자유와 인권을 통해서 전개된다. 그리고 근현대 다원민주사회에서의 다양한 포괄적 교설들 사이의 중립성과 사회적 안정성을 확보하기 위한 관용의 정신의 증진이 논구된다. 그리고 국제사회에서 기본적 인권들이 존중되고, 구성원들이 정치적 영역에서 의미 있는 역할이 주어지는 질서정연한 사회, 즉 자유주의적 사회가 만민법의 기초가 된다. 롤즈는 여기서 더 나아가서 적정 수준의 비자유주의적 사회에 대한 관용도 제시한다.

롤즈의 『정의론』에서 관용의 원칙은 정의의 제1원칙인 "평등한 자유의 원칙"에 속하는 양심의 자유와 종교의 자유에 의거하여 수립된다. 롤즈는 또한 관용이 공공질서와 안녕이라는 공익을 위해서 규제될 수 있음도 밝히고, 관용의 역설, 즉 불관용자에 대한 관용의 문제도 자유주의에서 관용의 한계라는 관점에서 탁월한 논의를 제시하고 있다. 그러나 롤즈는 나중에 『정의론』에서의 정의의 원칙과 관용의 원칙은 질서정연한 사회에서 모든 사람들이 받아들이는 것으로 가정된 사회계약론에 의한 포괄적인 자유주의라는 도덕철학적 교설로서 제시되었기 때문에 모든 사람의 합의와 사회적 안정성을 담보할 수 없다는 것을 인정하게 된다. 그래서 등장한 것이 정치적 자유주의이며, 여기서 관용의 새로운 근거가 제시된다.

이러한 롤즈의 정치적 자유주의는 현대 다원민주사회에서 포괄적인 종교적, 철학적, 도덕적 교설들 사이의 중첩적 합의를 공적 이성을 통해서 달성하므로 사회적 안정성을 확보할 수 있을 뿐만 아니라, 그러한 사회적 안정성을 바탕으로 관용과 상호 신뢰가 증진되는 사회를 발전시킬 수 있을 것으로 보인다. 그의 『정의론』과 『정치적 자유주의』는 비록 포괄적인 도덕적 철학설로서의 자유주의와 정치적 자유주의 사이의 준별에 근거하기는 하지만, 모두 국내적 정의의 관점에서 정의로운 사회와 그에 따른 관용의 입지를 확보한 것이다.

국내적 정의의 관점을 만민법이 적용되는 국제사회에서의 정의와 관용의 문제로 확장하는 문제는 롤즈 3부작의 마지막인 『만민법』을 통해서 논의된다. 『만민법』은 우선 자유주의적 만민사회가 원초적 입장을 통해 자유주의적 정의원칙들을 도출할 수 있음을 입증하고 있다. 이러한 정의원칙들은 만민의 연합체들의 독립권과 자결권, 그리고 정의전쟁론에 의거한 자위권을 인정하는 것이다. 더 나아가서 이러한 정의원칙들은 불리한 여건으로 고통받는 사회를 원조할 의무도 명시한다. 이러한 인정과 원조의 의무는 인권을 기초로 도출된다. 롤즈는 국제사회의 구성원이 되는 국내사회를 합당한 자유주의적 사회, 적정 수준의 비자유주의적인 위계적 사회, 무법적 국가들, 불리한 여건으로 고통받는 사회, 자애적 절대주의 체제라는 다섯 가지로 나눈다. 롤즈의 자유주의적 정의의 여덟 가지 원칙들은 처음 두 사회에만 적용된다. 여기서 등장하는 관용의 문제는 합당한 자유주의적 사회가 과연 적정 수준의 비자유주의적인 위계적 사회를 관용할 수 있는가이다. 롤즈는 합당한 자유주의적 사회는 그러한 적정 수준의 비자유주의적인 위계적 사회의 가상적 사례인 카자니스탄이라는 가상적 이슬람 사회를 관용해야 한다고 주장한다. 롤즈는 이러한 관용이 국제사회에서 만민들 간의 상호 존중과 관용의 정신을 진작시키기 위한 중요한 단서가 될 것이라고 지적한다.

만약 관용의 원칙이 종교에 적용되는 시점, 즉 종교전쟁과 그 쓰라린 경험 뒤에 공유하게 되는 피를 통해 자라난 종교적 관용이 중세를 마감하고 근대를 시작하게 했다면, 그러한 관용의 원칙이 철학과 도덕적 교설들에 적용되는 시점은 근대를 완성시키는 것이 될 것이다(『정치적 자유주의』, p.11; 이하 두 문단은 박정순, 1998 발췌). 이때 우리는 비로소 포스트모던 시대로 진입할 수 있을 것이다. 이러한 의미에서 정치적 자유주의는 근대를 풍미했던 자유주의와는 분명히 다른 철학적 기초를 가질 것이다. 아마도 그레이(John Gray)가 주장하는 대로 인류사회의 진보에 대한 이성적 확신과 아울러 도덕에 대한 보편적인 합리적 정당화를 추구하는 "계몽주의적 기획"의 실패와 함께 "거대 담론(grand narratives)"으로서의 자유주의는 또 하나의 거대 담론인 마르크스주의와 함께 이미 사라져버렸는지도 모른다(Gray 참조). 롤즈도 자기의 정치적 자유주의는 결코 "계몽주의적 기획"을 감히 시도하지 않는다고 겸허하게 고백한다(『정치적 자유주의』, p.xxiii).

거대 담론이 아닌 자유주의는 후기 자유주의 혹은 탈자유주의(post-liberalism), 아니면 포스트모던 자유주의(postmodern liberalism)로서(박정순, 2009b, p.69), 거대한 해방의 메시지를 포기하고 서로 양립 불가능한 가치관을 가진 타인들과 더불어 살아가는 지혜, 즉 서로 공멸하지 않고 살아남는 상호 공존의 메시지를 주는 "공포의 자유주의(liberalism of fear)"인지도 모른다. 롤즈는 정치적 정의관에 대한 관용의 원칙을 설명하면서 주디스 슈클라(Judith Shklar)의 공포의 자유주의가 그 출발점이 되었다는 것을 지적한다(『정치적 자유주의』, p.xxx, 각주 10; Shklar 참조). 우리는 환경 위기와 핵위기, 문화와 문명 충돌의 위기에서 살아남기 위해서 정치적 자유주의와 만민법과 그것들이 주는 관용의 정신이 적절한 처방이라고 말할 수 있는가? 롤즈의 정치적 자유주의와 만민법은 1980년대 이후 미국 사회에 무서운 세력으로 등장하고 있는 기독교적 원리주의자들에 대한, 혹은 서구 사회에 만연한 이슬람 사회의 원리주의에 대한 자유주의적인 혹은 십자군적인 공포를 반영하고 있는지도 모른다. 그렇다면 우리는 아직 정치적 자유주의와 만민법은 문화적 다양성이 삶의 사실일 뿐만이 아니라 삶의 환희인 세계에서 인류가 가질 수 있는 최선의 희망으로 남아 있다고 말할 수 있을 것인가?

그러나 롤즈의 정치적 자유주의와 만민법은 미국의 모토인 "다수로 이루어진 하나(*E Pluribus Unum*, one out of many)"를 기껏해야 미국 내에서 실현한 것에게 불과한 것은 아닐까? 만일 그렇다면 그것이 인류의 최선의 희망으로 되기 위해서는 얼마만큼의 이론적, 실천적 확장이 필요할 것인가? 카자니스탄을 관용한 것으로 충분할 것인가? 불리한 여건으로 고통받는 사회에 대한 최소한의 원조로만 가능할 것인가? 그러한 확장 중 아마도 가장 중요한 것은 롤즈도 인정하고 있듯이 근대의 고색창연한 종교적 관용의 문제와 철학적, 도덕적 교설들 사이의 추상적인 갈등이 아니라, 더 현대적인 갈등인 "인종, 민족, 그리고 성(race, ethnicity, and gender)"의 문제들 다루는 것이 될 것이다(『정치적 자유주의』, p.xxxv). 롤즈의 정치적 자유주의와 만민법이 근현대 철학으로 만족하지 않고 근현대 이후까지 그 영향력을 발휘하기 위해서는, 중첩적 합의와 아울러 문화적 소수와 최소수혜자를 보호하는 "다문화주의적 정의(multicultural justice)"와 합의에 의해서도 해소될 수 없는 억압과 갈등을 인정하고 치유하는 "차이의 정치(politics of difference)"를 더욱 활성화시켜야만 진정한 관용의 정신을 구현할 수 있을 것이다(Young 참조; 구승회 참조).

그러나 롤즈가 말하는 무법적 국가에 해당하는 이슬람 무장단체 IS가 주도하는 테러리즘이 지구촌을 공포로 뒤흔들어놓고 있는 작금의 상황에서는 테러에 대한 절대 불관용 혹은 무관용(Zero Tolerance)이 공언되고 있다. 테러와 관계없는 무슬림들에 대한 신매카시즘(neo-McCarthyism)이 매우 팽배하고 있는 상황에서 관용의 정신과 이슬람 국가로부터의 난민들을 받아들이는 개방사회는 어디서 찾을 수 있단 말인가? 테러리즘과 대테러 전쟁이 주는 전 지구적 재앙의 영구적인 순환을 끊을 수 있는 칸트적인 "영구평화론"은 과연 가능할 것인가? 이제 일상적 평온(tranquilitas ordinis)을 찾을 수 없는 상황에서 관용의 정신과 개방사회는 설 자리가 없는 것처럼 보인다. 그렇더라도 관용의 정신과 개방사회는 그만큼 실현하기 어렵기 때문에 더욱 가치 있고, 귀중한 것이 아니겠는가?

홉스(Thomas Hobbes)가 『리바이어던(*Leviathan*)』에서 말한 대로 우리 인류는 이제 "만인에 대한 만인의 투쟁 상태(where every man is enemy to every man)" 속으로 빠져들어 실낙원의 운명과 자연상태로의 원대 복귀에 처해진다. "최악의 상황인 끊임없는 공포와 갑작스러운 죽음의 위험으로 말미암아 인간의 삶은 고독하고, 초라하고, 야만적이고, 짐승 같고, 단명하다."(Hobbes, p.186; 박정순, 2005, p.120) 우리는 이러한 삶을 과연 언제까지 견디어내고 관용할 수 있을 것인가?

[참고문헌]

■ 롤즈 논저

Rawls, John, *A Theory of Justice*, Cambridge: The Belknap Press of Harvard University Press, 1971.

존 롤즈, 황경식 옮김, 『사회정의론』, 서울: 서광사, 1977.

Rawls, John, *A Theory of Justice*, Cambridge: The Belknap Press of Harvard University Press, Revised Edn., 1999.

존 롤즈, 황경식 옮김, 『정의론』, 서울: 이학사, 2003.

Rawls, John, *Political Liberalism*, New York: Columbia University Press, 2003.

존 롤즈, 장동진 옮김, 『정치적 자유주의』, 파주: 동명사, 1998.

Rawls, John, *The Law of Peoples with "The Idea of Public Reason Revisited"*, Cambridge: Harvard University Press, 1999.

존 롤스, 장동진 · 김기호 · 김만권 옮김, 『만민법』, 서울: 이끌리오, 2000.

Rawls, John, "Kantian Constructivism in Moral Theory", *The Journal of Philosophy*, vol. 77, 1980, pp.515-572.

Rawls, John, "Justice as Fairness: Political, Not Metaphysical", *Philosophy and Public Affairs*, vol. 14, 1985, pp.223-251.

Rawls, John, "The Idea of Overlapping Consensus", *Oxford Journal of Legal Studies*, vol. 7, 1987, pp.1-25.

■ 그 외 논저

Archard, David, "Fair enough?", *Radical Philosophy*, vol. 66, 1994, pp.47-49.

Chung, Hun, "Are Decent Non-Liberal Societies Really Non-Liberal?: A Critical Response to John Rawls's The Law of Peoples", 『철학사상』,

52집, 2014, pp.201-231.

Cohen, Andrew Jason, "Toleration", Hugh LaFollette ed., *The International Encyclopedia of Ethics*, vol. VIII, Oxford: Wiley-Blackwell, 2013, pp.5150-5160.

Forst, Rainer, "Toleration", *Stanford Encyclopedia of Philosophy* (http://plato.standford.edu), 2012, pp.1-15.

Fotion, Nick, and Gerard Elfstrom, *Toleration*, Tuscaloosa: The University of Alabama Press, 1992.

Gray, John, *Enlightenment's Awake: Political and Culture at the Close of the Modern Age*, London: Routledge, 1995.

Gauthier, David, "Political Constructivism", *The Journal of Political Philosophy*, vol. 5, 1997, pp.132-148.

Hampton, Jean, "Should Political Philosophy Be Done without Metaphysics", *Ethics*, vol. 99, 1989, pp.791-814.

Hampton, Jean, "The Common Faith of Liberalism", *Pacific Philosophical Quarterly*, vol. 75, 1994, pp.186-216.

Hart, H. L. A., "Rawls on Liberty and Its Priority", *University of Chicago Law Review*, vol. 40, 1973, pp.534-55.

Hinman, M. Lawrence, *Ethics: A Pluralistic Approach to Moral Theory*, Belmont: Wadsworth, 2003.

Hobbes, Thomas, *Leviathan*, London: Penguin Books, 1968.

Ignatief, Michael, *The Rights Revolution*, Toronto: Anansi, 2000.

Locke, John, *A Letter Concerning Toleration*(ed. J. W. Gough), Oxford: Basil Blackwell, 1946.

Mill, John Stuart, *On Liberty*, Harmondsworth: Penguin Books, 1974.
존 스튜어트 밀, 서병훈 옮김, 『자유론』, 서울: 책세상, 2005.

Pasamonk, Barbara, "The Paradox of Tolerance", *The Social Studies*, September/October, 2004, pp.206-210.

Popper, Karl, *The Open Society and Its Enemies*, vol. 1, The Spell of

Plato, London: Routledge, 1945.
칼 포퍼, 이한구 옮김, 『개방사회와 그 적들』, 서울: 민음사, 1997.
Scheffler, Samuel, “The Appeal of Political Liberalism”, *Ethics*, vol. 105, 1994, pp.4-22.
Shklar, Judith, *Ordinary Vices*, Cambridge: Harvard University Press, 1984.
Young, Iris Marion, “Rawls's Political Liberalism”, *The Journal of Political Philosophy*, vol. 3, 1995, pp.181-190.
Walzer, Michael, *Just and Unjust Wars: A Moral Argument With Historical Illustrations*, New York: Basic Books, 1977.
Walzer, Michael, *On Toleration*, New Haven: Yale University Press, 1997.
마이클 왈쩌, 송재우 옮김, 『관용에 대하여』, 서울: 미토, 2004.
구승회, 「차이의 문명화로서의 관용: 마이클 월처의 관용 개념」, 『철학연구』, 제58집, 2000, pp.181-203.
김상범, 『자유주의적 관용에 대한 연구』, 서울대학교 대학원 윤리교육과 박사학위논문, 2013.
김용환, 『관용과 열린사회』, 서울: 철학과현실사, 1997.
김용환, 「관용의 윤리: 철학적 기초와 적용영역들」, 『철학』, 87집, 2006, pp.65-90.
장 자크 루소, 이재형 옮김, 『사회계약론』, 서울: 문예출판사, 2013.
목광수, 「존 롤즈의 관용 개념 고찰: 지구촌 사회에서의 정당성을 중심으로」, 『철학논총』, 제61집, 2010, pp.327-344.
박재형, 『존 롤즈의 ‘관용의 조건’에 관한 고찰: 『정치적 자유주의』를 중심으로』, 고려대학교 교육대학원 석사학위논문, 2008.
박정순, 「정치적 자유주의의 철학적 기초」, 『철학연구』, 제42권, 1998, pp.275-305.
박정순, 「‘현실적 유토피아’ 실현을 위한 철학 제시해: 롤스의 『만민법』」, 『출판저널』, 2001, pp.28-29.

박정순, 「마이클 왈쩌의 정의전쟁론: 그 이론적 구성체계와 한계에 대한 비판적 고찰」, 『철학연구』, 제68집, 2005, pp.77-142.

박정순, 「인권 이념의 철학적 고찰」, 『철학과 현실』, 68호, 2006, pp.34-66.

박정순, 「머리말」, 황경식 · 박정순 외, 『롤즈의 정의론과 그 이후』, 서울: 철학과현실사, 2009a, pp.1-10.

박정순, 「자유주의 정의론의 철학적 오디세이: 롤즈 정의론의 변모와 그 해석 논쟁」, 황경식 · 박정순 외, 『롤즈의 정의론과 그 이후』, 서울: 철학과현실사, 2009b, pp.45-76.

박정순, 『마이클 샌델의 정의론, 무엇이 문제인가』, 서울: 철학과현실사, 2016.

박준웅, 『롤즈의 관용론』, 중앙대학교 대학원 석사학위논문, 2006.

소병철, 「관용의 조건으로서 인권적 정의: 자유주의적 다문화주의의 한 옹호론」, 『민주주의와 인권』, 10권 3호, 2010, pp.137-161.

손철성, 「롤즈의 인권 개념에 대한 고찰」, 『윤리교육연구』, 제26집, 2011, pp.259-276.

스키너 외, 이광래 · 신중섭 · 이종흡 옮김. 『현대사상의 대이동: 거대이론에의 복귀』, 춘천: 강원대학교 출판부, 1987.

윤정호(워싱턴 특파원), 「건방진 럼즈펠드, 강경 일변도 체니 … 9 · 11 발생 이후 내 아들 잘못 보좌, 아버지 부시 자서전 논란」, 『조선일보』, 2015년 11월 6일자, A20면.

이일대, 『롤즈의 정치적 정의관에 있어서의 관용의 의미: 『정치적 자유주의』를 중심으로』, 고려대학교 대학원 석사학위논문, 2003.

이종훈, 「세계인권선언」, 『세계를 바꾼 연설과 선언』, 파주: 서해문집, 2006, pp.51-63.

장동진, 「롤즈의 국제사회 정의관: 『만민법』을 중심으로」, 『국제정치논총』, 제41집, 2001, pp.315-336.

장동진, 「문제의 책. 존 롤즈(John Rawls)의 『만민법』: 국제적 정의원칙 제시한 정치 철학서」, 『철학과 현실』, 2003, pp.201-208.

장동진, 유인태, 「존 롤즈(John Rawls)의 공적 이성(public Reason)과 관용(Toleration)의 한계」, 『사회과학논총』, 35집, 2005, pp.1-22.
장동진, 장휘, 「칸트와 롤즈의 세계시민주의: 도덕적 기획과 정치적 기획」, 『정치사상연구』, 9집, 2003, pp.195-311.
정원섭, 『롤즈의 공적 이성과 입헌민주주의』, 서울: 철학과현실사, 2008.
이마누엘 칸트, 백종현 옮김, 『윤리형이상학 정초』, 서울: 아카넷, 2005.
천옥환, 『논리학』, 서울: 박영사, 1972.

부록 1

관용의 원칙에 관한 선언

1995년 10월 25일부터 11월 16일까지 유네스코 제28차 총회를 위해 파리에 모인 유네스코 회원국은,

전문(前文)

유엔 헌장에 명기된 "전쟁의 참화로부터 다음 세대를 구하고 … 기본적 인권, 인간의 존엄과 가치에 대한 신념을 재확인하며 … 그리고 이러한 목적을 위하여 관용을 실천하고 좋은 이웃으로서 서로 평화롭게 함께 살기로 굳게 결심한 우리 유엔의 국민들은"이라는 진술에 유념하고,

평화를 잃지 않기 위해서는 평화가 인류의 지적, 도덕적 연대 위에 세워져야 한다는 1945년 11월 16일에 채택된 유네스코 헌장 전문(前文)의 문장을 상기하며,

또한 세계인권선언이 "모든 인간은 사상, 양심, 종교의 자유(제18조), 의견과 표현의 자유(제19조)를 누릴 권리를 가지며, 교육은 모든 민족과 인종 또는 종교 집단 사이에서 이해, 관용, 우애를 증진시켜야 한다(제26조)"고 확언한 바를 상기하고,

다음의 관련 국제협약에 주목하며,

· 시민적, 정치적 권리에 관한 국제규약
· 경제적, 사회적, 문화적 권리에 관한 국제규약
· 인종차별 철폐를 위한 국제협약
· 학살범죄 방지와 처벌에 관한 협약
· 어린이 권리 협약
· 난민의 지위에 관한 1951년 협약 및 1967년 의정서와 관련 지역 약정들
· 여성차별 철폐 협약
· 고문 및 잔혹한 비인간적, 모욕적 대우 또는 처벌 금지 협약
· 종교 또는 신념에 근거한 모든 형태의 불관용 철폐에 관한 선언
· 인종 또는 민족적, 종교적, 언어적 소수민에 속하는 자의 권리에 관한 선언
· 테러리즘의 퇴치에 관한 국제 선언
· 세계인권회의의 빈 선언과 행동 계획
· 세계사회개발정상회의의 코펜하겐 선언과 행동 계획
· 인종과 인종적 편견에 관한 유네스코 선언
· 유네스코 교육 차별 금지 협약 및 권고

인종주의 및 인종차별에 대한 투쟁 사업의 세 번째 10개년과 세계 인권 교육 10개년, 그리고 세계 원주민 10개년 사업 등의 목적을

마음에 새기며,

유네스코 제27차 총회 결의안 5.14에 따른 유엔 관용의 해의 틀 안에서 조직된 지역 회의들의 권고안들뿐만 아니라, 유엔 관용의 해 사업의 일환으로 회원국이 조직한 각종 회의와 모임의 결론과 권고안을 고려하고,

오늘날 민족 및 인종적, 종교적, 언어적 소수민, 난민, 이민 노동자, 이주민과 사회 내부의 취약 집단에 대한 불관용, 폭력, 테러리즘, 외국인 혐오증, 공격적 민족주의, 인종주의, 반유대주의, 배척, 소외와 차별뿐만 아니라, 의견과 표현의 자유를 행사하는 개인에 대한 폭력과 위협 — 이 모든 것이 국내적으로나 국제적으로 평화와 민주주의를 위협하고, 발전을 막는 장애가 된다 — 이 증가하고 있는 것에 경악하며,

인종, 성, 언어, 출신 민족, 종교 또는 신체의 불구에 관계없이 모든 이를 위한 인권 및 기본적 자유에 대한 존중을 발전시키고 장려하며, 불관용과 싸우는 것이 회원국의 책임임을 강조하면서,

이 '관용의 원칙에 관한 선언'을 채택하고 엄숙히 선포한다.

제1조 관용의 의미

관용은 소중한 원칙일 뿐만 아니라 평화와 모든 국민들의 경제적, 사회적 향상을 위한 필요조건이기에 우리는 우리 사회에서 관용을 신장시키기 위해 필요한 모든 적극적인 조치를 취할 것을 결의하면

서, 이를 위해 다음과 같이 선언한다.

1.1 관용이란 우리 세계의 문화와 우리의 표현 형태, 인간 존재의 방식 등에 있어서의 풍부한 다양성에 대한 존중이며, 수용이며, 이해이다. 그것은 지식, 개방성, 커뮤니케이션, 사상과 양심과 신념의 자유에 의해 증진된다. 관용은 차이 속의 조화이다. 그것은 도덕적 의무일 뿐만 아니라 정치적, 법적 필요조건이다. 평화를 가능하게 하는 덕목인 관용은 전쟁의 문화를 평화의 문화로 바꾸는 데 이바지한다.

1.2 관용은 양보나 겸손이나 은혜가 아니다. 관용은 무엇보다도 다른 이의 보편적 인권과 기본적 자유를 인정하는 적극적 태도이다. 관용은 어떠한 상황에서도 이러한 기본적 가치를 침해하는 것을 정당화하는 데 이용될 수 없다. 관용은 개인, 집단, 국가에 의해 행사되어야 한다.

1.3 관용은 인권, 다원주의(문화적 다원주의를 포함한다), 민주주의, 법의 지배를 지지하는 책임감이다. 그것은 독단주의와 절대주의에 대한 거부를 뜻하며 각종 국제적 인권 규범들이 정해놓은 기준을 확인하는 것이다.

1.4 인권의 존중과 일치하는 관용의 실천은 사회의 불의를 용인한다든지 자기의 확신을 포기 또는 약화시키는 것을 뜻하는 것이 아니다. 그것은 한 사람이 자유로이 자기 자신의 확신을 고수하고 다른 사람이 그들의 확신을 고수하는 것을 인정하는 것을 뜻한다. 그것은 원래 용모, 상황, 언사, 행위, 가치 등에서 다양한 인류가 평화롭게 지금 그대로 살아갈 권리를 지니고 있다는 사실을 받아들임을 뜻한다. 그것은 또한 한 사람의 견해가 다른 사람에게 강요되어서는 안 된다는 것을 뜻한다.

제2조 국가의 수준

2.1 국가 수준에서의 관용은 공정하고 불편부당한 입법, 법의 시행, 사법 및 행정 과정을 필요로 한다. 그것은 또한 경제적, 사회적 기회가 어떠한 차별도 없이 각 사람에게 골고루 주어져야 함을 요구한다. 배제와 소외는 좌절과 적대와 광기를 유발할 수 있다.

2.2 한 사회에서 관용이 더욱 확산되려면 국가는 기존의 국제 인권 협약들을 비준해야 하며, 필요할 경우 사회 내부의 모든 집단과 개인에 대한 대우와 기회의 형평을 보장하기 위하여 필요한 새로운 법률을 기초해야 한다.

2.3 개인, 공동체, 국가가 인류 가족의 다문화적 성격을 수용하고 존중하는 것은 국제적인 조화를 꾀하는 데 반드시 필요한 일이다. 관용 없이 평화가 있을 수 없으며, 평화 없이 발전이나 민주주의가 있을 수 없다.

2.4. 불관용은 취약 집단에 대한 소외와 사회적, 정치적 참여의 배제뿐만 아니라 그들에 대한 폭력과 차별의 형태를 취할 수 있다. '인종과 인종적 편견에 관한 유네스코 선언'에서 확인하였듯이 "모든 개인과 집단은 다를 수 있는 권리를 가지고 있다."(1조 2항)

제3조 사회적 차원

3.1 현대 세계에서 관용은 그 어느 때보다도 더욱 필수적이다. 현대는 경제의 세계화와 급속히 증대하는 유동성, 커뮤니케이션, 통합, 상호 의존, 대규모 이민과 인구 이동, 도시화와 사회 양식의 변화 등이 눈에 띄는 시대이다. 세계 곳곳이 다양성의 특징을 띠고 있는 만큼, 점증하는 불관용과 불화가 잠재적으로 곳곳을 위협하고 있다.

그것은 어떤 나라에만 국한된 것이 아니라 전 지구적인 위협인 것이다.

3.2 관용은 개인들 사이에서 그리고 가족과 공동체의 차원에서 필요하다. 관용의 증진과 개방적 태도의 형성, 상호 귀 기울임과 연대가 학교와 대학에서 일어나야 하고, 비공식 교육을 통하여 가정과 일터에서 행해져야 한다. 커뮤니케이션 매체는 자유롭고 개방적인 대화와 논의를 용이하게 하고, 관용의 가치를 전파하며, 불관용적인 집단과 이데올로기의 등장에 대한 무관심의 위험을 부각시키는 데 있어서 건설적인 역할을 담당할 수 있는 위치에 있다.

3.3. '인종과 인종적 편견에 관한 유네스코 선언'에서 단언하였듯이, 개인과 집단의 존엄성과 권리에 있어서 평등을 보장하기 위하여 필요하다면 어느 곳에서라도 조치가 취해져야 한다. 이러한 점에서 사회적으로나 경제적으로 특권이 없는 취약 집단에 대해서, 특히 주거, 고용, 보건과 관련하여 법의 보호와 시행 중인 사회적 조치들을 제공하고, 그들의 문화와 가치의 참다움을 존중하고, 특히 교육을 통하여 그들의 사회적, 직업적 향상과 통합을 용이하게 하기 위해 각별한 주의를 기울여야 한다.

3.4 이러한 전 지구적 도전에 대한 국제사회의 대응을 조정하기 위하여, 근본적인 원인과 효율적인 대책에 대한 사회과학적 분석뿐만 아니라, 회원국의 정책 결정과 기준 설정 활동을 지원하는 연구와 모니터링을 포함하는 적절한 과학적 연구와 네트워크 형성이 이루어져야 한다.

제4조 교육

4.1 교육은 불관용을 예방하는 가장 효율적인 수단이다. 관용 교

육의 첫 단계는 인간들이 공유하고 있는 권리와 자유가 무엇인지를 가르치는 것이며, 그래서 그러한 권리와 자유가 존중받도록 하고 다른 이의 권리와 자유를 보호할 의지도 키우는 것이다.

4.2 관용을 위한 교육은 절박한 지상 과제로 간주되어야 한다. 이것이 바로 문화적, 사회적, 경제적, 정치적, 종교적 불관용의 근원 — 폭력과 배제의 주요 뿌리 — 을 다룰 체계적이고 합리적인 관용 교육의 방법을 신장시키는 것이 필요한 이유이다. 교육 정책과 사업은 개인들 사이에서 뿐만 아니라 인종적, 사회적, 문화적, 종교적, 언어적 집단과 민족 사이에서 이해와 연대와 관용의 발전에 이바지해야 한다.

4.3 관용 교육은 타인에 대한 공포와 배척을 유발하는 영향력을 저지하는 것을 목표로 해야 하며, 청소년으로 하여금 독자적인 판단, 비판적인 사고, 윤리적 추론을 할 수 있는 능력을 키우도록 도와주어야 한다.

4.4 우리는 관용과 인권과 비폭력을 위한 사회과학 연구 사업과 교육 사업을 지원하고 이행할 것을 약속한다. 이것은 다른 문화에 개방적이고, 자유의 가치를 인정할 줄 알고, 인간의 존엄성과 차이를 존중하고, 갈등을 예방하거나 그것을 비폭력적 수단으로 해결할 줄 아는, 사려 깊고 책임감 있는 시민을 교육하기 위해, 교사 훈련, 교과과정, 교재와 학과의 내용, 새로운 교육공학을 포함하는 그 밖의 교육자료 등을 개선하는 데 특별한 주의를 기울인다는 것을 뜻한다.

제5조 행동 공약

5.1 우리는 교육, 과학, 문화, 커뮤니케이션 분야에서의 사업과 기

관들을 통하여 관용과 비폭력 정신을 높이는 데 전념할 것을 천명한다.

제6조 국제 관용의 날

6.1 대중에게 호소하고, 불관용의 위험을 강조하고, 관용의 증진과 교육을 지지하는 새로운 공약과 행동에 호응하기 위해서 우리는 매년 11월 16일을 국제 관용의 날로 엄숙히 선포한다.

부록 2

모든 나라, 모든 단계, 모든 과목에 적용되는 관용의 교실 학습

이 책자[1]의 전반부는 관용 교육을 위한 이론적 근거와 체계, 그리고 관용 교육이 행해지는 맥락 등을 다루었다. 이번 장에서는 관용 교육을 학교교육과정의 어느 부분에다 통합시켜야 하는지에 대한 제안과 구체적으로 어떠한 수업이 가능할 수 있는지에 대한 몇 가지 사례를 보여주고자 한다. 여기에서 다루어지는 것들 외에도 더 많은 것들이 가능할 것이다. 그래서 유네스코는 이 자료를 사용하는 사람들이 자신들의 생각이나 경험을 보내주어, 이 자료를 개정 증보하는 데 도움이 되기를 바란다.

전 교과 분산식: 모든 과목에서 관용을 가르침

다른 모든 평화, 인권, 민주주의 교육과 마찬가지로, 관용 교육 또한 두 가지 접근법을 통해 학교에 도입될 수 있고, 또 그렇게 되어야 한다. 한 가지는 관용을 가르치는 시간을 따로 두고 의도된 학습 목표에 따라 분명히 가르치는 방법이고, 또 한 가지는 관용의 주제와 윤리, 행동들을 모든 교과에서 다루는 것이다. 학생들은 사회를 형성하는 데 필요한 관용의 개념, 가치, 실천 등을 모든 교과나 학교생활을 통해 배울 수 있다. 학교는 그 자체로 하나의 사회이자 동시에 지역, 국가, 세계라고 하는 더 넓은 차원의 사회에 참여하기 위한 하나의 학습 실험장이기도 하다.

■ 언어 교육: 간문화 학습을 위한 도구

언어 학습은 관용과 상호 이해 교육을 위한 가장 생산적인 수단 중의 하나이다. 실제로 어떤 문화의 언어를 완전히 익히는 것 하나만으로도 그 문화를 충분히 잘 이해할 수 있다. 한 민족의 역사나 문화를 연구하는 것을 포함하여, 언어 연구는 다음과 같은 주제들에 관해 학습할 기회도 제공한다.

-- 문화적 가치나, 그것을 형성하는 데 영향을 미친 경험이나 사건들

-- 가족 구성, 의식, 초상례 등 인간 사회의 보편적 현상들을 서로 다른 방식으로 표현하고 있는 용어들을 비교함으로써 드러나게 되는 사회 관습이나 제도

-- 한 민족이 그들의 공통적인 경험들에 어떻게 대응했는지를 생각해볼 수 있는 근거가 되는 시, 서사시, 혹은 국가(國歌)의 가사 따위를 크게 읽기

■ 문학: 가치들을 연구하기 위한 수단

다른 문화의 문학작품은 비록 번역된 것이라 해도, 한 민족의 사

회적 경험이 집약된 역사에 대한 연구보다도 더 생생하고 인간적인 언어로 그 문화의 가치나 경험을 이해할 수 있는 토대를 제공한다. 문학을 통해 관용을 가르치는 것이 효과적이기 위해서는 다음과 같은 점이 반영되어야 한다.

-- 예술 양식이 얼마나 보편적인가를 보여주기 위해 민족 서사시를 가르칠 때 적어도 한두 개의 다른 민족의 서사시도 (요약된 것이나 발췌된 일부라도) 가르칠 수 있다.

-- 여러 문화권의 동화나 동시도 유치원이나 놀이방의 교육과정에 포함될 수 있다.

-- 초등학교는 영웅들의 미덕이나 모험을 다룬 이야기를 통해 다양한 문화들이 어떤 식으로 그들의 영웅을 기리고 숭배했는지를 가르칠 수 있다.

-- 중등학교는 자기 나라의 위대한 작가와 동시대에 활동했던 다른 문화권의 거장들의 작품을 다루는 과목을 개설할 수 있다.

-- 다양한 종교의 위대한 작품들은 관용 교육을 위한 과목들의 기초 자료가 될 수 있다.

■ 역사: 인간 경험에 대한 폭넓은 안목을 갖추기

역사 교육은 때로 다른 이들에 대한 적대감과 배척, 편견의 태도를 유발시키는 요인이 되어왔다. 대부분의 민족사는 자신들의 관점에서 자국민에게 제시되었고, 그런 것이 다른 집단에게는 어떤 식으로 비칠지에 대해서는 거의 혹은 전혀 고려되지 않았다. 여자들이나 소수 집단의 경험이 서술되지 않는 경우도 종종 있다. 대부분의 역사는 평화나 협력보다는 전쟁이나 갈등에 더 많은 관심을 두고 있는 것이 사실이다. 그래서 관용 교육을 할 때, 소위 표본적이라고 여겨져왔던 역사를 고치고 보충할 수 있는 특별한 조치가 취해져야 하는데, 다음에 나오는 것이 바로 그 예라고 할 수 있다.

-- 학생들로 하여금 역사 교과서의 내용 중에서 전쟁을 막기 위해 한 것이라고 판단되는 평화 제의들을 조사해보도록 한다.

-- 학생들 스스로 전쟁이나 기타 다른 폭력의 분출을 피하기 위해 취할 수 있는 조치들에 대해 곰곰이 생각해보게 한다.

-- 어떻게 해서 불관용이라는 질병이 관용 교육을 통해 치료될 수 있는지, 그리고 관용의 도래가 어떻게 평화로 연결될 수 있는지를 말해주는 '미래의 역사'를 써보게 한다.

-- 소위 공식적으로 인정된 역사의 부족한 부분을 메꾸어주는 한 방식으로, 소수 집단 출신의 학생들이 조부모나 부모로부터 들었던 사건들을 학급에서 다른 학생들과 공유할 수 있다.

-- 역사적 사건을 다른 입장에서 해석한 다른 나라의 영화를 볼 수 있다.

-- 원주민이나 여성, 그리고 자기 고유의 문화가 파괴되었거나 다른 문화에 동화되어버린 민족들처럼 자신들의 이야기가 말해지지 않는 사람들의 입장이 반영된 사건들을 조사하거나 '상상'할 수 있다.

-- 어떤 결정이 관용을 근거로 해서 내려졌는지, 아니면 불관용을 근거로 해서 내려졌는지에 대한 통찰력을 길러주기 위해, 역사적으로 중요한 사건들을 역할극으로 꾸며본다.

■ 사회 과목과 도덕 과목: 관용의 규범을 학습

시민 교육의 기능을 하는 과목들 중의 하나인 관용 교육은 인권 기준, 인권 기준의 이행 가능성, 그리고 인권 구현의 장애물 등에 그 기초를 두어야 한다. 이러한 목적을 위해 매우 폭넓고 다양한 교육 실천 사례들이 있다. 다음은 쉽게 응용할 수 있는 것들이다.

-- 모든 교실에 '세계인권선언'과 '아동의 권리에 관한 협약'을 복사하여 붙여놓는다. 초등학교의 교실에는 번역된 요약문을 붙이면 될 것이다. 학기 중 매일 혹은 일주일에 한 번씩 선언문과 협약문 중 하나, 혹은 둘 다 한 항목씩 선정하여 토론한다.

-- 인권 관련 개념들이나 규범들을 학급 규칙을 만드는 기초 자료로 사용한다.

-- 사회나 도덕 시간을 이용하여 12월 10일 '인권의 날' 집회를 준비하게 한다.

-- 관용에 관한 유엔 헌장 초고와 그 초고가 만들어지게 된 상황을 공부하고, 유엔으로 하여금 그 문제를 다시 다루게 만든 오늘날의 세계 상황에 대해 이야기해본다. 불관용과 집단 간의 충돌이 만연한 세계 각 곳에 관용을 가져다주기 위해 어떤 일이 행해져야 하는가?

-- 유엔과 유네스코, 그리고 민간단체가 인권을 수호하기 위해 할 수 있는 일에는 어떤 것이 있는지 생각해보고, 학생들 자신이 할 수 있는 일은 무엇인지도 이야기해본다. 인권 수호를 위한 조직적 노력에 참여하거나 혹은 편지를 보내는 등의 인권 학습 활동을 시작한다.

■ 과학: 윤리와 책임의 문제

중등학교 수준의 과학 과목에서의 관용 교육은 지식에 따르는 책임과 관련된 문제들을 소개하고 탐구하는 것이 적절하다. 학생들은 20세기 역사를 배우면서 과학이 고통과 부정의를 경감시키는 데뿐만 아니라 불관용적인 목적에 봉사하기 위해서도 사용되어왔음을 발견하게 될 것이다. 학생들이 과학 지식을 습득할 때에는 그 지식이 어떻게 사용되어야 하는지에 대한 선택도 해야 한다. 다음에 나오는 제안들은 윤리와 책임에 대한 현안 문제들과 관련된 것이다.

물리학 과목에서는 다음과 같은 선택의 문제들이 부각될 수 있다.

-- 대량살상무기를 개발하기 위해, 혹은 인종 말살이나 고문을 위한 도구를 만들기 위해 물리학을 이용하는 것에 담긴 윤리적 의미

-- 물리학자들에 의해 이루어진 '양심선언'의 내용과 그 중요성

자연과학 분야의 과목들에서는 다음과 같은 주제가 다루어질 수 있다.

-- 자연계가 변화나 새로운, 혹은 이질적인 요소의 도입에 적응하고 맞추어나가는 방법

-- 공생의 원칙과 특정 생명체가 공존과 상호 의존하는 형태를 발전시켜나가는 원칙

-- 사회규범이자 평화의 문화를 위한 진보로서의 관용 발전의 토대가 되며, 인간의 공격성 이론에 도전하는 폭력에 관한 세비야 선언(Seville Statement on Violence, UNESCO, 1992)

■ 수학: 평등의 통계학

바람직한 가치로서의 관용은 경제적 평등과 분배 정의를 요구한다. 관용과 관련되는 이 두 가지 가치를 구현하기 위해서는 자원의 양과, 그것이 어떻게 사용되고, 분배되고, 공유되는지에 대한 지식과 이해가 있어야 한다. 다음에 나오는 활동들은 학습자가 경제 구조나 경제 양식 속에 함축된 가치를 이해하는 데 도움을 준다.

-- 교육의 혜택과 결핍의 양상을 보여주기 위해 문자 해독률 통

계, 특히 남녀 간, 그리고 북반구와 남반구 지역 국가 간의 차이를 나타내는 통계를 이용한다.

-- 폭력적 분쟁을 목적으로 사용되는 세계적 부의 비율을 계산하기 위해 군사비 지출과 사회적 지출을 비교, 분석한 도표를 사용한다.

■ 예술: 인간 보편성의 표현

예술은 아마도 관용 교육의 모든 주제 영역들 가운데 가장 전망 있는 분야일 것이다. 예술은 인간의 보편적인 열망이 가장 생생하게 표현되는 매개물이다. 예술을 감상하는 것과 예술 행위를 하는 것을 가르침으로써 다음에 나오는, 그리고 그 밖의 많은 다른 시도들을 위한 기회를 제공할 수 있다.

-- 예술의 역사를 가르치는 과목에서는 같은 시대의 다른 문화의 작품들이 가르쳐져야 한다. 회화, 조각 등이 보편적 인간의 공통적 주제라는 견지에서 해석되어야 하고, 그러한 주제들이 문화에 따라 어떻게 다르게 표현되는지도 검토되어야 한다.

-- 다양한 문화들의 가치와 미적, 혹은 디자인 감각을 학습하기 위해 민속예술이 연구될 수도 있다.

-- 나라 안의 소수 집단이나 외지에서 온 소수 집단을 의미하는 '타인들'이라는 이미지를 사용하여 한 사회 안의 관용의 상태를 판단하는 데에 예술작품들이 이용될 수 있다.

-- 편견, 인종차별, 성차별, 명예훼손, 다른 사람을 중상 모략하는 구체적인 사례들을 찾기 위해 대중예술과 대중매체가 검토될 수 있다. 대중예술이 불관용의 불꽃을 부채질하는 데 어떤 식으로 이용되는지를 학습하기 위해 전쟁 직전이나 전쟁 중에 나온 시사만화들과

문화 충돌들을 연구할 수 있다.

-- 미술 실기 수업에서는 관용과 인권과 평화에 관련된 주제들이 그림이나 학교 포스터의 주제로 배정될 수 있다.

-- 아이들에게 서로 다른 얼굴이긴 하지만 멋들어지게 어울리는 인간들임을 보여주는 '인간 다양성의 정원'이라는 제목의 그림을 그리게 할 수 있다.

-- 관용과 인권을 얻기 위해 싸우는 인종 집단이나 그 외의 다른 집단들의 가치나 목표를 학습하기 위해 인권 모임이나 인종 집단의 음악이 연주되고, 불리고, 이야기될 수 있다. 학생들은 음악이 어떻게 그런 노력에 희망과 힘을 주는지를 이야기해볼 수 있다.

-- 학생들은 관용과 인권과 평화를 위한 자신들의 음악을 스스로 만들고 연주할 수 있다.

각 단계별 모범 수업: 유치원에서 중등학교까지

우리가 앞서 밝힌 대로, 세계의 많은 학교들, 특히 유네스코 협동학교들은 모든 학년의 학생들에게 흥미롭고 가치 있는 관용 교육을 제공하고 있다. 여기에 나오는 것은 현재 시도되고 있는 것들 중의 몇 가지 예에 지나지 않는다.

이들 수업은 중복되는 경우도 있겠지만, 특정한 목적이나 상황에 적용될 수 있도록 제시되었다. 가장 효과적인 관용 교육은 교사가 자신이 가르치는 학생들의 성격을 고려해서 직접 만들어낸 것이라고 할 수 있다. 이 단원이 다른 자료들을 고안해내는 데 도움이 될 수 있기를 희망한다.

여기에 나오는 모범 수업 자료들은 유치원에서 중등학교의 마지막 학년에 이르기까지 단계별로 제시되어 있다. 이 중 일부는 대상

학년이나 나이에만 적용되는 것이지만, 대부분의 것들은 다른 학년이나 학습 상황에도 적용될 수 있다.

■ 원주민: 인간적인 문화를 보존하기 (유치원에서 초등학교 3학년까지)

요즘 들어 교육자들은 인권, 평화, 상호 이해 교육 프로그램에 원주민 문화에 대한 연구를 도입하고 있다. 그 한 예가 모든 문화에서 발견되는 인간성의 기원, 혹은 특정한 민족의 기원에 대한 설화이다. 전설이 그들이 추구하는 가치와 사회적 관습을 나타내주는 것처럼, 이러한 설화들은 민족 정체성을 형성하는 데 도움을 준다. 기원 설화를 반복해서 이야기하는 것은 자기를 확인하는 의식이다. 다른 민족의 기원 설화를 듣는 것은 타 문화 존중을 실천하는 것이다. 이런 다양한 설화들을 수용하는 것은 인류를 구성하는 다양한 구성원들의 문화적인 순수성을 보장하는 것이다.

남아메리카 원주민 출신의 미국의 교육자인 멜린다 살라자르는 원주민들의 설화를 초등학교의 도덕 교육 자료로 이용하였다. 옛날이야기를 들려주는 것은 어린아이들을 위한 가장 효과적인 교육 방법 중의 하나이다. 살라자르는 3학년 학습에서 설화를 사용했던 것에 관해 다음과 같이 보고하고 있다.

> "원주민 문화에서 골라낸 15개의 설화가 학생들에게 소개되었다. 학생들 스스로 설화를 검토하고 선택했다. 학생들은 전문적인 이야기꾼도 관찰하고, 또 또래집단의 지도도 받으며, 매일같이 연습하고 가다듬고 평가도 받으면서 설화를 이야기하는 법을 배웠다. 학생들은 학급 토론과 조사를 통해 원주민들의 삶의 방식과 전통에 관해

더 많은 것을 배웠다. 학생들은 설화 속에 나타난 자질이나 속성을 확인하고, 개인적인 경험과 관련시키며, 글로 쓰인 문학작품과 연결시키고, 배운 교훈을 설명하는 등의 활동을 통해 설화 속에 있는 고유한 윤리적 진실을 끄집어냈다. 이런 통합적 시도는 원주민 세계에 대한 지식과, 우리의 역사에 대한 새로운 이해, 그리고 원주민들의 일상생활에 대해 설화가 지닌 고유한 가치와 새로운 의미를 깨닫게 해주었다."

■ 사회 건설을 위해 예술과 수작업을 이용하기
(유치원에서 초등학교 4학년까지)

다른 사람을 인정하는 것은 여러 가지 방식으로 가능하지만 가장 중요한 것은 그 모습 그대로 사회에 받아들여지고자 하는 다른 사람들의 권리를 존중하는 것이다. 그러한 인정은 개인의 자긍심과 인간 존엄성을 위해 매우 중요하다. 존중과 인정을 필요로 하는 것은 모든 문화, 모든 세대에 적용되는 인간의 보편적 특성이다. 이러한 자질들을 배양하는 것은 사회 건설의 중요한 요소이며, 따라서 아이들의 조기 교육에서 다루어져야 한다. 『상호 이해 교육』이라는 책자(발레타의 말타대학교 내의 국제연구재단에서 구입 가능하다)에서 뽑아 온 아래의 두 가지 실천 사례는 공동체, 협력, 배려를 위한 능력을 배양하기 위해 예술과 수작업을 이용한다. 이런 활동들은 평화롭고 정의로우며, 민주적인 사회에 꼭 필요한 다른 사람에 대한 인정과 남녀평등을 위한 기초가 될 수 있다.

[활동 1] 함께 노래하고 춤추기

교사들은 어린이들이 부를 만한 경쾌한 노래를 가르치거나, 손을 잡고 함께 걷는 것과 같은 동작들을 만들어낼 수 있다. 이런 활동들을 통해 아이들은 서로 더 가깝게 느낀다. 교사가 노래를 부를 형편이 못 되거나 악기를 연주할 수 없을 경우에는 카세트테이프를 사용할 수 있다. (일반적으로 합창은 연대감의 표현이자 연대감을 만들어내는 원동력으로 인식되고 있다.)

[활동 2] 남녀 학생이 같이 하는 공동 수작업

더 가까이 '하나 되기' 위해서는 남녀 학생들 간의 차별이 없어야 한다. 단순한 재봉일이나 목공일의 기회도 모든 아이들에게 고루 나누어져야 한다. 남녀 학생들이 함께 어울려 작업하게 하는 것이 좋다. 일부는 목공일을, 나머지는 재봉일을 하게 하고, 다음번에는 하던 일을 서로 바꾸어 하게 한다.

■ 상호 이해를 위한 의사소통
(초등학교 4학년에서 중학교 1학년까지)

모국어 혹은 그 밖의 다른 언어로 의사소통하는 기술은 관용적인 행동에 있어 없어서는 안 될 요소이다. 자기 자신을 표현하고 다른 사람의 말을 진지하게 듣는 것, 그리고 다른 사람을 이해하는 것은 상호 이해와 협력을 증진시키고 인간 다양성을 가치 있게 여기는데 중요한 역할을 한다. 다음의 실천 사례들에서도 볼 수 있듯이 의사소통의 기술을 위한 가치 있는 상황 또한 중요하다. 관용적인 상황은 한 사람의 생각이나 견해를 잘 표명하는 것뿐만 아니라, 듣고 의미를 해석하는 기술까지도 요구한다. 많은 외국어 교습이 서로 다른 배경과 문화를 올바르게 평가하는 도구가 될 수 있다. 학생들은 외국어로 의사소통할 수 있는 기회가 주어지면 토론을 통해 서로 다른 환경과 문화를 올바로 잘 알 수 있다.

다음의 실천 사례에서는 이해하기와 말하기, 듣기라는 서로 불가분의 관계에 있는 두 가지 기술이 매우 중요하다. 이 두 가지 기능이 제대로 작용해야만 진정한 대화가 있을 수 있는 것이다.

아이들에게 서로의 이야기를 듣도록 가르침으로써 혼자만 말하거나 한 학생이 토론을 장악하는 경우를 최소한도까지 줄이게 되며, 또 그것 자체가 상호 존중을 위한 진일보이기도 하다.

[활동 3] 나는 다른 사람의 어떤 점을 높이 사는가?

절차 : 아이들의 등에 백지 한 장씩을 붙이게 한다. 그리고 한 아이씩 연필을 들고 반을 돌면서 다른 아이들의 등에 붙은 백지에다 자신이 가치 있게 여기거나 칭찬하고 싶은 점을 쓰게 한다.

이 활동은 형용사를 연습하는 데 유용하다는 점 이외에도, 수줍음을 타거나 사회화 과정에서 문제가 있어 외로움을 느끼는 아이들로 하여금 다른 사람들이 자신의 존재에 주목하고 있고, 또 자신을 가치 있게 여긴다는 것을 깨닫게 함으로써 자신감을 갖게 하는 데에 많은 도움을 준다.

[활동 4] 성에 대한 편견에 대항하기

이 활동의 목적은 학생들로 하여금 자신들의 성의 사회화에 대해 고찰하고, 듣고 토론하는 기술을 발전시키며, 성에 대한 편견에 대항하는 싸움에서 남학생과 여학생이 어떻게 서로를 도울 수 있는지를 탐구하도록 하는 것이다.

절차 : 한 반을 여자는 여자끼리, 남자는 남자끼리 다섯이나 여섯 명 정도로 묶어서 나눈다. 그런 다음 각 조별로 질문에 답하게 한다. 답을 한데 모으고 비교해본다. 다음과 같은 유형의 질문들이 가능할

것이다.

-- 내가 소년 혹은 소녀이기 때문에 어떤 점이 좋은가?

-- 내가 소년 혹은 소녀이기 때문에 좋지 않은 점은 무엇인가?

-- 소년 혹은 소녀로서 상대방(아이들)에게서 다시는 듣고 싶지 않은 말들이 무엇인가?

-- 소년 혹은 소녀로서 나는 남녀 사이의 장벽을 허물기 위해 상대방을 이해하고 돕는 데 어떤 일을 할 수 있을까?

[활동 5] 인종차별 없애기

상호 존중을 위한 교육은 전형화에서 오는 위험에 주의를 집중해야 한다. 왜냐하면 전형화는 폭력을 정당화하는 데 이용되기 때문이다. 더 많은 사람들이 인간성이 상실되고, 인간 이하의 범주로 밀려나며, 혹은 이방인으로 취급될수록, 사람들은 더 쉽게 그들을 불관용적으로 대하게 된다. 교사 자신이 때때로 비공식적인 교육과정이나 부주의한 말을 통해 인종차별을 조장할 경우도 있다. 따라서 교사들은 자신의 태도를 반성하고, 자기도 모르게 불관용에 기여하게 만드는 편견에 맞서야 한다.

절차 : 교과서나 이야기 속에 '숨겨져 있는' 인종차별적인 내용을 끄집어내고, 그럼으로써 아이들로 하여금 그들이 읽는 것들에 대해 좀 더 비판적이 되도록 교육하는 것이 교육자들의 의무이다. 다음에 제시되는 유형의 문장을 아이들에게 가르침으로써 그런 목적이 달성되리라 생각된다.2)

팔라오 씨는 방글라데시에서 온 노동자입니다.

그는 우리 아빠의 공장에서 근로자로 일하고 있습니다.

우리 아빠는 부지런하고 착한 팔라오를 우리 집에 초대해서 우리와 같이 지내도록 했습니다.

우리 가족은 모두 팔라오 씨를 좋은 친구로 생각하고 있습니다.

그런 다음 위의 문장을 다음과 같이 바꾸어본다.

팔라오 씨는 방글라데시에서 온 노동자입니다.

그는 우리 아빠의 공장에서 근로자로 일하고 있습니다.

어느 날 그는 사고로 한쪽 팔을 다치게 되어 더 이상 일할 수가 없게 되었습니다.

팔라오 씨는 다시 자기 나라로 돌아갔습니다.

방글라데시에서 큰 홍수가 나서 팔라오 씨가 살고 있는 도시가 피해를 입었다는 소식을 방송에서 들었습니다.

우리 가족은 모두 착하고 부지런했던 팔라오 씨를 생각하며 적십자사에 수재의연금을 보내기로 했습니다.

학생들로 하여금 원래의 문장과 바뀐 문장에서 나타나는 태도 중 어떤 것이 읽는 사람의 마음에 감동을 주는지를 토론하게 할 수도 있다.

■ 난민에 대한 동정: 배려하는 것을 배움
(초등학교 4학년에서 중학교 1학년까지)

배려는 관용적인 사회의 중요한 가치이다. 배려하는 것은 배려하고 돌보는 사람들에 의해 가장 잘 가르쳐질 수 있다. 그래서 교사가 인간적인 관심사에 직접 뛰어드는 것이 학습 분위기 조성에 도움이 될 수 있는 것이다. 배려를 위한 학습은 무엇보다도 감정을 이입하는 능력과 배려의 실천을 요구한다. 동정은 자신을 다른 사람의 입장에 놓고 생각해봄으로써 생겨난다. 역할극은 이에 알맞은 교육 방법이다. 불관용으로 인해 고통받고 있고, 특히 포용될 필요가 있는 '타인'이 바로 난민이다. 동정적 태도를 개발시키기 위한 다음의 역할극은 스페인의 교육과학부가 준비해서 발간한 『인권: 아동의 인권에 토대를 둔 평화 교육을 위한 제언』이라는 책에서 뽑은 것이다.

[역할극]

이 역할극을 통하여 학생들이 자신을 다른 사람의 처지에 놓을 수 있을 것이라고 기대할 수 있다. … 피난민 아이들은 육체적으로나 심리적으로 특별히 상처받기 쉬운 집단이고, 대부분 깊은 마음의 상처로 인해 고통받고 있다. 아이들은 영양실조, 갑작스러운 기후변화, 음식이나 위생 조건 등으로 인해 질병에 걸리기가 쉽다. 다른 한편, 끝없는 여행과 탈출로 인한 탈진, 전쟁 지역을 통과하고 도망치는 가운데서 생기는 두려움과 공포로 인해 아이들에게 육체적이고 정신적인 상처가 남게 된다. 피난민 아이들은 갑자기 살던 환경으로부터 쫓겨났고, 역시 마음의 상처를 받은 부모들로부터 도움이나 안도감을 얻을 수 없기 때문에 미래를 두려워한다.

목표 : 학생들이 역할극을 할 수 있도록 피난민이라는 주제로 상황을 제시한다.

시간 : 각 역할극 당 5분 정도

참여자 : 두 집단 혹은 그 이상

준비물 : 여러 가지 카드가 있는 목록함

절차 : 한 집단이 목록함에서 카드 하나를 집어 들고, 그것을 읽은 다음 각 구성원에게 역할과 활동 내용을 배정한다. 각각의 역할을 맡은 사람은 그 상황을 극화해서 학생들에게 보여주어야 하고

해결책도 제시하여야 한다. 몇 번 그렇게 한 후에, 각 집단은 카드를 다시 읽고 몇 개의 가능한 변형을 제시하면서 특정한 상황과 관련된 문제들에 대한 해답을 제시한다. 다음과 같은 사례 연구가 있을 수 있다.[3)]

-- 아버지, 어머니, 그리고 아이들이 자신들이 살던 집과 나라로부터 탈출해야 한다. 어떤 것들을 가지고 갈 것인가?

-- 피난 장소인 한국으로 가는 동안 비행기 안에서 아이가 부모에게 도착하면서부터 부딪치게 될 나라, 사람들, 관습들에 대해 물어본다.[4)]

-- 한국 아이와 북한에서 망명 온 아이 둘이 학교 운동장에서 놀고 있다. 어린 한국 아이가 북한에서 온 친구와 전쟁놀이를 하고 싶어 한다. 그 아이의 반응이 어떨지 상상해보라.

-- 리비아에서 한국에 온 한 아이가 아버지에게 자신이 학교 친구들과 다르다고 불평한다.

-- 베트남에서 온 한 아이가 얼마나 자신의 고향땅을 사랑하는지에 대해 이야기한다.

-- 중국 동포 한 사람과 필리핀 사람이 같은 직장에 입사 원서를 냈다. 인사 담당 부서장은 한 지원자를 다른 지원자보다 더 선호한다.

■ 상상, 동정, 믿음: 관용의 요소
(초등학교 5학년에서 중학교 2학년까지)

이해, 동정, 연민의 능력을 개발하는 것은 관용 교육의 중요한 목표이다. 이런 목표를 달성하기 위해서는 학생들이 불관용과 편견의 희생자에 대해, 그리고 그 사회적 영향에 대해 느낄 수 있는 경험이 조심스럽게 제공되어야 한다. 다음의 학습 활동은 모스크바 중학교에 그런 경험을 제공하기 위해 니나 아쉬케나치와 갈리나 코발리코바라는 두 러시아 교육자에 의해 개발되었다.

[활동 6] 상상하라!

상상이란 그를 통해 사람들이 서로에 대한 책임을 이해하고 깨닫는 인간 고유의 능력이다. 이 능력은 다른 생명체들이 겪는 고통과 기쁨을 우리도 느낄 수 있게 한다. 시인들과 아이들에게는 이런 능력이 있다. 상상력은 사람들로 하여금 모든 살아 있는 것들과 밀접한 관련을 맺게 만들 수 있다.

목표 : 학생들은 서로 돕는 분위기와, 긍정적인 관계, 상호 이해를 하기 위해 상상력을 사용할 수 있다.

방법 : 시를 지어 오라는 과제물을 준다. (무운시를 짓도록 한다.)

주제는 인종, 종교, 혹은 종족 갈등이다. 아이들에게 그런 갈등과 연관되는 시적 이미지를 만들어야 한다는 것을 설명해준다. 적개심, 아이의 눈물, 사라져가는 기쁨, 경보기 소리, 짓뭉개진 꽃, 버려진 인형 등이 그런 이미지에 포함될 수 있을 것이다. 일단 그런 아이디어가 손에 잡히기만 하면 아이들은 아름다운 시적 이미지를 많이 만들어내곤 한다.

[활동 7] 편견의 거미줄

편견의 거미줄은 사람들을 붙들어 매어 침묵하고 무방비하게 만든 다음 괴롭히고 공격한다.

목표 : (1) 학생들은 전형화나 편견이 사람들에게 어떻게 영향을 미칠 수 있는지를 이해할 수 있게 된다. (2) 학생들은 다른 사람에게 모욕을 받고 굴욕을 당하는 사람들을 어떻게 돕는지를 배울 것

이다.

방법 : 교사가 한 학생을 뽑아서 한 소수 집단의 대표자가 되게 한다. 학생들이 부정적인 전형화와 편견에 근거한 그 소수 집단에 관한 일화나 농담들을 말하기 시작한다. 일화를 하나 이야기할 때마다 교사는 '한 번의 움직임'을 취한다. 즉, 굵은 줄이나 나무 막대기 한 조각씩을 선택된 학생 위에 올려놓으면서 학생들이 그를 움직이지도, 말하지도 못하게 가두어둘 때까지 편견의 거미줄 안에다 두는 것이다.

그런 활동 후에 교사는 그 학생에게 이런 상황에 처해 있는 느낌이 어떤지를 묻는다. 그런 다음 또 학생들에게도 느낌이 어떤지를, 그리고 그런 역할을 하는 것이 좋은지를 물어본다. 이어서 학생들끼리 전형화와 편견이 사람들과 사회에 미치는 영향을 이야기하게 한다.

거미줄에 걸린 죄수를 풀어주기 위해 교사는 학생들에게 죄수에게 사랑과 이해의 메시지를 주는 뭔가 긍정적인 말들을 하게 한다. 이런 활동을 통해 학생들은 편견의 잔인함과 정의롭지 못함을 이해하고, 함께 고통을 나눌 뿐만 아니라, 그들 내부에 편견을 줄이고 관용을 부추겨 조화를 만들어내는 능력이 있음을 깨닫는 기회도 가질 수 있다.

■ 인권: 관용의 윤리적 근거
(초등학교 6학년에서 중학교 3학년까지)

평화의 문화의 기본적인 윤리가 되는 인권의 핵심 개념은 비록 모든 학년, 모든 교과 영역의 교과과정에 반영되어 있기는 하지만 각 학년마다 특별히 주목해야 할 내용들이 있다. 여기에 소개된 수업은 중학교 수준에 맞는 것으로, 불가리아의 영어 교사들이 유네스코 협동학교에서 사용하기 위해 준비한 수업 교재 『인권과 평화에 대한 지속적 도전』(1992)에서 뽑은 것이다. 이 수업은 다른 언어 수업이나, 사회 과목과 같은 다른 과목에도 적용될 수 있다. 교사는 천부의 권리인 인간의 존엄성과 자유의 개념이 매우 오래된 것임을 말해주는 키케로의 말을 인용하는 것으로 수업을 시작할 수 있다. 학생들은 다른 오래전의, 혹은 최근의 문화로부터 나오는 비슷한 내용의 인용문들을 조사한다. 다양한 문화와 철학자들이 표명한, 앞서 말한 인용문들과 같은 중요한 의미를 지닌 많은 형태의 '황금률'도 조사해볼 수 있다.

[활동 8] 인간의 존엄성: 중심적 가치

인간의 존엄성이라는 주제로 토론 수업을 실시해보자. 다음과 같은 문제 제기를 통해 학생들이 토론에 참여하도록 준비시킨다. "인간의 존엄성을 모독하는 것보다 더 고통스러운 것이 없으며, 노예상태보다 더 굴욕적인 것은 없다. 인간의 존엄성과 자유는 우리의 타고난 권리이다. 인간의 존엄성과 자유를 수호하지 못한다면 차라리 명예롭게 죽자."(키케로, B.C. 106-43)

한 조를 만들어 당신 주변에 있는 사람들(학급, 가족, 친구, 이웃 등)이 다른 인종 집단을 대하는 태도에 관해 연구하게 한다. 다음은 설문조사를 위한 몇 가지 항목들이다.

-- 고상함 : 아름다움, 예의바름, 자제
-- 행동 : 자세, 목소리, 몸짓, 견해, 느낌, 미덕, 관습, 정책
-- 권위 : 영향력, 우월함
-- 훌륭한 취향 : 선, 순수함, 사려분별
-- 명성 : 중요성, 영향력

-- 명예 : 보상, 직함, 귀족, 가문(家紋)

-- 자랑 : 뽐냄, 도덕적으로 예민함, 경멸, 오만, 편견

-- 의례 : 종교의식, 에티켓, 예의, 축제, 제복

-- 허식 : 표명, 공표, 공개, 사교성, 아첨

조사 결과를 분석하고, 젊은이들에게 관용과 인간의 존엄성을 존중하는 것을 가르칠 수 있는 활동을 제시해보자.

■ **전형화의 극복**(초등학교 6학년에서 중학교 3학년까지)

소수 집단, 이민자, 문화적인 이질 집단에 속한 사람들에 대한 편견은 전형화로 인해 표현되고 강화된다. 전형화하는 것은 간문화적 이해와 조화로운 다원주의 사회로 가는 데 큰 장애가 된다. 그런데 이 장애는 거의 도전을 받지도, 반성되지도 않기 때문에 계속된다. 그래서 전형화가 판단이나 인식에 어떻게 영향을 미치는지를 반성하고 깨닫는 기회를 주는 것이 관용 교육의 중요한 책임인 것이다. 필리핀에서 나온 다음의 실천 사례(토오 수위힌과 버지니아 카와카스가 쓴 『가치 교육의 이론과 실천』(1990)에서 인용)는 다른 많은 다문화사회에도 적용될 수 있다.

전형화는 서로 다른 문화들 사이의 불신, 지배, 분쟁과 같은 모든 부수적인 결과를 낳으며, 차별, 자민족중심주의, 인종차별의 기초가 된다.

필리핀의 경우 문화적 다양성은 의심할 나위 없이 그 나라를 인간적으로 풍요롭게 하고 흥미롭게 하는 요소들 중의 하나이다. 필리핀에는 수천 개의 섬에 흩어져 살면서 다른 언어와 방언을 사용하는 문화적으로 다른 사회집단이 백 개도 넘게 있다. …

이 활동은 모든 필리핀 형제자매들의 문화적 전통이나 특성을 더

깊이 깨닫고 올바로 평가하기 위해 고안되었다. 이런 식의 이해는 모든 종족이나 사회집단 간의 분명한 차이점들에 여전히 민감하면서도 동시에 전형화는 하지 않는다. 따라서 이 실천 사례가 학습자들로 하여금 다양성 가운데서 문화적인 연대를 건설하고자 애쓰면서, 문화적인 차이를 존중하는 사회를 향해 비폭력적으로 일할 수 있게 만드는 데 도움이 되기를 희망한다.

절차 : 한 반을 다섯이나 여섯 조로 나누어, 각각 다양한 문화 공동체들 중 하나씩을 연구하게 한다. 각 조는 제비뽑기를 해서 배정을 받는데, 전체 발표 시간 전까지는 그들이 맡은 공동체의 정체가 무엇인지를 밝혀서는 안 된다.

문화 공동체가 배정되면, 학생들은 자신들의 인상, 지각, 독서, 혹은 직접 경험을 근거로 해서 배정받은 종족의 문화에 대해 돌아가며 자유롭게 이야기한다. 토론하면서, 풍습, 신앙, 습관, 특성, 생계수단, 예술의 형태, 그 밖의 다른 문화적 특성 같은 것들이 심도 깊게 다루어질 수 있다.

자유롭게 이야기하기가 끝나면, 각 조는 무언극의 형식으로 보고서를 준비한다. 3분 이내의 무언극을 통해 문화 혹은 종족 공동체가 설명되는 것이다. 음향과 소도구는 사용될 수 있으나 대사는 안 된다. 배경 음악은 가능한데, 되도록 그 종족의 전통적 음악을 사용하는 것이 좋다. 각각의 묘사 연기가 끝날 때마다 다른 조에게 묘사된 공동체가 어떤 공동체인지를 물어본다.

토론 : 전체 발표가 끝난 후, 다음과 같은 질문을 시작으로 토론에 들어갈 수 있다.

-- 묘사된 특성들이 긍정적인 것이었는가, 부정적인 것이었는가?

-- 묘사하는 동안 각 조는 그 종족에 대한 이해와 감수성과 존중

의 태도를 보였는가?

-- 묘사 가운데 전형화의 증거가 있었는가?

-- 어떤 조에 어떤 특성이 있는가? (가) 그 특성은 다른 조에서도 발견되는 것인가? (나) 그 특성은 어떤 조의 모든 구성원들에게 반드시 적용되는 것인가, 아닌가?

-- 사람들을 문화적인 전형화의 영향 속에 던져 넣는 것이 공정한 일인가?

-- 문화의 전형화의 가능한 영향에 대해 이야기해보자. 학생들에게 구체적인 사례를 들도록 한다.

-- 문화의 전형화는 어떤 식으로 극복될 수 있을까?

■ 착취의 형태로 나타나는 불관용
(고등학교 1학년에서 3학년까지)

이 책의 앞부분에서 정의된 바와 같이, 불관용이 사회에 표출되는 형태 가운데 착취와 성차별이 있었다. 착취는 성차별, 인종차별, 식민주의와 같은 다른 형태의 불관용과 종종 결합된다. 사회적으로 강요된 불이익, 가난, 나이, 성으로 인해 상처받기 쉬운 사람들이 주로 착취의 대상이 되곤 한다. 착취당하는 사람들의 목소리는 일반 매체나 교과과정에 반영되지 않지만, 이들 불관용의 희생자들도 침묵한 채로 가만히 있지는 않는다. 다음의 시에서는 착취당한 경험이 있는 한 여인이 자신의 목소리를 내고 있다. (여기서는 '소녀'라는 뜻의 '무차차'라고 표현하고 있지만 어떤 연령의 여자라도 상관없다. 이 시는 『브라질 여성』이라는 인권 소식지 1993년 겨울호에서 발췌하였다.)

무차차

나는 나는 세탁기
내 몸값이 세탁기 값보다 더 비싸지 않을 때까지는
주인님이 사지 않을.
주인마님의 시간을 덜어주고
거친 손을 막아주는
나는 나는 세탁기

나는 나는 진공청소기
주인마님이 필요로 하지 않는.
나는 차 청소기
세탁소
환자의 병실
시장바구니

나는 주인마님의 해방자
바라는 모든 것들로 가득한
단추
나를 눌러만 주세요
나는 더 싸니까 …

[활동과 토론]

1. 다음의 질문들을 놓고 토론해보자
-- 무차차는 어디서 온다고 생각하는가?

-- 세계 각 지역의 가정부를 배출하는 계층에 관해 아는 것이 있는가?

-- 그녀가 왜 이런 남의 가사일을 한다고 생각하는가?

-- 그런 사람들은 어떤 상황에서 살아가는가?

2. 다음과 같은 상황에서 일어나는 대화를 역할극으로 나타내보자.

무차차와 (가) 주인 남자, (나) 주인 여자, (다) 그 집의 자녀들이 나누는 대화, (라) 주인 남자와 주인 여자가 무차차에게 관해 주고받는 대화.

-- 이런 관계 속에 어느 정도의 관용이나 존중이 존재한다고 믿는가?

-- 어떻게 하면 무차차의 개인적 존엄성이나 여가를 가질 권리가 신장될 수 있을까?

■ 차이: 타인에 대한 이미지(고등학교 1학년에서 3학년까지)

관용을 만드는 과정에서 종종 가장 어려운 점은 다른 사람들(갈등 상황에서는 '상대방')에 대한 부정적 이미지를 극복하는 것이다. 다른 사람을 전형화한 것을, 다른 사람의 실제 모습과 다른 사람이 스스로에 대해 가지고 있는 자아상이라는 두 가지 사실과 근접하는 이미지와 지식으로 대체해나가는 것은 모든 인간관계의 화해 과정에서 매우 중요한 것이다. 특별히 분쟁 이후의 상황에서는 더욱 중요하다. (아래의 사례 연구는) 시민전쟁 이후 레바논에서의 관용과 상호 이해를 위해 만들어진 것이기 때문에 매우 유용하다.

다음의 실천 사례는 유네스코와 국제평화연구협회가 평화의 프로그램에 관한 공동 연구의 일환으로 함께 후원한 레바논에서의 연구 계획의 결과인 『인권, 평화, 민주주의 교육을 위한 입문서』에서 발췌한 것이다.

[실천 사례 1] '차이'란 무엇인가? '차별'이란 무엇인가?

목표 : 참석자들이 '차이'의 의미와 '차별'의 의미, 그리고 이 둘의 차이점을 이해하도록 돕는다. 일상생활 가운데서 나오는 생생한 사례들을 취함으로써 참석자들로 하여금 그 두 가지 개념을 레바논의 실상과 가깝게 연결시킬 수 있게 한다.

교사가 '차이'라는 단어를 칠판에 쓰고, 학생들에게 이 단어가 그들에게 의미하는 바를 단순 명료하게 말하도록 한다.

절차 : 학생들의 대답을 비평이나 분석을 달지 않고 칠판에 적는다. 그런 다음 '차이'라는 단어가 얼마나 다양하게 정의될 수 있는지를 보여주기 위해 그 대답들을 비슷한 것끼리, 혹은 서로 다른 것끼리 분류해놓는다.

분류가 다 끝나면 교사는 예를 들어서, 그리고 '차이'라는 단어의 개념과 '차별'이라는 개념 사이의 차이점을 설명하면서 '차이'의 의미를 부연 설명한다.

-- 차이란 두 문제 혹은 두 가지 사물 사이에 자연적 혹은 사회적으로 공통점이 없는 상태를 말하는 것이고, 차별은 그런 차이에다가 하나는 열등하고 다른 하나는 우등하다고 특징짓는 데서 기인하는 사회적인 불평등의 요소가 덧붙여진 것이다.

-- 차이는 풍요로움의 근원인 데 비해, 차별은 관련된 두 부분 중 하나에 가해지는 부정의와 폭력의 근원이 되는데, 기본적으로 그런 구별이나 차별로부터 이득을 얻는 집단에 의해 조장된다.

■ 정체성, 인권의 핵심(고등학교 2학년에서 3학년까지)

정체성의 문제는 관용으로 가는 길을 탐구하는 데 있어 극히 중요한 것이다. 식민주의의 문화적 불관용은, 식민주의자들이 그 나라 사람들의 문화적인 순수성과 내적인 능력을 인정하는 것을 거부한 채, '개발국'이니 '제3세계'니 하며 부른 나라들을 경제적으로 착취하는 빌미가 되어왔다. 이러한 거부는 구조적인 폭력을 유지시키는 불관용 과정의 일부분이다. 그것은 관용적인 세계를 위한 모든 교육 프로그램들이 직면할 수밖에 없는 문제이다.

정체성이라는 것이 청소년들에게 이렇듯 중요한 문제이기 때문에, 학생들은 정체성을 자존감과 인간의 존엄성을 인정하는 데 필수적인 것으로 존중하는 것이 중요하다는 것을 올바로 알 수 있는 것이다. 문화적 불관용과 경제적 착취로 고통받고 있는 아프리카는 정체성과 관용을 탐구하는 데 근거가 되는 다음의 자료들을 우리에게 제공한다. 이 자료는 『외국어를 통한 국제 이해』(클라우제 바우어 박사가 편집하고 유네스코 독일 위원회가 출간하였다. p.189 참조)에서 나온 것이다.

잠비아공화국의 대통령인 케네스 카운다 박사는 다음과 같이 말했다.

"우리는 세계 문화에 대한 아프리카의 기여가 인간관계의 영역에서도 있어야 한다는 생각을 했고, 지금도 하고 있습니다. … 전문가들은 사람들의 문명화된 정도를 여러 종류의 기준에 근거해서 판단합니다. 아프리카 전통사회에서의 기준이란 이런 것입니다. 어떤 사회가 노인들, 가장 좁은 의미에서는 쓸데가 없거나 생산적이지 못한 모든 사회 구성원들을 어떻게 대하는가 하는 것 말입니다. 이런 기준에 의한다면 소위 문명사회란 흔히 말하는 미개사회로부터 배울 점이 많은 사회에 불과합니다."

탄자니아공화국의 전 대통령인 줄리어스 나이어리어는 다음과 같이 말했다.

"성장은 우리 사회와는 이질적인 어떤 것의 뿌리에 접목시키는 것을 통해서가 아니라 우리 자신의 뿌리로부터 나와야 합니다. 우리는 인간의 보편적 생각과 다른 민족의 실제적 경험으로부터 영양분을 섭취해야 하지만, 그러나 우리의 과거에 많이 있었고, 우리의 미래에도 유용할 우리의 아프리카다움과 믿음을 완전히 받아들이는 것으로부터 시작해야 합니다."

[토론을 위하여]

1. 문명화의 정도를 판단하는 방법에 관한 잠비아 대통령의 연설에 대한 당신의 생각은 어떤가? 당신이 속한 사회는 '문명화'를 어떻게 측정하는가? 당신은 문명화의 정도가 어떤 식으로 측정되어야 한다고 생각하는가? 관용은 어떤 역할을 담당해야 하는가?

2. 당신은 탄자니아의 전 대통령의 연설을 어떻게 받아들이는가? 당신은 '인간의 보편적 생각'과 '특정한 문화의 가치' 사이의 연관성을 어떤 식으로 표현하겠는가? 평화의 문화를 향한 세계적 노력의 와중에서 다른 민족의 문화적 순수성을 존중할 수 있는 방법은 무엇일까? 관용은 두 가지 서로 다른 문화 사이의 중재자로서의 사명을 어떻게 감당할 수 있을까? 인권은 어떤 역할을 담당할 수 있을까?

■ 범죄의 형태로 나타나는 불관용
(고등학교 2학년에서 3학년까지)

이 책의 앞부분에서 지적한 대로 진정한 관용은 분명 한계를 가진다. 그러나 이러한 한계는 자주 악용되고, 그래서 실제로 불관용은 여성이나 아이들을 강간하고 심하게 학대하는 이외에도 인간성에 대항하는 범죄로 알려진 인종 말살 정책, 인종 분리 정책, 고문 등과 같은 차원의 범죄들을 조장한다. 학습자들의 이해를 깊게 하는 방법은 실제적인 경험과 고통을 통하여 불관용의 영향을 피부로 느껴보게 만드는 것이다. 이러한 목적에 부합하는 훌륭한 교육적 도구로서 영화가 있다. 그런데 영화에서 다루는 내용들을 완전히 탐구하고 이해하기 위해서는 좀 더 성숙해야 하고, 역사적 사건들에 대한 어느 정도의 지식도 갖추어야 한다. 그래서 영화를 사용하는 접근법은 고등학교 수준에 적당한 것이다. 다음에 나오는 강의 요강은 일본의 영어 교사 야스요 후쿠나가가 고안한 것을 채택한 것이다. 이러한 교육 방법은 사회 과목이나 문학 과목의 보충물로도 사용되었다. 다양한 언어로 된 비슷한 주제를 가진 영화들이 비디오로 나와 있어서 모니터나 VCR 플레이어가 있는 학교에서 쉽게 사용될 수 있다.

다음에 소개되는 영화에서 다루어지는 내용들은 인권침해로 생각될 수도 있는, 불관용의 폐해에 관한 것이다. 따라서 읽어야 할 것 가운데 그 영화와 관련된 국제 인권 규범이 포함된다. 이러한 형태의 수업은 세계인권선언이나 불관용의 증상들인 갖가지 침해에 관한 자료를 읽는 것으로부터 시작하는 것이 좋다.

(1)『킬링필드』

주제 : 정치적인 말살, 인종 말살, 난민

읽을 것 : 인종 말살에 관한 국제협약, 난민의 권리에 관한 국제협약

(2)『소피의 선택』

주제 : 인종 말살, 대학살, 강제수용소

읽을 것 : 뉘른베르크 원칙

(3)『미시시피 버닝』

주제 : 인종차별, 미합중국 시민권 운동

읽을 것 : 인종차별에 관한 국제협약

(4)『컬러 퍼플』

주제 : 성차별, 아동학대

읽을 것 : 여성에 대한 모든 형태의 차별에 관한 국제협약

(5)『미션』

주제 : 원주민, 인종 말살, 식민주의

읽을 것 : 원주민의 권리에 관한 협약 초안

(6)『크라이 프리덤』

주제 : 인종 분리 정책

읽을 것 : 인종 분리 정책의 억압과 처벌에 관한 국제협약, 아프리카 자유선언

(7)『쉰들러 리스트』

주제 : 인종문제, 인종 말살

읽을 것 : 세계인권선언

끝맺는 토론: 우리 자신의 노력을 계획하기

범위가 한정적이기는 하지만, 이 책은 관용 교육을 발전시켜갈 기틀이 될 수 있다. 우리 각자의 노력을 다음과 같은 질문에 대해 곰곰이 생각해보는 것으로부터 시작해보자.

-- 관용 교육을 위해 수립되어야 할 우리의 목표와 목적은 무엇인가?

-- 이 자료에서 어떤 요소나 사례들을 채택할 수 있는가?

-- 더 필요로 하는 추가 자료는 어떤 것인가?

-- 우리가 속한 공동체나 학교에 이미 마련되어 있는 자료는 무엇인가?

-- 관용 교육을 증진시키기 위한 우리 자신이나 유네스코의 노력에 보탬이 되기 위하여 어떤 자료나 교육 방법이 개발될 수 있을까?

-- 우리가 만든 프로그램의 성공 여부를 어떻게 평가할 것인가?

부록 3

『관용과 열린사회』 그 후 20년의 학위논문, 연구논문 및 저서, 역서 목록

아래의 논문 목록은 나의 책 『관용과 열린사회』가 출판된 이후 나온 국내 연구자들의 학위 및 연구 논문 목록이다. 이 목록에 나와 있는 논문들이 모두 나의 책을 인용한 것은 아니지만 많은 논문들이 나의 글을 연구의 자료로 활용하고 있다. 국내에서 출판된 관용 관련 저서와 번역서도 다음 연구자들을 위해 부록에 첨가하였다. 이 부록이 향후 관용을 주제로 연구하려는 연구자들에게 자료를 찾는 수고를 조금이라도 덜어주는 데 도움이 되길 바란다. 아마도 내가 미처 찾아내지 못한 자료도 있을 것이다. 현재 『관용: 혐오주의에 대항하는 윤리』(가제)라는 제목의 공동 연구가 진행 중에 있다. 머지않은 장래에 이 책이 출판될 것으로 예상되는바, 여기에는 지금 미처 찾지 못했거나 향후 새롭게 출판된 연구 자료들이 첨가될 것이다.

■ 박사학위논문

길현주, 「중고등학생의 관용성 분석과 관용교육 개선에 관한 연구」, 서울대학교 대학원, 2007.

김상범, 「자유주의적 관용에 대한 연구」, 서울대학교 대학원, 2013.

명재신, 「청소년의 배려와 관용에 관한 연구」, 경기대학교 일반대학원, 2012.

조영제, 「다원주의 사회의 기본 덕목으로서의 관용과 그 시민교육적 함의」, 서울대학교 대학원, 1998.

최유신, 「John Locke의 관용론 연구」, 중앙대학교 대학원, 1998.

■ 석사학위논문

김우견, 「외국인 노동자에 대한 뉴스 프레이밍 방식이 수용자의 관용에 미치는 영향」, 서울대학교 대학원, 2002.

김우영, 「볼테르의 종교적 관용 사상: 무신론자 배제론과 세속적 국가 종교론을 중심으로」, 서강대학교 대학원, 2014.

김은시, 「'시민윤리' 교과에서 관용의 덕을 함양할 수 있는 교수-학습 방안 연구」, 서울시립대학교 교육대학원, 2006.

김홍일, 「관용성 배양 위한 교수-학습 자료 개발 및 적용」, 청주교육대학교 교육대학원, 1999.

문성화, 「다문화사회에서 관용(tolerance)의 확대 적용 방안 연구: 제주 지역을 중심으로」, 제주대학교 행정대학원, 2015.

박은주, 「고등학교 '법과 사회' 과목이 학생들의 법적 관용성에 미치는 영향 연구」, 이화여자대학교 교육대학원, 2007.

박재형, 「존 롤즈의 '관용의 조건'에 관한 고찰: 『정치적 자유주의』를 중심으로」, 고려대학교 교육대학원, 2008.

박준웅, 「롤즈의 관용론」, 중앙대학교 대학원, 2006.

송수원, 「초등학생의 관용적 행동과 인지적, 정서적 요인의 관계 연구」,

연세대학교 교육대학원, 2014.
송지현, 「동성애 및 북한에 대한 청소년의 관용의식에 영화가 미치는 영향에 관한 연구: 영화 『왕의 남자』, 『웰컴 투 동막골』을 중심으로」, 경희대학교 교육대학원, 2006.
유미금, 「청소년의 관용성 연구」, 순천대학교 교육대학원, 2000.
이상진, 「관용교육을 위한 탐구공동체 수업 모형 연구」, 한국교원대학교 교육대학원, 2010.
이성, 「고등학생의 관용(寬容) 문화에 대한 일상생활 기술 연구: 경기도 어느 인문계 고등학교 학생 면담 사례를 중심으로」, 한국교원대학교 교육대학원, 2002.
이윤주, 「이견(異見)의 논증 유형에 따른 사회과 논쟁문제 수업 효과 연구: 정치적 관용을 중심으로」, 서울대학교 대학원, 2010.
이일대, 「롤즈의 정치적 정의관에 있어서의 관용의 의미: 『정치적 자유주의』를 중심으로」, 고려대학교 대학원, 2004.
이진선, 「관용교육의 실태와 개선에 관한 연구」, 한국교원대학교 교육대학원, 2001.
정석권, 「존 로크의 종교적 관용론」, 서강대학교 대학원, 2006.
정소영, 「'관용'의 도덕, 윤리 교육적 가치에 관한 연구」, 연세대학교 교육대학원, 2006.
정점선, 「탐구공동체 교육 프로그램이 관용의식 함양에 미치는 효과」, 한국교원대학교 교육대학원, 2005.
조은애, 「관용의 도덕 교육적 의미에 대한 연구」, 서울교육대학교 교육대학원, 2011.
차영화, 「초등학교 관용교육에 관한 연구」, 진주교육대학교 교육대학원, 2004.
현미경, 「제주문화예술도시 발전을 위한 '관용' 인식수준 연구」, 제주대학교 대학원, 2012.

■ 연구논문

가상준 외, 「한국 내 북한 이탈 주민, 조선족, 외국인 노동자에 대한 혐오감과 관용」, 『분쟁해결연구』, 제12권 1호, 2014.

가상준, 「한국사회 정치관용에 대한 연구」, 『한국정당학회보』, vol. 14, no. 1, 2015.

가상준 · 윤종빈 외, 「한국사회 정치관용과 결정요인에 관한 연구」, *OUGHTPIA*, vol. 23, no. 3, 2010.

강정인 · 김우영, 「볼테르의 종교적 관용 사상: 그는 보편적 관용을 주장했는가?」, 『한국정치학회보』, 제48집 1호, 2014.

강휘원, 「근대 기독교의 종교적 자유와 관용의 상대성 오류」, 『현상과 인식』, 제32권 1-2호, 2008.

공진성, 「제국과 관용: 보편주의의 정치성에 대하여」, 『인문학연구』, 제43집, 2012.

공진성, 「스피노자, 관용, 그리고 종교적 불복종의 문제」, 『정치사상연구』, 제13집 2호, 2007.

구승회, 「차이의 문명화로서의 관용: 마이클 월쩌의 관용 개념」, 『철학연구』, vol. 48, no. 1, 2010.

김광기, 「관용과 환대, 그리고 이방인: 하버마스와 데리다를 중심으로」, 『현상과 인식』, 겨울호, 2012.

김남준, 「다문화시대의 도덕원리 논쟁: 관용과 인정」, 『철학논총』, 제54집, 2008.

김문정, 「다문화사회와 관용, 그리고 '비지배자유'」, 『철학논총』, 제83집, 2016.

김성현, 「관용성 척도 개발」, 『상담학연구』, 7권 2호, 2006.

김성현, 「청소년용 관용성 척도 개발」, 『상담평가연구』, 4권 1호, 2011.

김성현, 「비행 학업중단 청소년들의 관용성과 자아 존중감 간의 관계」, 『교육문화연구』, 제22권 2호, 2016.

김성현 · 김성회, 「관용성 척도의 표준화를 위한 연구」, 『상담학연구』, 8

권 3호, 2007.
김성현 · 김성회, 「중학생용 관용성 증진 프로그램 개발」『상담학연구』, 14권 1호, 2013.
김성현 · 이병환, 「학교폭력 청소년의 관용성과 학교생활 적응 간의 관계」, 『열린교육연구』, 24권 2호, 2016.
김용환 외, 「관용을 위한 가치 교육의 내용과 방법에 관한 연구: 중등학교 사회 윤리 교과서 분석과 중등학생의 관용지수 측정을 중심으로」, 『시민교육연구』, 30권, 1999.
김용환, 「관용의 윤리: 철학적 기초와 적용영역들」, 『철학』, 87집, 2006.
김응종, 「존 로크와 피에르 벨의 관용론: '관용'을 넘어 양심의 자유로」, 『프랑스사연구』, 제19호, 2008.
김응종, 「이신론과 관용」, 『인문학연구』, 통권 88호, 충남대, 2012.
김항제, 「종교평화의 시작, 관용」, 『평화학연구』, 제10권 3호, 2009.
김희봉, 「열린사회를 위한 관용교육」, 『열린교육연구』, vol. 10, no. 2, 2002.
목광수, 「존 롤즈의 관용 개념 고찰: 지구촌 사회에서의 정당성을 중심으로」, 『철학논총』, 제61집 3권, 2010.
목영해, 「관용의 교육에 대한 연구」, 『교육철학』, 18, 1997.
문성훈, 「타자에 대한 책임, 관용, 환대 그리고 인정」, 『사회와 철학』, 제21집, 2011.
박삼열, 「스피노자의 관용과 사랑」, 『철학연구』, 제118집, 대한철학회, 2011.
박은주, 「고등학교 '법과 사회' 과목이 학생들의 법적 관용성에 미치는 영향」, 『법교육연구』, 제3권 1호, 2008.
박의경, 「미국 민주주의와 관용의 정신」, 『한국정치연구』, 제19집 3호, 2010.
박정규, 「존 로크의 관용론 재고」, 『영국연구』, 제30호, 2013.
박주원, 「16세기 종교개혁 시대와 몽테뉴의 '관용'」, 『정치비평』, 9호, 2002.

변순용, 「다문화사회 및 글로벌 시대에 요구되는 도덕교육의 핵심덕목으로서의 관용에 대한 연구」, 『도덕윤리과교육연구』, 31호, 2010.
소병철, 「관용의 조건으로서의 인권적 정의: 자유주의적 다문화주의의 한 옹호론」, 『민주주의와 인권』, 제10권 3호, 2010.
송규범, 「존 로크의 관용론」, 『서양사론』, 제78호, 한국서양사학회, 2003.
송수원 · 김은경, 「초등학생의 성별 및 학년에 따른 관용수준 차이 분석」, 『초등교육연구』, vol. 28, no. 1, 2015.
송수원 · 김은경, 「초등학생의 인지적, 정서적 관용과 관용적 행동의 관계」, 『교육문제연구』, 56집, 2015.
신창석, 「다문화사회를 위한 관용의 철학적 근거: 중세철학에서 관용의 전거」, 『가톨릭신학』, vol. 24, 2014.
신창석, 「다문화사회를 위한 관용의 철학적 근거: 에라스무스와 마르틴 루터」, 『가톨릭철학』, vol. 25, 2015.
안외순, 「茶山 丁若鏞의 관용(tolerance) 관념: 서(恕) 개념을 중심으로」, 『동방학』, 제19집, 2010.
양승태, 「똘레랑스, 차이성과 정체성, 민족정체성 그리고 21세기 한국의 민족주의」, 『정치사상연구』, 13(1), 2007.
유성진 외, 「한국 사회 정치적 관용에 관한 경험적 분석: 혐오집단에 대한 정치사회적 권리의 보장과 제약을 중심으로」, 『국가전략』, vol. 17, no. 2, 2011.
윤영철, 「형사법의 지도이념으로서의 '사회적 관용'」, 『법학논총』, 제18권 제2호, 2011.
윤종진 · 조진만 외, 「한국사회 관용의 수준과 혐오집단」, 『세계지역연구논총』, 29집 3호, 2011.
이경호, 「다문화사회의 대두와 시민교육의 과제: 관용성을 중심으로」, 『사회와 교육』, 25집, 2014.
이기원, 「『중용』과 관용: 관계 맺기와 공감하기」, 『인문과학연구』, 제40집, 강원대, 2014.
이기원, 「『맹자』와 관용: 소통과 동락(同樂)을 통한 공감과 치유」, 『동방학』, 제31집, 2014.

이동렬, 「이성과 관용정신: 볼테르의 『관용론』 고찰」, 『인문논총』, 제52집, 2004.

이상진, 「관용교육의 도덕교육적 의의」 『윤리철학교육』, 제13집, 2009.

이선열, 「타자 대우의 두 원칙: 관용과 서(恕)」, 『율곡사상연구』, 제24집, 2012.

이수안, 「지속 가능 공동체의 사회적 가치로서 '상호 관용'과 '상호 보살핌'」, 『문화와 사회』, 제7권, 2009.

이수안, 「이주 여성의 타자성과 관용의 상호 발현에 대한 이론적 모색」, 『사회와 이론』, 제12집, 2008.

이옥순, 「관용과 다문화이해 교육에 대한 배려 교육론적 고찰」, 『도덕윤리과교육연구』, 제26호, 2008.

이용재, 「관용에 대한 두 가지 해석: 구성적 관용과 통합적 관용 개념을 중심으로」, 『대한정치학회보』, 18집 2호, 2010.

이진선, 「관용(toleration)에 기초한 도덕과 교육과정의 개정 제안」, 『도덕윤리교육연구』, 2권, 2003.

이희재, 「노장사상에 있어서 평등과 관용의 의미」, 『철학연구』, 제73집, 대한철학회, 2003.

임재형 · 김재신, 「한국사회의 혐오집단과 관용에 관한 경험적 분석」, *OUGHTPIA*, vol. 29, no. 1, 2014.

장동진 · 유인태, 「존 롤즈(John Rawls)의 공적 이성(public reason)과 관용(toleration)의 한계」, 『사회과학논총』, 35집, 2005.

정병식, 「루터와 관용: 신앙과 사랑 사이의 긴장」, 『한국교회사학회지』, 39권, 2014.

정병조, 「관용의 원리로서의 불교」, 『불교연구』, 제14집, 한국불교연구원, 1997.

정점선, 「탐구공동체 교육 프로그램이 관용의식 함양에 미치는 효과」, 『윤리철학교육』, 제5집, 2005.

정진우, 「칸트의 도덕법칙의 원리들과 관용」, 『동서철학연구』, 제41호,

2006.
정천구, 「불교의 종교적 관용과 실천방향」, 『한국교수불자연합학회지』, 2011.
조기제, 「초등교육에서의 관용교육」, 『초등도덕교육』, 제13집, 2003.
조세종, 「화이트헤드와 간디의 종교적 관용」, 『철학논총』, 제54집, 2008.
조영제, 「고통 체험에 근거한 관용교육」, 『시민교육연구』, 28권, 1998.
조영제, 「다원주의 사회의 관용교육: 자율성에 근거한 관용교육에 대한 비판」, 『사회와 교육』, 25집 1호, 1997.
조진만 외, 「승자와 패자의 정치관용에 대한 인식 차이와 그 효과」, 『한국정치연구』, 제20권 2호, 2011.
주동근, 「중세 무슬림 스페인의 종교적 관용에 관한 연구: 711년부터 8세기 말까지 코르도바의 종교적 관용을 중심으로」, 『한국중동학회논총』, 제35권 1호, 2014.
차미란, 「도덕교육의 내용으로서의 '관용'」, 『도덕윤리과교육연구』, 제45호, 2014.
최유신, 「로티의 관용에서 가다머의 관용으로」, 『철학탐구』, 제18집, 2005.
최유신, 「존 로크의 종교적 관용론」, 『대동철학』, 8집, 2000.
한내창·은기수, 「종교성과 타종교에 대한 관용도」, 『한국사회학』, 제38집 2호, 2004.
현미경, 「제주문화예술도시 발전을 위한 '관용' 인식수준 연구」, 『한국산학기술학회논문지』, 제14권 10호, 2013.
황미애 외, 「외국인에 대한 중등학생의 법적 관용성: 다문화 범교육에의 함의」, 『시민교육연구』, 제45권 1호, 2013.

■ 저서, 역서

김응종, 『관용의 역사: 르네상스에서 계몽주의까지』, 푸른역사, 2014.
마이클 월쩌, 『관용에 대하여』, 송재우 옮김, 미토, 2004.

맹주완, 『관용의 미학: 상호이해적 의사소통과 화해의 조건』, 한국문화사, 2012.
박혜원, 『관용·신뢰한다는 것: 다 이유가 있을 거예요』, 장수하늘소, 2010.
벤자민 J. 카플란, 『유럽은 어떻게 관용사회가 되었나』, 김응종 옮김, 푸른역사, 2015.
볼테르, 『관용론』, 송기형·임미경 옮김, 한길사, 2001.
볼테르, 『관용, 세상의 모든 칼라스를 위하여』, 김계영 옮김, 옴므리브르, 2015.
오현선, 『다름·다양성·관용: 기독교다문화교육』, 꿈꾸는터, 2014.
웬디 브라운, 『관용: 다문화제국의 새로운 통치전략』, 이승철 옮김, 갈무리, 2010.
존 로크, 『관용에 관한 편지』, 공진성 옮김, 책세상, 2008.
존 로크, 『관용에 관한 편지』, 최유신 옮김, 철학과현실사, 2009.
필리프 사시에, 『왜 똘레랑스인가?』, 홍세화 옮김, 상형문자, 2001.
필리프 사시에, 『민주주의의 무기, 똘레랑스』, 홍세화 옮김, 이상북스, 2010.
하승우, 『희망의 사회윤리 똘레랑스』, 책세상, 2003.
헨드릭 빌렘 반 룬, 『똘레랑스』, 김희숙·정보라 옮김, 도서출판 길, 2000.

주(notes)

서론: 세계 관용의 해와 해방 50돌

1) 이 글은 1995년 3월 1일자 『크리스천 헤럴드』에 「관용, 완성된 해방을 위하여」라는 제목으로 게재된 글을 다소 수정한 것이다. 비록 2년의 시간이 지났음에도 불구하고 그 글에서 말하고자 하는 바가 오늘의 시점에서 보아도 무리가 없어 보이기 때문에 시제와 몇 군데 수정을 한 후 나머지는 그대로 전재하면서 서론으로 대신하고자 한다. 이 서론은 이 책의 중요 내용을 압축적으로 보여주고 있기 때문이다.

1장 관용이란 무엇인가?

1) S. Lukes, "Social and Moral Tolerance", *Government and Opposition*, 6, 1971, pp.224-228. 이 논문에서 루케스는 관용을 권리의 하나로 이해하고 있다.
2) toleration과 tolerance의 차이는 보통 무시되고 있다. 이 글에서 인용되고 있는 대부분의 철학자들도 이 양자를 구별 없이 사용하고 있다. 예외적으로 킹(Preston King)은 toleration을 tolerance보다 넓은 의미로 사용하고 있으며, *Collins English Dictionary* 에서는 tolerance는 관용의 상태 또는 성질을 나타내며 toleration은 관용의 행위 또는 실천을 의미하는 것으로 구별하고 있다. 1995년 '세계 관용의 해'를 제안한 유네스코에서는 표기를 tolerance로 통일하기로 했다.
3) Preston King, *Toleration*, George Allen & Unwin, 1976. 킹의 관용에 대한 관심은 특별히 인간관계에 집중되어 있다. 따라서 관용의 대상을

사람의 행위, 이념, 기구, 그리고 사람들이 자연스럽게 가지고 있는 차이점에 따라 다음 네 가지로 구분하고 있다.

(1) 행위에 대한 관용(activity tolerance)

(2) 이념적 관용(ideational tolerance)

(3) 기구적 관용(organisational tolerance)

(4) 동일성에 대한 관용(identity tolerance)

이념적 관용은 진리의 추구와 연결시키고 기구적 관용은 정의의 문제와, 동일성에 대한 관용은 평등의 추구와 연결시키고 있다.

4) 같은 책, p.54.

5) 같은 책, p.120.

6) 같은 책, p.122.

7) 같은 책, p.91.

8) B. Cohen, "An Ethical Paradox", *Mind*, 76, 1967, pp.250-259; R. L. Sturch, "Moral Non-Dogmatism", *Mind*, 80, 1970, pp.120-125.

9) Voltaire, *Philosophical Dictionary*, Penguin Book, 1972, pp.393-394.

10) B. Crick, "Toleration", *Government and Opposition*, 6, 1971, p.167.

11) G. Ichheiser, "On Tolerance and Fanaticism: A Dilemma", *Philosophy and Phenomenological Research*, 29, 1968-69, p.446.

12) B. Cohen, 앞의 글, p.250.

13) 마르쿠제나 킹은 '순수한 관용(pure tolerance)'이라고도 부르고 있다.

14) Preston King, 앞의 책, p.133.

15) Thomas K. Hearn Jr., "On Tolerance", *Southern Journal of Philosophy*, 1970, p.231. 도덕적 공감에 관해서는 이 책의 7장을 참조.

16) R. Wolff ed., *A Critique of Pure Tolerance*, London, 1969, pp.11-136. 특히 울프의 "Beyond Tolerance"와 마르쿠제의 "Repressive Tolerance"를 많이 참조함.

17) 관용과 다원주의를 비판적으로 본 사람들은 울프, 마르쿠제, 이히하이저 등이 있다.

18) H. Marcuse, "Repressive Tolerance", R. Wolff ed., 앞의 책.

19) 같은 글, p.106.

20) 한국에 있는 초중등학교의 모든 교육기관을 통해 실시되고 있는 자유민주주의의 이념 교육과 윤리 교육 중의 이데올로기 비판 교육은 정치 교육의 일환이며 위에서 지적한 위험을 내포하고 있다.

21) 자유민주주의 사회에서 사법부의 독립과 건전한 운용은 어느 정도 이 불

균형을 막을 수 있다.

22) R. Wolff ed., 앞의 책, p.36.

23) B. Crick, 앞의 글, p.153.

24) H. Marcuse, 앞의 글, p.104.

2장 관용의 정당화와 한계

1) Susan Mendus and David Edwards eds., *On Toleration*, Oxford: Clarendon Press, 1987, p.9.

2) 2016년 현재 유럽연합(EU)은 여러 가지 심각한 문제에 직면하고 있다. 영국의 유럽연합 탈퇴 결정, 난민의 수용 문제를 둘러싼 회원국들 사이의 갈등, 이슬람국가(IS)가 배후 세력으로 있는 테러 행위들, 그리고 그 반작용으로 번지는 유럽 정치 지형의 보수화 경향과 불관용 정책 등이 그것이다. 이런 문제들은 유럽연합의 회원국 국민들에게 관용과 불관용의 경계선에서 어떤 선택을 해야 할 것인가를 묻게 만들며, 그들의 선택에 따라 유럽연합의 미래가 달려 있다고 본다.

3) 동성애자가 된다는 것은 후천적이고 자발적인 선택의 문제가 아니라 생물학적이고 비자발적 결정이라는 입장도 만만치 않게 존재한다.

4) 호튼과 니콜슨은 관용의 세 가지 요소들을 다음과 같이 보고 있다. 첫째, 불승인된 어떤 행위, 둘째, 강제적인 간섭의 배제, 셋째, 간섭에 대한 거부 또는 거부하려는 경향은 시인이나 인정 이상의 것이어야 한다. 필자의 분류는 첫 번째와 동일하고 다른 두 가지 요소는 일치하지 않는다. John Horton and Peter Nicholson eds., *Toleration: Philosophy and Practice*, Avebury, 1992, p.3.

5) 이런 구분은 워녹(Mary Warnock)의 주장에 따른 것이다. 그녀는 니콜슨(Peter Nicholson)의 논증에 대해 반론을 제기하는 가운데 관용을 두 가지로 구분하고 있다. 니콜슨은 자신의 논문 “Toleration as a Moral Idea”에서 관용을 도덕적 선택의 문제에 국한시키고 있다. 그리고 취향이나 마음의 경향, 그리고 감정의 문제는 비도덕적이며 따라서 관용과 불관용의 대상에서 제외된다고 말하고 있다. 이에 대해 워녹은 도덕과 비도덕 사이의 구분이 애매할 뿐만 아니라 실제로 우리의 삶은 이 두 가지 요소가 서로 얽혀 있기 때문에 구분이 불가능한 경우가 많다고 본다. 따라서 그녀는 니콜슨의 좁은 의미의 관용을 강한 의미의 관용이라 보고, 자신의 더 넓은 의미의 관용을 약한 의미의 관용이라 이름 붙였다.

6) Preston King, *Toleration*, George Allen & Unwin, 1976, p.120.

7) 이 글에서 사용하고 있는 소극적, 적극적 관용이라는 두 개념의 의미는 마르쿠제가 사용하고 있는 것과 전혀 다르다. 마르쿠제는 기존의 태도나 의견, 사상에 대해서 그것들이 끼치는 악영향이 큼에도 불구하고 관용하는 자유주의자의 태도를 소극적 관용이라 했고, 자유주의 사회에서 좌파나 우파 모두에게 허용된 관용이나 결국은 그것도 이미 확립된 사회제도 내에서만 허용되는 관용을 적극적 또는 공식적 관용이라 이름 붙이고 있다. 마르쿠제의 의도는 자유주의 사회 내에서 관용은 결국 현실을 고착시키려는 억압적 관용에 불과하다는 것을 폭로하려는 데 있다. H. Marcuse, "Repressive Tolerance", *A Critique of Pure Tolerance*, Beacon Press, 1969, p.85.

8) Susan Mendus and David Edwards eds., *On Toleration*, Oxford: Clarendon Press, 1987, p.3. 관용의 정당화를 시도하는 또 다른 논증으로 호튼과 니콜슨은 '실천적 논증', '중립성의 원리(principle of neutrality)', 그리고 '타자 존중(respect for persons)'의 세 가지를 제안하고 있다. John Horton and P. Nicholson eds., 앞의 책, p.4. 호튼의 분류보다는 멘더스의 분류가 더 포괄적이며 논증의 차이도 더 분명하게 드러난다. 또한 후자의 논증 방식을 설명하는 가운데 전자의 내용이 모두 포함된다.

9) K. R. Popper, "Toleration and Intellectual Responsibility", Susan Mendus and David Edwards eds., 앞의 책, pp.26-29.

10) 김용환, 「관용에 대한 철학적 분석」, 『한남대학교 논문집』, 17집, 1987.

11) H. Marcuse, 앞의 글, pp.82-88.

12) Peter Nicholson, "Toleration as a moral ideal", John Horton and Susan Mendus eds., *Aspects of Toleration*, Metheun, 1985, p.165.

13) 불관용의 심리적 배경에 대해서는 이 책의 6장을 참조.

3장 종교적 관용: 홉스, 로크, 흄의 종교론

1) 종교(religion)의 어원은 're'와 'ligere'의 합성어이다. 're'는 '다시'라는 접두어이며, 'ligere'는 '잇는다'라는 뜻이다. 종교의 수직적 관계는 끊어진 인간과 신과의 관계를 잇는다는 의미이며, 수평적 관계는 끊어진 인간과 인간과의 관계를 잇는다는 뜻이다.

2) Basil Mitchell, *Law, Morality, and Religion in a Secular Society*, Oxford, 1970, p.98.

3) Susan Mendus, *Toleration and the Limits of Liberalism*, Macmillan, 1989, p.79.

4) 근대의 자유주의는 국가를 목적이 아니라 수단으로 보려는 경향이 가장 두드러지게 나타난 사상적 태도이다. 물론 플라톤이나 아리스토텔레스처럼 선한 시민(good citizen)을 만들기 위한 수단으로서의 국가나, 헤겔처럼 개인의 도덕적 이상을 실현시키는 수단으로서의 국가도 아니다. 여기서 말하는 국가의 수단화는 사람이 가지고 있는 욕망을 만족시키는 도구로서의 국가를 의미한다.

5) 소크라테스는 30년 가까이 아테네의 젊은이들을 가르치는 일을 별다른 방해나 간섭 없이 계속해왔다. 그러나 그가 나이 70세에 기소당하고 재판을 받게 된 숨은 이유는 그가 당시 정치권에서 밀려난 귀족당의 지도자들과 친분 관계를 맺고 있었기 때문이었다. W. F. Areney, *Encyclopedia of Religion and Ethics*.

6) Thomas Hobbes, *Leviathan*, ch. 12, p.178. 이 책에서 인용되는 『리바이어던』의 페이지는 C. B. Macpherson ed., *Leviathan*, Penguin Books, 1985에 따른다.

7) Jacques Maritain, *Man and the State*, University of Chicago Press, 1980, p.161. 괄호와 강조는 인용자의 것임.

8) Joseph Runzo, *Reason, Relativism and God*, Macmillan, 1986, p.27.

9) W. K. C. Guthrie, *A History of Greek Philosophy*, vol. III. p.22.

10) 같은 책, pp.25-26.

11) Joseph Runzo, 앞의 책, pp.12-13.

12) Kai Nielsen, *Contemporary Critique of Religion*, Macmillan, 1971, p.111.

13) 'Erastianism'은 스위스의 신학자 에라스투스(Thomas Erastus, 1524-1583)가 "종교적인 문제에 대해서도 국가가 교회보다 더 권위가 있어야 한다"고 주장한 이론에 붙여진 이름이다.

14) Thomas Hobbes, *Leviathan*, ch. 11, p.168.

15) Thomas Hobbes, *De Cive*(ed. B. Gert, 1972). ch. 1, art. 5, pp.114-115.

16) Thomas Hobbes, *Leviathan*, ch. 18, p.191.

17) Richard Peters, *Hobbes*, Penguin Books, 1967, p.225.

18) Thomas Hobbes, *Behemoth*(English Works, vol. VI), p.190.

19) Thomas Hobbes, *Leviathan*, ch. 33, pp.415-427.

20) 같은 책, ch. 42, p.567, p.594.

21) 같은 책, ch. 31, p.397 참조. 홉스 자신은 하느님의 왕국을 예언적 왕국과 자연적 왕국으로 구분하였으나 필자는 시간상의 전후를 고려하여 전자를 첫 번째, 후자를 두 번째 왕국으로 부르고자 한다.

22) J. Locke, *A Letter Concerning Toleration*(ed. Mario Montuori, 1983), p.3.

23) J. W. Gough, *John Locke's Political Philosophy*, Oxford, 1974, p.208.

24) 같은 책, pp.194-195.

25) J. Locke, 앞의 책, p.7, p.23.

26) 같은 책, p.87.

27) 같은 책, p.15.

28) 같은 책, pp.17-21.

29) J. W. Gough, 앞의 책, p.202.

30) 같은 책, p.67.

31) J. W. Gough, 앞의 책, p.217.

32) J. Locke, 앞의 책, p.3.

33) 마태복음, 18장 19-20절

34) 흄은 『인성론』의 내용을 쉽게 설명하기 위해 두 개의 각각 다른 책으로 나누어서 출판했다. *An Enquiry Concerning Human Understanding* 과 *An Enquiry Concerning Principles of Morals* 가 그것이다. 『탐구 I』은 이 중 앞의 것을 가리킨다.

35) 「기적론」, p.89. 이 글에서 인용하고 있는 「기적론」의 페이지는 T. H. Green and T. H. Grose eds., *The Philosophical Works of David Hume*, vol. I-IV, Scientia Verlag Aalen, 1964 가운데 vol. IV에 따른다.

36) 같은 글, p.93.

37) Richard Swinburne ed., *Miracle*, Macmillan, 1989, p.49, p.53, p.71 참조.

38) 「기적론」, p.94.

39) 같은 글, p.95.

40) 같은 글, pp.96-97.

41) 같은 글, p.99.

42) 「종교의 자연사」, pp.325-327 참조. 이 글에서 인용하고 있는 「종교의 자연사」는 T. H. Green and T. H. Grose eds., 앞의 책, vol. IV에 있는 것이다.

43) 같은 글, p.336.

44) 같은 글, p.337.

45) 같은 글, p.338. 나는 종교 제도나 현상들을 인본주의적 관점에서 해석하고자 한다. 현대적인 의미에서의 다신론을 인정하는 것이 종교적 관용을 확대하는 일에 도움이 된다고 보며, 여기에 '인본주의적 다신론'이라 이름 붙일 수 있을 것이다. 여기서 의미하는 인본주의적 다신론이란 종교가 인간의 행위를 도덕적인 것으로 유도할 수 있다면, 그리고 교리나 의식이 다르더라도 성스러움과 경건함의 가치를 잃지 않는다면 그것이 유일신 종교이거나 그렇지 않거나 문제 삼지 않는 태도를 말한다. 종교를 문화의 산물로 보며, 어떤 종교를 믿을 것인가는 개인의 선택에 달려 있는 문제라고 보아야 한다. 또 종교가 가져야 할 관심의 대상은 단지 내세의 문제에만 있는 것이 아니라 오히려 현재적 문제에 더 많은 관심을 가져야 한다. 이럴 때에만 일신론이 지닌 배타성은 감소되며 다신론이 지닌 미신적 요소는 사라지게 된다.

46) 같은 글, p.336.

47) 같은 글, pp.337-338.

48) 『자연종교에 관한 대화』, p.382, p.388. 이 책의 페이지는 T. H. Green and T. H. Grose eds., 앞의 책, vol. II에 따르고 있다. 「종교의 자연사」, p.329.

49) Terence Penelhum, *David Hume*, Purdue University Press, 1992, p.34.

50) J. Locke, 앞의 책, p.11.

4장 다원주의 사회와 관용

1) 사회주의나 공산주의에서 관용의 가치를 어떻게 해석하고 있는가를 알기 위해서는 다음의 세 논문을 참조. H. Marcuse, "Repressive Tolerance", *A Critique of Pure Tolerance*, Beacon Press, 1965. pp.81-118; 그리고 Susan Mendus ed., *Justifying Toleration*, Cambridge, 1988에 수록된 두 편의 논문, Graeme Duncan and John Street, "Liberalism, Marxism and Tolerance", pp.223-236와 David Miller, "Socialism and Toleration", pp.237-254이다.

2) Lawrence C. Backer, "Places for Pluralism", *Ethics*, vol. 102, 1992, p.707.

3) Susan Mendus, *Toleration and the Limits of Liberalism*, Macmillan,

1989, p.12.

4) Lawrence C. Backer, 앞의 글, p.708. 윤리적 다원주의에 관한 집중적인 논의는 "Symposium on Pluralism and Ethical Theory"의 제목으로 *Ethics* vol. 102, 1992(July)에 수록된 다수의 논문들을 참조할 수 있다.

5) 포퍼(K. R. Popper)가 전체주의의 폐쇄성을 지적하면서 자주 언급하고 있는 절대주의나 완전주의의 위험은 바로 이런 논리에 근거하고 있다. 또한 벌린이 지적하고 있듯이, 역사적, 학문적 진보의 이름으로 개인들의 자유를 학살하게 만든 잘못된 신념들 가운데 가장 큰 것은 언제나 어떤 문제이든 최종적인 해결책이 있다는 신념이다. Isaiah Berlin, *Four Essays on Liberty*, Oxford, 1969, p.167.

6) 완전주의(perfectionism)라는 말은 '어떤 사람 또는 그의 삶의 방식이 다른 사람이나 다른 삶의 방식보다 본질적으로 더 열등하다'는 믿음을 의미한다. 본질적 차이와 불평등을 인정한다는 의미에서 평등주의와 대립적인 개념으로 사용된다. 따라서 열등한 사람이나 삶의 방식은 거부되어야 한다는 불관용적 태도가 이미 완전주의자의 의식 안에는 자리 잡고 있다. Vinit Haksar, *Equality, Liberty, and Perfectionism*, Oxford, 1979, p.1.

7) 다원주의 사회와 다원 민주주의라는 개념을 문맥에 따라 선택적으로 사용하고자 한다. 이 두 가지 개념을 엄격하게 구분하는 일은 이 글의 목적상 불필요하기 때문이다.

8) 뷘프리트 슈테파니,「다원주의 이론과 그 역사적 고찰」, 김종민 편저,『다원주의 정치이론』, 분도출판사, 1986, p.43.

9) 하인리히 오베르로이테르,「다원주의와 반다원주의」, 김종민 편저, 앞의 책, p.24.

10) 다원주의 또는 다원 민주주의에 대한 비판적 견해들 가운데 로버트 달(Robert A. Dahl)의『다원 민주주의의 딜레마』와 김종민 편저,『다원주의 정치이론』은 참조할 만하다. 달의 논점은 자율과 통제 사이에서 발생하는 딜레마가 다원 민주주의가 안고 있는 불가피한 현상이며, 이를 어떻게 극복할 것인가에 있다. 한 국가 안에는 상대적으로 자율적인 하위 조직 체계가 다수 존재하는데 이들 사이에 자율과 통제를 어느 선에서 조정할 것인가 하는 것이 다원 민주주의의 딜레마이다. 자율과 통제라는 개념을 더 일반적인 개념으로 바꾸면 관용과 불관용이 되며, 이들 사이의 한계를 어디에 둘 것인가 하는 문제와 동일하다. 김종민의『다원주의 정치이론』은 독일에서 논의된 다원주의와 신다원주의에 대한 소개서이다.

11) 울프와 마르쿠제가 관용의 문제를 심각하게 다룰 수밖에 없게 된 외부적

요인 가운데 다음 두 가지는 직접적인 동기로 짐작된다. 첫째, 그들이 이 글을 쓸 당시의 미국(1965년)은 아마도 남북전쟁과 1950년대의 매카시 선풍에 이어 미국이 보인 가장 불관용적 정책의 하나였던 월남전이 한창 진행 중일 때였다. 공산주의 이념에 대한 불관용은 전쟁을 불사했고 이는 미국 사회가 추구하던 다원주의 정신을 정면으로 거스르는 정책이었다. 이런 시대적 상황이 이들에게 다원주의의 한계와 허약성을 믿게 만들었다고 판단된다. 둘째, 개인주의적 자유주의가 원자적 개인의 이익 추구에 더 집착했다면, 다원주의는 그 한계를 극복하고 개별적 집단의 이익 추구를 가능하도록 만들었다. 그런데 집단 이익의 추구는 또 다른 의미에서 불관용을 조장한다. 왜냐하면 그 조직이나 집단에 속해 있지 않은 사람은 사회적으로 주어지는 혜택으로부터 배제되거나 불이익을 감수해야 할 가능성이 높아지기 때문이다. 이런 문제에 대한 처방으로 울프는 다원주의와 관용의 극복을 제안했고, 마르쿠제는 불복종과 거부를 통해 관용의 확대를 방해하는 것들에 대해 불관용해야 한다고 제안했다.

12) Robert P. Wolff, "Beyond Tolerance", *A Critique of Pure Tolerance*, Beacon Press, 1965, p.4.

13) 같은 글, pp.8-12.

14) 같은 글, p.39.

15) 예를 들면 '상황이 안정된다고 믿으면 실제로 상황이 안정된다'고 믿는 원리이다. 일종의 허위의식이다. 자기 충족적 예견(self-sufficient prophecy)이라고도 불린다.

16) Robert P. Wolff, 앞의 글, p.41.

17) 같은 글, p.46. 다원주의가 결국 현상 유지에 동조하고 지배 체제의 틀 안에서나 허용되는 다양성이라는 관점과 같은 맥락에서 관용의 덕목도 지배자 중심의 도덕적 덕목이라는 비판이 가능하다.

18) 같은 글, p.52.

19) Herbert Marcuse, "Repressive Tolerance", *A Critique of Pure Tolerance*, Beacon Press, 1965, p.85.

20) 현대 미국의 사회를 억압적 사회로 규정하고 이런 사회를 유지하는 데 관용의 덕목이 기여했다고 본다. 마르쿠제는 이런 비유격대적 관용을 '순수한 관용' 또는 '추상적 관용'이라고 부른다. 이런 관용은 좌파나 우파 어느 쪽에도 가담하지 않으려고 하나 실질적으로는 이미 확립된 차별화의 구조를 강화하거나 옹호하는 쪽으로 기울어진 관용이라고 평가한다. 같은 글, pp.85-86.

1) 독일의 통일은 이제 통일을 준비하고 기대하는 우리에게는 충분한 교훈의 대상이 된다. 나누어진 같은 민족이 통일을 해야 한다는 것은 역사적 당위이지만, 반세기 가까운 분단 이후의 통일은 예상보다 많은 문제들을 노출시켰다. 체제의 다름에서 오는 가치관의 분열과 의식의 혼란은 심각하게 보인다. 특히 경제적인 불균형은 두 진영에 속한 모든 구성원들에게 충격을 주었다. 예전의 동독은 서독의 기득권을 현실적으로 인정할 수밖에 없음에도 불구하고 심정적으로는 불관용하고 있으며, 예전의 서독은 통일의 부담을 질 수밖에 없다는 것을 현실적으로 인정하면서도 자기 기득권의 상실을 두려워하고 있으며 이 두려움은 불관용으로 표현되고 있다. 비록 통일의 방식이나 절차, 그리고 내용이 다르다고 하더라도 통일 후에 발생할지도 모를 후유증이나 내부적 진통과 갈등의 심리적 원인은 아마도 상당히 유사하리라 본다. 가까운 미래에 한국이 통일되기를 바라는 마음은 단지 감상적인 기다림으로 끝나는 것이 아니다. 통일을 준비하는 마음은 치밀하게 준비하고 온갖 힘을 다 기울여야 한다. 그렇게 해야만 통일된 한국의 미래는 혼란과 또 다른 비극을 피할 수 있으리라 믿는다. 관용의 정신은 통일을 준비하는 과정에서 뿐만 아니라 통일된 이후에도 여전히 요청되는 가장 중요한 덕목 중 하나임에 틀림없다.
2) 한운석, 「독일 통일 후의 가장 어려운 과제: 내적 통일의 문제들」, 『민족과 현실』, 5호, 1996, pp.107-130 참조.
3) 『한겨레』, 1997년 1월 27일자에서 재인용.
4) 구체적인 예를 하나 든다면, 정부나 국민이 모두 적화 열등감(red complex)에서 벗어나야 한다.
5) Peter Railton, "Pluralism, Determinacy and Dilemma", *Ethics*, vol. 102, p.722.
6) Magaret Canovan, "Friendship, truth, and politics: Hannah Arendt and toleration", Susan Mendus ed., *Justifying Toleration*, Cambridge University Press, 1988, pp.177-198.
7) 울프의 설명에 의하면 "사회는 팽창하는 가스로 채워진 풍선들(개인들)이 모여 있는 밀폐된 공간이다. 각기 팽창하다가 다른 풍선을 만나면 서로 조절하고 적응하게 된다. 마치 이처럼 팽창력(개인의 개별적 가치 실현)을 수용하기 위해서는 빈 공간이 있어야만 한다." Robert P. Wolff, "Beyond Tolerance", *A Critique of Pure Tolerance*, Beacon Press,

1965, p.36.

8) 로크는 종교적 관용을 합리성에 근거해서 정당화했다는 해석은 이론가들의 공통적 견해이다. Susan Mendus, *Toleration and the Limits of Liberalism*, Macmillan, 1989, ch. 2; John Horton and Susan Mendus eds., *John Locke, A Letter Concerning Toleration in Focus*, Routledge, 1991 참조.

9) 이 부분은 「'세계화'에 얽힌 문제들과 그에 대한 철학적 반성」이라는 글(『철학연구』, 제38집, 1996)의 결론 부분을 다소 수정한 것이다. 위의 논문은 1993년에 출범한 문민정부가 내세운 세계화 전략이 문화, 예술, 교육의 분야에 적용했을 때의 위험을 지적하고 있다.

10) Robert Nozick, *Anarchy, State, and Utopia*, Oxford, 1980, p.175.

11) 사법적 의미를 담고 있는 이슬람교의 최고 지도자의 칙령을 말한다.

12) 일본 대중문화에 대한 개방은 1998년 10월 제1차 개방에 이어 2004년 1월 제4차 개방에 이르기까지 대부분의 분야에서 이루어졌다.

6장 관용과 교육: 불관용의 심리적 배경들

1) Lord Fitt, "Toleration in Northern Ireland", Susna Mendus and David Edwards eds., *On Toleration*, Oxford: Clarendon Press, 1987, pp.63-82. 피트는 북아일랜드에서 가톨릭과 개신교 사이에 일어나는 갈등의 원인 가운데 하나는 공포의 감정에 있다고 본다. 소수가 될지도 모른다는 공포, 불만족스러운 소수로부터 가해지는 위협에 대한 공포, 그리고 자신의 국적이 말살될 수도 있다는 공포가 불관용을 발생시킨다고 말하고 있다.

2) W. Paul Vogt의 "Tolerance and Education"와 Elmer John Thiessen의 "Educational Pluralism and Tolerance"를 참조. 이 두 편의 논문은 모두 출판되지 않았고 요크(York) 대학의 'Morrell Studies in Toleration'에서 이루어진 연속 강의록 21과 23번째 논문들이다. 한국 사회 전반에 걸쳐서 경쟁이 심화되어 있으며 특히 교육적 환경이 경쟁을 유도하는 방향으로 지향되어 있다는 사실과 한국 사회가 그만큼 불관용적이라는 사실은 무관하지 않다. 개성이 드러나는 일을 두려워하는 것도 비개성적이거나 몰개성적인 다수로부터 공격당하기 쉽다는 공포 때문이다.

3) Lawrence C. Becker, "Place for Pluralism", *Ethics*, vol. 102, 1992, p.707.

7장 관용과 가치 교육의 전략

1) 김용환, 「관용: 한국 사회의 반성을 위한 윤리적 시금석」, 한민족 철학자 대회 1995, 대회보 2권, pp.464-471.
2) Kathinka Evers, "On the Nature of Tolerance", Democracy and Tolerance, Proceedings of the International Conference, UNESCO, 1995, p.6.
3) 유네스코한국위원회, 『관용: 평화의 시작 — 평화, 인권, 민주주의의 교육을 위한 교수 · 학습 지침서』, 1995, p.11.
4) 김용환, 「관용에 대한 철학적 분석」, 『현상과 인식』, 18권 2호, 1994, pp.113-115.
5) David Heyd ed., *Toleration: An Elusive Virtue*, Princeton University Press, 1996, p.4.
6) 유네스코한국위원회, 앞의 책, pp.23-27.
7) W. Paul Vogt, "Tolerance and Education", *Discussion Paper Series*, no. 23, p.12.
8) 같은 글, p.13.
9) 같은 글, p.9.
10) Nicholas Dent, "Rousseau and respect for others", Susan Mendus ed., *Justifying Toleration*, Cambridge University Press, 1988, p.124, p.130.
11) "子曰, 參乎, 吾道一以貫之. 曾子曰, 唯. 子出, 門人曰, 何謂也. 曾子曰, 夫子之道, 忠恕而已矣." 『論語』, 里仁 2.
12) "忠恕違道不遠, 施諸己而不願, 亦勿施於人." 『中庸』, 13:3.
13) "盡己之心爲忠, 推己及人爲恕." 『中庸』, 13:3.
14) "子貢問曰, 有一言而可以終身行之者乎, 子曰, 其恕乎 己所不欲, 勿施於人." 『論語』, 衛靈公 23. '서(恕)'에 대한 해석이 국역본 대부분은 '용서'로 되어 있으나 이것은 잘못된 해석이다. 자기를 미루어보아 다른 사람의 마음을 읽어야만 자기가 하기 싫은 일을 다른 사람에게 시키지 않을 수 있다. 그러므로 '서'는 용서의 '서'가 아니라 다른 사람과 같은 마음이 된다는 뜻으로 해석되어야 원래의 뜻에 가까이 갈 수 있다.
15) "盡己之謂忠, 推己之謂恕." 『論語』, 里仁.
16) "强恕而行, 求仁 莫近焉." 『孟子』, 盡心章上, 4:3.
17) "王說曰, 詩云, 他人有心, 予忖度之, 夫子之謂也. 夫我乃行之, 反而求之, 不得吾心, 夫子言之, 於我心有戚戚焉." 『孟子』, 梁惠王 上.

18) “己所不欲, 勿施於人.” 『論語』, 顔淵 2, 衛靈公 23. “夫仁者, 己欲立而立人, 己欲達而達人, 能近取譬, 可謂仁之方也已.” 『論語』, 雍也 28.

19) 타자 존중의 정신은 자연인(natural man)이 본유하고 있는 자기애(amour de soi)로부터 시작한다고 루소는 말하고 있다. 이런 자기애의 확대를 통해 고통받는 타자 자신이 자기애를 회복하도록 도와준다. Nicholas Dent, 앞의 글, p.128.

20) 신현숙, 『원효의 인식과 논리: 판비량론의 연구』, 민족사, 1990, p.27.

21) 같은 책, p.27.

22) 원효, 『십문화쟁론』, 서문. 오법안, 『원효의 화쟁사상 연구』, 홍법원, 1992, p.67에서 재인용.

23) 같은 책, pp.86-106.

24) 같은 책, p.129.

25) David Hume, *A Treatise of Human Nature*(ed. L. A. Selby-Bigge), Oxford, 1978, Bk. III, Pt. III, sect. VI, p.618.

26) P. Mercer, “Hume’s Concept of Sympathy”, Stanley Tweyman ed., *David Hume: Critical Assessments*, vol. IV, 1995, p.437.

27) David Hume, 앞의 책, p.316.

28) P. Mercer, 앞의 글, p.442.

29) David Hume, 앞의 책, pp.385-386.

30) 같은 책, p.365.

31) 김용환, 「관용에 대한 철학적 분석」, 『현상과 인식』, 18권 2호, 1994.

32) David Hume, 앞의 책, p.576.

33) “연민의 감정(pity)은 타자에 대한 감정이며 타자 존중에 대한 루소의 설명은 연민의 감정이 가지고 있는 본질과 역할에 대한 설명의 일부분을 이루고 있다.” 루소와 흄은 공통적으로 이 연민의 감정에 많은 관심을 보이고 있다. Nicholas Dent, 앞의 글, p.124.

34) David Hume, 앞의 책, pp.382-385.

35) Stephen Mulhall and Adam Swift, *Liberals and Communitarians*, Black- well, 1992, p.56.

36) 같은 책, p.13.

37) 같은 책, p.14.

38) 같은 책, p.55.

39) Charles Taylor, *The Ethics of Authenticity*, Harvard University Press,

1991, pp.2-9.

40) 같은 책, p.9.

41) 같은 책, p.45.

8장 관용을 위한 가치 교육의 내용과 방법

1) 로크나 밀은 관용을 개인적 가치로 파악하고 있다. 그래서 관용의 조건과 제도에 대해서 심각하게 고려하지 않았다. 개인의 차원에서 관용의 덕목이 확대되는 것으로는 충분하지 않다. 관용이 사회적 가치로 확대되기 위해서는 제도와 사회적 형태의 지원이 필요하다. Glen Tinder, *Tolerance and Community*, University of Missouri Press, 1995, p.197.

2) Preston King, *Toleration*, George Allen & Unwin, 1976, p.120.

3) Michael Walzer, *On Toleration*, Yale University Press, 1997, p.2.

4) 이 글에서 분석한 교과서는 비록 6차 교육과정의 것이지만, 그 이후 7차 교육과정을 거쳐 현행 교과서에 이르기까지 개편되는 동안 초중등학교에서 관용 교육이 강화되었는지 아니면 약화되었는지를 비교 연구하는 데 이 글의 분석 내용은 기준이 될 만하다.

5) 킴리카는 오스만 제국이 밀레트 체제(Millet system)를 도입하여 제국 내의 다양한 문화를 가장 잘 보존했다고 주장한 후, 다양성을 고양시킨 본보기로 이 제도를 제시하고 있다. Will Kymlicka, “Two Models of Pluralism and Tolerance”, David Heyd ed., *Toleration: An Elusive Virtue*, Princeton University Press, 1996.

6) 예를 들어 “III. 서태평양 연안 국가”라는 단원 중 “1. 새로운 경제축의 형성이 기대되는 지역”이라는 장의 마지막에 있는 ‘연구학습문제’ 4개 중 1개가 논쟁적 문제이다. “2. 중국”이라는 장의 ‘연구학습문제’는 6개인데 이 중에 3개가 논쟁적 문제이다.

7) 닐 포스트먼, 『교육의 종말』, 차동춘 옮김, 문예출판사, 1999, p.100.

8) 공동체주의의 한 변종으로 다양성의 고취를 사회적 통합을 위한 중요한 수단으로 생각하는 입장이다. Herman Van Gunsteren, “Four Conceptions of Citizenship”, *The Condition of Citizenship*, London: Sage Publications, 1994, pp.45-48.

9) 포션에 따르면 무관심(indifference)도 가치중립적인 것으로 보아 넓은 의미에서 관용적 품성에 속한다고 보지만 동의하기 어렵다. 포션은 무관심을 관용과 완전한 용납의 중간에 위치하는 것으로 보았으나, 사실은 관

용과 불관용의 중간에 속한다. 무관심의 배후에는 자기표현 능력에 대한 훈련 부족, 어떤 대상에 대한 정보 또는 지식의 결핍, 그리고 타자에 대한 닫힌 마음이 놓여 있다. 무관심은 불관용자보다 더 신중한 관용 교육의 대상이 된다. Nick Fotion and Gerard Elfstrom, *Toleration*, The University of Alabama Press, 1992, p.65.

10) 이 인용구는 원래 신자유주의의 부도덕한 경쟁 원칙을 상징하는 말이나 남한과 북한처럼 군비 경쟁이 점점 증가하는 경우에도 적용될 수 있다고 본다. 경쟁은 언제나 승자와 패자를 가르며, '승자가 모든 것을 가지는(winner takes it all)' 게임의 규칙은 잔인하지만 현실을 지배하는 원리이다. 노암 촘스키, 『그들에게 국민은 없다』, 강주헌 옮김, 모색, 1999, p.81.

11) Glen Tinder, 앞의 책, pp.197-198.

12) 서양의 16세기 이후 관용에 대한 논의는 주로 종교적 관용의 문제로부터 시작되었다. 기독교 세계 내에서 분파들의 갈등 해결을 위한 방책이 곧 관용의 덕목 교육이었다. 18세기 이후에는 식민지 개척을 통해 들어온 중남미나 아시아, 아프리카 문화와 종족에 대한 동일성의 관용(identity tolerance)을 체험하게 되었으며, 19세기와 20세기를 거치면서 이념적 관용과 기구적 관용을 배우게 된다. Preston King, 앞의 책, ch. 2 참조.

13) 유네스코한국위원회, 『관용: 평화와 시작 — 평화, 인원, 민주주의의 교육을 위한 교수 · 학습 지침서』, 1994에는 여러 가지 갈등 해소를 위한 학습 모델이 제공되고 있다.

14) 박지영, "Prejudice and Enemy Images as a Source of Intolerance", Democracy and Tolerance, Proceedings of the International Conference, UNESCO, 1995, pp.122-123.

15) 적대 이미지는 쌍방적(mutual)이다. 즉, 거울 이미지를 갖기 때문에 우리가 적대적이면 상대방도 적대적일 수밖에 없다. 이런 적대 이미지는 정서주의(emotionalism)의 도움으로 현실을 왜곡하며 합리성을 파괴시킨다. 같은 글, p.125.

16) 독일 통일 과정과 그 이후, 그리고 북아일랜드의 갈등은 우리에게 타산지석의 교훈이 된다. 지속적인 접촉과 오랜 시간 불관용에 대한 체험과 이에 대한 반성에서 비롯된 관용 훈련이 두 나라 모두의 경우에 공통적이었다. 한운석, 「독일 통일 후의 가장 어려운 과제: 내적 통일의 문제들」, 『민족과 현실』, 5호, 1996; Lord Fitt, "Toleration in Northern Ireland", Susan Mendus and David Edwards eds., *On Toleration*, Oxford: Clarendon Press, 1987, pp.63-82 참조.

17) 김용환, 「세계화에 얽힌 문제들과 그에 대한 철학적 반성」, 『철학연구』, 제38집, 1996 참조.

18) David Hume, *A Treatise of Human Nature*(ed. L. A. Selby-Bigge), Oxford, 1978, pp.382-385.

19) 같은 책, p.365. 유가에서 말하는 충서(忠恕)의 덕목도 사실은 다른 사람과 마음을 같이하는 공감과 다르지 않다. 주자가 말하는 '추기급인(推己及人)', 즉 자기를 미루어보아 다른 사람에게 이르게 하는 행위는 곧 흄이 말하는 공감과 동일하다.

20) 시민 교육의 모형으로서 '고통에 대한 체험'을 통해 관용 교육을 해야 한다는 주장은 조영제의 학위 논문 「다원주의 사회의 기본 덕목으로서의 관용과 그 시민교육적 함의」, 1998, 제4장에서 잘 밝히고 있다.

9장 관용의 윤리: 철학적 기초와 적용 영역들

1) Margaret Clark, "Political Tolerance", Diversity and Injustice, Proceedings of a Seminar To Mark the United Nations Year of Tolerance 1995, Institute Policy Studies, Victory University of Wellington, 1996, p.13. 경계선을 의식하는 사람들은 곧 경계선을 그으려는 생각과 행위로 이어질 경향성을 갖고 있는 사람들이다.

2) Nick Fotion and Gerard Elfstrom, *Toleration*, The University of Alabama Press, 1992, pp.101-102. 같은 책, p.151에서 포션은 철학자나 정치 이론가들이 관용 개념을 간과해온 이유를 두 가지 더 지적하고 있다. 하나는 관용이 자유, 평등, 정의 등과 같이 감동적인 개념이 아니기 때문이며, 다른 하나는 관용이 도덕적으로 중심 개념(pivotal concept)이 아니기 때문이다.

3) *Government and Opposition: An International Journal of Comparative Politics*, vol. 6, no. 2, 1971. 관용에 관한 특집으로 편성되어 있으며, 크릭(Bernard Crick)과 킹(Preston King)의 두 주제 논문과 크랜스턴(Maurice Cranston) 외 5명의 논평으로 구성되어 있다. 1969년에 출판된 R. P. Wolff, Barrington Moore Jr., and H. Marcuse, *A Critique of Pure Tolerance* 에서는 관용을 tolerance로만 사용하고 있다.

4) Preston King, *Toleration*, George Allen & Unwin, 1976, pp.12-13.

5) D. D. Raphael, "Toleration, Choice and Liberty", *Government and Opposition*, vol. 6, no. 2, 1971, p.229.

6) John L. Sullivan, James Pierson, and George E. Marcus, *Political Tolerance and American Democracy*, The University of Chicago, 1982, p.3; W. Paul Vogt, *Tolerance & Education*, London: Sage Publications, 1997, p.7.

7) Nick Fotion and Gerard Elfstrom, 앞의 책, p.3, p.9. 포션은 관용을 행위자의 특성에 따라 태도적 관용, 습관적 관용, 열린 마음 관용, 자유방임적 관용 등으로 구분하고 있다(같은 책, p.31, p.44). 이런 구분은 의미가 없고 관용 개념의 분석 내용을 더 복잡하게 만든다.

8) '잘 잊히는'이라는 표현은 David Heyd ed., *Toleration: An Elusive Virtue*, Princeton University Press, 1996에서, '역설적'이라는 표현은 같은 책의 John Horton, "Toleration as a Virtue", pp.28-43에서, 그리고 '불가능하거나 불안정적'이라는 표현은 같은 책의 Bernard Williams, "Toleration: An Impossible Virtue", pp.18-27에서 사용되고 있다.

9) Preston King, 앞의 책, p.11.

10) 마이클 월쩌, 『관용에 대하여』, 송재우 옮김, 미토, 2004, pp.33-39.

11) 자유주의, 개인주의, 자본주의, 민주주의 이념들은 근대 시민사회의 네 가지 덕(four cardinal virtues)이라고 할 수 있다. 이 네 가지 이념들이 근대라는 사회를 이끌고 가는 네 개의 수레바퀴 모양으로 조화를 이루기 위해서는 사회계약론과 관용의 윤리가 윤활유 역할을 해야 했다.

12) 마이클 월쩌, 앞의 책, pp.27-28.

13) Peter Johnson, "As long as he needs me? Toleration and moral character", John Horton and Peter Nicholson eds., *Toleration: Philosophy and Practice*, Avebury, 1992, pp.146-147.

14) T. M. Scanlon, *The Difficulty of Tolerance*, Cambridge University Press, 2003, pp.187-188.

15) 같은 책, p.190. 호튼 역시 관용을 정도의 문제로 보고 있는데, 왜냐하면 관용과 불관용 사이를 정확하게 구분할 수 없기 때문이다. 그는 관용을 복합 개념으로 보고 있다. John Horton, "Toleration As a Virtue", David Heyd ed., *Toleration: An Elusive Virtue*, p.28.

16) Antony Black, "Harmony versus Conflict", John Horton and Peter Nicholson eds., 앞의 책, p.165.

17) 김용환, 『관용과 열린사회』, 철학과현실사, 1997, pp.60-66. 설리번 등은 관용이 두 가지 논리적 근거 위에서 정당화된다고 말하고 있다. 첫째, 개인적으로나 사회적으로 선의 증진에 도움이 된다. 둘째, 양도할 수 없는

개인의 권리를 보장해준다. 이 외에 진리를 추구하는 데 기여한다는 것을 덧붙여 세 가지 논증이 가능하다. John L. Sullivan, James Pierson, and George E. Marcus, 앞의 책, p.7.

18) 관용을 정당화하는 목적에 대해 오베르디에크는 세 가지를 지적하고 있다. 첫째, 태도이자 덕으로서의 관용이 그 영역을 확보하는 데 중심적 역할을 하기 때문이며, 둘째, 다문화주의가 더 적극적인 역할을 할 수 있도록 만들기 때문이며, 셋째 관용이 잘 계발된다면 그것이 단지 마지못해 따르는 덕목이 아니라 그 이상이 될 수 있기 때문이다. Hans Oberdiek, *Tolerance: Between Forbearance and Acceptance*, Rowman & Littlefield Publisher, 2001, p.112.

19) 여기서 말하는 자율성은 칸트 식의 선험적인 자율성이 아니라, 사회적, 정치적 주체인 개인들이 확보하고 있는 자기 지시적(self-directive), 자기 통치적(self-governmental) 자율성을 의미한다. 이런 실제적 자율성이 선험적 자율성보다 덜 형이상학적이기 때문에 포괄적인 자유주의의 원리로서 적합하다

20) Preston King, 앞의 책, p.16, p.2.

21) Hans Oberdiek, 앞의 책, p.116.

22) 같은 책, p.58.

23) 상대주의라는 개념을 사용할 때는 주의가 필요하다. 관용의 윤리가 도덕적 상대주의의 입장에 서 있다고 할 때 그 상대주의는 정체된 상대주의가 아니다. 관용이 무관심으로 변질된다면 그것은 더 이상 도덕적 지위를 갖지 못한다. 상대주의의 위험성에 대한 논의는 김용환, 앞의 책, 6장 2절 참조.

24) 다원주의 사회와 관용의 가치에 대해서는 같은 책, 4장을 참조.

25) 마이클 월쩌, 앞의 책, pp.17-18. 괄호는 필자의 삽입임.

26) 완화된 계몽주의(mitigated Enlightenment)라는 용어는 급진적인 계몽주의와 구별하기 위해 만들어진 것이다. 급진적 계몽주의가 유럽에서 실패한 사상운동이라고 평가받는 데는 이유가 있다. 즉, 이성의 기능이나 인간의 본성 그리고 인류 역사의 진보에 대해 지나치게 확신하거나 보편주의 입장을 고수함으로써 19세기 유럽의 식민지 지배를 정당화하고 다른 문화적 다양성 인식에 실패했기 때문이다. 이런 급진적인 계몽주의는 관용의 덕목과 대척점에 있다. 따라서 관용의 덕목이 사회윤리로 성장하던 17세기와 18세기 중반까지 전개된 계몽주의에 '완화된'이라는 형용사를 붙인 것이다. Norman Geras and Robert Wokler eds., *The Enlighten-*

ment and Modernity, Macmillan, 2000, p.3, p.20 참조.

27) Dena Goodman and Kathleen Wellman eds., *The Enlightenment*, Houghton Mifflin Co., 2004, p.2.

28) Norman Geras and Robert Wokler eds., 앞의 책, pp.x-xi.

29) Dena Goodman and Kathleen Wellman eds., 앞의 책, p.20에서 재인용.

30) Norman Geras and Robert Wokler eds., 앞의 책, p.164.

31) Hans Oberdiek, 앞의 책, p.59.

32) 김용환, 앞의 책, 6장 참조.

33) Michael Corbett, *Political Tolerance in America: Freedom and Equality in Public Attitudes*, Longman, 1982, pp.5-6.

34) A. J. Ayer, "Sources of Intolerance", Susan Mendus and David Edwards eds., *On Toleration*, Oxford: Clarendon Press, 1987, pp.91-92.

35) Will Kymlicka, "Two Models of Pluralism and Tolerance", David Heyd ed., *Toleration: An Elusive Virtue*, pp.81-90. 킴리카는 현대의 밀레트 체제를 초공동체주의(hyper communitarianism)라 부르고, 그 사례로 미국, 캐나다, 그리고 영국에서 발견되는 자기 통제권을 지닌 소수 종교, 종족 단체들을 들고 있다. 같은 글, p.85.

36) Maurice Cranston, "John Locke and the Case for Toleration", Susan Mendus and David Edwards eds., *Aspects of Toleration: Philosophical Studies*, Oxford: Clarendon Press, 1987, p.104.

37) 김용환, 앞의 책, 5장 참조.

38) 유네스코한국위원회,『학교에서의 국제 이해 교육』, 도서출판 오름, 1996, pp.37-39.

39) 탈출기, 23장 9절.

40) 1997년 11월 20일자 BBC internet 판에서 인용함.

41) 마이클 월쩌, 앞의 책, p.161.

42) Margaret Clark, 앞의 글, p.13.

43) Michael Corbett, 앞의 책, p.1.

44) Hans Oberdiek, 앞의 책, p.51. 누구라도 한 가지 관점에서 지배적인 힘을 가지고 불관용을 실천할 수 있다면 다른 관점에서는 약자의 입장에 설 수도 있다. 입장 바꿔 생각하기가 관용을 훈련하는 데 중요한 교육 방법인 것은 이미 지적한 바 있다. 김용환, 앞의 책, 7장 3절 참조.

45) 마이클 월쩌, 앞의 책, p.7.

46) Hans Oberdiek, 앞의 책, p.135.

47) Helene Wong, *Ching Chong Chinamen: When Friends Becomes Stranger*, Celebrating the UN Year of Tolerance, Foundation for Peace Studies/ New Zealand, 1995, p.44.

48) T. M. Scanlon, 앞의 책, p.197, 각주 7에서 재인용.

10장 관용 교육: 통일 세대를 위하여

1) 이 글은『철학연구』, 60집, 대한철학회, 1997에 실린 것으로 '통일시대의 철학'이라는 대주제로 부산대에서 개최된 학술대회에 발표된 글을 토대로 약간 수정한 것이다. 20년의 간격이 있음에도 불구하고 시의성이나 적절성의 관점에서 보면 달라진 것이 거의 없어 보인다.

2) 칼 슈미트 전 서독 총리와의 대담,『한겨레 21』, 142호, 1997. 1. 23. p.71.

3) 향후 우리가 부담해야 할 통일 비용은 시간이 흐를수록 증가할 것이 자명하다. 정부가 통일 비용을 비축하고 있는 것은 당연하지만 통일 비용의 확대 방법을 통일세의 신설에서 찾는다면 그것은 국민적 합의가 우선되어야 할 것이다. 적절하고 공정한 군사력 평가에 근거한 군사비의 산정이 선행되어야 하고, 이를 바탕으로 국방비의 합리적인 축소를 통해 어느 정도 통일의 비용이 비축될 수 있을 것이다.

부록

1) 이 책자는 1994년 유네스코가 발간한『관용: 평화의 시작 — 평화, 인권, 민주주의 교육을 위한 교수 · 학습 지침서』를 한국유네스코가 번역한 책자이다. 여기서 옮기는 부분은 이 책자의 마지막 장(5장)이다.

2) 옮긴이 주: 원래의 글에서 설정된 사람의 이름이나 직업을 우리 현실에 맞게 다소 고쳤다.

3) 옮긴이 주: 본문에 나오는 나라와 상황 설정을 우리에게 더 친숙한 것으로 바꾸었다.

4) 옮긴이 주: 남한과 북한은 지난 50년 가까이 각기 다른 방향으로 변해왔다. 우리 쪽에서만 보고 그들이 변했다고 말해서는 안 된다. 우리도 많이 변했다. 서로 너무 많이 변했으며, 그렇기 때문에 민족 동질성의 회복은 결코 한쪽에서 다른 쪽으로의 흡수를 통해서 이루어지지 않을 것이다. 탈북자들에게 남한에서의 삶은 외국 생활과 거의 다를 바 없을 것이다.

참고문헌

Areney, W. F., *Encyclopedia of Religion and Ethics*.

Ayer, A. J., “Sources of Intolerance”, Susan Mendus and David Edwards eds., *On Toleration*, Oxford: Clarendon Press, 1987.

Backer, Lawrence C., “Places for Pluralism”, *Ethics*, vol. 102, 1992.

Black, Antony, “Harmony versus Conflict”, John Horton and Peter Nicholson eds., *Toleration: Philosophy and Practice*, Avebury, 1992.

Bullard, Sara, *Teaching Tolerance*, Doubleday, 1996.

Canovan, Magaret, “Friendship, truth, and politics: Hannah Arendt and toleration”, Susan Mendus ed., *Justifying Toleration*, Cambridge University Press, 1988.

Clark, Margaret, “Political Tolerance”, Diversity and Injustice, Proceedings of a Seminar To Mark the United Nations Year of Tolerance 1995, Institute Policy Studies, Victory University of Wellington, 1996.

Cohen, B., “An Ethical Paradox”, *Mind*, 76, 1967.

Corbett, Michael, *Political Tolerance in America: Freedom and Equality in Public Attitudes*, Longman, 1982.

Cranston, Maurice, “John Locke and the Case for Toleration”, Susan Mendus and David Edwards eds., *On Toleration*, Oxford: Clarendon Press, 1987.

Crick, B., "Toleration", *Government and Opposition*, 6, 1971.

Dent, Nicholas, "Rousseau and respect for others", Susan Mendus ed., *Justifying Toleration*, Cambridge University Press, 1988.

Evers, Kathinka, "On the Nature of Tolerance", Democracy and Tolerance, Proceedings of the International Conference, UNESCO, 1995.

Fotion, Nick, and Gerard Elfstrom, *Toleration*, The University of Alabama Press, 1992.

Geering, Lloyd, "The Implications of Tolerance For Our Global Future", Celebrating the UN Year of Tolerance, Foundation for Peace Studies, New Zealand, 1995.

Geras, Norman, and Robert Wokler eds., *The Enlightenment and Modernity*, Macmillan, 2000.

Goodman, Dana, and Kathleen Wellman eds., *The Enlightenment*, Houghton Mifflin Co., 2004.

Gough, J. W., *John Locke's Political Philosophy*, Oxford, 1974.

Green, T. H. and T. H. Grose eds., *The Philosophical Works of David Hume*, vol. IV, Scientia Verlag Aalen, 1964.

Gunsteren, Herman Van, "Four Conceptions of Citizenship", *The Condition of Citizenship*, London: Sage Publications, 1994.

Guthrie, W. K. C., *A History of Greek Philosophy*, vol. III, Cambridge University Press, 1971.

Haksar, Vinit, *Equality, Liberty, and Prefectionism*, Oxford, 1979.

Hearn Jr., Thomas K., "On Tolerance", *Southern Journal of Philosophy*, 1970.

Heyd, David ed., *Toleration: An Elusive Virtue*, Princeton University Press, 1996.

Hobbes, Thomas, *Behemoth*(English Works), vol. VI.

Hobbes, Thomas, *De Cive*(ed. B. Gert), 1972.

Hobbes, Thomas, *Leviathan*(ed. C. B. Macpherson), Penguin Books, 1985.

Horton, John, "Toleration As a Virtue", David Heyd ed., *Toleration: An Elusive Virtue*, Princeton University Press, 1996.

Horton, John and Susan Mendus eds., *John Locke, A Letter Concerning Toleration in Focus*, Routledge, 1991.

Horton, John and Peter Nicholson eds., *Toleration: Philosophy and Practice*, Avebury, 1992.

Hume, David, *A Treatise of Human Nature*(ed. L. A. Selby-Bigge), Oxford, 1978.

Ichheiser, G., "On Tolerance and Fanaticism: A Dilemma", *Philosophy and Phenomenological Research*, 29, 1968-69.

Johnson, Peter, "As long as he needs me? Toleration and moral character", John Horton, and Peter Nicholson eds., *Toleration: Philosophy and Practice*, Avebury, 1992.

King, Preston, *Toleration*, George Allen & Unwin, 1976.

Kymlicka, Will, "Two Models of Pluralism and Tolerance", David Heyd ed., *Toleration: An Elusive Virtue*, Princeton University Press, 1996.

Locke, John, *A Letter Concerning Toleration*(ed. Mario Montuori), 1983.

Lord Fitt, "Toleration in Northern Ireland", Susan Mendus and David Edwards eds., *On Toleration*, Oxford: Clarendon Press,, 1987.

Lukes, S., "Social and Moral Tolerance", *Government and Opposition*, 6, 1971.

Maritain, Jacques, *Man and the State*, University of Chicago Press, 1980.

Mendus, Susan, ed., *Justifying Toleration*, Cambridge University Press, 1988.

Mendus, Susan, *Toleration and the Limits of Liberalism*, Macmillan, 1989.

Mendus, Susan, and David Edwards eds., *On Toleration*, Oxford: Clarendon Press, 1987.

Mercer, P., "Hume's Concept of Sympathy", Stanley Tweyman ed.,

David Hume: Critical Assessments, vol. IV, 1995.

Mitchell, Basil, *Law, Morality, and Religion in a Secular Society*, Oxford, 1970.

Mulhall, Stephen, and Adam Swift, *Liberals and Communitarians*, Blackwell, 1992.

Nicholson, Peter, "Toleration as a moral ideal", John Horton and Susan Mendus eds., *Aspects of Toleration*, Metheun, 1985.

Nielsen, Kai, *Contemporary Critique of Religion*, Macmillan, 1971.

Nozick, Robert, *Anarchy, State, and Utopia*, Oxford, 1980.

Oberdiek, Hans, *Tolerance: Between Forbearance and Acceptance*, Rowman & Littlefield Publisher, 2001.

Peters, Richard, *Hobbes*, Penguin Books, 1967.

Railton, Peter, "Pluralism, Determinacy and Dilemma", *Ethics*, vol. 102.

Raphael, D. D., "Toleration, Choice and Liberty, Government and Opposition", *A Journal of Comparative Politics*, vol. 6, no. 2, 1971.

Runzo, J., *Reason, Relativism and God*, Macmillan, 1986.

Scanlon T. M., *The Difficulty of Tolerance*, Cambridge University Press, 2003.

Sturch, R. L., "Moral Non-Dogmatism", *Mind*, 80, 1970.

Sullivan, John L., James Pierson, and George E. Marcus, *Political Tolerance and American Democracy*, The University of Chicago Press, 1982.

Taylor, Charles, *The Ethics of Authenticity*, Harvard University Press, 1991.

Thiessen, Elmer John, "Educational Pluralism and Tolerance", *Discussion Paper Series*, no. 23.

Tinder, Glen, *Tolerance and Community*, University of Missouri Press, 1995.

Vogt W. Paul, "Tolerance and Education", *Discussion Paper Series*, no. 23.

Vogt, W. Paul, *Tolerance & Education*, London: Sage Publication, 1997.

Voltaire, *Philosophical Dictionary*, Penguin Book, 1972.

Walzer, Michael, *On Toleration*, Yale University Press, 1997.

Warnock, Mary, “The Limits of Toleration”, Susan Mendus and David Edwards eds., *On Toleration*, Oxford: Clarendon Press, 1987.

Williams, Bernard, “Toleration: An Impossible Virtue”, David Heyd ed., *Toleration*, Princeton University Press, 1996.

Wolff, R., ed., *A Critique of Pure Tolerance*, London, 1969.

Wolff, R. P., Barrington Moore Jr., and H. Marcuse, *A Critique of Pure Tolerance*, Cape Edition, 1971.

Wong, Helene, *Ching Chong Chinamen: When Friends Becomes Strangers*, Celebrating the UN Year of Tolerance, Foundation for Peace Studies/New Zealand, 1995.

교육부, 『도덕』(중학교) 1, 2, 3학년용, 1999.

교육부, 『사회』(중학교) 1, 2, 3학년용, 1999.

교육부, 『공통사회』(상 · 하), 1999.

교육부, 『윤리』, 1999.

교육부, 『정치』, 1999.

교육부, 『제7차 교육과정: 중학교 교육과정』, 1999.

교육부, 『제7차 교육과정: 고등학교 교육과정』, 1999.

김용환, 「관용에 대한 철학적 분석」, 『한남대 논문집』, 17집, 1986.

김용환, 「관용에 대한 철학적 분석(II)」, 『인문과학』, 64집, 1990.

김용환, 「관용에 대한 철학적 분석」, 『현상과 인식』, 18권 2호, 1994.

김용환, 「관용: 한국 사회의 반성을 위한 윤리적 시금석」, 한민족 철학자 대회, 1995.

김용환, 「세계화에 얽힌 문제들과 그에 대한 철학적 반성」, 『철학연구』, 38집, 1996.

김용환, 「Hume의 철학에서의 회의주의와 독단주의」, 『철학』, 50집,

1997.
노암 촘스키, 『그들에게 국민은 없다』, 강주헌 옮김, 모색, 1999.
닐 포스트먼, 『교육의 종말』, 차동춘 옮김, 문예출판사, 1999.
마이클 월쩌, 『관용에 대하여』, 송재우 옮김, 미토, 2004.
박지영, “Prejudice and Enemy Images as a Source of Intolerance”, Democracy and Tolerance, Proceedings of the International Conference, UNESCO, 1995.
뷘프리트 슈테파니, 「다원주의 이론과 그 역사적 고찰」, 김종민 편저, 『다원주의 정치이론』, 분도출판사, 1986.
사무엘 헌팅턴, 『문명의 충돌』, 이희재 옮김, 김영사, 1996.
신현숙, 『원효의 인식과 논리: 판비량론의 연구』, 민족사, 1990.
오법안, 『원효의 화쟁사상 연구』, 홍법원, 1992.
유네스코한국위원회, 『관용: 평화의 시작 — 평화, 인권, 민주주의의 교육을 위한 교수·학습 지침서』, 1995.
유네스코한국위원회, 『학교에서의 국제 이해 교육』, 도서출판 오름, 1996.
조영제, 「다원주의 사회의 기본 덕목으로서의 관용과 그 시민교육적 함의」, 서울대학교 대학원, 1998.
한운석, 「독일 통일 후의 가장 어려운 과제: 내적 통일의 문제들」, 『민족과 현실』, 5호, 1996.

관용과 다문화사회의 교육

1판 1쇄 인쇄 2016년 11월 15일
1판 1쇄 발행 2016년 11월 20일

지은이 김 용 환
발행인 전 춘 호
발행처 철학과현실사

등록번호 제1-583호
등록일자 1987년 12월 15일

서울특별시 종로구 동숭동 1-45
전화번호 579-5908
팩시밀리 572-2830

ISBN 978-89-7775-796-7 93100
값 20,000원

저자와의 협의하에 인지는 생략합니다.
잘못된 책은 바꿔 드립니다.